社会转型期
女性农民工群体就业适应度研究

张芮菱 ○ 著

西南财经大学出版社
Southwestern University of Finance & Economics Press
中国·成都

图书在版编目(CIP)数据

社会转型期女性农民工群体就业适应度研究/张芮菱
著.--成都:西南财经大学出版社,2025.6.
ISBN 978-7-5504-6497-1

Ⅰ.D669.2

中国国家版本馆 CIP 数据核字第 2024H7Y700 号

社会转型期女性农民工群体就业适应度研究
SHEHUI ZHUANXINGQI NÜXING NONGMINGONG QUNTI JIUYE SHIYINGDU YANJIU

张芮菱　著

责任编辑:李　琼
助理编辑:马安妮
责任校对:王　利
封面设计:何东琳设计工作室
责任印制:朱曼丽

出版发行	西南财经大学出版社(四川省成都市光华村街55号)
网　址	http://cbs.swufe.edu.cn
电子邮件	bookcj@swufe.edu.cn
邮政编码	610074
电　话	028-87353785
照　排	四川胜翔数码印务设计有限公司
印　刷	成都国图广告印务有限公司
成品尺寸	170 mm×240 mm
印　张	21.5
字　数	369 千字
版　次	2025 年 6 月第 1 版
印　次	2025 年 6 月第 1 次印刷
书　号	ISBN 978-7-5504-6497-1
定　价	98.00 元

前　言

　　就业是最大的民生。促进人口高质量发展，需要高质量的就业来支撑。本书所研究的女性农民工群体就业适应度，是对技术、经济条件快速变化趋势下特殊人群就业的过程研究和评价总结，旨在更真实地反映女性农民工群体的就业状况，更深入地把握女性农民工群体职业发展现实，更全面地了解女性农民工群体人力资本积累和发展的真实场景。概括而言，这一研究要实现三个目标。

　　第一，构建就业适应度研究理论框架。本书认为，就业适应度是指在既定的禀赋条件下，经济机会变化过程中目标人群采取行动改善自身福利的能力/能动性。就业适应度分析模式主要包括以下三个维度：一是禀赋维度，即目标人群的教育、健康状态；二是经济机会维度，即目标人群基于既定禀赋条件的就业选择机会；三是能力/能动性维度，即在外部环境约束下，目标人群在就业选择集合内进行有效选择和采取行动的能力。

　　第二，形成特殊人群就业的结构化研究方法。本书对女性农民工群体就业适应采用综合性结构化交叉边缘研究的方法。这一研究具有方法和数据研究两个方面的突出特征，是以制度设计为目标、强调经济量化指标和社会定性指标的综合研究。按照就业适应度分析框架的维度构成，本书从就业场景转换入手，从村庄、企业和家庭三个维度来确定女性农民工群体这一研究对象的三种不同的表现形态，形成对女性农民工群体就业过程的理论模拟。其中，以村庄为主要特征的人群研究，关注点是人群的禀赋结构和区域特征；以企业为主要特征的人群研究，关注点是就业机会的把握过程中人群的自我适应性调整；以家庭为主要特征的人群研究，关注点是家庭对劳动者个体的就业能力约束及其在就业过程中的变化。由于场景的常在性，本书对于实践中劳动就业促进制度实施重点的研究就聚焦在就业的场景转换上。

第三，分析劳动就业促进制度的"应然"关注点。本书认为，劳动者禀赋应当是劳动就业促进制度的聚焦点。从禀赋差异出发形成的劳动就业促进制度，其主要的思路是通过促进需求来拉动劳动供给。基于禀赋的劳动就业促进制度要对女性农民工群体就业起到更为积极的作用，必须进行相应的制度优化和适应性调整。在制度价值层面上，应该更加主动关注目标人群内部的禀赋结构平衡性；在制度内容层面上，应该强化对劳动市场发展长期态势的研究，并据此适当加大劳动就业促进制度内容的实施提前量；在制度规范的对象层面上，制度实施的对象应当更为精准地聚焦到农村家庭这一基本单位；从劳动市场的层面上看，劳动就业促进制度应当对以城市为基本单位的区域化劳动市场的建设给予特殊的关注。

《社会转型期女性农民工群体就业适应度研究》是中共四川省委党校张芮菱副教授主持的国家社会科学基金西部项目（16XRK001）的结项成果（结项证书号：20213303）。本书由张芮菱副教授撰写、修改和统稿。在研究、写作和出版过程中，中共四川省委党校科研处在课题管理、出版资助等方面给予了全过程保障，中共四川省委党校杨志远教授、四川省直机关党校教师欧露、中共四川省委党校硕士研究生徐苗、成都为伍科技有限公司张芮铭等在文献梳理、调研执行、数据分析等方面做了基础性工作。西南财经大学出版社的编辑老师在书稿编校过程中提出了宝贵的修改建议，进行了扎实细致的编辑加工。在此一并表示感谢。

由于笔者水平所限，本书还存在一些不足，敬请读者不吝指正。

张芮菱

2025 年 1 月

目 录

1 导论

1.1 研究背景

坚持以人民为中心的发展思想，坚持共享发展，必然要求在发展过程中关注就业弱势人群。女性农民工群体作为过渡型就业弱势人群，对其进行研究的必要性可以从下面三个价值维度展开讨论。

1.1.1 需求价值

当前人力资本积累与升级不断加快的态势需要我们关注女性农民工群体就业。我国正在经历规模空前的快速城镇化过程①。实践表明，城镇化过程不仅需要物质资本在城镇中的集中与演进，更需要人力资本在城镇中的持续积累和升级。在当前的发展阶段，人力资本积累与升级具有更为现实的发展需要和更为紧迫的调整要求。其中，发展需要，是指"人的城镇化"提出的促进人的全面发展的现实要求；调整要求，是指伴随供给侧结构性改革深化所形成的城镇和乡村基本公共服务均等化的制度性调整。

人力资本的积累与升级，是一个多元市场主体共同作用、多种社会因素共同影响的结果。其过程并非线性或者全面一体并进的，而是一个不断面对现实问题、不断形成解决方案且方案不断制度化的长期渐进过程。其方向可能大体一致，但在这一过程中所面对的曲折也是必然会出现的情况。因此，从政策角度看，持续聚焦当前阶段的"短板"问题并采取针对

---

① 按照《国家新型城镇化规划（2014—2020 年）》的要求，到 2020 年，要"实现 1 亿左右农业转移人口和其他常住人口在城镇落户"；同时，要"推进农业转移人口享有城镇基本公共服务"。2020 年，根据"十三五"规划执行情况报告，1 亿左右农业转移人口和其他常住人口在城镇落户的目标如期实现。

性的治理措施，是基本的价值取向。而女性农民工群体就是当前城镇化人力资本积累问题中的"短板"之一。农民工群体是农业转移人口的主体，是人力资本积累的重点人群，但由于教育培训资源在这部分人群中无法实现聚集，所以在就业中实现他们的人力资本积累必然是一个长期的历史性过程。而女性农民工群体由于其广泛存在的对家庭的依附性、就业的非独立性等现象，要实现人力资本的积累，更是面临着特殊困难，需要就业政策的长期关注和特殊对待。只有能够有效促进女性农民工群体就业，并且在就业中实现人力资本持续积累的就业政策，才是符合"人的城镇化"需要的政策。在这个意义上，农民工就业工作的重点，应当由城镇化初期重视工作的提供、职业能力提升转向更为全面的领域，通过帮助农村移民获得应有的社会身份、塑造意见表达机制、拓宽其参与城市社会治理的渠道等方式来促进其人力资本的进一步积累和升级。因此，在理论上对女性农民工群体就业问题进行研究，提高政策的精准性，就有显著的现实必要性。

1.1.2　政策价值

2016 年初，国家开始执行"全面二孩"的计划生育政策。2021 年 5 月底，"放开三孩"的政策也已对社会公布。生育显性化的制度适应性调整需要关注女性农民工群体就业。在过去"只生一个"的计划生育政策背景下，大量农村妇女在传统观念影响下的多生行为由于不符合政策要求，实质上处于"隐性生育"状态。当时的医疗、就业等社会保障和公共服务政策，事实上缺乏对"隐性生育"的覆盖。在二孩政策下，"隐性生育"显性化，可以预见的生育、就业、社会保障乃至生育激励等政策持续调整过程已经启动。这一趋势在三孩政策下必将更为显性化。

生育活动是女性就业的重要影响因素。对于处于低端产业中的女性农民工群体而言，生育活动更是其就业脆弱性的根源所在。这种根源性主要在于，受综合因素影响，与其他女性群体比较而言，女性农民工群体的生育意愿总体较高。生育成本、抚养成本相对较低，同时就业的机会成本也比较低等，生育活动导致就业能力丧失在女性农民工群体中并不是少见的现象。如何通过科学的政策设计，使得当前生育政策对女性农民工群体的负面影响得到充分的冲抵，是当前政策适应性调整必须要重视的问题。因此，有必要充分研究当前生育政策以及未来生育政策可能还会发生的持续性调整，认真评估其对女性农民工群体的可能影响，从而为社会保障、公共服务、市场竞争制度的适应性调整奠定坚实的理论基础。

1.1.3 社会价值

伴随城镇化而不断深入的社会转型，不仅是生活场景由农村向城镇的转移，也是社会价值观念和道德理念转型的过程。性别平等作为新中国成立后坚持不懈推进的重点价值观念转型，在工业化完成、城镇化加速推进的今天，也面临着新的使命与挑战。简而言之，社会性别意识调整需要关注女性农民工群体就业。

工业主导的发展过程向城镇服务业主导的发展过程的转变，不仅是投资向消费的转变，更是农民向市民的身份转变，是作为劳动者主体的产业工人群体向服务业就业群体的转变。人类劳动过程由于其生产资料所处发展阶段不同而形成的性别差异化取向，到今天随着信息化的深入发展，正在逐步缩小。体力和脑力的差别不再是就业导致的性别差异的出发点，而信息化参与水平正在成为新的决定因素，数据的占有程度正在决定新的经济结构。服务于工业化进程和大工业所形成的传统社会性别认识，正在被服务于信息化进程和信息经济的新社会性别认识取代。劳动与性别相互塑造的历史过程正展现出全新特征。对女性农民工群体就业问题进行研究，就是要探讨如何适应生产资料变化来提高其就业参与水平，进而在新的就业模式中再次实现对社会性别价值理念的塑造。

1.2 本书使用的主要概念

本书对女性农民工群体就业适应度的研究，是针对特定人群的就业能力的定量研究。本书主要使用两个概念。

1.2.1 女性农民工群体

本书中的"女性农民工群体"，是指外出到城镇实现非农就业的农村户籍女性人群。实现非农就业，是指在城镇就业 6 个月及以上。对于女性农民工群体，就业概念的使用很难做到严格。例如依附性就业，即一家人中丈夫正常就业，而妻子则是依靠丈夫就业的状态。因此，从统计意义上看，只要没有主要从事农业生产，即从事农业生产的时间不占一年总工作时间的三分之二以上，都属于女性农民工群体。笔者在调查研究中发现，"女性农民工群体"与"农村女性务工群体"实际上只存在外出务工时间长短的差异，仅仅就务工行为而言，是完全一样的，就是实现非农就业。因此，在下文的研究中对这两个概念并未做严格的区分。对"女性农民工群体"这个概念的探讨，旨在提出研究对象和对应的理论基础，指明创新的方向，提出适用于研究对象的分析框架和工具。

从现有研究来看，这一群体并不是研究的聚焦点。在"中国知网"上以"农民工"为篇名进行搜索，截至 2018 年 12 月底有 41 188 篇文章，2016 年 1 月以来仅有 6 697 篇。比较而言，"女性农民工"分别有 317 篇和 73 篇文章，占比分别为 0.8% 和 1.1%。文章主要的关键词有"身心健康"（陈婷婷，2017）、"城市融入"（刘韬，2017）、"权益保障"（苏映宇，2016；杨翠萍 等，2017；丁欢，2017）、"压力状况"（王健俊，2018）、"生育"（牟雪静，2016）、"就业歧视"（巩建鑫，2018）、"人力资本"（于米，2017）、"新媒体赋权"（孙琼如 等，2016）。对女性农民工群体的理论研究与这一群体就业实际不匹配的现象较为突出。由此可见，无论是实践研究还是理论研究，女性农民工群体都不是主要对象，在理论研究中的受关注程度并不高，研究的非典型性特征较为突出。

这种研究上的非典型性反映的是理论供给的缺乏。在"中国知网"上以"社会性别"为篇名进行搜索，截至 2018 年 12 月底有 2 586 篇文章，2016 年 1 月以来有 373 篇文章；以"性别平等"为篇名的则分别有 1 171 和 373 篇。无论是"社会性别"还是"性别平等"的研究，对于当前女性就业研究的支持力度并不大。其原因在于，理论与实际差距较大。就业供给与需求的满足是以劳动市场的现实需求作为基本依据的。社会性别理论所倡导的性别平等，未必与劳动市场的客观情况一致。在不一致的情况下，理论对于实践的指导性必然会下降。市场化的实践实际上为理论创新指明了方向。只有在理论更新、话语更新之后的性别理论，才能对实践研究进行跟踪并实现其价值引领的目标。

在下一步的研究中，有必要在实证的基础上清晰界定女性农民工的群体性特征，将其作为就业适应度研究框架得以展开的概念前提。我们可以考虑从四个维度展开特征分析。第一，就业环境维度。这一维度的研究主要从就业环境层面把握女性农民工群体在就业过程中表现出来的特征。主要问题是，女性农民工群体的就业环境与男性农民工群体是否有差异，如果有，那么这种差异是什么原因导致的；如果没有，那么为什么会缺乏差异，是岗位的性别特征不突出还是其他原因。第二，就业能力维度。这一维度主要从城镇工作要求来看女性农民工的能力素质与工作要求之间的匹配度。主要问题是，如何评价女性农民工群体的能力素质。就业能力维度的分析构成了女性农民工群体人力资本研究的重要内容。第三，就业实现维度。这一维度主要从工作现状与工作预期比较的角度来分析女性农民工群体的个人实现问题。主要问题是，当前女性农民工群体就业是否在一个满意的水平上得到实现。就业实现维度的分析是构成就业适应度指标的重要来源之一。第四，就业社会认同维度。这一维度主要从社会对女性农民工群体就业的认识来分析其就业的社会实现问题。主要问题是，社会对女性农民工群体就业的认知水平探讨和认同程度分析。就业社会认同维度分析，是由女性农民工群体就业的实证研究向社会性别视角下的女性就业问题研究延伸的重要认知基础。

1.2.2　就业适应度

就业适应度，是指在既定的禀赋条件下，经济机会变化过程中女性农民工采取行动改善自身福利的能力/能动性。这一分析模式的基础是社会性别诊断，与分析农民工就业问题常用的"就业能力"模式有较大的差异。这一分析模式更具针对性，既与社会性别理论相契合，又与当前农民工就业发展的现实状况和就业促进的公共政策作用目标相契合。

国内学者对于经济结构变化带来的人口迁徙进程中的农民工就业变化问题的研究，多采用"就业能力"分析模式。程晓娟（2009）从职业认同、个人适应性、社会资本和人力资本四个维度，对返乡农民工的能力进行了概述。张雨（2011）运用同样的模式提出了相关对策建议。刘俊威（2012）认为，新生代农民工的就业能力应包括专业知识与技能、学习力、适应力、环境力四个方面。罗恩立（2010）构建了新生代农民工就业能力评价指标体系。他认为，新生代农民工的就业能力，就是获得、保持和实现工作转换的能力，影响新生代农民工就业能力提升的主要因素包括个体自身因素、个人环境因素和外部因素；作为微观个体的新生代农民工，总体上缺乏有效的职业技能和工作搜寻途径，其就业能力的提升应该是一个基于多元动力的系统推进过程。李晓红（2009）认为，新生代农民工提高就业能力有三个途径，即正规教育、社会资本的支持以及"干中学"。考虑到教育成本、市场需求等因素，新生代农民工通过职业技术教育提升就业能力无疑是最佳选择。在实证研究方面，罗恩立和王桂新（2010）通过调查分析认为，影响城市外来人口就业能力的关键因素是基于社会保险的福利享有、社会交往、社区支持、家庭环境、文化素质以及工作环境。林竹等（2010）则认为，人力资本是农民工就业能力的核心内在影响因素，社会资本通过人力资本对农民工就业能力产生影响，两者之间是相辅相成的关系，个性特质和外部环境是影响农民工就业能力的外在因素。"就业能力"分析模式作为一般性的分析框架，用来研究农民工就业变化问题，表现出了较强的解释力。但对于特定目标群体，例如以性别为特征的农民工群体划分、以年龄为特征的农民工群体划分等，由于目标群体具有明显的差异化特征，一般性的分析框架就难以实现研究的目的。近年来，对不同地区、不同民族的农民工群体的差异化就业研究，实际上反映了一般性分析框架存在的局限性。

女性农民工群体是一个具有典型意义的研究群体样本。从就业的角度看，一方面，现代城市的快速发展提供了大量的女性就业机会，尤其是在服务行业中；另一方面，由于下面三个原因的影响，女性农民工群体要获得就业机会，还存在障碍，供求不匹配、就业回报低的情况较为常见。第一，人力资本积累程度低。由于文化、机会的影响，女性农民工群体普遍缺乏必要的进入现代产业体系的知识与技术，且缺乏稳定的积累机制。第二，就业的依附性较强，社会角色局限较大。依附于家庭这一基本单位的农业作业模式，对进入城市工作的女性农民工群体还存在制度性约束，使其无法依据自身的发展需要进行独立的就业决策。第三，就业权利的自我维护意识较弱，社会保障不够。聚焦于这一群体展开应用研究，对于开展社会转型期的就业分析与评估就业政策，具有较为典型的样本价值。

本书对社会转型期女性农民工群体就业问题的研究，以社会性别诊断为基础，以社会性别分析为就业适应度理论的前提，将性别分析与就业研究结合起来，以实现三个方面的契合。一是与社会性别理论相契合。一方面，当前就业能力理论所涵盖的能力类别，各个不同的阶段、各个不同的视角，均有不同的表述，有着较为明显的建构特征，从社会性别理论的角度对就业能力进行界定，本身就是对就业能力理论的一种探索和发展；另一方面，任取一种就业能力理论来分析女性农民工群体的就业问题，并不能实现性别分析的目的，因此也有必要从社会性别理论的角度出发，对就业能力理论进行重新建构。二是与当前农民工就业发展的现实状况相契合。当前农民工群体的就业发展，在经济结构调整的进程中出现快速变化的趋势。在这一过程中，快速波动的市场主导下产生的大规模就业转型，以及由此产生的就业适应问题，是短期内亟须应对的矛盾。在当前谈农民工的就业能力培育与职业发展，过于理论化，也过于超前，并不能反映当前就业市场快速变化的过程中个体禀赋差异导致的"马太效应"。三是与就业促进的公共政策作用目标相契合。从政府公共政策的目标来看，提高就业率、保持劳动收入稳定增长是经济政策和社会政策的共同指向。但就业率与劳动收入的评估都是以年度为单位来进行的。在这一模式下，政策的选择更倾向于短期而非长期，特别是在短期问题较为突出的背景下，更是如此。本书采用"就业适应度"分析模式，就是要分析就业促进的公共政策在促进性别平等方面所需要的切实、具体的调整，更重结果而非原因。从这一点上看，"就业适应度"分析模式比一般性的"就业能力"分析模式更为恰当。

与"就业能力"分析模式不同，"就业适应度"分析模式主要包括以下三个维度：一是禀赋维度，主要涉及目标人群的教育、健康状态；二是经济机会维度，主要涉及目标人群基于既定禀赋的就业选择机会；三是能力/能动性维度，主要涉及在外部环境约束下目标人群在就业选择集合内进行有效选择和采取行动的能力。在这三个维度中，我们均做状态分析、影响分析和差异比较三个方面的社会性别诊断，在此基础上，得出就业适应度差异的研究结论，并据此对公共政策调整进行研究。

就业适应度是本书结合社会性别理论，要集中加以研究的概念。概言之，本书围绕社会转型期提高女性农民工群体就业适应度这一核心论题，从社会性别视角入手，构建了基于社会性别诊断的"就业适应度"分析模式，围绕禀赋、经济机会与能力/能动性三个基本指标，在市场、就业政策和社会管理三个基础性机制方面分别研究对女性农民工群体就业适应度存在约束性的因素，评估当前农民工就业帮扶政策对提高女性农民工群体就业适应度的作用。在此基础上，本书以关注性别平等、促进农民市民化为重点，总结地方实践经验，研究就业竞争矫正、就业政策调整和社会管理创新等方面的具体公共政策设计与制度创新。

1.3　总体框架

本书共有 9 章。

第 1 章为导论。本章主要介绍了研究背景、女性农民工群体和就业适应度的概念，以及本书的总体框架、研究方法、主要观点与创新之处。

第 2 至 3 章为理论研究部分。

第 2 章是文献综述。本章主要围绕"社会性别视阈中的就业问题研究"，从性别诊断的方法论基础，农业转移人口就业能力，性别诊断的研究视角、方法与原则三个方面，对女性农民工群体就业问题研究的价值基础、研究现状和方法，从文献的角度进行归纳、梳理和评述，为本书的展开奠定了现有研究的文献基础。

第 3 章是理论建构。本章围绕"就业适应度"，从就业交叉边缘研究的三领域即价值、经济与社会切入，构建了由禀赋、经济机会和能力/能动性三维度构成的就业适应度理论概念，在此基础上，提出了以性别诊断为切入点，由价值判断、经济分析和社会研究构成的三维度就业适应度研究总体框架，并形成了女性农民工群体就业适应度量化评价的基本指标体系的理论框架。

第 4 至 9 章按照第 3 章的研究总体框架逐一展开对女性农民工群体就业适应度的实证分析。

第 4 章为农村剩余劳动人口的性别特征与劳动制度分析。本章在对实证研究涉及的研究对象进行简要介绍的基础上，对劳动就业促进制度及其性别指向进行了制度分析，并围绕禀赋、经济机会和能力/能动性三个研究对象，提出了三个有待于验证的研究假设。

第 5 章为禀赋研究。本章围绕"农村剩余劳动人口的禀赋认识及性别差异"，在研究女性农民工群体样本特征的基础上，对促进女性农民工就业的劳动就业促进制度进行描述和研究，并对女性农民工群体的禀赋结构及其制度表现进行分析。在验证禀赋部分理论假设的基础上，本章提出了禀赋部分就业适应度评价指标体系的数据来源以及量化打分规则。

第 6 章是经济机会研究。本章围绕"企业竞争性排序中女性农民工群体的经济机会及制度支撑"，在对劳动市场的就业机会进行分析的基础上，聚焦企业竞争性排序，分析其性别含义，并由此展开对影响企业竞争性排序的劳动就业促进制度及其性别影响的研究。在验证经济机会部分理论假设的基础上，本章提出了经济机会部分就业适应度评价指标体系的数据来源以及量化打分规则。

第7章是能力/能动性研究。本章围绕"人力资本积累进程中的女性农民工群体就业能力及环境约束"，在对女性农民工群体就业能力/能动性的家庭因素进行分析的基础上，结合案例研究，对女性农民工群体人力资本积累的社会环境约束进行分析，对提升女性农民工群体就业能力/能动性的劳动就业促进制度进行研究。在验证能力/能动性部分理论假设的基础上，本章提出了能力/能动性部分就业适应度评价指标体系的数据来源以及量化打分规则。

第8章是就业适应度的量化分析。本章按照第3章提出的就业适应度研究总体框架，在集成第5—7章研究成果的基础上，使用西部地区 S 省、N 省，中部地区 Z 省和东部地区 H 省的农民工来源地、产业园区、餐饮、家政和建筑等领域的调查和统计数据，对目标女性农民工群体的就业适应度进行量化比较分析。

第9章为"性别优序"视阈中女性农民工群体就业适应度提升的对策研究。本章主要针对前文的研究，提出了提升女性农民工群体就业适应度的具体对策。

1.4 研究方法

本书各章采用的主要研究方法如下。

第2章主要采用了文献分析法。

第3章主要采用了理论模型分析法。本章构建了由三个要件构成的就业适应度理论概念，并在此基础上，提出了以性别诊断为切入点，由价值判断、经济分析和社会研究三维度构成的就业适应度研究总体框架和量化评价指标体系。

第4章在理论假设研究部分主要采用制度分析方法，对女性农民工群体城镇就业的劳动制度保障体系进行性别分析。

第5章禀赋研究主要在调查基础上采用数据分析和制度分析方法，对女性农民工群体的禀赋结构及其制度表现进行分析。

第6章经济机会研究主要在调查基础上采用数据分析、案例分析和制度分析方法，对企业竞争性排序及其性别含义展开研究。

第7章能力/能动性研究主要在调查基础上采用数据分析、案例分析和制度分析方法，对女性农民工群体人力资本积累的社会环境约束进行研究。

第8章就业适应度评价指标体系研究主要采用层次分析法和量化评价方法，对女性农民工群体的就业适应度进行量化比较研究。

1.5 主要观点与创新之处

本书的主要观点与创新之处如下。

（1）"就业适应度"，是指在既定的禀赋条件下，经济机会变化过程中女性农民工采取行动改善自身福利的能力/能动性。与"就业能力"分析模式不同，"就业适应度"分析模式主要包括以下三个维度：一是禀赋维度，主要涉及目标人群的教育、健康状态；二是经济机会维度，主要涉及目标人群基于既定禀赋的就业选择机会；三是能力/能动性维度，主要涉及在外部环境约束下，目标人群在就业选择集合内进行有效选择和采取行动的能力。三维度的就业适应度研究是本书的第一个创新之处。

（2）性别平等是高度对象依存的概念，不同的对象对于性别平等的理解不同、需求不同；不同群体之间的性别平等度不同是客观现实，不能因为差异的存在，就认为不平等程度比较起来较高的一方就存在绝对的性别不平等。本书所关注的，不是性别不平等的概念，而是性别不平等在女性农民工群体就业方面的具体表现及其原因，并由此形成围绕既定标靶的精准策略分析。

（3）从"应然"的矛盾看"实然"的状态，是就业结构的性别分析展开的基本思路。从供给分析上看，搞清楚性别结构的自然性变化和制度调整导致的制度性变化，对劳动力供给的量和质会形成什么样的影响，这是第一个"应然"状态的分析。从需求分析上看，研究产业发展、城市建设和企业组织形态的变化对就业的性别差异形成的影响，以及这些影响在何种程度上可以通过劳动制度的调整得到有效应对，这是第二个"应然"

状态的分析。最终，有必要结合供求两个层面的分析，对客观存在的就业性别结构进行效率判断。这是两个"应然"状态在"实然"层面上相互作用的结果。对于这一结果的效率判断，将形成两个结论。一是特定发展阶段社会经济发展水平所决定的性别结构的可能状态将在分析中显现。这是对"是什么"问题的解答。二是社会制度和就业政策的针对性调适可能会形成的对就业性别结构的主动性矫正的边界在研究中会逐渐明晰。这是对"怎么办"问题的解答。

（4）禀赋结构就是对女性农民工群体与其他群体之间进行禀赋比较的相对指标的集合。研究禀赋结构要回答的是"差多少"和"缺什么"的问题。在禀赋结构的研究视角下，对于禀赋水平指标的研究，更关注其中的特异点。

（5）"竞争性排序"是指企业作为生产经营活动的组织基本单元，在企业内部资源配置过程中适应市场竞争规律，对生产经营活动涉及的生产要素进行适应性预先排序，所形成的生产要素组织内部配置结构及其相应的体制机制。竞争性排序的理论和实证分析是本书的第二个创新之处。

（6）能力/能动性是指在劳动者禀赋、市场环境等条件约束下，女性农民工群体在经济机会的选择集合中进行有效选择并采取行动的能力。

（7）女性农民工群体就业适应度是综合性结构化交叉边缘研究。这一研究具有方法和数据研究两个方面的突出特征，是以制度设计为目标、强调经济量化指标和社会定性指标的综合研究。按照就业适应度分析框架的维度构成，本书从就业场景转换入手，从村庄、企业和家庭三个维度来确定女性农民工群体这一研究对象的三种不同的群体表现形态，形成对女性农民工群体就业过程的理论模拟。其中，以村庄为主要特征的人群研究，关注点在人群的禀赋结构和区域特征上；以企业为主要特征的人群研究，关注点在就业机会的把握过程中人群的自我适应性调整；以家庭为主要特征的人群研究，关注点在家庭对劳动者个体的就业能力约束及其在就业过程中的变化。由于场景的常在性，实践中劳动就业促进制度的实施重点和落脚点落在就业的场景转换上。综合性结构化交叉边缘研究是本书的第三个创新之处。

（8）劳动者禀赋是劳动就业促进制度的聚焦点。劳动就业促进制度对性别平等的落实程度取决于性别的市场化水平。从目前的情况来看，我国法律关于就业性别平等的表述总体上是静态的。从禀赋差异出发形成的性别平等落实举措，其主要的思路是通过促进需求来拉动劳动供给。研究发现，在现有农村劳动就业促进制度中，性别差异在农村的既有劳动制度体系和现有的农业生产方式中并不重要；农村性别歧视现象背后的制度性原因正在由内在的决定性向外部冲击转变；性别导向并不是聚焦禀赋水平的农村劳动就业促进制度的优先选项；农村剩余劳动力不同性别之间的禀赋结构差异，在当前的劳动就业介入手段中并没有体现。

（9）调研发现，女性农民工群体总体规模显著小于男性农民工群体。禀赋水平和禀赋结构方面，女性农民工群体的年龄是影响健康状况的主要因素；女性外出务工群体受教育水平较低；女性外出务工群体面对更多的家庭性障碍因素；生育是女性农民工群体就业禀赋结构中需要重点关注的内容；女性农民工群体外出务工的发展稳定性有待于进一步提高。

（10）基于禀赋水平的劳动就业促进制度要对女性农民工群体就业起到更为积极的作用，必须要进行相应的制度优化和适应性调整。在制度价值层面上，应该更加主动关注目标人群内部的禀赋结构平衡性；在制度内容层面上，应该强化对劳动市场发展长期态势的研究并据此适当增强劳动就业促进制度内容的前瞻性；在制度规范的对象层面上，制度应当更为精准地聚焦到农村家庭这一基本单位；从劳动市场的层面上看，劳动就业促进制度应当对以城市为基本单位的区域化劳动市场的建设给予特殊的关注。这是观点层面上本书的一个创新之处。

（11）从调研数据上看，女性农民工群体在企业就业主要有三个方面的特征。第一，私营企业是女性农民工群体就业的主要企业组织形式。女性与男性相比较，来自农村的劳动力群体内部表现出更大的就业规模的性别差距。第二，劳动市场成熟度不高是女性农民工群体产业不平衡聚集状态形成的主要原因。劳动需求规模较大、作业重复程度高、技术要求较低的行业，女性农民工群体集中水平较高。企业实现劳动需求与供给匹配的方式越不规范，劳动供求信息交换越简略，劳动市场越不成熟，女性农民工群体的聚集特征也就越明显。第三，性别是劳动收入增长而非就业参与机会提高的决定性因素。

（12）工业化传统的影响是双向的，既形成了有明确性别取向的劳动用工需求，成为就业中性别歧视的客观影响因素；又因劳动需求在扩张中必须要得到满足的必然要求，形成了推动女性参与劳动的客观影响因素。在企业内部的生产要素竞争性排序中，影响的主要因素包括企业的劳动成本控制策略、新技术的应用以及劳动市场的介入方式三个方面。

（13）企业竞争性排序的实际状态与性别影响主要表现出三个特征。第一，企业群体的资产特征依然突出，但正面对"轻资产"趋势的结构性变化。大企业更倾向于在固定资产投资周期内保持较为稳定的劳动规模和结构，而小微企业则更注重满足短期、即时的劳动需求。这种劳动需求的状态，对女性农民工群体并不利。一方面作为低端劳动力，由于技术和履历的限制，其很难进入大企业就业；另一方面，即使能够进入大企业就业，由于自身或者家庭的原因，其在就业过程中必然出现的劳动中断，也限制了女性农民工群体保持稳定的就业状态，最终其会被企业内部的竞争机制淘汰。第二，企业资本决定的劳动结构，具有明显的劳动群体针对性适应特征。女性农民工群体在整个企业雇佣的劳动者群体中，地位是不高的。在劳动市场中，资本对农民工的关注来源于持续劳动群体的必要性，但并不会因此对女性农民工群体形成特殊的关注。第三，企业生产要素管理的市场化程度是影响企业就业性别决策的关键性环节因素。企业规模的差异导致的劳动就业性别歧视原因是不同的。大企业能够依靠劳动群体内部结构的调整来获得稳定的劳动供给，小企业在这方面的可回旋空间小得多。

（14）女性农民工群体劳动就业的能力/能动性更多是在家庭中酝酿、成形、激励，并服从于、服务于，也被约束于家庭的。女性农民工群体的就业决策受其人力资源初始状态、务工收入的影响，尤其是务工收入。女性农民工群体的就业决策对务工收入高度敏感。收入的高低并不是女性农民工群体就业决策的首要影响因素，收入的稳定性才是影响女性农民工群体就业意愿的主要因素。收入的可把握程度是影响女性农民工群体就业岗位自主选择的重要因素。此外，家庭责任履行约束影响下的女性农民工群体就业的间断性预期也是必须重视的影响因素。研究发现，职业发展的间断性无法对女性农民工群体的人力资本积累和增长形成有效支撑。高流动性的择业状态实质上形成了女性农民工群体人力资本积累和增长的环境约束。以产出效率为导向的工作培训在短期内很难对女性农民工群体的人力资本积累和增长发挥显著作用。这是本书在社会分析部分的一个创新观点。

（15）在农民工家庭创业的困难与性别影响分析方面，我们发现，女性农民工群体独自创业所面对的劳动和工作环境，比农民工家庭创业所面对的劳动和工作环境更具挑战性。研究发现，女性农民工群体创业往往有特殊的家庭和个人背景因素。女性农民工群体创业的家庭支撑较弱，有较为明显的生产要素投入约束；同时，其创业面对的市场风险更为集中和突出。

（16）研究发现，城乡二元结构式的就业图景中，存在四种类型的"就业不平等"，影响着女性农民工群体的职业发展。一是发展阶段约束下的要素优序化导致的性别不平等，其主要表现是不同产业之间就业格局的性别差异。二是城乡二元结构中的投入差异化导致的性别不平等，其主要表现是城乡之间就业机会的性别差异。三是市场规则作用下的结果导向化导致的性别不平等，其主要表现是就业回报的性别差异。四是社会意识约束下的身份固定化导致的性别不平等，其主要表现是就业预期的性别差异。

（17）针对女性农民工群体就业，以下三条价值原则值得劳动就业活动参与方深入讨论和交流：第一，聚焦特殊弱势人群；第二，重视劳动就业治理的"性别优序"；第三，主动做困难但可行的事。有必要聚焦性别禀赋结构，消减就业性别歧视的社会因素，介入企业竞争性排序，矫正就业性别歧视的市场环境，提高就业政策的家庭精准靶向瞄定，提高政策执行效率。

（18）本书提出了基于性别分析的女性农民工群体就业适应度评价指标体系，指标由绝对指标、结构差异相对指标和类别否定项构成。性别诊断作为评价的基本原则，主要体现在结构差异相对指标和类别否定项的设计上。

2 文献综述：社会性别视阈中的就业问题研究

劳动与社会性别相互塑造。离开劳动讨论社会性别，并不能把握社会性别问题的历史根源；离开社会性别研究劳动，并不符合劳动发展的现实需要。从历史上看，破除就业的性别歧视是妇女解放运动的主题之一。在经济和社会转型"双加速"的今天，一方面女性就业的空间不断扩大；另一方面，由于诸多因素的影响，如生育政策、文化等，女性就业的压力也在提高。因此，有必要选择典型的人群，对社会转型期女性就业问题展开研究。

2.1 社会性别研究：性别诊断的方法论基础

本书使用社会性别理论作为对女性农民工群体就业进行研究的基础理论。在英文中，社会性别的对应用词是"gender"。根据《牛津英语词典》的解释，"gender"的拉丁文词根含义是"类"。15世纪，"gender"就被使用来指称"sex"；当时，使用"gender"是语法上的区别，且含有幽默的意味。按照 Haig（2004）的研究，自20世纪50年代以来，以 Money（1955）的论文为起点，"gender"开始作为正式的用语，出现在学术文献中；到60年代末至70年代，以 Tobach（1971）的论文为标志，女性主义研究者开始使用"gender"来区别由生理差别导致的性别差异（male-female）与由社会建构性因素（包括社会、文化、心理等方面）导致的特定环境中的性别差异（masculine-feminine）；"gender"作为"社会性别"在随后的80年代，含义逐渐稳定，使用逐渐广泛，成为"sex"的同义词。跨入21世纪，在学术研究中，表示"社会性别"的"gender"，其作为一个社会和文化建构的范畴，使用频度和范围已经远远超过了"sex"。1997年，联合国提出"社会性别主流化"全球性策略后，社会性别作为一个要素，对社会制度及其在其中产生的社会关系存在的影响，已得到广泛认同。就本书而言，在人口的性别结构研究基础上，必须针对当前性别研究的推进现实，围绕社会性别诊断，重视社会性别的伦理和政治研究两个领域。

2.1.1 社会性别研究的多样性特征

梳理文献可以发现，性别问题研究具有多样化特征。从国外著作的情况来看，有哲学研究，如帕森斯的《性别伦理学》；有心理学研究，如昂格尔的《妇女与性别——一本女性主义心理学著作》；有历史研究，如斯特恩斯的《世界历史上的性别》；有社会学研究；等等。从国内著作的情况来看，有社会学研究，如刘建中等的《社会性别概论》，叶敬忠等的《双重强制——乡村留守中的性别排斥与不平等》；有政治学研究，如张念的《性别政治与国家：论中国妇女解放》；有法学研究，如陈晖的《性别平等与妇女发展：理论与实证》；等等。

从期刊论文来看，以"性别"为篇名在"中国知网"上搜索，有87 195条记录，其中，研究主题排前5位的分别是性别差异、心理学差异、社会性别、性别歧视和性别平等。从不同学科来看，社会学有36 937条记录，研究主题最多的是"社会性别"；艺术和文化有21 496条记录，研究主题最多的是"性别差异"；心理学有19 027条记录，研究主题最多的是"性别差异"；教育学有18 571条记录，研究主题最多的是"性别差异"；经济学有15 845条记录，研究主题最多的是"性别差异"；人口学有13 093条记录，研究主题最多的是"出生人口性别比"；政治学有8 288条记录，研究主题最多的是"性别平等"；法学有6 176条记录，研究主题最多的是"性别平等"；历史学有2 649条记录，研究主题最多的是"社会性别"；哲学有1 164条记录，研究主题最多的是"女性主义"；宗教学有831条记录，研究主题最多的是"基督教"；民族学有341条记录，研究主题最多的是"社会性别"；中国共产党研究有237条记录，研究主题最多的是"社会性别"；马克思主义研究有232条记录，研究主题最多的是"思想体系"；美学有45条记录，研究主题最多的是"女性主义"。

从研究领域来看，在论文类的成果中，社会学、艺术和文化、心理学、教育学、经济学是主要的研究领域。社会学更注重整体意义上的"社会性别",至少从研究方法上是如此;而其他领域的研究,更注重"性别差异",无论是内容还是方法,均是如此。政治学、法学对"性别差异"的关注,更是聚焦到社会性别问题在社会整体层面具有突出显著性的"性别平等"上。这种以社会学为主的研究状态与国外的研究情况是一致的,反映了以社会学研究方法为主的交叉研究是社会性别研究的重要方法。对照起来看,以"女性"为篇名在"中国知网"上搜索,有 68 463 条记录,其中,研究主题排前 5 位的分别是女性形象、女性主义、女性意识、女性文学和生态女性主义。可以发现,以"女性"作为专业性术语的研究,领域比"性别"更为集中,但就方法而言,并不像"社会性别"研究那样突出。

社会性别研究的领域、问题与方法的多样化是当前社会性别主流化的必然结果。从整体上看,这是围绕性别问题展开的对社会结构、经济、政治、文化、制度等多个方面逐一和全面的审视与评估,对于促进全面和充分地实现性别平等具有积极意义。但就研究本身而言,其局限性也较为明显。多样化就意味着缺乏一致性,由此也决定了社会性别主流化研究的局限性和不可持续性。对于社会性别的研究,始终表现出社会群体内部研究而非跨社会群体研究的特征(斯特恩斯,2016)。换言之,社会性别研究的开展必须以某一类具有显著特征的社会群体为研究对象,离开了这一研究对象,研究就缺乏统一的框架。

在研究对象既定的条件下,就社会学研究而言,Udry(1994)指出,社会性别研究包括三个要件,即性别角色(gender role)、社会化(socialization)和机会结构(opportunity structures)。更为一般的,社会性别研究的主要范式包括以下四个阶段性研究:第一,通过行为观察分析特定对象的性别设定;第二,分析性别设定下的制度构建及其边界;第三,评价跨越制度边界对特定对象的影响;第四,围绕制度调整展开应对性研究。第一个阶段的研究,也就是前面概念中指出的"社会性别诊断",是本书力图作为女性农民工群体就业的前置性分析加入研究中的社会性别分析方法。

简单来说,"社会性别诊断"就是对特定人群的被研究行为进行观察,进而得出其性别设定的分析过程。不同的人群、不同的被研究行为,有不同的诊断内容。诊断并不是得出一个"男性"或"女性"的结论,而是将研究的重点放在以下四个方面:一是特定人群执行被研究行为的资源支持分析；二是特定人群执行被研究行为的意愿分析；三是特定人群执行被研究行为的机会分析；四是特定人群执行被研究行为的能力分析。社会性别诊断研究是针对特定人群的内部分析，不涉及与其他群体的比较部分，其目的就是找出特定人群执行被研究行为的一般性选择与特征。

本书对"女性农民工群体"的研究，所依托的基本理论是对社会性别的研究和探讨。这一研究兼具社会学、政治学和伦理研究的特征。按照上述研究范式，在研究的起点上执行的社会性别诊断，包括四个方面的内容。第一，女性农民工群体就业的禀赋支持。禀赋支持研究给出的是女性农民工群体人力资本的现实状态，或者说她们把握就业机会的能力。从构成上看，受教育水平、健康状况和社会接入状态是三个必须要加以重视的内容。第二，女性农民工群体就业的意愿。意愿研究是从群体层面上探讨女性农民工群体作为劳动力的可供给水平，意愿研究包括两个部分，一是愿意就业的调查分析，二是能够就业的能力分析。第三，女性农民工群体就业的机会。机会分析明确的是女性农民工群体在劳动市场中面对的需求条件。分析的目的就是要找到市场对女性农民工群体需求的一般性条件，以及这种一般性条件反过来又会对女性农民工群体就业形成什么样的约束性条件。第四，女性农民工群体就业的能力/适应度。能力或适应度研究就是要发现女性农民工群体在就业过程中能否实现"干中学"，以提高人力资本的积累水平，从而打破内外部约束性条件。禀赋、意愿、机会和能力/适应度的评价构成了女性农民工群体就业社会性别诊断的四个部分，这也是下文研究延展的主要思路。

2.1.2　社会性别的伦理研究

伦理研究奠定了社会性别研究的起点，由伦理研究界定的原则使得更为本质的研究视角得以被发现。要认识到，性别伦理与其他人群特征的伦理研究相比较具有特殊性。其一，具有基本性。人是伦理的适用主体，其所具有的性别二元划分是作为主体的基本界定。这种基本性表现在两个方面，一是性别与生俱来的自然属性形成的基本性；二是在自然属性社会化的过程中，这种自然属性的差异转变为社会制度架构不可分割构成内容所形成的基本性。这两个方面的基本性均不会因特殊群体的否定、技术的接入或者制度的漠视而不存在。其二，具有个体性。性别差异并不是任何社会演化过程都可以消解的自然存在。这种自然差异所形成的个人影响，伴随每一个人的成长过程逐渐显现。基于这种自然差异所形成的社会差异的历史演化过程，也必然会取决于身处特定历史阶段的个人判断、群体取向和社会选择。社会性别差异固然是人类社会长期发展的历史产物，但也是社会中每一个个体基于自身状态所做出的选择的集合。其三，正因为如此，伦理研究提供了本书的视角选择依据和社会性别诊断的原则基础。社会性别诊断不是中性的研究，而是具有明确价值取向的分析过程。

Wharton（2005）认为，社会性别是一个"创造和维系性别差异以及应对在性别差异基础上的不平等关系"的社会实践系统。按照帕森斯（Parsons，2000）的分析，这是一个典型的"平等伦理"（不同性别之间不存在人的根本品质或能力的差异）式的逆向观察结果。与此对应的，还有"差异伦理"（性别差异是一切认识的前提）和"解放伦理"（从性别被建构的社会制度中解放）。无论是哪一种伦理，都是从不同的视角对"性别不平等"这一长期存在的社会历史现象的回应。

就平等伦理而言，从不同的学科来看，也有不同的认识。例如福利平等、机会平等、能力平等，就涉及经济、政治、社会等多个领域的研究。收入平等是一个重要的研究视角。但从收入平等到人作为个体所能享受到的权利平等之间，还存在一系列的变量，包括个人状况、自然环境多样性、社会条件、要素支撑差异、家庭内要素分布等。因此，有必要将研究的关注点更多地放在"经济平等"上（Sen，1997）。也正是基于此，能力平等才成为当前研究采用的主要研究视角。例如世界银行（2012）对性别平等问题的研究，认为性别平等既是基本人权的应然状态，也是社会发展目标得以实现的基本工具。不同维度的性别平等研究产生了众多关于平等状态和特征的观点。例如王新宇（2009）认为，就话语权而言，社会性别要求的平等存在着"否定所有的宏大理论体系""构建女性话语即权力理论""主张多样性和差异性""反对本质论和普遍论"等研究特点。

本书所秉承的性别伦理，首先倡导性别平等。但这一性别平等，并非普适性的和绝对的，而是在对特定人群现实生活状况的考察研究基础上对性别平等的原则性坚持和灵活性实现。本书认为，性别平等是高度对象依存的概念，不同的对象对于性别平等的理解不同、需求不同；不同群体之间的性别平等度不同是客观现实，不能因为差异的存在就认为不平等程度比较起来较高的一方就存在绝对的性别不平等。但是，即使在高度对象依存状态下，进行比较研究也是有积极意义的。通过比较，可以识别特殊人群的特殊需求，并对其展开针对性研究。正因如此，本书的研究对象即女性农民工群体，是我们在性别伦理分析中假定的处于弱势地位、存在着性别不平等状况的人群。这是研究一开始就必须申明的要点。从方法上看，这一假定也符合社会性别研究的一般性思路。必须要明确，社会性别研究之所以能够兴起，根本原因之一是它持续关注在社会发展历史过程中始终处于弱势地位的女性。因此，尽管在方法上可以突出科学性和规范性，但科学规范方法必须服务于增进特定女性群体福祉这一基本价值取向。这种关注并不只是道义上的，而是根植于社会科学研究方法之中的价值基础。

尽管在研究之初就坚持女性在特定领域中处于弱势地位，但并不意味着整个研究的开展就是一个不断对其进行验证的过程。社会性别研究从整体上看是一个持续精准化的过程。从简单的性别平等要求到就业领域女性农民工群体的状态提升之间，既是一个从一般到具体的逻辑延伸过程，也是一个从笼统到精准的策略展开过程。研究所关注的，不是性别不平等的概念，而是性别不平等在女性农民工群体就业方面的具体表现及其原因，并由此形成围绕既定标靶的精准策略分析。

2.1.3　社会性别的政治研究

社会性别的政治研究奠定了从性别的自然差异到社会差异的制度理论基础。这也是社会学研究中性别"社会化"的一个构成部分。人类的身体构造差异是性别差异的起点，但并不是社会中存在性别差异的直接原因，由身体构造差异及其对不同自然环境和社会环境的适应性差异引致的，在社会需要、社会结构和社会制度层面上的差异性构造才是社会中存在性别差异的直接原因。就原因的优先性而言，社会需要是塑造社会性别的关键性原因。正如恩格斯在《家庭、私有制和国家的起源》中所说：我们从过去的社会关系中继承下来的两性的法律上的不平等，并不是妇女在经济上受压迫的原因，而是它的结果。

这样的历史性过程在工业时代随处可见。一战后，英国30岁以上的妇女获得选举权，尽管有女权主义运动的时代背景，但其最大的社会需要，是一战时期男性上战场后女性必须填补相应的工作岗位所引起的女性就业岗位增加。对社会性别的研究，无论是从"平等""差异"还是"解放"切入，都必须充分认识到性别问题在特定的社会需要、社会结构和社会制度中的表现形式及其研究目标的可实现程度。

从概念上看，世界银行（2012）认为，社会性别是与女性和男性分别相关的社会、行为、文化的特点、预期和规范。社会性别平等，指的是这些因素如何决定男性与女性之间的关系以及由此造成的权力差异。这就是一个较为典型的从政治角度对社会性别进行观察的理论概念。

从政治研究的角度看，包括产权、婚姻、继承权、就业等在内的社会制度的性别差异式安排是造成性别不平等的重要原因，如经济机会的把握等。一个较为普遍的认识是（世界银行，2012），由于事实上经济权力存在的性别差异，经济领域中对公平市场竞争机会的强调，实际上难以实现。因此，要解决市场竞争的性别不平等问题，仅仅在经济领域内找寻答案是缘木求鱼，难以奏效。必须将研究的视野拓展到经济领域之外，从"赋权"的角度，来找寻性别不平等问题的根本解决之策。这也是社会性别主流化作为行动方案得到推广背后的理论基础。

以"赋权"作为主要特征的理论研究在发达国家推进性别平等的过程中得到了广泛的社会认同，从而促进了社会性别主流化行动的深入开展。但其在欠发达国家的实践却并不尽如人意。原因也是多方面的。其中既有市场经济不成熟的原因，也有政治、法律体系不完善的原因，更为根本的是，社会缺乏对性别平等的观念认识和现实需要。实践的结果往往是，经济领域的"赋权"容易实现，但更为宽泛领域的"赋权"仅仅停留在口号上。这反过来又会使得经济领域的"赋权"难以为继。实践的困境表明，如果对"赋权"的对象和环境没有足够的把握和针对性的准备，"赋权"所形成的被动式平等，往往因为缺乏社会的长期关注和资源支撑而无法深入推进。从更为根本的意义上看，"赋权"应当是对特定人群的普遍性"赋权"，而不是对特定人群特定活动的"指向性赋权"。单纯经济上的"赋权"之所以难以形成可预见的持久效应，其根本原因也在于此。

我国的情况又有所不同。一方面，性别不平等在我国有较长的存在历史。这种特征在民间习俗层面也存在一定的影响。另一方面，妇女"半边天"的历史地位，在新中国成立之初就已确立。1949年《中国人民政治协商会议共同纲领》第一章第六条规定："中华人民共和国废除束缚妇女的封建制度。妇女在政治的、经济的、文化教育的、社会的生活各方面，均有与男子平等的权利，实行男女婚姻自由。"男女平等自此成为新中国的基本国策。

多年以来，我国采取了一系列促进性别平等的战略措施，并不断完善保障妇女合法权益的制度法规，性别平等被列入基本国策，妇女在就业、医疗、教育等多个方面的权利均得到了长足的发展。应该说，从"赋权"的角度看，制度层面的"赋权"要求实际上已经得到了较为充分的满足。但在现实中，保健、就业、农村土地确权、维护妇女权益、特殊妇女群体等方面的性别歧视现象还较为突出①。

经济领域中的性别不平等，实际情况可能比数据反映出的情况严重。以国家统计局发布的《2018 年全国时间利用调查公报》中的数据为例，如果男性的无酬劳动时间是 1（92 分钟）的话，其有酬劳动时间就是 3.42（315 分钟），个人自由支配时间是 2.75（253 分钟），女性则分别是 2.48（228 分钟）、2.34（215 分钟）、2.39（220 分钟）。相比较而言，城镇分别为 1.79（165 分钟）、2.60（239 分钟）、2.72（250 分钟），农村分别为 1.73（159 分钟）、3.27（301 分钟）、2.32（213 分钟）②。从这些数据中可以发现，第一，性别差异在有酬和无酬劳动时间上的差异最大。这反映出性别是经济活动首先要考虑的因素，至少从结果上来看不能排除这种可能性。第二，仅从时间角度看，除去上网时间（162 分钟/98 分钟）的区别，男性人群的时间分配与农村人群的时间分配有类似性。这既有经济结构方面的原因，也有人口城乡结构影响的原因。大量的人口依然在农村，导致农村人口在一定程度上成为时间分配的决定性因素。由此可以合理地得出结论，考虑农村人口占人口总量多数的情况，统计调查显示的男性和女性的时间分配差异应该是一个被平均的结果。也就是说，实际的性别差异情况应该比平均值反映出的情况更为严重。

过去 40 多年，我们坚定不移推进改革开放，发展作为强大的改变性力量，推动着中国各个方面发生天翻地覆的变化。实践表明，一方面，性别的社会关系与结构，是可以被发展改变的。这是过去发展所得到的宝贵经验。另一方面，发展也绝非改变性别不平等状态的根本性手段。当前在经济领域中存在的性别不平等状况，既是工业化作为一种特定的生产方式运转的结果，也是妇女较为缺乏参与工业化进程能力的必然结果。换言之，是工业化及其特定的市场竞争运作方式决定并强化了妇女参与生产的约束

① 谭琳，等. 2013—2015 年：中国性别平等与妇女发展报告 [M]. 北京：社会科学文献出版社，2016：1-22.

② 数据来源参见国家统计局网站：http://www.stats.gov.cn/tjsj/zxfb/201901/t20190125_1646796.html。

性机制。

要改变这一状况，既要寄希望于生产力的变化，即工业化作为一个历史过程在技术进步的支撑下实现新的阶段性调整，也必须积极行动，致力于生产关系的主动调适，即有针对性地强化妇女参与生产活动的权利保障，在持续性的"赋权"过程中有意识地提升妇女的权利自觉能力和水平。这种"赋权"不是简单地赋予其就业权、继承权、财产收益权、参政权等，而是从最根本的意义上赋予其选择权。

这一选择权有三层含义。其一，以权利自觉为前提。换言之，对性别不平等的权利关注，焦点不应是某种具体权利，而是一般意义上的权利意识。对妇女个体而言，就是要对自我发展的重大问题有自我决定的权利自觉。在社会性别诊断中，要把权利意识作为女性人力资本积累的基本评价内容。其二，选择可能性集合的性别一致性判定。在涉及性别差异的选择上，无论是男性还是女性，其面对的选择可能性集合都不因强制而存在根本性差异。其三，机会的性别主动性倾斜。在面对选择机会时，必须采取矫正措施，使得因强制而扭曲的机会分布结构向处于弱势地位的群体倾斜。关于选择权的探讨，构成了本书社会性别诊断权利标准的主体内容。

2.2　农业转移人口就业能力研究

农业转移人口就业能力研究是当前乡村振兴研究的一个重要内容。对于农业转移人口就业能力的研究，构成了本书对女性农民工群体就业研究的另一个重要研究基础。下面从农业转移人口及其流动特征、农业转移人口就业结构、农业转移人口就业能力三个方面对当前研究状况进行分析。

2.2.1　农业转移人口及其流动特征

从研究的显著性上看，在"中国知网"上以"农民工"为篇名搜索，有41 391条记录，2016 年 1 月至 2019 年 12 月有 6 780 条记录。"农民工"和"农业转移人口"分别有 929 条和 435 条，可见后者是随新政策出现的研究对象；而"农民工"是较为成熟的研究对象，但近三年的研究热度有明显的下降。农民工与农业转移人口显然是有差异的。按照国家统计局的界定，农民工是指户籍仍在农村，年内在本地从事非农产业或外出从业

6 个月以上的农村劳动力。按照《国家新型城镇化规划（2014—2020）》，农业转移人口是指受城乡分割的户籍制度影响，被统计为城镇人口的农民工及其随迁家属。其特征是，未能在教育、就业、医疗、养老、保障性住房等方面享受城镇居民的基本公共服务。农业转移人口的基本变化方向是"市民化"。按照这一界定，农业转移人口的范围比农民工的范围大。同时，农民工更强调这一群体的来源及其周期性的回迁性特征，而农业转移人口则更强调其处于移动过程的动态性及其市民化目标。但显然，农业转移人口在统计上更为困难；而农民工的监测已进行超过十年，有较为成熟的监测手段，数据的连续性也更强。

本书之所以以"农业转移人口"而不是"农民工"作为研究女性农民工群体就业的基础人群，就是要突出女性农民工群体的来源及其附属性特征。这不仅符合实际情况，也符合研究的需要。从实际情况来看，女性农民工群体中的大多数人，都是农业转移人口的构成部分。其特殊性就在于，这一群体中的一部分人在就业中缺乏独立性。从研究的角度看，如果女性农民工只是农民工的一个部分，那么对女性农民工群体在就业上实际面临的性别不平等状况，就缺乏再研究的必要性。如果将女性农民工群体纳入农业转移人口的范围内加以考察，那么社会性因素对女性农民工群体影响的研究就是合乎逻辑的。

农业转移人口是当前我国城镇化进程中一个备受学术界关注的人群。一方面，农业转移人口的统计监测数据是近年来社会关注的热点数据之一。2017 年的数据显示，在 28 652 万农民工中，新生代农民工超过半数，男性占比为 65.6%，女性为 34.4%。其中，外出农民工中女性占比为 31.3%，本地农民工中女性占比为 37.4%。另一方面，从研究的情况看，在"中国知网"上以"农业转移人口"为篇名检索，相关文献共有 929 篇。其中，2016 年以来有 435 篇，可以看出学术界对这一问题的关注度逐步提升。研究关注的主题集中在农业人口转移的途径（如市民化）、障碍（如户籍制度、农地流动）、支持（如公共服务）以及经济成本等方面。以"人口流动"为关键词检索，相关文献共有 1 769 篇，其中 2016 年以来有 385 篇，可以看出这一问题的研究热度一般，并非学术界关注的重点内容。综合以上两个方面的情况看，学术界对农业转移人口的关注点主要在转移的方式、成本和目标上。

对于农业转移人口的流动特征，当前的研究有待于进一步深入。农业转移人口根据转移原因可以分为制度性转移和行为性转移（杜巍 等，2018），根据转移方式可以分为竞争性和非竞争性（杨金龙，2018），根据转移单位可以分为独自流动和家庭化流动（王建顺 等，2018）。不同的研究由于视角和目的不同，对农业转移人口有不同的分类。大多数对农业转移人口流动目的地的研究是将人口构成类型、户籍地（流出地）、迁入城市（流入地）的城市规模大小作为区分对象的（赵智 等，2015）。农业转移人口的流动特征有从欠发达地区向城市流动、以远距离换取高工资、群体聚集等，且个体因素对流动选择有显著影响（任义科 等，2017）。现有研究对农业转移人口的分类是多样化的，反映出当前研究对城镇化进程存在差异化、碎片化认识。因此，有必要从更为系统的研究角度，从整体上对农业转移人口市民化过程进行研究（吴越菲 等，2016）。例如，由于不同类型的农业转移人口很可能是一个市民化过程的不同阶段的反映（文军 等，2016），可以对此进行研究。

从流动的角度看，一方面要关注流动的最终目标，即市民化；另一方面必须对流动的能力，即人力资本的支撑，进行研究。因为从实践上看，市民化是一个长期的历史过程。由市民化目标反推出来的子目标，在一定的发展阶段上未必有实现的可能性。因此，市民化作为最终目标，对于特定阶段的子目标仅有指向作用。子目标必须根据特定阶段农业转移人口的可行目标来确定。换言之，就是农业转移人口的人力资本积累能够支撑的目标。因此，对于农业转移人口的研究，存在最终目标和现实目标之间的匹配问题。女性农民工群体，作为从就业维度进行界定的农业转移人口，由于其在人力资本积累方面存在特殊性，在关注其作为农业转移人口的一般性流动特征外，更要关注人力资源作为市民化能力的重要性。因此，对于女性农民工群体流动特征的研究，要更多地关注人力资本积累的影响。

2.2.2 农业转移人口就业结构

从工业化进程的角度看，农业转移人口的就业是其市民化的根本动因。就业结构的变化会对农业转移人口产生重要影响，这是工业化的必然规律。但就业结构的变化会滞后于工业化的结构性调整（刘新争，2017）。从 2017 年的情况来看，从事第一产业的农民工占比为 0.5%，第二产业的农民工占比为 51.5%，第三产业的农民工占比为 48%。从事第一产业和第二产业的农民工占比均在下降，第二产业从 56.8% 下降至 51.5%，而第三产业就业占比连年逐渐上升，从 2013 年的 42.6% 上升到 2017 年的 44.5%。

农民工就业方式可以分为自雇和受雇两种，自雇群体的收入高于受雇群体的收入（张启春 等，2018）。对于就业结构的研究，可以分为身份结构、行业结构、性别结构、所有制结构、时间结构、收入结构等（朱明宝 等，2017）。从时间维度上看，农民工的就业结构无论是从年龄、性别还是就业领域来看，都存在代际差异。一个较为突出的现象就是新生代农民工的出现，这是在论及农民工就业结构时必须提及的人群。无论是年龄、性别、知识还是就业区域和领域，新生代农民工均表现出新的特征。其原因包括新生代农民工受到认知、婚姻、教育、国家战略等多方面因素的影响。总体来看，农民工的就业表现出重复性特征，即难以实现职务或技术等级上的提升，其原因既有人力资本的欠缺，也有社会资本的约束（田华 等，2013）。

从人群层面上看，女性农民工群体、依靠劳动市场就业的农民工群体数量逐年显著增加。从性别构成来看，历史资料分析显示，性别比例失衡和劳动分工存在差异是农民工群体长期存在的特征（池子华，2008）。在近年流动人口总体规模下降的情况下，女性流动人口的规模上升较快（贺霞旭 等，2013；侯建明 等，2019），其原因是多方面的，既有农民工群体本身代际变化的供给影响，也有产业结构调整的需求约束。

就业的性别结构是本书关注的重点内容。就业结构是劳动市场供求状态的客观反映。性别结构对于就业结构的影响，也可以从供给和需求两个维度展开，并最终在供求分析中得到展现。反之，在就业结构下研究性别结构，就是要对一定性别结构下的就业结构进行效率判断，并在此基础上，提出通过性别结构的主动矫正形成的就业结构的积极调整方案。就业结构的性别分析，一个基本的价值取向，就是明确在一定的发展阶段上，性别平等并不是一个始终如一的目标，有必要因时因地加以确定。也唯有如此，性别平等作为一个具有至上伦理追求的社会理想，才能在现实中找到存身之所。

从"应然"的矛盾看"实然"的状态，是就业结构的性别分析展开的基本思路。从供给分析上看，要搞清楚性别结构的自然性变化和由制度调整导致的制度性变化，对劳动力供给的量和质会产生什么样的影响，这是第一个"应然"状态的分析。从需求分析上看，要研究产业发展、城市建设和企业组织形态的变化会对就业的性别差异产生什么样的影响，以及这些影响在何种程度上可以通过劳动制度的调整得到有效应对，这是第二个"应然"状态的分析。这两个"应然"状态的分析结论可能是一致的，如供给的性别结构正好符合需求的性别要求；也可能是不一致的，如需求的性别要求对供给的性别差异形成了实质上的约束。在供求分析层面上，有必要结合供求两个层面的分析，对客观存在的就业性别结构进行效率判断。这是两个"应然"状态在"实然"层面上相互作用的结果。对于这一结果的效率判断，将形成两个结论。一是在特定发展阶段，社会经济发展水平所决定的性别结构的可能状态将在分析中显现。这是"是什么"问题的解答。二是社会制度和就业政策的针对性调适可能会形成的，对就业性别结构的主动性矫正的边界在研究中会逐渐明晰。这是"怎么办"问题的解答。

2.2.3　农业转移人口就业能力

从就业能力入手对农业转移人口进行研究，是当前研究一个较为重要的领域。关于这方面的研究，一个普遍认同的研究基础就是阿马蒂亚·森的"可行能力"，即满足人的基本需要的能力。这些能力的保障需要政治、经济、社会、信息和社会保险等多方面的支持。森的论述是基于权利关系的论述①。因此，所谓能力，就是基于权利的能力。权利是人作为个体进行人力资本积累的前提条件，而能力则是人依靠人力资本积累去追求个体所希望实现的生活的能力（Sen，1997）。能力与人力资本积累之间存在相关性。正是基于这一基础，农业转移人口要通过就业实现顺利转移，从理论上看，就业能力的强弱就是判断劳动者权利是否得到保障的一个关键性指标。从现实中看，之所以从来源地或职业来界定农业转移人口或农民工，就在于这一人群的既定职业特征与其即将进入或者正在从事的职业之间存在不匹配的情况，能力不适应职业的要求是普遍的状态。因此，从能力的角度展开对农民工就业问题的研究，也符合现实的状况。

大多数学者都是从现实需求的角度展开对农民工就业能力的研究。相当一部分的研究认为，人力资本是农民工就业能力的重要基础，就业能力是转换工作的能力（刘会新 等，2017）。从就业能力的具体构成来看，研究可以分为两类，一类是基于人力资源理论形成的就业能力指标构成，另

---

① 森. 贫困与饥荒 [M]. 王宇，王文玉，译. 北京：商务印书馆，2001：1-5.

一类则是基于调查形成的就业能力指标构成。这一研究分类思路的背后，是对于就业这一社会性活动的不同的认识。森（1996）认为，存在收入、产出和自我认知三个不同层面的就业认识。正因如此，就业能力的构成标准是有差异的。就当前的两类研究而言，前者更注重就业的收入和产出维度，侧重于从社会和政府的角度对就业进行界定，其采用的标准是一致性的政策标准，如最低工资水平等；后者更注重作为就业者的人的个人感受与价值实现，采用的标准主观性较强，更强调就业者的主观体验。这三个维度的就业认识，形成了不同的就业能力理论。从理论构建的角度看，现有研究认为，就业能力包括人力资本、社会资本、个人适应性、职业认同等（高建丽 等，2013；范红霞 等，2017；刘叶云 等，2018），每种能力之下还可以进行具体细分。对于不同的研究对象，就业能力研究的侧重点也有所差异。必须认识到，就业能力的研究并非一个即时性话题。仅就"就业能力"而言，其在研究中存在已久，且在不同的历史时期有不同的内涵（金星彤，2012）。因此，当前在就业能力研究中存在的多样化现象既是客观现实的反映，也是劳动市场作为多学科研究对象，其适用方法的差异导致了研究框架产生差异所致。

在第 1 章，我们已经对本书采用的"就业适应度"和现有研究采用的"就业能力"之间存在的差异进行了初步的分析。总体来看，就业能力的研究是基于长期就业效果的研究。无论是从就业能力指标的构建、评价的指向还是适用的人群来看，提升特定人群中长期的就业规模和就业质量都是共同的研究指向。因此，就业能力所设定的所有研究指标，从长期来看均是可变的，也必然会成为政策作用的目标。这样的思路反映在研究上，就是多学科研究对就业能力分析的同步展开。这种研究特点有其政策需求的必要性，但就特定人群而言，却未必能适应其需求。以农民工为例，就某一个具体的个体而言，无论是人力资本还是社会资本，在可以预见的未来，其发生变化的可能性都是比较低的。甚至可以说，只要他/她保持农民工的身份，人力资本和社会资本的积累状态是没有出现突变的可能性的。既然人力资本和社会资本没有显著变化的可能性，将其作为政策作用的变量来加以考察和研究，就缺乏现实的针对性。研究普遍认为，加大农民工人力资本积累的支持力度有助于提升农民工的就业能力。这一观点就长期而言是正确的。但支持人力资本积累的政策与人力资本积累的实现之间存在多长的时间差异，并不是研究关注的重点。反过来，在就业政策关注的时间段内，例如以年为周期，农民工个体的人力资本和社会资本是一个常量而非变量。政策需要考虑的是在一定的人力资本和社会资本水平上，农民工就业机会的多少和把握就业机会的能力/能动性。这样说，并不意味着我们否定就业也是一个人力资本的积累过程。只是说，"干中学"形成的人力资本积累影响并不会在当期体现。从现实角度看，除了年龄差异外，新生代农民工群体研究所聚焦的教育、健康、技术能力等显著性特征，充分反映了农民工群体人力资本的长期积累效应。但如果把这些特征作为一种方法论应用于具体的农民工个体就业案例分析上，其适用性就是存疑的。

　　基于这样的认识，采用就业适应度来研究女性农民工群体就业，与沿用就业能力展开研究，存在三个差异。首先是视角差异。就业能力是基于一个长期的就业参与过程，对特定人群整体素质的提升进行考量；而就业适应度则是对一个特定时期内特定人群参与就业状态的整体描绘。如果就业能力是一个历史过程的结果的评价，那么就业适应度就是一个较为典型的比较静态分析。其次是指标差异。如前文对就业能力研究的综述所展示的那样，就业能力的指标构成尽管有人力资本等核心指标，但总体而言，指标的多样化特征较为明显。在这样的情况下，指标之间的相互影响，如人力资本和社会资本之间的相互影响，实际上难以估量。就业适应度则是在既定的禀赋条件下，研究农民工就业的经济机会集合及其把握机会的能力/能动性。就业适应度的主要指标包括禀赋、经济机会和能力/能动性三类。其分析的侧重点正好是就业能力研究不涉及的指标之间的相互关系问题，即相对性问题。举例来说，既定的禀赋条件大致相当于人力资本积累的现实状态，在这一前提下的农民工就业研究，实质上就是分析禀赋对把握经济机会的影响。这是与就业能力研究存在显著不同的地方。最后是价值差异。就业能力分析以就业在未来可能的实现为目标，就业适应度分析以就业的现实实现为目标。这是两类研究存在的明显价值取向差异。对农民工而言，在中长期提高就业能力，实现稳定、可预期的就业固然是理想的发展目标，但就现实而言，以就业促生存是更具有首要性的需求。就业适应度研究并非不关注未来的就业实现，只是认为现实的就业实现比未来的就业实现具有更强的优先性。沿着以上三个方面的差异展开分析，由就业适应度研究形成的女性农民工群体就业研究，与按照就业能力进行的研究必然会形成差异化的对策分析。

2.3　社会性别诊断视角下的女性农民工群体就业研究

基于社会性别和农业转移人口的研究现状分析，本书对女性农民工群体就业问题的研究，拟通过性别诊断，围绕就业适应度，构建针对性的研究框架。研究主要从性别诊断的研究视角、研究方法与研究原则三个方面展开。

2.3.1　性别诊断的研究视角

从社会性别的角度切入研究劳动，需要把握三个关键性的分析要素：一是社会分层结构中妇女的社会地位；二是在既定的社会地位上，妇女扮演的社会角色；三是由社会传统引发的性别歧视。在一定的社会地位上，社会角色可以是灵活多样的。但是在社会快速变化的进程中，传统的社会角色已经发生变化，而新的社会角色还未形成。作为研究对象的女性劳动群体，实际上处于常态性的角色模糊阶段。在这样的情况下，妇女的社会角色"扮演"就会出现高度的不确定性。妇女的社会地位随着经济的发展得到提高，且被同时赋予了"母亲"（由身份决定）和"雇员"（由契约决定）两个角色，在既定的时间内需要满足家庭和工作两个方面的需要。当社会还没有形成相应的机制来保护妇女的社会地位时，其角色的选择就存在较为严重的约束。在这样的情况下，妇女的"母亲"身份和"雇员"契约的冲突就不可避免。正如 Wharton（2005）指出的那样，这种冲突与矛盾在工业社会中自始至终存在，"性别、工业和家庭不可避免地纠缠在一起；工作和家庭的变化会导致性别关系的变化，同时，性别关系的变化也会导致家庭和工作的变化……工作和家庭是被性别化的社会制度……纵观历史，劳动分工的发展一直沿着性别设定的路线前行"。

社会性别研究是一个具有表面和内在双重复杂性的社会话题。所谓表面的复杂性，是指社会性别差异作为一种现象，是以高度复杂的形态与其他显性社会现象扭结在一起的。以就业为例，研究就业中的社会性别差异，就无法回避整体意义上的就业现象及趋势。在特定的发展阶段上，如当经济出现较大幅度波动、失业率快速上升时，就业在研究上的显著意义就会显现，使得相关的社会性别研究的社会关注度下降。所谓内在的复杂性，是指社会性别差异作为研究对象，随着研究背景、时间、场景的变化，往往会表现出差异较大的状态，从而对研究本身保持内在一致性带来挑战。就业的社会性别差异，在不同的产业、不同的地区，甚至更为微观的，在不同家庭分工情况下，都表现出差异化发展的状态。在整体的性别意义上，难以形成一致性的特征表述。宏观的数据往往解释不了现实的性别差异问题。对于女性农民工群体就业进行性别诊断得出的结论，与对女大学生就业进行研究得出的结论，并不一定存在理论上的自洽。这种双重复杂性使得方法上的一致和统一成为研究必须谨守的基本原则。本书采用的性别诊断方法，就是面对这一复杂性所提出的针对性方法。以性别诊断作为基本方法对女性就业问题展开研究，首先要注意研究视角的选择。在性别诊断这一方法中，女性农民工群体就业适应度的研究应注重围绕性别差异，从四个视角切入（见图2.1）。

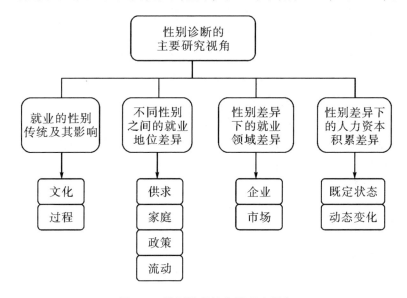

图2.1　性别诊断的主要研究视角

（1）就业的性别传统及其影响

就业的性别传统，是指在传统社会文化和习俗中对于男女就业差异的前置性界定。例如受农耕社会劳动分工的影响，人们认为男性在就业方面，无论是承担的就业责任还是实际拥有的就业能力，都强于女性。这种认识就是就业性别传统的表现形式之一。就业的性别传统是影响女性就业的潜在因素。之所以是潜在因素，在于性别传统在现代社会就业的制度性框架中没有显性体现。但在实际劳动就业发生过程中，忽视这一传统又无法解释各种就业现象。例如，随着经济社会发展水平的提高，出现部分女性群体退出劳动市场的现象，除了生育等自然因素的影响，也有性别传统的影响。对于这种潜在因素，在对不同国家妇女就业的比较分析中，有较为明显的反映（Margarita León et al.，2016）①。不经过比较，在单一场景研究中很难发现其相关性。

从理论上概括，性别传统对就业的影响，主要是对女性就业选择集合的约束，这种约束通过两种方式加以实现。一种是社会强制，即社会性别传统成为劳动制度设计的基本依据，使得不符合传统的制度选择在制度设计之初就被排除在外。另一种是个体选择，即尽管制度没有规定性别的约束性条件，但实施主体在执行过程中实际上受性别传统左右，自动筛除了不符合性别传统的选择。在现实的就业性别差异研究中，很多研究认为，就业结果（收入）在性别之间的不平等之所以存在，其重要原因就是受到性别传统的影响。这类观点是失之偏颇的。性别之间的就业收入差异，是多种因素作用的结果。简单地将其主因归结为性别传统，不仅无助于问题的解决，还会对问题研究的开展形成实质性障碍。

性别传统对于就业的影响，在于文化和过程。所谓文化，是指性别传统表现为企业组织内部具有明显性别取向的文化氛围，进而形成不利于女性职业发展的就业氛围。所谓过程，是指性别传统对劳动协作分工形成的实质性影响，决定了性别取向鲜明的企业组织内部岗位配置规则，导致女性被迫停留在辅助性岗位上。由性别传统导致的对就业文化和过程的影响，更多是一种企业组织内部"竞争性排序"的弱势地位②。由于具体的数据难以获得，无法反映"竞争性排序"的全貌，所以不宜采用量化的方法展开对这种弱势地位的研究。应当从不同行业"竞争性排序"的规律性认识出发，全面比较性别传统对"竞争性排序"的作用机制，进而研究其可能产生的影响（见图 2.2）。

---

① 在国别比较中，韩国与西班牙的妇女在就业方面表现出不同的特征。部分韩国妇女在生育期会中断就业，而西班牙妇女不会；部分韩国妇女的受教育水平与职业发展无关，而西班牙妇女则高度相关。详见：LEÓN M，CHOI Y J，AHN J. When flexibility meets familialism：two tales of gendered labour markets in Spain and South Korea ［J］. Journal of european social policy，2016，26（4）：344-357.

② "竞争性排序"是指，企业作为生产经营活动的组织基本单元，在企业内部资源配置过程中适应市场竞争规律，对生产经营活动涉及的生产要素进行适应性预先排序，所形成的生产要素组织内部配置结构及其相应的体制机制。关于"竞争性排序"的相关研究，第 3 章将对其进行理论分析，第 6 章将对其进行实证分析。在此仅提及主要概念。

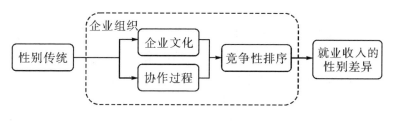

图 2.2 性别传统的作用机制

（2）不同性别之间的就业地位差异

就业地位在不同性别之间的差异化设定，是性别诊断要明确的第二个重要问题。就业地位是指一个既定的社会单位内部，不同性别之间的就业优先顺序差异。例如，一个家庭内部，男女之间的就业地位与竞争性排序一样，是本书用以研究和分析女性农民工群体就业的基础性工具。就业地位和竞争性排序的区别在于，就业地位是指社会视域中的就业性别差异，竞争性排序是指企业组织内部视域中的就业性别差异。之所以采用这样的区分，在于社会视域中的就业地位差异与企业组织内部视域中的竞争性排序，无论在形成因素上还是对不同性别之间就业结果的影响，均有明显的差异。

从研究的角度看，在就业地位中归结就业性别差异的社会性因素，在竞争性排序中研究就业性别差异的企业性因素，从而能够在相互比较中更加准确地锁定就业性别差异的决定性因素。不同个体就业地位的差异是多种因素作用的结果。同样地，某一个具体群体与其他群体的就业地位差异，也是多种因素作用的结果。因此，对于特定男女群体之间的就业地位差异研究，应注重从差异的结果出发，来分析其形成的具体原因。不能在研究之初就简单地界定，性别这一自然因素是导致就业地位差异的主要原因。

对于不同的就业群体，必须界定其就业地位的影响因素集。这一影响因素集的内在构成有四种类型。一是供求结构，即从劳动供给和需求两个方面对性别差异条件下的就业地位的影响因素进行归纳和分析。这一类型的影响因素，对于供求关系特别紧张的劳动市场和领域有明显的分析优势。二是家庭决策，即从家庭劳动决策的角度对就业地位的影响因素进行归纳和分析。这一类型的影响因素，对于存在较为普遍的临时性就业的领域有较强的针对性。三是社会政策，即从社会政策规制的角度对就业地位的影响因素进行归纳和分析。这一类型的影响因素，对于初入劳动市场的新劳动群体有较为显著的分析优势。四是劳动力流动，即在劳动力跨区域流动的动态过程中对就业地位的影响因素进行归纳和分析。这一类型的影响因素，对于当前存在大规模劳动力流动现象的就业地位分析，有明显的针对性。这四种类型的就业地位影响因素，是紧密围绕就业地位的性别差异分析结果，就其内在结构进行理论构建。在研究中，有必要基于特定群体、特定区域、发展阶段的要求，选择一种有针对性的内在结构类型作为主要分析框架，以其他结构类型作为辅助，对就业地位的影响因素进行分析。对于女性农民工群体就业的研究，选择结构类型的基本原则将在2.3.3节"性别诊断的研究原则"加以说明。

（3）性别差异下的就业领域差异

就业领域差异，是指因产业、时间、区域等客观因素的差异而形成的就业性别差异。例如，不同的产业领域中显然存在不同的性别需求；灵活就业的发展在客观上促使不同的性别就业取向形成；就近或者跨区域流动的差异促使不同性别平等就业形成实质性差异；等等。就业领域差异是客观存在的现象，对其进行观察是研究就业性别差异的一个重要的视角。

就业领域差异对就业性别差异的影响，是一种客观性影响。任何行业、特定发展阶段，又或者是不同的区域，客观存在的产业、阶段或者区域性差异，使得不同的性别存在着可以观察到的差异。例如，在对体力要求较高的行业中，在工业化发展中后期的重化工阶段，又或者在以资源输出为主的区域，女性所受到的就业限制较为显著地大于男性，这是客观的事实。就业领域的性别差异性要求的客观性，是建立在特定历史时期社会性别意识基础之上的。社会性别意识的变化，会对就业领域的性别差异性要求产生影响。同样地，就业领域性别差异的客观性存在，在更为激进的社会性别意识中，其被容忍度更低，因此其客观性被限制的范围就更小。从长期来看，就业领域的性别差异性要求是可以随着社会性别意识的变化而得到不断调整的对象。但就短期而言，就业的性别差异研究必须以就业领域存在的客观性别差异为前提。毫无差别地将性别平等原则适用于所有的就业领域，并不符合社会的客观实际，由此形成的理论认识和实践建议，也由于和现实相去甚远而失去基本的参考价值。就业领域的客观性性别差异性要求是具体的、历史的，因此，必须对特定的环境进行针对性研究，以明确性别差异性要求的具体内容。

就业领域的性别差异性要求对性别的就业领域差异产生的影响，主要可以从两个作用机制加以考虑。一是企业组织内部就业领域的性别差异性要求的存在，导致不同性别在就业的竞争性排序中处于天然的差别地位上，由此，特定的性别群体在企业组织内部处于排他性优序。二是由于就业领域的性别差异性要求的影响，不同的就业群体在劳动市场决策中形成适应性选择，主动地从特定的就业领域中退出。这种状态往往又会因为有利于特定就业领域的就业发展趋势的出现，被管理主体辨识并确认，进而得到正式性制度的激励，从而不断强化。必须要认识到，就业领域的性别差异性要求有可能但并不一定会导致性别歧视。就业领域的性别差异性要求所形成的企业组织内部就业竞争性排序的排他性优序状态，以及劳动市场中存在的适应性选择和制度性激励，只是就业性别歧视的累积性条件。只有这一条件突破临界，才会出现整体性的性别歧视。对于临界条件，有两个定性判断条件。一是企业组织内部特定性别的排他性优序上升为企业管理制度的明确性规定，并不加区别地适用于企业组织内部所有的就业岗位。二是劳动市场的适应性调整成为就业的显性条件，这得到了制度的认可。

（4）性别差异下的人力资本积累差异

人力资本在就业个体中的积累水平，是决定就业质量和效率的核心指标。人力资本在特定性别群体中的整体积累水平，反映这一群体在劳动就业过程中的整体地位，是对特殊性别群体进行观察研究的重要指标。人力资本积累的差异，是导致就业性别差异的重要原因。反过来，性别差异也是就业中人力资本积累水平不同的重要影响因素。这是直观的，且在众多研究中得到确认的事实。

人力资本的积累，既是社会外力作用的过程，也是劳动主体在就业中主动或被动学习而提高的过程。外力作用过程在就业领域的表现，主要是人力资本积累的现实状况及其对就业产生的既定影响。劳动主体在就业中主动或被动学习而提高的过程，则是人力资本在就业中发生整体性动态变化的直接原因。因此，对于性别差异下的人力资本积累研究，既要注意弄清楚既定环境条件下人力资本积累的差异化水平，也要关注特定的就业环境对人力资本积累的差异化趋势，可能产生的促进或者约束就业性别差异扩大的因素。前者是一个性别差异在人力资本积累水平上的测度问题，是研究中需要明确观察的具体指标。这一点将在后面的就业适应度研究中展开。后者是明确特定就业环境中人力资本积累存在的积极或消极因素，并测定其影响大小的过程。在就业适应度研究中，要明确因素的具体内容。在之后的实证研究中，要对其实际影响的大小进行具体的分析。

2.3.2　性别诊断的研究方法

采用性别诊断的方法对就业的性别差异进行研究，其主要目标，就是对就业中存在的性别差异进行全面分析和综合判断。在明确性别诊断实施的基本观察视角之后，对性别诊断的具体实施过程进行设计，是展开研究的前置条件。性别诊断的实施主要从对象选择、实施过程、数据分析和综合评判等方面展开（见图2.3）。

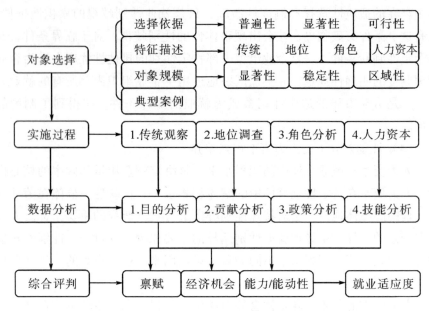

图 2.3　性别诊断的实施

（1）对象选择

对象选择是性别诊断实施的第一个环节。之所以选择某一个群体作为性别诊断的实施对象，在于对象群体在社会现象或问题中的显著性及其在相关社会政策中的对应性缺失。这种现象与制度的不一致性就形成了研究的必要性。但这仅仅是观察的起点，难以形成真正的研究起点。要形成规范的对象选择方法，使得性别诊断能够在更大范围内得以实施，必须在观察的基础上，形成对研究对象的稳定选择依据。

具体来看，选择性别诊断的研究对象，需要考虑四个基本原则。一是基本的选择依据。任何一个可以作为性别诊断实施对象的群体，首先在社会现象中应当是具有普遍性的。性别歧视在特定领域的特定性别群体上的确定存在，是普遍性的基本判断标准。不能因为特定群体的重要性就不加区别地实施性别诊断。其次，对象必须具有显著性特征，即性别歧视是影响特定群体参与社会经济活动的显著性因素。显著性特征并不能在研究一开始就得到确定的判断。因此，性别诊断的实施必然是一个多次展开的过程。最后，对研究对象展开研究应当是可行的。这种可行包括两类，即诊断可执行和应对可展开。不能执行的研究不是好的应用研究，在事实上无法应用的研究同样不是好的研究。二是必须能够从性别传统、地位、角色和人力资本等方面，对研究对象进行描述和研究。这是研究能够深入进行的基本要求。三是研究对象应当同时满足规模性、稳定性和区域性三个要求。在特定的研究期间，在特定的区域内，如某一产业园区、社区或者企业内，研究对象能够保持较为稳定的规模，是研究具有典型性的基本保障。四是特定群体有典型性的案例，以便于性别诊断的有效实施。

（2）实施过程

在实施过程方面，对性别传统、地位、角色和人力资本的分析，是性别诊断的四个关键环节。在前文性别诊断的分析中，对这四个环节已经进行了分析。在此，围绕性别诊断实施过程中的数据分析进行具体的说明。

对性别传统的研究，主要通过观察来展开。从就业的性别差异角度看，主要研究性别传统作为家庭就业决策依据，对就业目的的影响。就业决策既受现实经济驱动，也是家庭作为社会基本单位，依据各自的实际需要所做出的具体决策。性别传统对家庭就业决策的影响是具有决定性和不可逆转性的。从就业目的来看性别传统，可以发现，基于经济分析的就业政策与家庭基于性别传统做出的就业决策之间具有差异性。对性别地位的研究，主要通过调查展开。研究围绕家庭的就业决策，从不同性别对家庭收入贡献的差异来理解家庭在不同性别之间就业选择的差异化结构。对性别地位的观察是把握性别因素对家庭社会性决策影响的关键环节。对性别角色的研究，主要通过制度分析来展开。其主要目的，在于把握企业组织在不同性别之间就业的差异化制度安排的针对性，以及外部的监管制度对这种差异化制度安排的对应制度约束的实质影响。对人力资本的研究，则是对可量化的人力资本指标的综合分析，如教育、就业年限、健康状况等，通过对这些指标数据的分析，从客观层面上把握不同性别之间人力资本差异的社会影响因素。

从这四个环节的相互关系上看，有三点认识。第一，个体和家庭的性别传统是影响个体和家庭性别地位的重要因素之一，在逻辑上具有传统在先、地位在后的先后关系。但性别传统仅仅是导致性别地位差异的因素之一，并非所有家庭的性别地位差异都是由性别传统导致的。由此，在一个特定群体中，必须将两者分开研究，以明确其中的差别。第二，性别角色和人力资本相互关联，但人力资本并非性别角色的决定性因素。特定性别的就业群体在人力资本上的内部差异，与其在特定企业中的就业地位之间，存在相关性。但这种相关性与企业组织的人力资源需求的关系更为密切。第三，性别传统和地位、性别角色和人力资本分别是一对关系，它们既相互作用，又相互影响。家庭的性别传统和地位是决定就业供给的重要因素，而企业的性别角色和人力资本是决定就业需求的重要因素。两者共同决定特定性别群体的就业决策。因此，从总体上来看，就业的性别诊断的四个关键环节，就是对特定性别群体就业的理论模拟和归纳。

（3）数据分析

数据分析是性别诊断实施之后的数据处理过程，其主要目的就是为下一步对就业适应度展开分析提供数据基础。应基于以下研究目的，对实施性别诊断所获得的数据和资料加以分析和处理。第一，在性别传统方面，应基于不同性别在进入就业过程中的目的差异展开对所获得的数据和资料的分析。在关注经济性目的的同时，必须注重研究由性别传统导致的非经济性目的的影响，如陪伴性目的等。第二，在就业地位方面，应围绕不同性别对家庭这个基本生产生活单位存续的贡献展开对所获得的数据和资料的分析。在关注就业的经济贡献的同时，必须对非直接性的经济贡献的重要性给予关注，并对非直接性经济贡献的承担者由此形成的机会成本进行分析。第三，在就业角色方面，应围绕就业政策对企业就业角色的性别差异的针对性约束展开对所获得的数据和资料的分析。厘清就业政策的性别取向，是把握就业角色的性别差异的关键所在。第四，在人力资本方面，应围绕劳动技能及其适应性展开对所获得的数据和资料的分析。既要关注特定性别群体在当前就业领域中的技能适应性，又要关注特定性别群体跨区域、跨行业流动的技能适应性。

（4）综合评判

就业性别诊断的最终目的，是对包括禀赋、经济机会和能力/能动性三要件在内的就业适应度展开分析。这部分内容将在第3章展开。

2.3.3 性别诊断的研究原则

基于性别诊断这一方法展开的女性农民工群体就业适应度的研究,在研究开展的过程中应关注研究对象的过渡性、政策性、"跨域"性特征,坚持市场趋势分析的方法,突出劳动制度分析的中心目标,强调就业场景转化的时代背景。这里所说的劳动制度,是一个外延较宽的概念,包括家庭的就业结构、企业的劳动制度、政府的就业促进政策和社会的就业环境等。

(1)关注研究对象的过渡性特征,聚焦特定劳动市场供求变化的趋势分析

从需求上看,女性农民工群体就业的过渡性,主要是指企业和政府的就业制度安排尚缺乏必要的"性别底线",劳动需求和促进决策的资本导向、生产导向较强,而对劳动者及其人力资本积累的规律和必要性的关注不足。需求的过渡性是就劳动就业体制而言的过渡性。这一过渡性的消失不仅取决于企业和政府的主动调适,更取决于工业化发展的客观规律。

从供给上看,过渡性包括两个方面。一是由就业决策复杂性导致的过渡性特征。女性农民工群体的就业行为,并不是一个发生在整个劳动市场的普遍性行为,而是在特定领域和时点上的、具有明显相对集聚趋势的就业行为。这一就业行为的进行,不仅取决于单纯的劳动经济决策,更取决于女性农民工群体的就业状态稳定性结构和人力资本积累的递进结构。在实际中,由于高度的流动性和就业状态的不连续性,这两个结构很难保持在一个相对稳定的状态中。之所以说女性农民工群体的就业有过渡性,就在于两个结构缺乏可靠预期所导致的就业不确认状态。过渡性反映了女性农民工群体就业决策的复杂结构。二是由收入的波动性导致的过渡性特征。从女性农民工群体的就业收入上看,不稳定的劳动收入以及由此形成的预期短期化,导致女性农民工群体无法围绕就业形成自主的劳动参与决策,进而难以摆脱对家庭的依赖性,成为独立的劳动个体。在这个意义上,就业的过渡性是指女性农民工群体难以通过就业实现稳定的发展预期目标以及完成相应的短期化劳动决策。对于这两个方面的过渡性,在研究开展过程中,必须跟踪相关劳动市场供给和需求变化的实时状态,以充分考虑女性农民工群体劳动决策对其就业行为的影响。

（2）关注研究对象的政策性特征，突出就业促进政策的性别分析的中心目标

对于女性农民工群体就业问题的研究，一方面要展示这一特殊群体在就业过程中呈现的真实状态，另一方面要探讨在现有劳动就业体制中提升女性农民工群体就业能力的可能性以及相关政策举措的可操作性。就业本质上是一个由劳动市场决定的自发过程。对于这一市场过程的不恰当干预，不仅会使既定的目标无法实现，还会在一定的程度上形成低效资源配置以及对特定群体的不公平对待和不合理损害。因此，在劳动市场发展的特定阶段上，包括女性农民工群体在内的特殊群体可能处于较为不利的位置。这是市场的本来状态。出于关怀特殊群体的需要，出台相关政策对其进行帮扶，从价值立场上讲是正确的。但这种帮扶是采用市场的形式加以执行，还是以纯粹非市场的形式、在市场之外对其进行调整，是值得探讨的问题。

制度变革必须在社会可承受的范围内才能得到执行，因此并不是所有的不公平对待和不合理损害都能在制度变革的范围内得到适应性改变。对提升女性农民工群体就业能力的可能性探讨，就是要明确这一问题在当前的发展阶段上是否能够得到解决、能够得到多大程度的解决。如果不能，那解决的关键性环境条件又包括哪些内容。同样地，在可能性问题有肯定性答案之后，女性农民工群体就业能力的提升必须聚焦具体的应对举措，围绕女性农民工群体的自我发展能力，对企业劳动制度的变革、政府就业促进政策的调整和社会就业环境的变迁三个方面，提出可操作的应对举措。由于政府的就业促进政策具有明显的引领和示范作用，所以强化性别分析明确政府就业促进政策的"性别底线"，这是研究中必须高度重视的问题。

（3）关注研究对象的"跨域"性特征，强调本地农业就业向异地非农就业的环境性变化的场景转换

女性农民工群体就业存在一个较为普遍的现象，就是异地就业、非农就业。异地就业导致劳动者所依赖的传统社会资源丧失，非农就业导致劳动者本身积累的农业领域的人力资本失去用处。从本地农业就业到异地非农就业的场景转换，使得女性农民工群体在进入劳动市场之初，就处于相对较为弱势的状态。在极端的情况下，其可能会失去进入市场的能力，最终只能在较为严重的人身依赖情况下实现非正式就业。因此，对于女性农

民工群体就业的研究，必须把这种场景转换作为一个关键变量来加以分析，可以从人力资本、家庭支持和社会资本三个方面构建这一变量。在一个特定的就业过程中，人力资本、家庭支持和社会资本的动态变化，是研究女性农民工群体就业场景的"跨域"性的三个重要方面。对于这三个方面，都需要回答三个问题。第一，人力资本、家庭支持和社会资本是否能够支持女性农民工群体异地非农就业。如果能，哪一个方面更为关键；如果不能，那么支持女性农民工群体异地非农就业的动力和激励又是什么。第二，人力资本、家庭支持和社会资本在女性农民工群体就业的过程中如何变化，这种变化是否有利于就业活动的持续开展。第三，人力资本、家庭支持和社会资本在女性农民工群体就业过程中的动态变化与其他群体有无差异，是否存在需要特殊关注的内容。对以上三个问题的回答，就构成了"跨域"性研究的核心。

2.4　本章小结

本章在分析相关文献的基础上，对就业的性别研究进行了方法和观点两个层次的梳理，认为就业适应度是对一个特定时期内特定人群参与就业状态的整体描绘，是在既定的禀赋条件下，研究农民工就业的经济机会集合及其把握经济机会的能力和能动性。在此基础上，本章提出了针对女性农民工群体就业适应度的性别诊断研究方法，主要包括四个观点。

第一，就业结构的性别分析，一个基本的价值取向，就是要明确在一定的发展阶段，性别平等并非一个始终如一的目标，有必要因时因地加以确定。

第二，就业的性别差异包括性别传统、就业地位、就业领域和人力资本的差异。采用性别诊断的方法对就业的性别差异进行研究，其主要目标就是对就业中存在的性别差异进行全面分析和综合判断。在就业的性别分析中，对性别传统、地位、角色和人力资本的分析是四个关键环节。

第三，基于性别诊断这一方法展开的女性农民工群体就业适应度的研究，在研究开展过程中应关注研究对象的过渡性、政策性、"跨域"性特征，坚持市场趋势分析的方法，突出劳动制度分析的中心目标，强调就业场景转化的时代背景。

第四，性别诊断的基本原则有以下三个：一是关注研究对象的过渡性特征，聚焦特定劳动市场供求变化的趋势分析；二是关注研究对象的政策性特征，突出就业促进政策的性别分析的中心目标；三是关注研究对象的"跨域"性特征，强调本地农业就业向异地非农就业的环境性变化的场景转换。

3 理论建构：就业适应度的理论基础

本书对女性农民工就业的分析，基于就业适应度理论框架。就业适应度理论是本书构建的就业分析理论，是性别诊断得以展开的基本框架。本章从就业理论框架的综述开始，构建就业适应度理论，并以此为基础，探讨女性农民工群体就业适应度研究的理论架构。

3.1 就业理论中的就业交叉边缘研究

3.1.1 研究框架的总体分析

由于多元主体在劳动市场中的存在和相互作用，就业在社会舆论中并不是一个纯粹的经济问题。因此，对就业问题的研究也不应局限于经济领域，而应采用交叉边缘研究。这种交叉边缘研究必须紧扣就业能力的可持续发展，在注重梳理就业性别歧视的社会认识及其发展历史的基础上，探讨劳动市场的不同参与主体对于就业的不同参与机制。在明确差异的同时，研究以就业能力为主要评价标志的，家庭、企业、政府和市场共同应对就业性别歧视的综合性治理机制。

鉴于此，本书对就业适应度的分析，主要基于就业的价值理论、经济理论和社会理论三个理论基础展开（见图3.1）。就业的价值理论分析提供研究的理论基础，也是研究的起点和前提；就业的经济理论分析提供研究的实证基础，是发现、锁定问题展开研究的实施过程；就业的社会理论分析提供研究的对策基础，是分析问题的原因所在、提出对策的研究过程。价值研究、经济研究和社会研究共同构成的交叉边缘分析，是本书采用的主要研究方法论和论证框架。

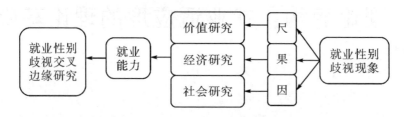

图 3.1　围绕就业能力的就业性别歧视交叉边缘研究框架

在研究重点方面，价值研究重"尺"，就是要确立研究就业性别歧视的基本立场和判断尺度。如果价值立场不鲜明，完全依靠数据展开的就业性别歧视研究缺乏基本社会共识基础。表现在具体的研究方法上，就是本书在执行中坚持使用性别诊断对就业性别歧视进行考察。经济研究重"果"，就是要查实就业性别歧视的实际状态与发展变化。缺乏对就业发生主要领域的细致考察，对就业性别歧视的研究就没有扎实的经验基础。社会研究重"因"，就是要分析就业性别歧视现象的形成原因及应对思路。只有建立起"果"与"因"的相关性，才能明确就业性别歧视的客观存在。这一交叉边缘研究不仅重视"因""果"之间的相关分析的"实然"，更强调以价值之"尺"来为相关性的"实然"分析加上"应然"研究的参照系。

3.1.2　就业价值研究之"尺"

3.1.2.1　总述

就业的价值理论主要为就业适应度研究的展开提供价值基础。其理论要点在于，从当前的发展阶段性特征出发，判断就业作为一种宏观经济社会现象，在当前的发展阶段对其进行市场激励和制度保障的必要性和必然性。

就业并不是一种中性行为，就业能力提升、就业场景转换、就业结构变化以及就业市场的动态调整，都会形成一系列后续的社会经济效果。不考虑就业的社会经济效果，不顾及这些效果长期积累形成的社会影响，只强调就业的经济效率，基于这一目的形成的就业政策，只能是短期而非长期的；其政策效果的取得，是以就业综合社会效应的损失为代价的。由此，这样的就业政策也注定不能持久。就业的价值理论分析，就是根据特定发展阶段需要，对就业的家庭、经济、社会和政治效应四个可能发生影响的方面进行权衡，形成对劳动市场、就业政策进行评价的基本价值原则。

概言之，就业的价值分析需要突出三个方面的特征。

第一，发展阶段。在社会的不同发展阶段，就业所要实现的主要职能是不同的。例如，改革开放初期，企业主体薄弱和就业市场的不规范是并存的，尽管在政策制定上强调对劳动者的保护，但在劳动市场上对劳动者的保护不力是客观存在的事实。因此，在一个特定的发展阶段，就业作为一种客观存在的状态，有其特定的形式和特定的功能。对于就业承载的功能进行现实考量和战略审视，是就业的价值分析必须坚持的第一个原则。本书之所以围绕就业能力展开对就业性别歧视的研究，就在于对当前发展阶段来说，就业能力作为就业参与各方共同关注的对象，有理论、现实和制度方面的重要性。

第二，统筹权衡。我们必须认识到，站在不同主体角度看就业，认知是不同的。家庭更注重就业的长期性和收入水平；企业更强调就业的质量和供给的稳定性；政府追求就业的规模并由此形成对就业困难群体的制度性关注；社会对就业的关注程度取决于就业作为一种社会现象，其状态的动态变化。哪一类主体的观点在劳动市场中占据主体地位，并不是一个稳定且显性的问题。各类主体之间，就某一个就业问题形成的观点与认识往往存在着内在的矛盾与冲突。就业的价值分析就是要突出统筹与权衡的原则，形成判断机制，为就业分析决策创造前提条件。

第三，制度成本。研究就业问题的落脚点在于改变就业中存在的不合理现象。改变是一个需要付出成本的过程，没有成本的改变最终在现实中是无法落地的。例如，各种就业歧视的广泛存在与理论上对就业歧视存在的充分认识之间就形成了鲜明的对比。就业歧视问题并没有因为充分的理论研究而得到彻底解决，其症结就在于解决问题的成本较高。

从这个角度看，就业的价值分析，就是要在"应该是"和"是"之间，建立起由制度及实施成本构成的连接桥梁，从而为实践导向的就业分析奠定基础。在特定就业问题的价值分析中，只有对发展阶段、统筹权衡、制度成本三个基本原则形成明确的认识，才能为下一步就业的经济分析和社会分析的展开创造条件。

3.1.2.2 基础理论

马克思对于就业及其影响的认识，特别是对"异化劳动"的认识是较为深刻的。在《1844 年经济学哲学手稿》中，马克思指出："工人降低为商品，而且降低为最贱的商品；工人的贫困同他的生产的影响和规模成反比。"这种人的价值与人的贬值之间存在的本质联系，是一种"劳动的这种现实化表现为工人的非现实化，对象化表现为对象的丧失和被对象奴役，占有表现为异化、外化"。最终，"工人对自己的劳动的产品的关系就是对一个异己的对象的关系"，"成为自己的对象的奴隶"，工人得到工作，也就是"劳动的对象"和生存资料，工人"只有作为工人才能维持自己作为肉体的主体，并且只有作为肉体的主体才能是工人"。"异化劳动"导致"人的类本质""变成了维持他的个人生存的手段"，进而导致"人同人相异化"。

从历史维度看，劳动的异化过程就是市场经济影响逐步扩大的过程。市场活动扩大导致供需条件变化，进而对劳动关系产生决定性影响。而这种劳动关系的改变，就是以劳动者成为商品为前提条件、以资本作为生产关系的首要特征为基本路径的。从劳动关系发展的历程看，劳动者在市场发展进程中处于弱势和被剥夺地位的情况是存在的。马克思主义政治经济学强调劳动创造价值的意义，首先就在于阐明劳动作为劳动者参与市场活动的手段的唯一性，以及由唯一性引致的保障劳动权益作为制度价值选择的优先性。

在市场经济发展进程中，对于劳动价值的探讨并不是一个具有显著性的话题。亚当·斯密在《国富论》中，运用了大量篇幅讲述市场促进分工、分工提升劳动效率的市场机制话题。劳动效率是斯密关注的重点，他认为，一方面，"任何国家……每年产出的多寡……势必取决于全国劳动人口中，每年从事有用劳动的比例"；另一方面，"劳动获得宽裕的报酬，不仅是一国财富不断增加的必然结果，同时也是一国财富不断增加的自然症候"。"任何让绝大部分成员得到改善的发展，绝不可能会伤害整体"；"优渥的劳动报酬，既是一国财富持续增加的结果，也是一国人口持续增加的原因"①。劳动是普遍现象，但劳动并不是财富的直接源泉，劳动效率才是。这是西方经济理论研究秉承的基本价值取向。

以上两种对于劳动的不同价值认识，构成了今天我们研究就业问题的基本价值选择。是尊重劳动还是尊重劳动效率，是要更高的劳动参与率，

---

① 斯密. 国富论 [M]. 谢宗林，李华夏，译. 北京：中央编译出版社，2011 (10)：2，58，62，64.

还是要更高的劳动效率，这在实践中始终是一个需要进行选择的问题。我国的社会主义市场经济体制决定了尊重劳动是劳动就业制度的必然选择，但生产效率也对劳动效率提出了更高的要求。两者之间存在着显而易见的内在矛盾：在社会需求一定的情况下，更高的劳动效率必然会导致更低的劳动参与率；反之亦然。在特定的发展阶段或特定的环境中，基于劳动市场状况和发展目标之间的权衡，劳动和就业政策必然会形成有侧重的价值取向。缺乏价值取向的劳动和就业政策，既无法对现实的劳动市场进行有效规制，也无法承载和实现特定的战略目标。就业的价值研究，就是要为劳动和就业政策的制定提供可供选择的价值立场。促进性别平等的劳动就业制度价值导向结构，主要包括价值导向、操作价值和执行价值三个不同层次的价值取向（见图 3.2）。

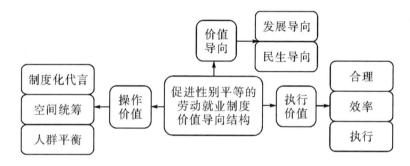

图 3.2　促进性别平等的劳动就业制度价值导向结构

3.1.2.3　发展阶段的价值导向：发展导向与民生导向

就业问题具有"跨域"性。作为一种经济活动的就业，最终形成的效应必然会在社会整体层面上得到呈现。因此，从发展角度看就业和从民生角度看就业，在问题识别、原因分析和对策研究上，均有明显的差异。发展与民生的价值取向，是就业价值研究的核心价值选择。

在发展导向之下，就业是服务于发展的一个从属性变量。发展的不同阶段、不同模式以及经济周期的变化，决定了就业的结构、形态和变化趋势。发展是一个经济规模扩大、产业结构不断优化、经济效率持续提升的过程。由此，在发展过程中的就业变化也会表现为经济规模、产业结构和经济效率的变化。发展与就业之间存在必然的相关性。即使在特定产业领域中最初表现为排斥就业的发展，最终其影响扩散至整个经济体系中时，其负面效应也并不明显。因此，服务于发展的就业就是"好"的就业。在发展导向之下，劳动参与率与劳动效率之间有短期矛盾。但从长期来看，由于劳动作为生产要素，其在发展进程中会升级，所以劳动效率的提高可以与劳动参与率的提升同步实现。发展导向下的就业价值选择注重整体性，是一个在短期注重劳动效率、在长期突出劳动参与率，以短期劳动效率的提升来促进长期劳动参与率提升的价值选择。一个持续的发展过程以及对其的合理预期是这一价值能够实现的关键所在。发展导向的就业价值存在的问题在于，发展价值的优先性使得在短期内特定区域、产业、群体的劳动参与必须服从发展价值，市场作为发展主要实现的机制将决定劳动参与的状态，制度层面对于市场在特定劳动状态中的负面效应的约束会随之减弱。

在民生导向下，就业是民生的必然构成内容和重点关注的对象。在不同的阶段，就业在民生中的重要性可能有所差异，但就业作为民生的有机构成部分，在任何时候都不能被排除在民生之外。这是劳动者占社会人口大多数的现实状况所决定的。与发展导向的就业价值取向相比较，民生导向的就业价值取向更注重就业结构、质量与人的发展之间的匹配度。"好"的就业就是能够满足人的需要的就业。这样的就业可以不是高效率的，也可以不是高回报的，但一定是有较高的劳动参与率的。民生导向的就业价值选择突出个体性，是以稳定的经济发展环境及其预期作为前提条件的。

在就业的性别研究中，发展导向和民生导向的价值取向是在研究之初就需要加以明确的基本价值取向。在本书中，围绕女性农民工群体就业进行研究，所采取的基本价值取向是"发展优先、民生基础"。采取这一价值取向，一方面是为了对应当前"发展"这一理念在我国国家战略中的核心定位。发展在我国全面建成社会主义现代化强国这一战略中的重要性，决定了经济增长过程对社会经济其他方面发展的牵引作用，进而也决定了人的劳动作为生产要素的优先地位。人的发展依然要从属于人的劳动属性。简而言之，发展决定劳动，劳动决定人，劳动的发展水平决定人的发展水平。另一方面是对当前我国发展进入新阶段的回应。劳动作为生产要素，要适应新发展阶段即高质量发展的要求，必须进行主动升级，由过去初级生产要素为主向高级生产要素为主转变。为此，必须强化民生保障，以民生保障的持续优化来推动劳动的升级过程。对于女性农民工群体就业的研究，也正是在这个层面上才形成了现实意义。因此，女性农民工群体就业研究中的性别平等，并不是纯粹理论意义、绝对意义的性别平等，是基于发展进程需要的性别平等。就业，首先是劳动实现的手段，其次是民生保障的首选方式，它是通过发展实现性别平等的重要渠道。在这一价值取向之下，女性农民工的就业是不是"好"的，是不是实现了性别平等，一方面要从女性农民工在劳动过程中作用发挥的方面来考察，另一方面要从女性农民工自身人力资本积累水平提升的角度来验证。这是在当前发展阶段上，就业性别平等应该坚持的基本价值取向。

3.1.2.4　统筹权衡的操作价值：制度化代言、空间统筹与人群平衡

女性农民工群体并不是具有话语权的人群。在竞争性市场环境中，缺乏话语权的人群往往无法维护自己的权利，处于弱势地位。要在市场环境中改善这些群体的就业状况，就必须在就业促进的过程中，形成市场环境中统筹权衡的操作价值。具体来说，主要包括三个方面的价值选择。

第一是制度化代言。劳动群体的大规模、分散性状态决定了群体并不是一个权利意义上的统一体。统计意义上的特定劳动群体实际上缺乏统一的行动，更没有组织。因此，特定的劳动群体需要以集体行动的方式来实现、维护自身的利益。要实现这一点，就需要在市场环境中、在制度执行过程中，有稳定的主体能够在权利冲突中代表和维护弱势群体。在我国当前的发展阶段，以劳动群体的自组织来实现集体行动并不现实。高度流动的农民工群体使得自组织、工会都缺乏发挥实际功能的基本平台。劳动群体组织的"虚化"是较为普遍的现象。依靠传统的组织形式来推动集体行动较难实现。要解决这一问题，需对症下药，促进工会等组织积极发挥作用。这在短期内实际较难实现。制度化代言，即在劳动制度的设计和执行中充分考虑弱势群体的利益。以劳动制度的针对性设计和严格执行来最大可能地弥补弱势劳动群体在竞争性就业环境中可能面对的歧视性条件。制度化代言是一种话语权的"固化"，这种代言能在多大程度上起到维护弱势群体就业地位的作用，既取决于作为劳动就业制度制定和执行者的政府的价值立场选择，也取决于弱势群体本身在制度层面上是否能够形成显性的存在。

第二是空间统筹。我国经济空间巨大，不同的区域、产业有着不同的就业状况，包括女性农民工群体在内的劳动就业弱势群体，并不是均质分布的。东部地区集中于劳动密集型制造业的女性群体，与西部地区集中于建筑和城市低端服务业的女性群体所面对的就业环境不太一致。由此形成的就业政策的针对性举措也有较大的差异。在就业政策的设计过程中，必

须对这种空间的不平衡状态有充分的认识，并将这种认识上升到价值层面来加以考察。具体来说，空间的差异性是应用性别诊断工具对女性农民工群体就业问题进行研究必须要加以重点考虑的重要价值原则。在空间差异的约束性价值下，性别平等必然要考虑其空间实现，其有三个含义。一是鉴于我国的区域差异，区域性的性别平等是可以追求和实现的目标。不宜在整体上设定一致性的性别平等要求，并将其在就业促进政策中"一刀切"式地贯彻执行。二是区域差异导致收入存在差距，由此引致的劳动力区域间流动是一种自然的平衡机制。在促进就业性别平等的过程中，必须对这种以流动为主要特征的自然平衡机制进行研究。三是缩小区域就业差异、提高就业空间的整体性水平是就业性别平等应该高度关注的内容。

第三是人群平衡。在发展导向的价值取向之下，发展作为一个过程，会在一定程度上决定不同人群的劳动参与状态。不同人群在市场中所处的位置差异、方式差异和回报差异，是竞争性就业市场的自然状态。就业政策是对市场自然状态的促进性或者约束性反应。从现实情况来看，就业政策表现出较为明显的倾向性。例如，就业政策中关注较多的人群——大学生、贫困人群等，从人群规模来看，并非我国规模最大的就业人群。但这些人群在政策中的重要程度比较高。这种政策的倾向性既反映了政策的目标要求，也反映了社会关注的聚焦点，其背后具体的原因是比较复杂的。一类特定的人群要在政策中得到针对性体现，是出自政策制定方主动的关注，还是市场中客观存在导致的适应性变化，抑或是某个突发事件导致的社会舆论强制性调整，是值得高度关注的政策决策机制。应该看到，当前还是缺乏这样的决策机制。因此，在女性农民工群体就业研究中，政策缺乏相应的触发机制就意味着必须在制度设计中始终坚持平衡价值，对不同人群在就业中以及在就业政策影响下的状态的可能变化有谨慎的研究和判断。只有坚持人群平衡价值，才能对不同人群实现平等就业这一目标有深切的认识。

3.1.2.5 制度成本的执行价值：合理性、效率与执行

具有充分应然性的就业政策，并不一定具有足够的实然性。以性别平等为目标的就业政策要落实，另外一个必须加以重视的理念就是制度成本。几乎人人在理念上对性别平等都有认识，但性别歧视又是真实存在的。观念上重要、实际上不重要是性别平等工作较为常见的现象。要改变这一实际情况，就需要多重视制度的可行性，将其作为制度价值的内在构

成因素之一。

可行性的第一个价值是合理性。在竞争性市场中，就业性别结构的现实状态是必须尊重的，具有优先地位的合理性。旨在促进性别平等的就业政策不能也不可能在根本上颠覆实际的就业结构。无视这种合理性的制度矫正尝试只会得到两种结果，不是被市场完全忽视而无法发挥作用，就是强制执行导致彻底禁锢市场活力。这两种结果都不是就业政策想达到的目标。因此，尊重市场状态、不在根本上左右就业结构的走向是必须坚持的第一个合理性和判断标准。第二个合理性是基于就业政策本身的合理性，即制度的广泛传播和普遍认同。广泛传播是普遍认同的基础，普遍认同是广泛传播的动力。这两者的统一在于就业政策本身与实际的契合度及其对问题的针对性。旨在推进性别平等的就业政策要特别重视政策的社会传播与认同，这是性别问题在就业环境中能够得到重视的关键所在。

可行性的第二个价值是效率。我们应从三个方面来考虑促进性别平等的就业政策的效率，即覆盖率、特定问题的改善程度和政策执行的成本。一般而言，覆盖率高、问题改善程度大、执行成本低的政策，就是效率高的政策。但显而易见的是，这是三个存在内在矛盾冲突的目标。正因如此，才应该将就业政策的效率问题提高到价值层面上，为内部矛盾冲突的解决提供选择依据。选择的依据有两个层次：一是否定性原则，即上述三个方面任何一个方面存在明显的不足，那么这样的政策本身就不能执行；二是权衡原则，即上述三个方面任何一个方面均存在，但比较而言，优势都不突出，那么就要根据三个方面在特定环境中的相对重要性进行相机选择。保障政策的效率是确保性别平等的就业政策能够长期有效执行的关键所在。

可行性的第三个价值是执行。促进性别平等的就业政策不是短期的应急型策略，而是需要长期实施才能逐渐见效的制度。因此，确保制度的长期、切实执行，是政策有效性的根本保障。坚持制度执行的长期性，在执行过程中逐渐实现制度与就业结构的匹配，进而作用于就业的性别结构，是以制度来促进性别平等的根本性策略。同时，坚持制度执行的适应性调整，根据市场环境的变化、就业格局的转换对促进性别平等的政策进行针对性调整，是确保制度有效性的另外一个重要的价值原则。

3.1.3 就业经济研究之"果"

3.1.3.1 总述

就业能力的核心和本质，实际上是人力资本的积累结构及其与劳动市场的相互作用机制。就业的经济理论研究应集中分析劳动就业体制机制如何在统一的劳动市场中作用于劳动者的人力资本积累过程。在这三者之间，统一的劳动市场是理论研究的前提，劳动者的人力资本积累过程是理论研究的目的，劳动就业体制机制的适应性创新是对策研究的重点。

用统一的劳动市场来替代目前存在明显分隔的劳动市场，通过扩大劳动就业空间、加快劳动者的跨区域跨行业流动，从而最大限度地减少就业中间存在的歧视现象，是宏观就业政策的一个基本落脚点。要实现这一就业政策的战略目的，既需要一个稳定、可预期的劳动者的人力资本积累过程，也需要劳动就业体制机制的适应性创新加以辅助。

就业的经济理论分析是具有显著对策性特征的实证研究，常常会因为研究对象的不同、研究背景的变化而产生研究结论的差异。之所以如此，就在于中国人力资本的结构性特征尽管明显，如受教育水平在初中及以下的劳动力的显性存在，再比如跨城乡跨区域低端劳动力的流动规模较大，等等，但从可操作性和政策有效性而言，能够从制度调整角度加以应对并能取得实际效果的结构性特征并不多。初中及以下受教育水平劳动人群的人力资本积累是一个迭代累进的过程，跨城乡跨区域流动人群的消解本质上是一个社会融合的动态过程。这两个过程的长期性，超过了劳动就业经济政策的实际有效周期。从理论上看，一方面，劳动就业经济政策本质上只能服务和影响劳动市场的供求状态进而影响就业质量，并不能直接作用于人力资本的结构。这是劳动就业经济政策的效用边界所在。而在发展阶段中的政府劳动管理部门，并不是纯粹的经济部门，工作所面对的问题也并不是劳动收入等经济问题，劳动就业政策的综合性是非常明显的特征。另一方面，就业本身在社会认识中主要是一个经济现象。这就导致了一个现象，即被视为经济现象的就业实际上是一种社会现象，在劳动就业政策中实际上也被作为一种社会现象加以应对，而社会认识却决定了作为社会政策的劳动就业政策被视为经济政策。由此形成了理论上和实际中的劳动就业经济政策之间的较大差异。这是就业经济政策因为背景条件变化而出现差异的重要原因。

就业的经济理论分析就是要基于统一的劳动市场，围绕人力资源发展的整体结构性特征，研究就业行为作用于人力资本积累的经济机制，进而在施政的基础上界定劳动就业经济政策的边界，为人力资本积累结构与劳动市场之间的相互作用研究奠定基础。

3.1.3.2 基础理论

在经济研究中，就业是劳动作为生产要素参与到企业生产经营活动中的重要方式。经济理论对就业的研究，是基于劳动市场供求关系变化而展开的微观和宏观分析。在微观的新古典分配理论中，在需求一侧，研究的重点是企业主体根据自身的生产函数而做出的劳动需求决策。劳动需求是派生需求，是竞争性市场中追求利润最大化的企业根据产品价格、技术条件做出的决策。技术变革总体上对劳动需求变化的影响是积极的。节约劳动的技术变化在显著消灭传统劳动领域就业之后，最终都会创造新的就业领域，进而形成更高效率的劳动方式、更高水平的劳动收入和更大的就业规模。在供给一侧，尽管个人基于自身情况在工作和闲暇中进行的权衡取舍是劳动供给决策的主要状态，但由于很难在一个群体中对这种情况加以观察并进行量化分析，所以在研究中更关注劳动意愿、就业机会预期和人口流动对劳动供给决策的影响。在供求分析中，对于均衡工资因素的研究，主要是针对劳动收入中的确存在的两极分化现象，关注补偿性工资差别、人力资本、个人能力与机遇、教育、歧视等因素对均衡工资的影响，并提出应对两极分化现象的政策措施。微观经济分析认为，可以通过经济手段应对劳动收入的差异，但由劳动收入差异影响累积形成的两极分化和贫困现象则是一个社会政治问题。

在宏观经济分析中，研究聚焦于失业问题。劳动力是就业者与失业者的总和。不同的社会群体，如男性与女性，在劳动市场中的就业状态存在较为明显的差异。从长期来看，女性劳动参与率的持续提高是发展趋势。失业的原因包括寻找工作的时间间隔、最低工资制度、工会以及效率工资。对于效率工资的研究，指出了工人健康、流动率、素质和努力程度对企业保持高于均衡水平的工资的影响。从政府的宏观经济政策角度来看，菲利普斯曲线指出，社会面临未预期到的通货膨胀和失业之间的短期权衡取舍。在长期中，失业并不决定于货币增长。失业问题的整体应对，还要依赖于劳动市场制度的适应性调和。

就业的基础性经济分析为就业适应度研究提供了基本的分析框架。从整体上看，人力资源、劳动市场和劳动制度是三个关键的研究维度。人力资源是就业活动能够在一个考察期间内得以持续的内在基础条件。在基础性经济分析中，劳动供给的权衡取舍、人力资本和群体就业差异等内容就属于这一领域的研究。劳动市场则是确保就业活动能够保持效率的根本机制。在基础性经济分析中，劳动需求决策、劳动市场变化、通货膨胀与失业等内容就属于这一领域的研究。劳动制度是就业活动在社会这一视域下得以展开的环境性保障。在基础性经济分析中，最低工资、效率工资、工会和减贫的相关探讨均属于这一领域的研究。

3.1.3.3 人力资源研究：就业能力的构成与测度

以就业能力为重点的人力资源研究著述较为丰富。就业能力研究的主体是学生群体，在"中国知网"以"就业能力"为检索主题词，词条中有接近 3 000 条是对学生群体就业能力的相关研究，对农民的就业能力研究有 1 000 条，占四分之一，还有部分对其他群体如下岗失业工人就业能力的研究。

在学生群体就业能力提升方面，从不同的毕业生群体、不同类型的学校和专业等毕业生就业实际问题出发的对策性研究是主体内容。例如，李存岭等（2014）认为，大学生就业力包括工作能力、外显特质、职业素养、社交能力、素质拓展和个人背景 6 个主成分。李光红等（2016）认为，随着经济社会的发展，人才标准向柔性、隐性指标发展，大学生就业力包括基础情况、求职优势、择业观念、专业技能和求职技能 5 个维度。高艳等（2016）认为，大学生就业能力分为人力资本、社会资本、心理资本和职业认同 4 个部分，其中关键的是职业认同和心理资本。

对农民的就业能力研究，大多数基于调研的数据分析，主要研究思路是对特定地区的农民就业状况进行分析并得出相应的建议。有部分研究提出了明确的就业能力分析理论框架。吴振华（2015）认为，"教育—就业岗位胜任能力—收入"是人力资本投资影响农民收入路径中的核心传导机制。李国梁（2014）认为，在可持续生计视角下，失地农民的生计观念、职业培训机制、转型社会资本和企业组织机制四个方面是失地农民就业能力开发关注的重点。崔宁等（2016）构建了新生代农民工就业转型指标体系，包括微观、就业和宏观 3 类一级指标，素质技能、家庭环境、就业特征、就业稳定性、劳动权益、公共服务与政策 6 个二级指标以及受教育程度等 17 个三级指标。张宏如等（2018）认为，社会资本对新生代农民工就业转型有显著正向影响，工作社会地位在其间发挥完全中介作用。梁成艾等（2018）构建了由自身素质、专技修养、经营管理和市场行为等因素构成的层次机构模型来对农村劳动力就业创业能力进行评价。

在失业工人方面，詹婧等（2018）认为，职工就业能力中的适应能力、理论知识水平和人际沟通能力的提高对职工提高再就业适应能力有显著影响。这些研究都试图对就业能力进行可以量化的评价，并在评价的基础上对影响就业能力的因素进行了权重分析和影响机制研究。

可以发现，就业能力领域的研究存在的最大问题在于没有形成对就业能力的统一分析框架，就业能力构成的核心要素在不同劳动群体的研究中并不统一。不同的研究所设定的核心要素，受研究方法的影响较大，对劳动市场中劳动群体就业的真实状态反映不足。

3.1.3.4　劳动市场研究：市场分隔与就业政策干预的必要性

在劳动市场方面，劳动市场的范围、状态、形式以及对这些现象的影响因素、机制是研究的主要内容。在经济研究中，一般认为进入劳动市场中的人是具备适应需求能力的合格劳动者。劳动市场因此也是"均质"的。这在存在大量非熟练劳动力流动的市场中，并不是一个好的假设。在现实中，劳动市场并不是完全统一的市场，市场分隔随处可见。劳动市场需求由于工作需求和条件的不同，对于不同类型的劳动供给往往有较为明显的偏向性选择，例如，服务业对女性劳动力的需求，高技术行业对特定技术人员的需求，等等。这种需求的差异化特征实际上造成劳动市场并不是一个"均质"的市场，市场的不同部分之间存在分隔是常态。劳动者从市场的一个部分进入另一个部分，往往由于信息、人力资源、区域等诸多因素，需要付出一定的成本。关注市场分隔是劳动市场研究的关键内容，也是政府就业政策需要关注的关键环节。

在学术界，对市场的分隔及其原因有众多的研究。谌新民（2003）对国有企业内部劳动市场进行了分析，认为国有企业的内部劳动市场上的工资决定和就业政策的制度性特征是造成国有企业就业弱势群体就业难的原因，因此必须打通内外部劳动市场。对内部劳动市场的研究是基于国有企业组织形式的存在以及国有企业职工区别的身份特征展开的。这一研究对于处于半市场化的女性农民工群体就业问题的研究具有启发意义。劳动市场的分隔导致了对不同的市场存在着整体的歧视。

梁伟杰等（2016）认为，劳动就业市场因为户籍影响，存在逆向歧视现象，并且农村户口劳动力在中低收入市场更易就业。对于同一现象，刘峰等（2015）从户籍和性别的角度给出了不同的解释。这一研究对于理解农民工在特定行业领域的高度集中具有启发意义。

吕红等（2014）区分了主动和被动的灵活就业，认为被动的灵活就业更需要外力即政府就业政策的干预。梁勤等（2018）认为，非正规就业市场存在较为明显的性别歧视现象。李晓曼等（2019）从市场主体特征、市场功能和政策定位三个方面对非正规就业市场进行了研究，认为对非正规就业市场进行正规化规制具有效率损失，进而提出了灵活就业的规制思路和政策选择。这些研究关注了处于正式就业市场之外的人群，并明确提出了非正式就业市场的差异性，对就业市场的客观状态有较为准确的归纳和描述。

产业结构升级是就业市场分隔的一个重要原因。更多的研究关注高技术产业对就业市场形成的影响。例如，郑爱兵（2018）研究发现，西部地区产业升级提升了低技能服务部门的就业规模和收入水平，东部地区产业升级提升了所有服务部门的就业规模，但高技能和低技能服务部门之间收入差距扩大。

对于劳动市场分隔的研究，更关注市场分隔的形成因素以及分隔造成的就业规模、收入水平、人力资本积累方面的变化，同时对劳动市场分隔形成的政府就业政策调整也较为关注。很多研究在分析了劳动市场分隔的客观情况之后，直接提出了其对政府政策的参考价值与意义。这一研究思路，并未关注当前劳动市场中广泛存在的就业辅助活动。而由市场化中介机构、政府、非政府组织以及个人执行的就业辅助活动，作为应对劳动市场分隔的针对性制度调试，是劳动市场不可分割的重要组成部分。

3.1.3.5 劳动制度研究：就业服务与政府规制

经济意义上的劳动制度是一个较为宽泛的概念，既包括企业劳动规则、收入决定机制等基本构成内容，也包括由劳动活动的开展而形成的其他派生性制度（见图3.3）[1]。企业劳动规则由企业以及外部的劳动环境和法规共同决定。劳动收入决定机制则由劳动市场及其竞争机制决定，政府的规制，例如最低工资规定，会对劳动收入决定机制形成制度性约束。劳动供给与需求在市场中的竞争性匹配，必然会对劳动市场结构形成决定性

---

[1] 法律层面上的劳动制度由法律、行政法规、规章以及各类劳动就业政策文件组成。这一分类主要考虑了制度形式和实施主体。从法律层面的劳动制度看经济层面的劳动制度，可以发现，法律层面的劳动制度是经济层面的劳动制度的主要部分。需要明确的是，本书对女性农民工群体就业适应度的研究，主要基于经济层面的劳动制度展开。但同时也需要指出，研究的起点和最终目标均落脚在法律层面的劳动制度，法律层面的劳动制度本身体现社会性别的程度，是研究主题的核心所在。

影响,界定劳动市场行为的基本类型并最终促进劳动制度的成型。同时,还必须认识到,由于劳动市场的非"均质"性,劳动者在市场不同部分之间的流动具有障碍。对于这种障碍的市场应对和制度应对,共同催生了劳动制度的派生内容。观察劳动市场也可以发现,劳动市场中的个体行为,不仅包括作为劳动供给方的劳动者的寻找工作行为和作为需求方的企业的招聘活动,还包括就业中介、职业培训、资格测试等一系列就业服务活动。另外,政府对劳动市场的规制,也是劳动市场中必须要加以重视的内容。由此,劳动市场中的就业服务以及政府对劳动市场的规制,构成了劳动制度的两个重要派生性构成部分。在劳动制度的研究中,企业劳动规则和收入决定机制是基础性内容。这一内容在长期会随着技术条件的变化、企业组织形式的更替而出现变化,但就一个既定的时期而言,可以将其视为不变的因素。就业服务和政府规制的研究,就是劳动制度研究的重要内容。

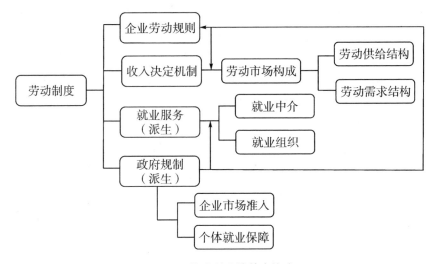

图 3.3　劳动制度的基本构成

　　概言之,就业服务就是劳动制度中从属于就业匹配和管理活动展开的一系列活动,其目的是提高就业效率。无论对于劳动市场的管理者而言,还是对于劳动市场的参与者而言,均是如此。就业服务可以是市场化活动,如就业中介、劳务派遣活动,也可以是非市场化活动,如出于公益目的的就业信息传递等。在就业服务的研究中,公共就业服务是主要研究对象,操作层面的案例研究是主体,研究更倾向于突出特定的就业主体或者特定的区域,围绕其就业需要展开公共就业服务体系的研究。从政府公共就业服务的聚焦点来看，其具有较为明确的群体性特征，主要包括大龄下岗失业人员、农民工、特殊就业困难人群等。张普巍（2018）对公共就业服务在体制、机制、供给和标准等方面存在的问题进行了描述，认为建立属性明确、标准规范、专业化的公共就业服务体系是当务之急。吴江等（2018）认为，公共就业服务人员素质、就业服务内容、信息化水平影响公共就业服务评价，有必要围绕服务规范化和标准化、分类指导、信息化水平等关键内容，提高能够与需求相适应和匹配的有效供给水平。对于市场化就业服务的研究相对不足，对于市场化就业服务与公共就业服务之间的关系并无规范的研究和表述。这是当前这方面研究的欠缺之处。这一欠缺之处也在一定程度上反映了当前劳动市场中，事实上的市场分隔对劳动制度本身形成了负面影响。就业中介是就业辅助中必然要加以研究的市场主体。牛雪峰等（2012）通过对上海劳动市场相关情况的分析发现，由于正规就业服务供给不足以及不良劳动中介机构的存在，外来女性对本地就业中介机构的使用频率较低。对信息化手段提升就业服务进行研究，也是一个较为显著的研究现象。现有研究普遍认为，包括网络招聘在内的信息化手段的采用，对于就业市场的信息传递和供求匹配均有较为明显的提升作用。但同时，研究也发现，具有明显垄断性特征的信息化就业服务，使得就业服务的市场化更有利于需求方和服务中介，而对于作为供给一方的劳动者而言，数据的劣势使得市场化越来越不利于劳动者。例如，大数据技术的采用使得就业服务中介和企业一方具有了劳动者一方所不具备的信息优势。同时，信息技术采用带来的数据甄别需求和成本提升，也是网络信息技术在就业服务领域运用的负面结果之一。对于这些现象的研究成果较多，但站在就业服务总体角度的研究较少，所形成的研究成果对就业服务研究本身并未形成显著性影响。

在劳动制度方面，劳动就业制度作为一个整体的改革是研究的重点。宋玉军（2012）认为，以市场为导向的就业体制机制需要在加强劳动者权益保护、构建和谐劳动关系、统筹城乡就业、加强公共就业服务等方面推进改革。党的十八大以来，就业体制机制改革的重点在于，以经济发展扩大就业，健全政府促进就业责任制度，消除城乡、行业、身份、性别等一切影响平等就业的制度障碍和就业歧视，形成政府、社会和劳动者共同参与、共同建设的就业环境。就业歧视是劳动制度研究关注的重点内容。刘瑞明等（2017）对转型时期的就业市场进行了制度分析，认为在性别歧视、行业分割、户籍壁垒、关系网络和最低工资规定的影响下，就业市场存在扭曲，这种扭曲会导致人力资本积累策略产生差异及其阶层分化的"极化效应"。同时，劳动就业制度本身在执行过程中可能产生的负效应也得到了研究的关注。袁志刚（2013）认为，有必要配合使用包括现代部门就业扩张政策、现代部门收入控制政策和传统部门收入改善政策等在内的各种劳动市场政策，以抵消单一就业政策在不同的就业环境条件下可能出现的负效应。

3.1.3.6 对就业的经济理论研究的评述

从当前就业的经济理论研究现状来看，人力资源的研究更侧重于实证，更倾向于以研究成果服务企业的人力资源管理和政府的就业政策与公共服务。劳动市场的研究理论性较强，更突出规范的研究方法和研究工具的采用。劳动制度的研究更突出针对不同的制度建设需要，展开对策性分析。

总体来看，人力资源、劳动市场和劳动制度三个方面的研究，要以人力资源为核心、以劳动市场为基础、以劳动制度为目标来统筹，由此才能对就业适应度研究的展开形成理论支持。以人力资源研究为核心，是对当前发展阶段和就业研究的现实需求的积极回应。发展要解决的最大问题还是民生，而就业是最重要的民生问题。要推进就业，就要着力提高劳动者的人力资源积累水平，进而提高劳动者的就业能力。同时，企业对就业的关注，主要在于企业劳动力需求的满足程度，而这一点又以人力资源的积累为基本前提。就业的经济研究既要充分考虑发展阶段的宏观特征，又要明确研究的服务主体即企业的微观需求。从当前的研究情况来看，就业的人力资源研究已经围绕人力资源的积累及其测度形成了较为充分的研究成果。但其存在的缺陷也较为突出，即研究对企业劳动力需求和地方政府就业促进需要的积极回应，使得就业的人力资源研究具有较为明显的微观化、局部化特征。由此形成的研究成果，在满足现实就业发展需要的同时，较难对劳动就业制度本身的改革和演进形成规范一致的理论支持。应当把发展更具整体意义和宏观关照的人力资源研究作为重点，加以积极推进。

在劳动市场研究方面，对于显著性的市场分隔以及由此形成的政府干预必要性的研究，是当前研究的主要内容。市场分隔研究潜在的理论前提就是统一的劳动市场。但从实证研究的具体情况来看，相关研究还比较少。而缺乏对统一劳动市场的研究，对客观上的市场分隔这一现象的研究，就没有理论参照。从本书的研究对象来看，劳动市场中间的性别歧视问题之所以存在且较难根治，并不是说劳动制度本身对此问题没有察知和针对性应对，而是分隔的市场确实在整体上没有为统一数据来源的形成创造条件。没有数据来源和基础，劳动制度本身的适应性调整就缺乏足够的依据。即使能够出台相应的针对性举措，由于对象的模糊性特征，这些举措在实践中较难生效，最终在劳动市场的需求动态变化中被消弭于无形。因此，对于统一劳动市场的研究，应该成为实证研究的理论基础。

在劳动制度方面，较少有文献将劳动制度作为一个整体加以研究，尤其是最近的文献更少。就业服务研究侧重于政府公共就业服务的特征比较明显。能够站在将政府与市场作为一个整体的角度上对劳动制度进行研究的文献几乎没有。而在实际中，我们可以清晰地发现，劳动制度既具有市场自发形成的劳动就业机制，也有在政府支持下形成的劳动就业体制，两者相辅相成，共同构成了劳动制度。同时，还必须认识到，企业内的劳动制度和企业外的劳动制度之间也存在较大差异。在研究中必须坚持整体认识，有必要站在政府和市场的劳动就业体制机制的总体层面上，统筹研究企业内外的劳动制度。只侧重于其中某一方面的劳动制度研究，都存在视野不足的问题。在就业服务的现有研究中，我们看到，对政府公共就业服务的研究与对信息技术影响下的市场化就业服务研究之间，话语体系、研究框架、对策建议不一致的情况比较明显。

人力资源、劳动市场和劳动制度是当前就业的经济理论中得到重点发展的三个研究方向。站在促进就业的政府宏观经济政策目标的角度上看，就业的经济研究需要进一步提高人力资源研究的精准性，进一步明确劳动市场研究的统一性，进一步强化劳动制度研究的整体性，通过劳动制度执行效率的提高、劳动市场运行体制机制的优化，为人力资源在劳动市场中流动、积累、升级的其他领域研究创造条件。

3.1.4 就业社会研究之"因"

3.1.4.1 总述

在前文的性别诊断分析中，我们可以发现，就业能力在不同性别的劳动者之间存在的显著性差异现象，并非仅仅是劳动市场的竞争机制或者企业组织的逐利行为所致。如果这仅仅是经济因素导致的现象，那么在调整相关经济制度之后，例如对在劳动市场中处于弱势地位的性别人群给予特定的政策倾斜以改变企业和市场的选择，相关现象就应该消失。但实际情况并非如此。性别歧视是先于市场活动的。也就是说，先有性别歧视，再有就业性别歧视。在就业领域中的相关现象只是性别歧视体现的一个领域。因此，仅仅在就业领域中找寻性别歧视存在的原因，有削足适履之嫌。

由此就形成以下问题：为什么会有性别歧视？为什么性别歧视会在就业活动中出现？在就业活动中出现的性别歧视与其他领域中存在的性别歧视有无差异？

对于第一个问题，在研究中已有诸多的表述，对于性别歧视的历史性成因在此不再赘述。对于后两个问题的研究则是本书的重点，由此可以对就业性别歧视存在的原因分析提供支撑。

对于第二个问题，首先必须认识到，就业活动中的性别歧视是社会相关认识、传统乃至制度的自然延伸和体现。鉴于研究的人群对象即女性农民工群体在社会阶层、产业链条、家庭中均处于相对弱势的地位，社会认识、传统以及既有制度的形态与结构是本书的研究无法回避的内容。同时，中国庞大的就业市场使得劳动保障制度的全覆盖成本较高，使得部分劳动人口实际上长期处于非正式的劳动市场之中。在这样的劳动市场中，潜在的非正式歧视性社会认识并不会面对正式制度的主动筛除，进而在市场中还有一定程度的存在。这是就业性别歧视存在的根本性原因。在研究中，要始终坚持将这一点作为理论前提。这也是本书在性别诊断中对家庭的性别传统加以单独分析的重要原因。其次，就业活动中的性别歧视表现是否显著，取决于劳动需求被满足的程度高低。如果发展所需要的劳动需求存在较大的缺口，企业用工得不到可预期的保证，那么就业的性别歧视表现得就不突出。从工业化与性别平等发展的过程上来看，各种原因造成的女性在劳动岗位上大量存在，都是推动性别平等发展的关键性因素。反之，由于庞大的劳动力"蓄水池"的存在，就业性别歧视就表现得较为明显。这是理论上比较明确的负相关性。在现实中，由于城镇化进程的长期持续，庞大的劳动力从农村向城镇流动，使得劳动力市场在特定的区域、领域和时期内始终存在供大于求的状态，那么就业的性别歧视就会在一定的发展阶段成为显性的现象。对于这一具体历史过程的展开及其现实变化，是本书实证部分重点要探讨的内容。最后，就业性别歧视及其社会性应对是否会反作用于社会认识、传统和制度，存在着"触发"机制。不能指望通过劳动就业体制机制的适应性调整来一次性解决就业性别歧视问题。就业领域中的性别歧视现象并不是一个纯粹的供求问题，只通过制度的针对性调整并不能解决问题。对于客观存在的就业性别歧视现象，要充分认识其社会认识基础的顽固性。试图通过劳动政策的调整来解决这一问题，必须把握恰当的时机，推出符合实际的政策。所谓"触发"，就是要把这一问题的解决纳入政治议程的轨道，充分利用社会舆论探讨热点的时机，推动劳动就业体制机制的创新。反之，在社会对相关问题的认识并不处于敏感期时启动相关改革，可能会造成制度的内容正确但在实践中往往无疾而终的无效结局。

第三个问题是站在比较的角度对就业性别歧视现象进行研究。性别歧视在社会生活中的不同场景有不同的表现。例如在家庭内部分工、劳动就业、教育、养老、娱乐等不同场景，均会有不同的表现。就业领域中存在的性别歧视既是社会性别歧视中的一个特定领域的现象，也是具有特殊性的性别歧视。这种特殊性可以从三个方面加以考察。一是具有直接的经济效果。性别歧视导致同工不同酬，这是就业中性别歧视被社会关注的最重要的原因。二是存在具有社会共识特征的歧视理由。不同性别之间的劳动生产率差别，是社会广为接受的歧视理由。尽管这种理由在实际中并不存在。三是性别歧视会导致普遍性的劳动退出。与其他领域的性别歧视不同，就业中性别歧视会导致被歧视的一方"用脚投票"，退出劳动市场。这种现象在其他领域中并不容易实现，但在竞争性市场中，退出并不困难。这也是导致就业中性别歧视能够被社会认同的逆向激励。

3.1.4.2 基础理论：劳动作为一个社会过程的动力机制分析

对于就业性别歧视的社会研究，重点在于明确就业性别歧视存在的客观因素。要做到这一点，方法很重要。按照艾尔·巴比的观点，要把握社会现象背后的原因，社会规范或制度、因规范和制度而形成的社会规律是必要的基础。在此基础上，才能界定研究对象的特征，并根据特征来对研究对象进行变量描述，进而形成变量之间的相关关系考察。因此，对于劳动过程中性别歧视的研究，必然会涉及三个方面的基础理论：一是劳动的社会制度架构；二是劳动社会制度架构的内在运行机制；三是作为特定研究对象的人群的特征描述与行为研究。

在劳动的社会制度架构方面，要更多地关注经济制度之外的其他社会制度对劳动就业的影响。这种讨论并非漫无目标，而是基于对劳动就业中存在的性别歧视进行研究的目标，围绕研究的信度和效度，对制度环境进行识别。从信度角度看，需要对社会制度进行分类并实施重要性预判断。从效度角度看，需要对社会制度进行相关性判断。简而言之，就是要提出社会制度认识架构，以获得恰当的认识维度。制度经济学认为，制度包括自实施（如道德自律）、第二方实施（如报复）和第三方实施（如法律）三种制度形式，并有正式（如法律）与非正式（如习俗）之分。对于就业性别歧视的研究，在经济制度注重研究第三方的正式制度的基础上，在分析性别歧视的社会性因素时，研究重点应放在自实施、第二方实施的非正式制度上。这也是社会研究能够发挥作用的地方。对于这些制度形态的研究，应结合劳动禀赋的基本构成，根据重要性水平的差异，进行综合研究。

在劳动社会制度架构的内在运行机制方面，要把研究重点放在就业市场的边界上，以及劳动者从市场外向市场内移动的动态过程中。竞争性就业市场的显性规律是研究的前提。竞争能够作用的范围是有限制的，所以并不是所有的就业行为都发生在市场中，或者说全部处于市场中。因此，用竞争性就业市场的规律来研究就业的性别歧视缺乏基本的合理性。应当研究那些发生在市场边界上或者市场之外的就业行为，以及这些行为在多大程度上受到劳动社会制度的影响，影响的机制是制度性的还是利益性的。同时，通过这些研究，结合我国的要素市场化进程，对劳动作为一种生产要素由市场外向市场内移动的普遍性趋势进行理论模型的描述。

在特定研究对象的人群特征描述与行为研究方面，核心问题是在研究对象的经济特征之外辨识其可度量或观察的稳定群体特征，形成多维度群体特征指标集合，以此作为就业适应度构建的理论基础。这个方面的研究主要是方法意义上的。从相关性上看，能够成为特定人群特征的指标，也是对就业的性别歧视有显著影响的社会性因素。只有这样的指标，才能保证研究的信度与效度。在指标的选择上，要考虑三个基本规则。一是影响机制的稳定性，即社会性因素对就业性别歧视存在机制、效果上的稳定性。影响机制是显性的，影响效果是可观察的，这两个方面的特征共同构成了影响因素的稳定性。二是指标与影响因素之间的关联度。选择的指标在多大程度上能够反映影响因素的整体情况，影响因素与就业性别歧视之间的联系机制能够在指标的变化中得到体现，这是衡量关联度的两个重要方面。三是指标本身的可量化水平。一般而言，可以量化的指标能够更好地进行比较和分析。所以在指标选择中，应优先选择可以量化的指标。在无量化指标可以采用的情况下，再考虑其他指标的选择。

3.1.4.3 就业性别歧视的社会性因素分析

对于就业性别歧视的社会性因素分析，可以从以下四个维度展开：一是社会空间结构对就业空间的影响；二是社会阶层结构对就业群体的影响；三是社会文化传统对就业选择的影响；四是社会组织形态对就业活动的影响。

在社会空间结构影响方面，主要是城乡结构、区域结构两类空间结构对于就业的影响，主要表现为城乡之间、区域之间的人口流动。女性农民工群体是此类人口流动的构成部分。因此，研究就业性别歧视的社会空间结构因素，就在于把握人口在城乡和区域不平衡结构影响下流动的趋势及其变化。这个方面的研究是较多的。郭冉（2019）认为，我国的人口流动主要还是发展型的人口流动，在长期的流动过程中，已经出现个体流动向家庭流动转变的趋势。龚维斌（2001）认为，农村人口呈现出双向流动状况，制度性人口流动对农村人口有长期和稳定的影响；受就业愿望和选择能力的影响，农村就业市场存在分层性。苏京春等（2019）认为，流动人口的性别比例趋于均衡，家庭化流动占主体，受教育程度上升影响。之所以会出现人口流动，一方面在于大都市领先的教育医疗水平、新一代农业转移人口认知和需求变化、血缘关系影响减弱、欠发达地区阶层固化等原因导致人口向大都市流动；另一方面，老龄化、欠发达地区经济发展、农村经济发展模式转变等也导致人口回流。林李月等（2019）认为，长期的流动使得流动人口与家乡的联系趋弱，但在流入地的社会融入能力不足、公共服务保障不足是突出问题。大规模的人口流动会导致人力资源的区域性变化，如导致流出地和流入地的老龄化差异（刘俊杰 等，2019）等。

在社会阶层结构影响方面，主要是流动的动态研究和特定区域的静态分析。在动态研究方面，主要考虑流入人群对流入地、流出地社会阶层结构的影响，以及在持续性流入过程中流入人群本身的结构性变化。在贫困地区，对于劳动力输出的重视和研究（罗怀良 等，2018），就是基于人口流动积极效应展开的研究。此外，对于人口流动导致的流出地人力资源流失（何立华 等，2017）、留守儿童（刘军奎，2019）、婚姻稳定性变化（张冲 等，2017；李卫东，2018）、生育率变化（薛君，2018）的研究，则是对人口流动负面效应的研究。在流入地，对于流动人口社会融入（张华初 等，2019）、阶层分化（刘红旭，2014）、公共服务（甘娜 等，2017；程菲 等，2018）、社会风险管理（木永跃，2019）等问题的多侧面研究，则是流入地对流入人口社会影响的综合研究与分析。在静态分析方面，对于大都市圈和人口集中流入地的阶层和人群分析是主要的研究领域。大部分研究集中于流动人口的群体性特征（宋月萍，2019）、流动决策（李辉等，2019）、社会治理（刘玉兰 等，2019）等方面。

在社会文化传统影响方面，研究表现出双向深入的特征。一是对社会文化传统影响劳动就业的研究，主要包括社会就业观念对就业态势的潜在影响（寸彦中，2015；涂永前，2019）、性别传统对就业的影响（何雅菲，2018）、文化水平对妇女就业的影响（江正平 等，2011）、民族地区外出务工困难（张俊明，2017）等。二是就业对文化的影响研究。一方面是就业的发展对欠发达地区文化传统的影响研究（张继焦 等，2018），另一方面的研究则聚焦于文化产业的发展（张济荣 等，2011）。总体来看，这个方面的研究并不多。相关研究集中于农村大学生就业、文化产业等几个主题，对社会文化传统与就业之间的关联还缺乏系统的研究和较为一致的认识。研究均认为社会文化传统对就业有影响，但这种影响在何种程度上是显性的、作用机制是什么，则没有深入的研究。在就业的性别歧视研究中，文化因素是不可能回避的重要因素。因此，在对就业适应度的研究中，对文化因素的研究要给予特别关注。

在社会组织形态影响方面，对就业行为的研究是富有成效的。较多的研究关注了社会中介组织（刘红春，2016；黄晨熹 等，2018）、社会企业（陶传进 等，2018）对特定人群就业行为的积极促进作用。部分研究对农民在市民化进程中的非组织化现象（林竹，2011；刘洪银，2014）、改革对就业的影响（王慧 等，2016；张义珍，2017）、知识经济带来的新就业形态（魏益华 等，2019；梁祺 等，2019）给予了关注。从就业研究的角度来看，对企业组织形态的研究并未覆盖企业组织内部劳动关系及其调整。只有少数研究针对特定企业，如社会企业，对其内部劳动关系进行了探讨。这是这方面研究存在的较为明显的空白点，在就业的性别歧视研究中要加以重视和补充。

3.1.4.4 就业性别歧视的表征及指标

对于特定人群或领域就业问题的研究，一个比较明显的研究趋势就是量化研究较为普遍。我们可以从以下三个方面归纳就业歧视的表征和指标：一是量化的体系设计，二是量化的指标选择，三是指标应用的评估。这三个方面在现有研究中是值得关注和深入分析的内容。

对就业质量进行量化评价的相关研究一直较多。陈成文等（2014）提出了社会学意义的高质量就业评价指标体系，包括人职匹配度等十个方面的指标。张抗私等（2012）研究了女大学生就业质量全口径评价指标体系，其中包括学校、市场、个人素质等六个二级准则。梁成艾等（2018）研究了包括自身素质、专业技术修养、经营管理和市场行为在内的农村劳动力就业创业能力提升评价体系。陈万明等（2019）提出了新生代农民工就业质量指标体系选择的完整性、契合性、择优性原则，并据此提出了相应的指标体系。蔡瑞林等（2019）从自我感知的角度提出了新生代农民工高质量就业评价体系。

在就业评价量化体系设计方面，现有研究趋向于提出完整性的就业质量评价指标体系。大量的研究都提出了就业质量评价体系。尽管这些研究提出的具体指标有共同性，但评价体系之间的差异是明显的。一是对象差异。较少有研究针对整个就业状况提出质量评价体系。多数研究是针对某一个群体或者地区展开就业质量评价。其中，大学生是最主要的研究对象，农民工或农村劳动力的研究也有一定的数量。二是视角差异。就业质量、胜任力、自我评价是较为普遍的研究视角。三是方法差异。对于就业质量评价体系的研究，所采用的研究方法差异度较大。部分研究在方法上缺乏显著标识。四是体系差异。尽管研究都围绕就业质量展开，但不同的评价体系在内部构成上的差异较为明显。这四个方面的差异反映了当前就业研究的状况，在下一步的研究中，对于对象和视角差异，应当作为前提提出并加以强调；对于方法差异，要根据特定的研究对象加以明确；对于体系差异，要通过体系设计原则的探讨，推动指标体系共同性的研究。

在就业评价量化指标选择方面，尽管现有研究在指标分层上有一致性认识，在一些具体量化指标上也有共同点，如对劳动者个人素质、市场条件的评估等，但指标选择的依据还存在差异。较少的研究对指标选择依据进行了分析，但由于缺乏比较，这些选择依据的可操作性是存疑的。换言之，尽管具体的量化评价指标是存在的，但由于研究的建构性特征较强，关于为什么使用这些指标，缺乏实践依据。在下一步的研究中，要通过核心指标的设定来推动具有共同性的指标的建设，在差异性中突出核心的共同点。

在就业评价量化指标应用方面，对应用指标开展主动的调查是普遍采用的研究方式。之所以如此，主要有两个原因。一是研究对象的特异性，使得一般性的年度数据不可用，不得不依靠主导的调查来开展相关研究。二是指标体系本身的特异性，特别是一些基于心理研究工具构建的就业质量评价指标体系，使得一般性的调查方法无法运用，只能采用特定的研究工具进行研究。主动的调查研究要成为研究的实证性基础，不仅要有恰当的研究方法和框架设计，更要在实施过程中与研究对象的实际状况相匹配。如果做不到这一点，就会导致研究最终与实践脱节。因此可以发现，在量化指标应用方面，完全依靠主动调查获得结果并不是一个完全合理的渠道。有必要在量化分析框架中，通过量化体系设计、具体指标的规范稳定选择、多样化的量化分析运用，形成多元化的数据来源，为就业质量研究的开展奠定更为坚实的数据基础。

3.2　就业适应度的三维度构建

基于以上研究，围绕女性农民工群体就业，本节将聚焦就业能力，在性别诊断的基础上，构建针对女性农民工群体的就业适应度理论，为下一步实证研究的展开奠定理论基础。概言之，就业适应度，是指在既定的禀赋条件下，在市场经济机会变化过程中女性农民工采取行动改善自身福利的能力/能动性。本节主要基于以上三个维度展开对于就业适应度的研究，并从就业传统、就业地位、就业领域和人力资本四个方面展开理论层面的性别诊断。同时，对三个维度上的就业适应度进行理论构建，在此基础上，集成女性农民工群体就业适应度分析的理论框架。

3.2.1　禀赋维度

劳动者个人的禀赋状态以及由此聚合形成的劳动者群体的禀赋结构，是影响劳动者就业适应度的核心内容之一。在一个既定的研究区间内，劳动者群体的禀赋结构是既定的。也正是因为这种稳定的状态，使得禀赋结构能够成为就业适应度研究的重点内容。

3.2.1.1　性别诊断：基于禀赋结构的研究

从一般性劳动就业研究的角度来看，劳动者必要的禀赋包括个体条件、社会环境和经济基础三个方面的内容。其中，个体条件是指劳动者的健康状态，以及在群体整体层面上反映出来的健康水平及其面对的风险；社会环境是指劳动者群体的受教育水平以及社会对劳动者参与劳动的普遍性认识；经济基础是指劳动者参与劳动活动的基础性技能以及相应的经济资源支持。这三个方面的内容构成了劳动者的禀赋结构。

对女性农民工群体而言，劳动者禀赋结构的基本构成也是一致的。这种一致性是进行比较研究的认识基础。在强调一致性的基础上，通过实施性别诊断，对禀赋结构的具体内容进行分析和判断，是女性农民工群体就业适应度研究的重点。

从前文对性别诊断研究视角的分析出发，就业传统会决定企业组织内部的组织文化性别取向以及由此促成的企业内部就业的鲜明性别取向，进而决定企业内部职位结构的"竞争性排序"。由此，按照性别诊断的分析，劳动者群体被赋予的特定就业传统与劳动者的禀赋之间存在不稳定的联系。一方面，劳动者的禀赋是决定就业传统的表面或者直接的原因。男女在劳动就业中不同的岗位配置反映的是劳动者性别差异导致的禀赋差异。至少在表面上，这是为社会所认定和接受的原因。在劳动力出现严重短缺的特殊时期，这种表面的原因会转变为直接的推动力，推动妇女扩大就业。另一方面，就业传统又是独立于劳动者禀赋的、对就业过程形成实质性影响的重要因素，具有明显的性别价值取向。不同性别却具有类似禀赋的劳动者在企业中从事截然不同的岗位，在一定程度上就反映了就业传统的前置性界定与劳动者禀赋之间的脱节状态。在劳动过程中，这两种状态都是存在的。因此，较难从劳动者的禀赋结构直接推导出针对特定劳动者群体的就业传统。站在这一观点上看，不能说提高劳动者的禀赋水平就能够直接带来劳动者就业适应度提高的结果。这两者之间没有显著、直接的联系。如果要在理论上建立就业传统和劳动者禀赋之间的关系，可以认为，劳动者禀赋是就业传统在就业活动中得到体现的基础性条件。总体而言，劳动者禀赋水平存在临界点，禀赋结构存在突变层，当禀赋水平在临界点以下且禀赋结构在突变层外时，劳动者禀赋被既定的就业传统决定，并在被决定的过程中成为就业传统得以实现的基础；当禀赋水平突破临界点且禀赋结构进入突变层之后，劳动者的禀赋就成为新的就业传统形成的决定性因素。因此，从就业传统的角度看劳动者禀赋，禀赋水平的临界点和禀赋结构的突变层是实证研究应该关注的重点内容。

劳动者在一个社会基本组成单元内的就业地位类似于就业传统，并不是完全由劳动者禀赋决定的。就业地位取决于社会基本组成单元存续的现实需要排序。必须要认识到，社会基本组成单元，如家庭，其存续的现实需要并不是保持不变的，它是高度环境依存的变量。不同的社会经济环境，如市场内外的区别，导致的现实需要排序是有区别的。劳动者的禀赋作为社会基本组成单元的内生变量，其对就业地位的作用从属于社会经济环境变化导致的现实需要。因此，从性别诊断的角度看，劳动者的禀赋并不是就业地位的主要决定性因素，除非劳动者的禀赋极为特异。也正是基于这样的认识，对于一个特定的劳动群体整体上表现出来的就业地位和劳动禀赋之间的客观联系，如较低的就业地位和较低的劳动禀赋相关联，以及这种关联所表现出来的较为明显的性别取向，要谨慎分析其影响机制。这两个现象之间的联系机制较为复杂，并不是简单的因果关系。在更多的情况下，较低的劳动禀赋是较低的就业地位的结果，而不是原因。这一点，在分析就业性别歧视时要特别重视。

就业领域的差异作为一种客观的存在，是影响就业性别歧视的前置性客观条件。就业领域差异之所以会形成，与劳动者禀赋之间存在着明确的联系。但这种联系是以劳动者禀赋的现实状态为基础的。从总体上看，并不具有性别敏感的特征。劳动者选择不同的就业领域和形式，是市场决定的结果，禀赋只是在市场决定过程中必须考虑的关键变量。从就业的性别歧视来看，由就业领域差异导致的性别就业差异不应被视为就业歧视，而是一个由经济增长、产业扩张过程派生的劳动需求决定的必然结果。前文已对此做过阐述。因此，在研究劳动者禀赋作为就业性别歧视的关键变量的内在构成时，应明确将就业领域造成的就业差异从中隔离出来，以此为研究真正的就业性别歧视创造条件。

从长期来看，人力资本积累水平的变化是决定劳动者禀赋的关键变量。在一个特定的时期，劳动者禀赋所包括的个体条件、社会环境、经济基础三个方面的因素，构成了劳动者人力资本的主要部分。在研究劳动者禀赋时单独将人力资本作为其中的一个变量来加以考察，主要是考察在一定的就业过程内劳动者人力资本的变化量。主要包括两个方面的变化量：一是时间维度上的变化量及其速度，以反映人力资本的总体变化状况；二是人力资本变化在不同性别之间的差异，以反映人力资本积累的性别取向。换言之，就业作为一个过程可以提升劳动者的禀赋水平和禀赋结构。

考察这种提升的效果一方面有助于评价劳动者的就业适应度，另一方面也为从就业传统、就业地位和就业领域的变化角度研究就业的性别歧视提供较为规范的视角和工具。

基于以上的性别诊断分析可以发现，就业传统、就业地位和就业领域会对劳动者群体的禀赋水平和禀赋结构形成决定性影响，进而决定劳动者在就业过程中的人力资本积累。其中，就业传统、就业地位是受社会环境、文化和传统影响的主观制度性因素，存在较为明显的性别价值取向；就业领域是由经济增长过程外生决定的客观制度性因素，没有明显的性别价值取向。劳动者群体人力资本积累水平的总体变化以及在不同性别之间的相对变化，是反映就业过程劳动者适应度及其性别差异的重要指标。

3.2.1.2 价值判断原则

基于以上的性别诊断，在研究特定劳动者群体的禀赋水平和禀赋结构变化时，需要坚持四个基本的价值判断原则。

第一，突出就业传统和就业地位的性别价值取向。对于女性农民工群体而言，必须关注就业传统和就业地位对于就业活动的开展形成的实质性约束。以传统、习俗乃至文化形式存在的就业传统和地位，尽管在正式的制度形式中较难发现，但对女性农民工群体而言，是较难逾越的现实障碍。在这样一种价值影响下开展的就业活动，不再以必然规律和合理分析为基础，而是直接以价值取向为出发点。从社会角度看，这种以价值取向为认识出发点的社会认知过程是性别歧视产生的根源。在研究女性农民工群体的就业问题时，有必要对就业传统和就业地位中存在的性别价值取向进行专门的研究，厘清其中出于家庭单位存续、社会经济活动开展而必然要存在的合理性，从而明确作为价值取向的性别歧视的边界，为研究就业活动中的性别差异奠定价值基础。正是基于这样的认识，本书认为，突出就业传统和就业地位的性别价值取向，就是要通过合理性分析，明确女性农民工群体的禀赋结构中内化的传统性别价值取向。这一点应当成为禀赋结构分析的重要组成部分之一。

第二，消除就业领域性别歧视泛化现象。本书认为，就业领域差异是特定时期、区域和人群的特定表象，并不反映某种具有必然性的价值取向。这是本书研究必须坚持的基本立场。在这一立场上，可以看到，与劳动者刚刚进入市场时被限定在狭小的就业领域和岗位上相比较，在特定岗位上经过工作训练的成熟劳动者会有更为广阔的就业空间。这是就业所带来的人力资本积累的必然规律。本书所要关注的，就是在女性农民工群体中，这种规律是否能够得到普遍的体现。如果不能，那意味着本来没有价值取向的就业领域中存在着泛化的性别歧视。如果在研究中不坚持这一中性的立场，现实中可能存在的就业性别歧视就很可能在研究中被忽视。

第三，重视禀赋结构对促进就业的重要性。本书在研究劳动者禀赋时注重从禀赋水平和禀赋结构两个方面展开。从研究的价值取向上看，禀赋结构具有比禀赋水平更高的研究意义。本书所强调的禀赋结构，是一个包括经济、社会、价值、个人等方面因素在内的综合结构。本书认为，单纯以健康、教育、经济资源等指标来衡量女性农民工群体的禀赋水平，缺乏性别分析的支撑，所得到的结果难以反映女性农民工群体真实的禀赋状态。因此，在性别诊断的基础上采用综合禀赋结构，来充分反映性别因素在禀赋中的特定地位，对于分析就业性别歧视有重要的方法意义，是禀赋水平分析的有益补充。禀赋结构分析是在价值研究基础上形成的，是性别诊断的重要体现内容，是劳动者禀赋价值分析的有机构成部分，也是劳动者禀赋经济和社会研究均要重点考虑的内容。

第四，持续促进特定劳动者群体的人力资本积累水平提升。对于劳动者禀赋水平和禀赋结构的分析，一个要始终坚持的价值取向，就是就业促进人力资本增长。这包含两层含义。一是人力资本增长与否是判断劳动者就业适应与否的关键指标。一个能够提升人力资本积累水平的就业过程，就是一个劳动者能够适应的就业过程。二是人力资本增长速度和结果的平衡度是判断就业性别歧视的关键指标。就业的性别歧视是否严重，关键就看在同一劳动过程或者期间内，劳动者人力资本积累水平在不同性别之间是否实现大致同步的增长和合理的平衡。

3.2.1.3　经济分析重点：禀赋水平和禀赋结构的构成及其度量

对于女性农民工群体禀赋水平和禀赋结构的研究，是一个量化分析的过程。如前文所述，禀赋水平包括健康、教育和经济资源等方面的指标，禀赋结构则是在对禀赋水平进行量化的基础上，进一步考察就业传统、就业地位等难以量化的指标对禀赋水平的实质性影响而形成的综合结构差异。因此，从方法的成熟度和数据获取渠道的便捷性考虑，量化分析主要依托经济分析展开，首先需要对禀赋水平进行研究。而禀赋结构分析则是根据性别诊断对禀赋水平各构成要素的权重判断和总体调整。

禀赋水平主要用三个指标衡量。

一是健康状况。按照《健康中国行动（2019—2030 年）》的表述，我国的居民健康主要关注点包括健康素养、膳食健康（肥胖率、孕妇贫血率、5 岁以下儿童生长迟缓率、盐油糖蔬菜水果摄入量等）、运动健康（体质达标率、参加体育锻炼率等）、吸烟率、心理健康、环境健康、妇幼健康（农村适龄妇女宫颈癌和乳腺癌筛查覆盖率等）、学生健康、职业健康、老年健康等方面。对于特定人群健康水平的研究，主要基于个人因素、社会影响因素和自然影响因素三个方面。较多研究认为，特定群体的健康状况受年龄/性别、个人健康行为、地理分布、社会经济地位和卫生服务等因素的影响（姚强 等，2018）。这些研究为我们研究女性农民工群体的禀赋水平提供了方法和数据上的支持。本书对特定人群健康的研究，是针对就业展开的健康研究，更关注对就业活动产生实质性影响的健康因素，其主要包括四个指标。第一，年龄结构。劳动就业人口主要是指 15~64 岁的适龄劳动人口。对于特定人群年龄结构的分析，主要是要明确在不同的年龄段上的劳动人口占特定人群总规模的比例，以及特定的年龄结构所对应的劳动能力的结构性特征。在研究中，年龄作为禀赋的构成要素，所占权重不会太高，一般将其作为参考性因素。但由于相对低龄即 18 岁以下和高龄即 60 岁以上的劳动者在市场中处于相对弱势地位，对于这部分人群的禀赋评价，年龄就是一个重要的影响指标。第二，生育结构。女性生育对其职业的影响，是众所周知的。生育，特别是二孩政策之后的新生育需求，以及过去超生带来的后续影响，对女性农民工群体就业存在三个方面的影响机制，即因生育行为中断就业、哺育对未来劳动时间的限制、哺育成本对就业意愿的影响。这是女性农民工群体禀赋研究的重点内容。第三，输出地结构。劳动力的跨域流动，无论是就劳动者的个人适应还是社会保障而言，对劳动者的健康状况均会构成较大的压力。因此，研究女性农民工群体的输出地结构，把握其跨域流动规律，是掌握其健康水平的重要指标。第四，健康的自我认识。主要是健康素养和自我认知两个方面。受就业领域和就业岗位的影响，产业链低端就业人群的健康素养较低，这是现有研究反映得较为普遍的观点。较低的健康素养既来源于相关信息的供给缺失，也源自劳动者个体对健康的忽视。因此，健康素养和自我认知并不是完全一致的。在健康素养缺乏的情况下，自我认知的"健康"与实际的健康不相符的情况应该是普遍存在的。因此，判断健康素养和自我认知之间的差异，就成为问题的关键所在。

二是受教育水平。之所以选择受教育水平来衡量女性农民工群体的知识结构和水平，在于这一指标具有稳定性和可观察性。女性农民工群体受教育水平的判断主要从两个方面展开。第一是基础教育的受教育年限。受教育年限主要反映劳动者通识把握的水平是否足以应对就业环境的变化。第二是职业教育的参训次数。其主要观察女性农民工群体在家是否接受职业培训，以及职业培训与实际就业岗位之间的匹配度。

三是经济资源支持。就业需要成本投入和资源支持。家庭经济资源保障水平对女性农民工群体适应就业环境有重要影响。其主要从两个方面来分析和判断：第一是有无足够的择业成本，第二是就业风险应对资源。适当的择业成本是家庭对女性农民工群体就业未来收入存在正向预判后的经济投入，其中包括到就业目的地的旅途费用、择业费用和相应的生活费用等。而就业风险应对资源则是家庭对失业的风险准备，主要是以现金形式存在的家庭储蓄。这两个方面的经济资源构成了女性农民工群体就业的经济资源支持。

3.2.1.4 社会研究开展：禀赋水平和禀赋结构的识别方法

禀赋水平主要是对家庭劳动力输出初始水平的评估和判断，要回答的是"有什么"的问题。应认识到，上述经济分析所罗列的各类指标，大多数须通过调查得到。必须要明确指出的是，单独通过调查得到的指标数据结果，是高度对象依赖的结果。调查所针对的群体特征是决定结果的直接影响因素。依据这一结果形成的一般性研究结论存在较为明显的方法上的瑕疵。要解决这一问题，主要应采取三个措施。

第一，依托性别诊断，强化禀赋结构分析，提高调查的科学性。禀赋水平所包含的各类指标差异度较大，将其进行无量纲处理后合并构成综合量化结果，对禀赋水平的高低进行判断，尽管因结果的简洁而具有形式上的美感，但并无实际的意义。就女性农民工群体而言，对其就业适应度进行研究，要考虑得更多的是其在企业组织内部竞争性排序中、在家庭就业选择中、在市场竞争环境中的相对弱势地位。对于这种弱势地位的研究，更多地要考虑女性农民工群体与处于同一市场环境中的其他特定群体之间的就业优劣势。因此，绝对的禀赋水平在大多数情况下并不具备实际意义，除非女性农民工群体存在进入远超其禀赋水平的就业领域的机会。禀赋水平研究是禀赋结构的基础。禀赋结构就是对女性农民工群体与其他群体之间进行禀赋比较的相对指标的集合。要回答的是"有哪些"和"缺什么"的问题。在禀赋结构的研究视角下，对于禀赋水平指标的研究，更关注其中的特异点，尤其是女性农民工群体具备且其他劳动群体不具备的禀赋（见表3.1）。对特异点进行具体分析，可以辨析不同性别之间的就业基础条件影响，进而围绕禀赋对就业适应度的影响做出具体的判断。由此形成的禀赋结构判断，可以通过禀赋结构"金字塔"（见图3.4）来表述。就女性农民工群体而言，生育结构作为禀赋结构最显著也最重要的影响因素居于"金字塔"的顶层。女性农民工群体与同处一个就业环境中的其他就业群体，特别是同样居于弱势地位的其他特殊人群，如老年劳动者等，在经济资源、教育和健康方面的结构差异，分别居于"金字塔"的二、三和四层。禀赋结构"金字塔"较为形象地说明了对女性农民工群体就业禀赋形成显著影响的结构性因素及其影响顺序。

表 3.1　禀赋水平与禀赋结构的差异

禀赋水平		禀赋结构 （相对于可比人群）	禀赋结构观测要点
健康 状况	年龄	年龄结构差异	有无群体性年龄结构差异
	生育	生育结构变化	二孩（含超生）的生育需求
	输出地	地区结构差异	输出地与就业地的差异影响
	自我认识	自我认识结构差异	患病人群的自我认识
受教育 水平	基础教育年限	基础教育年限差异	有无群体性基础教育年限差异
	职业培训次数	职业培训次数差异	有无群体性职业培训次数差异
经济 资源支持	择业成本	择业成本差异	个体的择业成本可辨识度
	就业风险应对资源	就业风险应对资源差异	就业风险应对资源覆盖差异

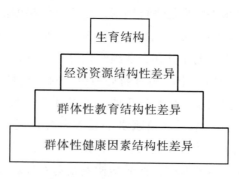

图 3.4　禀赋结构"金字塔"

第二，围绕关键领域，突出重点数据，加大案例研究力度。案例分析是补充数据分析并赋予数据分析生命力的重要研究手段。上述对于禀赋结构的分析，会得出一系列的分析结果。例如生育的影响，通过调查分析大致可以得出其对就业形成影响的机制和领域，但这种影响是制度性的还是环境性的，是长期的还是短期的，还需要围绕研究得到的重点数据，通过具体的案例分析，来加以社会性呈现。例如对于生育这一极具个体选择特征的社会现象，基于调查数据展开的经济分析或者社会分析都无法触及家庭生育决策的基本机制，必须通过案例来展示其内涵的多样化和决策的合理性。

第三，加强宏观数据使用，增强分析的数据基础。应用人口、产业和宏观经济数据来验证、补充调查分析的数据，是研究能够在正确的途径上前行的一个重要保障。从就业的情况来看，相关数据是较为充分的。其中有每年政府有关部门例行公布的宏观数据、普查数据，也有市场化就业服务机构根据市场变化发布的研究报告。这些数据都能够对本书在调查基础上开展的相关研究形成验证和补充。

3.2.2　经济机会维度

经济机会是指在特定禀赋条件下，女性农民工群体在市场中面对的可能参与的经济活动选择集合。这里的经济机会是指包括自雇和他雇在内的、宽泛的就业活动。在女性农民工群体就业适应度研究中，禀赋研究是对劳动供给方基础条件的研究，经济机会研究是对劳动需求方的环境条件的分析。这是在市场条件下就业供求分析必须包含的内容。

3.2.2.1　性别诊断：以企业组织为主要对象的经济机会研究

经济机会维度主要涉及女性农民工群体基于既定禀赋水平和禀赋结构面对的就业选择机会集合。从性别诊断的维度展开经济机会分析，以下四个内容是重要的关注点，即以"竞争性排序"为特征的就业传统、经济利益动机对就业地位的实质性影响、就业领域的壁垒性约束和显著的人力资本临界值。如果相同禀赋条件但不同性别的就业群体面对相同的可能经济机会，那么以上四个方面的约束性条件就会在不同性别群体之间造成差异。

企业组织内部的"竞争性排序"是经济机会约束性条件的核心内容。所谓"竞争性排序"，是指企业作为生产经营活动的组织基本单元，在企业内部资源配置过程中适应市场竞争规律，对生产经营活动涉及的生产要素进行适应性预先排序，所形成的生产要素组织内部配置结构及其相应的体制机制。对企业管理者而言，竞争性排序的存在有三个方面的意义。一是作为企业组织内部层级式管理的基本依据。将市场竞争信号转化为企业内部生产要素配置的基本依据，是企业组织之所以能够成为市场经济中最为活跃的基本经济单位的根本原因。企业会使用那些能够跟随管理指令迅速进入工作状态的人和要素，将其放在企业层级式管理的核心位置上。市场需要什么，企业就要做到什么，这是市场竞争对企业提出的内部管理基本要求。二是竞争性排序作为一种管理规则的常态化使用，将形成企业内部生产要素之间的动态替代结构，进而为生产要素利用效率的提升奠定管理机制基础。例如，在管理过程中不同性别劳动者的相互替代，劳动与机器之间的相互替代，等等。生产要素动态替代结构的形成有助于企业辨识并基于比较优势原则维持有效率的生产要素组合。三是竞争性排序作为一种预先性的企业内部资源配置，也有助于企业在市场突发情况下迅速行动以应对市场冲击可能带来的风险。从这个意义上讲，竞争性排序也是一种风险应对机制。

竞争性排序在企业内部的存在，是以企业内部管理制度为基本依托、以管理实践为基本实现途径、以企业文化为基本价值取向的。作为企业内部管理制度的竞争性排序，就是要通过成文的制度约束、固化企业内部要素的竞争性、市场化配置规则；作为管理实践的竞争性排序，就是要实现内部资源配置动态调整的常态化；而作为企业文化的竞争性排序，则是要将制度和管理实践中贯彻的竞争要求升华为组织共识。这三个方面的约束共同构成了企业内部的竞争性排序。在竞争性排序结构中，要素配置的优先地位首先由最近的考察期内各类要素或个体对企业生产经营活动的贡献来决定。例如，如果机器的使用效率提升对企业当期经营效率提升有显著作用，那么在下一期对机器的再投资力度就应当成为经营决策的优先考虑项。同样地，如果当期劳动雇工的增加是企业效益增加的必要条件，那么下一期对劳动雇工的保障就是决策的优先项。在个体贡献不可查的情况下，企业组织效率或效益的整体提升，必然会归结到特定的要素的基础条件上。例如，大规模劳动雇工过程中企业总结归纳的用工条件，就是运用这种排序的结果。对于劳动要素而言，劳动者的禀赋条件好坏成为决定劳动者是否能够在企业组织内部获得具有优势的排序位置的关键。

因此，竞争性排序作为就业传统的关键内容，提出了企业对包括劳动要素在内的生产要素的基本要求。如果站在劳动者的角度看竞争性排序，可以发现其对经济机会的影响是较为关键的。企业默认的竞争性排序实际上为市场就业机会提出了岗位胜任力的要求，进而在客观上对劳动者的专业化水平提出了要求。这种专业化水平的要求是两个层次的：首先是符合岗位要求；其次是在符合岗位要求的条件下，在符合要求的人群中处于优先地位，这是保证劳动者通过就业获得期望回报的前提条件。如果只能实现第一个层次的岗位要求而不能达到第二个层次的岗位要求，那么由于企业内部竞争性排序所形成的要素替代结构的影响，劳动者的就业就处于高度不稳定的状态。

　　从竞争性排序的就业传统看女性农民工群体的就业，一是要关注女性农民工群体的家庭就业地位约束。家庭通过女性就业带来的经济利益在家庭总收入中的重要性，是其就业地位的重要影响因素。如果女性农民工群体就业收入对其家庭很重要，那么家庭就业地位就不会对女性农民工群体的禀赋形成实质性障碍，进而禀赋在性别上的无差异对企业的竞争性排序也不会造成约束。但如果其就业地位并不重要，那么即使女性农民工群体能够满足岗位要求的条件，但在企业内部的排序中也会因为动态排序带来的淘汰效应和压力影响，而处于相对弱势的地位。从这个意义上看，尽管就业的竞争性排序是市场竞争在企业组织内部的必然反映，但竞争性排序之所以能够实现，也与生产要素的配置排序有直接的关联。换言之，企业组织内部的竞争性排序是由市场需求和要素供给双方的结构与状态共同决定的。二是要关注就业领域壁垒性约束带来的性别限制。女性农民工群体所处行业特征所具备的性别限制，使得女性农民工群体在企业内部竞争性排序中处于相对弱势地位。这种性别限制在工业化进程发展的重点产业中是一种较为普遍的现象。工业化是基于特定生产要素组合开展的过程，因此各种不同的要素在生产过程中具有不同的重要性是较为普遍的情况。因为行业特征带来的经济机会差异，并不是某一个产业在自身领域中能够解决的问题。对于这一点，在宏观劳动就业调控方面，要秉承平衡的原则，加以充分认识和系统治理。三是要关注女性农民工群体人力资本积累的非线性跃升及其临界值判断。就业带来的劳动者人力资本积累的增加，是伴随就业过程变化而变化的过程。稳定的就业能够形成可预期的人力资本积累，但同时，就业领域的限制也会使劳动者因长期在一个特定领域工作而丧失对其他工作领域的适应性。因此，经济机会的把握对女性农民工群体而言并不仅仅意味着人力资本的累积性增长，而是与经济机会的稳定性高度相关的、具有明显依附性特征的增长过程。这一增长过程是否最终会拓展其所面对的经济机会集合，关键就在于劳动者是否能够在经济机会利用过程中将工作技能转化为能力质变，进而实现人力资本的突变。

3.2.2.2 价值判断原则

在市场竞争的话语体系中研究劳动者面对的经济机会集合及其现实约束，很容易简单采用竞争性的价值取向，将由市场竞争确定的劳动者经济机会集合视为当然并加以维护。这种几乎是"一边倒"式的制度性价值取向对处于弱势地位的劳动者群体而言很难说是友好的、关照的。社会科学研究应把价值昌明作为首要任务。如果在研究中不把劳动者在竞争性排序中可能面对的劣质经济机会组合作为制度价值关注的重点提出来，不将其作为制度矫正的主要研究对象，那么作为客观现实的性别歧视等现象在就业活动开展过程中也不大可能得到持续性关注。具体来看，在经济机会研究中，必须坚持三个方面的价值立场。

第一，将竞争性排序视为女性农民工群体就业适应度研究的基本前提。在这一基本前提下，女性农民工群体就业适应度的提高，不以竞争性排序受到实质性损害作为代价。坚持这一研究的基本前提，在于竞争性排序是经济机会集合在市场条件下得以维系并可能得到拓展的重要保障。否定和削弱竞争性排序就意味着否认了市场经济。而没有了市场经济，就业作为基本经济现象就失去了基本存在环境。对于女性农民工群体就业适应度的研究，其最终目的是在市场长期发展的条件下，完善和优化竞争性排序的形成机制。基于这样的认识，要在就业适应度研究中全面体现竞争性排序的要求。就业一定是竞争性的，没有完全福利性的就业。政策引导下实现的弱势群体的就业，只是约束竞争所造成的负面影响，而不是直接限制竞争以及企业组织根据竞争所形成的竞争性排序。

第二，拓展经济机会选择集合是研究关注的重点。从性别诊断的结论看，对女性农民工群体而言，经济机会的相对差异在于竞争性排序导致的经济机会选择集合受限。市场竞争、家庭决策共同导致的经济机会的压缩，是研究应当关注的重点。这一重点主要包括经济活动参与意愿的自由度、参与方式的多样化、参与时间的灵活度以及参与回报的可预期等内容。用就业适应度来衡量经济机会的拓展，就是评价女性农民工群体参与市场的可选择行为组合的大小。

第三，高度重视竞争性排序对弱势劳动群体在就业过程中可能造成的负面影响。性别诊断已经表明，如果制度不对竞争性排序带来的社会经济效应有所回应的话，企业、家庭和社会围绕就业活动展开的多维决策及其实施之间的相互作用，最终会对在竞争性排序中处于弱势地位的劳动者群体造成负面影响。而这些负面影响又通过就业地位、领域和人力资本积累等机制，最终对竞争性排序决定的经济机会选择集合形成外部影响。因此，在保持竞争性排序格局不变的情况下，有必要对这些负面影响进行研究和分析，提出针对性的评价和应对机制。

3.2.2.3 经济分析重点：经济机会分类与竞争性排序的测度

经济活动选择集合包括就业、其他能够带来收益的劳动过程以及非劳动性的经济活动选择。由于非劳动性经济活动与研究主体的相关程度不高，在本书中仅作实证性考察，在理论分析中不对其进行专门研究。因此，本书认为，经济机会决定于劳动者在市场中面对的劳动需求结构。劳动需求结构又取决于两个方面的影响因素。一是市场走势，市场周期会对生产要素的需求形成整体影响，这将决定劳动需求的总体规模。二是技术发展状态，技术将决定生产要素的组合结构及相互替代关系。这种替代关系在技术出现突破时表现得较为突出。技术发展状态将决定劳动需求的内部结构。在不考虑劳动者自身条件的情况下，上述两个因素将决定劳动需求结构并进而决定经济机会的可能集合。我们可以从三个方面对经济机会分类进行研究。

一是从经济利益角度来看，劳动既有付薪劳动，也有无酬劳动，前者是就业研究的典型对象，后者则从属于、内化于、服务于家庭的存续。所谓经济机会，就是劳动者能够获得且愿意接受的付薪劳动。能够获得是指就业岗位存在且劳动者符合岗位条件，愿意接受是指劳动者认同以劳动来获得就业岗位带来的经济利益。个体的劳动究竟是在市场中发生、在企业内完成，还是在家庭内发生和完成，取决于市场走势、个人禀赋、经济利益和家庭存续各个不同目标之间的权衡与判断。这是一个基于机会成本分析、具有个体特征的决策过程。在实际的劳动过程中，付薪劳动和无酬劳动之间并不总是有完全清晰的边界。例如以家庭为范围的劳动模式，一个家庭可能有一个成员处于受雇状态，而其他成员则处于无酬劳动状态，当整个家庭均在完成受雇成员工作时，从结果的角度来看，付薪劳动和无酬劳动实际上不可区分也没有必要区分。之所以会出现这样的情况，在于劳动需求本身并未区分个人和家庭，使得个人承担了超过其个人能力范围的工作负担。个人愿意承担是因为同一劳动时间可以获得更多的劳动报酬，企业愿意接受是因为相比于雇佣更多的劳动者，这种雇佣方式付出的成本相对较低。从这一特殊的实际情况展开分析，付薪劳动和无酬劳动的区别仅仅是理论上的。在实际劳动过程中，两者完全可能会因为共同的经济利益结合在一起。必须要认识到，劳动过程是否带来经济利益是各种劳动歧视是否产生的直接经济原因。由此，经济机会的第一个重要特征是劳动过程必然会带来经济利益。在企业的同一劳动阶段，经济利益的大小差异是竞争性排序的基本依据。在劳动者的劳动过程中，可预期的、显性的经济利益是决定家庭付薪劳动和无酬劳动结构的重要影响因素。

二是从劳动关系上看，劳动有自雇和他雇之分。自雇包括个人创业、以家庭为单位的个体经营等，他雇则是由企业或其他社会团体雇佣从事指定工作。站在市场的维度看自雇和他雇，可以发现，自雇是一个劳动本身作为生产要素不参与市场活动，主要表现为劳动产品市场化的过程；他雇则是劳动参与市场配置，而劳动成果并不直接与劳动挂钩的要素市场化的过程。从劳动关系来看，自雇是企业组织的竞争性排序在家庭内部的模拟和实现，是个人、家庭的"模拟企业化"；而他雇则是劳动者直接参与企业组织的竞争性排序的过程。自雇所代表的劳动产品市场化和他雇所代表的生产要素市场化之间，在各自作为市场主体面对相等风险水平且风险应对能力与市场主体规模没有直接相关性的条件下，是具有相互替代性的。从这一观点出发，如果要素市场化存在障碍，产品市场化就会作为必然的替代来补充要素市场化的缺陷；反之亦然。由此，经济机会的第二个重要特征就是劳动关系所对应的市场化水平与相应的风险对应。由此形成的理论启示在于，第一，更高的市场化水平更有利于企业组织的竞争性排序；第二，如果产品市场化比要素市场化更容易实现，那么在市场中企业组织的竞争性排序就会面对制度性障碍，进而会对产业结构的演化形成实质性影响；第三，在产品市场化过程中就业的性别歧视是隐性的，而要素市场化则由于竞争性排序的影响，性别差异以及由此形成并不断加强的性别歧视是始终要面对的显性问题。

三是从劳动形式上看，劳动有个体劳动和集体劳动之分。在劳动分工的作用下，工业化进程中集体劳动因协作带来的效率提升，远比个体劳动产出更多的劳动结果。大规模的工厂作业制度的全球扩散就是对这一效应的充分肯定和制度固化。个体劳动和集体劳动的区别，反映了工业化发展的规律性要求。协作的形式与结构决定企业组织竞争性排序及其变化。从历史的角度来看，在企业组织创新的支持下，协作规模的持续性扩大是普遍性、长期性的趋势。集体劳动取代个体劳动是工业化的衍生现象。在这一趋势中，协作劳动过程中各种不同的生产要素、同一种生产要素内部由禀赋的差异导致的竞争性排序，是共同劳动过程中性别歧视产生的劳动形式因素。对于协作劳动的形式与结构的研究，就成为经济机会研究要关注的第三个重要特征。主要关注点在于以下三个方面：第一，在现有技术水平下，协作劳动的形式与结构对劳动就业提出的一般性要求；第二，在技术发展视角下，个体劳动对集体劳动逆向替代的趋势及其可能的经济社会影响；第三，协作劳动的企业组织化及其在市场主体中的优序地位对以其他形式劳动的特定人群造成的影响。

由以上分析可以发现，女性农民工群体所面临的经济机会，无论是就业还是其他带来经济收益的劳动形式，都可以被视为广义的就业。要在需求一侧对企业组织的竞争性排序进行研究，必须对三个特征进行分析。其一，经济机会带来的经济收益的大小及其与劳动过程的相关性。主要通过群体比较，考察劳动收入的高低、稳定性。其二，经济机会的市场化状态及其风险水平。主要对以市场为基本空间展开的劳动活动进行研究，考察其劳动机会获得的竞争性、劳动机会的可预期性等。其三，经济机会需要的协作劳动形式、结构及其变化趋势。主要通过企业案例研究，对不同类型企业内部协作劳动组织的差异以及由此对经济机会形成的影响进行研究。

3.2.2.4　社会研究开展：经济机会的社会影响

由于40多年来经济增长过程在我国发展进程中扮演主导角色，以及经济增长的成果对整个社会形成的变革性影响，有必要延展经济机会的研究领域，只有对经济机会的把握及其利用产生的社会影响进行分析，才能更深入地把握女性农民工群体就业所面对的真实就业环境。

经济机会对女性农民工群体就业而言，是一种外在的且必须接受的市场化约束条件。这种约束条件对女性农民工群体就业活动的综合影响，既体现为市场竞争活动本身的直接要求，也体现为由市场竞争活动倒逼形成的社会支持环境。这种状态是一个经济社会长期相互作用的结果。市场经济最终会塑造一个与之相适应的社会环境。由此观之，经济机会的社会因素分析必然包括两个部分：一是经济机会及其利用的社会影响，二是被塑造的社会环境对经济机会的支持与约束。对于这两个部分的考察，更为准确地把握经济机会实现形态有方法上的重要意义。

经济机会及其利用对社会的影响包括直接影响和间接影响两个方面。直接影响是指社会中的个体为识别、把握和利用经济机会而开展的活动，如信息获取、成本付出、劳动选择和消费支出等。经济机会是这些活动存在的直接原因，没有经济机会就不会有相应的社会个体活动。这种直接影响形成了经济活动影响社会活动最为直观的机制。通过这些机制，由经济活动塑造的社会动力持续不断地作用于社会其他领域，进而形成持久的变革力量，推动社会环境朝着适应市场的方向改变。所以无论是分析经济机会的经济利益、市场化水平还是协作状态，都要以经济活动作用于社会环境的机制存在和完善作为基本前提。换言之，如果这种机制条件不存在，那么经济活动本身就是孤立的，缺乏作用于社会环境的过程，也就不可能形成一个可持续的发展过程。客观而言，这些机制一直都是存在的。因为社会中个体的劳动，其根本目的就是维系个体的存在。出于这个目的，劳动带来收益，收益推动支出，支出维系家庭。这样的机制无论有没有市场，都是存在的。我们要研究的，不是存在或者不存在的问题，而是如何发挥作用、发挥多大作用的问题。其主要包括两个问题：第一，市场作为一个影响因素，究竟在社会环境的改造上发挥了多大的作用；第二，经济机会的哪一个方面，是经济利益、市场化还是协作劳动，对社会环境塑造的影响更大。间接影响主要是指由于市场制度普遍建立，以及由城及乡、由小到大的持续市场化过程，所形成的市场效应外溢现象。例如某些不应市场化领域存在的过度市场化现象，以及市场竞争作为一种固化的思维方式，渗透到社会制度构建的基本思维中，成为其难以撼动的价值构成基础。市场效应外溢并不是市场竞争的本意，而是参与市场竞争的主体面对其他社会环境必须做出选择时的下意识选择和低成本复制。由此形成的竞争机制价值化是一把双刃剑，既会在市场之外形成竞争氛围和竞争意识，为个体参与市场活动创造内在激励，也会将竞争性排序泛化为社会普遍意义的成员排序，进而对其中的弱势群体造成前置性歧视。鉴于间接影响往往表现为社会认识，所以在研究中对于间接影响的分析更多的是环境与价值评估，集中于社会对竞争性排序的认识和认同程度。

被塑造的社会环境对经济机会的支持与约束实质上构成了对经济机会的社会解释。例如，就业活动能够带来多少经济收益，在理论中是一个完全的市场决定过程。在实践中社会对于这一问题也普遍持有类似的看法。但这一认识能够成立的关键前提在于，劳动者能够接受最低的经济收益。在我国市场经济发展前中期，这种情况较为多见。劳动者希望接受多少经济收益并不是一个关键性的劳动管理问题。但随着生活成本的日益提高，劳动者对劳动经济收益的期望也随之提高。那些不能达到预期目标的就业领域，出现了较为显著的劳动退出现象。在这一过程中，经济机会的社会环境研究需要关注的，是在传统意义的劳动力明显退出的情况下，过去处于弱势地位无法获得相应岗位的特定劳动群体，如女性农民工群体，愿意接受较低的经济利益，且有从事相关岗位工作的禀赋准备和意愿。如果这是正在发生的情况，那么劳动就业制度本身在最低工资制度上的逐步强化，如最低工资水平与物价水平挂钩逐步提高的举措，是否会有碍于特殊的劳动群体利用这种就业机会进入市场中。对于这些问题的分析，构成了研究社会环境变化对女性农民工群体经济机会产生影响的主体内容。对于市场化和协作劳动的分析，也按照类似的思路展开。总体而言，经济机会的社会解释，就是要明确经济机会的社会因素对于经济利益、市场化和协作劳动的影响机制，为更好地把握经济机会奠定坚实的社会分析基础。

3.2.3 能力/能动性维度

能力/能动性是指在劳动者禀赋、市场环境等条件约束下，女性农民工群体在经济机会的选择集合中进行有效选择并采取行动的能力。在就业适应度研究中，劳动者禀赋研究主要侧重于劳动供给一方，经济机会研究主要侧重于劳动需求一方，而能力/能动性研究则聚焦于供求关系得以展开的劳动市场。这三个方面的研究合在一起，就构成了基于市场模型的就业适应度分析模型。

3.2.3.1 性别诊断：就业活动的可持续性与人力资本跃升

从性别诊断的角度来看，能力/能动性维度的分析应关注以下四个方面的差异化内容，即劳动者对就业传统的适应程度、因劳动者就业地位差异导致的参与能动性差异、劳动者在不同就业领域之间的差异化流动、人力资本跃升在不同人群中的差异。这四个方面的差异在市场中的体现，构成了不同劳动群体在市场中就业能力/能动性的差异化结构。

劳动者对就业传统的适应程度反映了劳动者对劳动市场的基本认知。如果说劳动者的禀赋是其把握经济机会的"硬"约束，那么劳动者对就业传统的适应程度就是"软"约束。从比较的角度来看，女性农民工群体对就业传统的适应程度，存在一些显性的影响因素。一是劳动经验。具备一定劳动经验的人与刚进入劳动市场的人相比较，前者对就业传统的认知度必然会更高。同一劳动过程未必会带来同样的劳动经验积累，这也是必然的情况。比较劳动经验的群体性差异，观察劳动经验获得的具体方式，是劳动经验研究的重点内容。二是劳动市场的规范度。劳动市场的规范度取决于劳动市场竞争规则的优先性、针对市场负面效应的补偿性措施、市场的稳定存在。市场竞争被限制的劳动市场在一定程度上存在对特定劳动者群体的非竞争性歧视，这会导致竞争效率下降。在确保竞争的优先性的同时，规范的劳动市场必然有市场管理的规则，对弱势劳动群体的特殊支持措施，以及对竞争负面效应的针对性约束措施。规范的劳动市场更容易为劳动者所认知，更容易进入，其中所包含的竞争性排序也更容易被劳动者接受。劳动市场的稳定存在也是其规范度的重要体现。一个长期运行的劳动市场所形成的稳定预期，是弱势劳动群体愿意进入市场的关键所在。三是企业在生产要素运用方面的市场化程度。如果企业所有的生产要素都是在市场中获得的，那么企业对要素市场的依赖程度就更高，其要素配置行为受市场的约束就更大。而市场是有运行周期的。市场周期一旦出现，高度依赖市场的企业也会出现顺周期危机。因此，为了防范市场风险，任何一家企业都会在要素供给方面创造一种与市场相对隔离的环境。这种以企业的竞争性排序替代市场的拟市场化现象，使得企业的市场化更加集中于产出一端。在要素一端的市场化是不完全的。从这个角度看劳动就业，劳动者实际上是从市场之外的家庭进入市场中，在市场中介下再进入企业。如果劳动者的禀赋清晰且劳动价格容易获得，那么市场的竞争机制可以预先确认劳动者的劳动收益。但是在大多数情况下，劳动者的禀赋并不清晰，如缺乏教育精力、劳动价格不容易获得、缺乏就业履历，那么市场的作用就完全是中介性的。在这种情况下，劳动者的就业实质上是在企业中开始和完成的。如果企业的要素配置层面上非市场化程度较高，那么外部的劳动市场对其的约束就越小，由此劳动者劳动预期目标的实现程度与企业组织就高度相关。因此，企业的市场化程度实际上反映了企业的行为方式和市场竞争机制之间的类同度。企业组织越小，与市场的类同度一般越低，在要素一端对市场的依赖度相对越小；企业组织越大，类同度则越高，依赖度也越高。在研究就业性别歧视的过程中，要认识到，市场竞争会带来显性竞争性歧视，企业的竞争性排序会带来隐性竞争性歧视。在两者差异很大的情况下，如果采取措施消除了显性的竞争性歧视，会对隐性的歧视造成什么样的影响是值得高度关注的问题。

劳动者就业地位差异导致的参与能动性差异，映射了劳动者的风险偏好差异。经济活动中劳动者的参与，有主动和被动之分。从劳动市场的角度看，主动参与和被动参与的区别在于劳动者的风险偏好存在差异。在经济理论研究模型中，对于市场主体的风险偏好，采用的是状态依存式表述，即主体对未来一个阶段的风险判断，依赖于过去一个阶段的行为结果。换言之，市场主体的风险偏好是随时变化的。对于劳动者而言，这种理论预设并不完全成立。因为并不是所有的劳动者都是长期、稳定地参加经济活动，并且能够在不同的经济机会之间切换。部分劳动者，包括作为本书研究对象的女性农民工群体，其经济活动是间断的、长期局限于某一个领域的。在这种情况下，这些特定的劳动者群体所形成的风险预期，会始终保持在一个较高的水平上，进而在经济选择中也会始终是高度风险厌恶的。在这样的劳动者群体中，主动和被动地参与劳动是就业领域存在明显限制性条件下的区别，并不代表劳动者的风险偏好状态差异。因此，高度的风险厌恶所反映的，更多的是劳动者在家庭中的就业地位，即劳动者在市场中风险厌恶与劳动者在家庭中的功能定位高度相关。在研究女性农民工群体就业的过程中，要在判断群体风险偏好的基础上，研究女性农民工群体在家庭中的就业地位与风险偏好之间的关系，以评估女性农民工群体的就业能力/能动性。

劳动者在不同就业领域之间的差异化流动，是企业作为市场主体的群体性"逆向选择"的结果。不同就业领域存在的进入壁垒，是导致劳动者在各个领域之间差异化流动的关键。在之前的对劳动者禀赋、经济机会的研究中，已经探讨了包括劳动技能、劳动强度、市场信息等方面的就业领域客观存在的进入壁垒。站在劳动市场的角度看，就业领域存在的性别歧视是企业组织的"逆向选择"。由于其产出必须通过市场来实现，企业在市场中是一种常态存在的组织形式。也正是因为企业对市场信息的及时把握，使得其在劳动市场中是处于信息优势的一方。企业可以通过设置众多岗位条件以筛选符合条件的劳动者，也可以对低端就业人群设置具有竞争性的加班制度和计件工资。劳动者可以通过教育和培训来缩小与企业之间的信息差距，但其不太可能与企业处于同一信息水平上。在信息不对称的劳动市场上，供求双方的力量对比并不均衡。市场活动的结果会导致劳动者在市场中的活动受阻，主要表现为就业状态的不稳定和就业领域变化的障碍。信息把握水平不同的劳动者，在不同就业领域之间的流动能力不同，就业的稳定水平也不同。对于女性农民工群体而言，企业群体性的"逆向选择"使得市场中的劳动需求呈现高度复杂化局面，更进一步增加了就业的信息成本。对"逆向选择"如何影响竞争性排序的作用机制，将作为重点在下一步研究中展开分析。

人力资本跃升在不同人群中的差异，反映评价劳动者参与经济活动的核心指标。企业的竞争性排序的存在，使得劳动市场的竞争机制作用并不完全。劳动者参与的经济活动，既可能是完全处于企业竞争性排序下的劳动过程，也可能是完全在市场中开展的活动，更多的情况是处于这两者之间的状态。评价劳动者在参与经济活动中的收获，经济收益是首要的指标。但简单通过经济收益来判断劳动者的收获并不完善。由于企业的群体性"逆向选择"的存在，如果劳动者完全脱离市场，在企业的竞争性排序中参加协作劳动，那么以付出经济利益来换取劳动者在协作过程中的合作是企业容易做到的事情。换言之，如果没有外在力量的约束，那么企业同意付给劳动者的只有工资。在这种情况下，劳动者自身的人力资本积累，以及这种人力资本积累最终能够被市场接受，完全就是劳动者自己的事情。这与劳动者在市场中获得经济机会的过程是完全不同的。因此，企业的竞争性排序的影响范围决定劳动者人力资本的积累和实现过程。人力资本的积累，特别是通过不同就业领域之间的市场化流动形成的人力资本积累，是劳动过程应当关注的主要内容。

3.2.3.2 价值判断原则：竞争性前提下的劳动保障

基于以上的性别诊断，对于能力/能动性的分析，应在坚持劳动供需关系的市场竞争性的基础上，坚持四个方面的价值立场。

第一，重视在制度层面上对劳动市场竞争所形成的负面效应进行综合约束。限制劳动市场竞争的负面效应，是对市场中企业群体性"逆向选择"的回应。对于在市场中形成的负面效应，要通过市场制度的适应性调整来应对。对于外溢到社会环境中的负面效应，应在相关的领域形成针对性的措施。不能指望市场在竞争过程中自动衍生对应机制，也不能仅仅在市场中采取措施。对于女性农民工群体参与市场竞争面对的负面影响，在研究中应当作为重点展开分析。

第二，关注家庭作为一个基本就业单位在劳动市场中的表现。就业地位是劳动者能力/能动性的主要影响因素。女性农民工群体在劳动市场中所表现出的能力/能动性之所以与其他劳动群体有差异，关键就在于家庭的影响。因此，在劳动市场研究中，应注意观察家庭在参与经济活动时的整体表现，而不是仅仅关注其中的某一个成员。只有这样的研究，才能反映出劳动者就业能力/能动性的全貌，并对就业性别歧视进行客观的观察和分析。

第三，重视研究劳动者在不同就业领域之间的流动结构。劳动者能够进入并适应不同的就业领域，是劳动者能力/能动性的主要体现，也是劳动市场公平性的主要表现。在价值层面上坚持把职业转变作为就业重点环节来看待，在研究中对女性农民工群体参与经济活动的方式、行业进行分析，对职业转换进行研究，才能从整体上把握市场中企业群体性"逆向选择"的状态。

第四，坚持人力资本积累过程中市场竞争的基础作用。就业的最终目的是参与经济活动的个体的人力资本积累。劳动者的人力资本积累是在劳动过程中、在市场中或者在企业组织内部逐步形成的。但要明确的是，市场是人力资本积累最终得以实现的主要场所。在价值层面上坚持市场竞争对人力资本积累的基础作用，就是要明确，提高女性农民工群体参与经济活动的能力/能动性的关键，就是激励劳动市场化参与的制度安排。

3.2.3.3 经济分析重点：把握经济机会的个体能力与市场保障

劳动市场要实现劳动供求双方的信息比较、意愿匹配进而实现资源配置均衡，可以从以下三个方面加以考察，即劳动者个人的主动参与能力、市场与制度的服务支持、劳动者经济机会参与的可持续性。劳动者个人的主动参与能力是其中的个体因素，市场与制度的服务支持是环境因素，劳动者经济机会参与的可持续性是周期因素。对于女性农民工群体能力/能动性的经济分析，主要围绕这三个方面展开。

从劳动市场的角度看，劳动者个人的主动参与能力主要研究劳动者对经济活动的风险偏好结构和经济活动的家庭参与结构两个方面的内容。对于劳动者参与经济活动的风险偏好结构的研究，主要分析家庭的风险偏好。本书认为，家庭的风险偏好包括市场风险和自我风险承担评估两个方面。前者是劳动者对市场风险的认识，后者是劳动者对自我风险承担状态的评估。要对这两个主观色彩较浓的问题展开研究，必须将风险承担能力的实际状态分析作为对比。在研究中，一般采用家庭劳动就业收入作为对照，比较家庭的风险承担能力。经济活动的家庭参与结构是对女性农民工群体参与经济活动方式的分析。其是以个体的形式参与企业协作劳动，还是以家庭的方式参与企业协作劳动，又或者是以家庭的方式自主经营，不同的参与方式反映不同的参与能力。本书主要通过具体案例研究的方式对这一问题展开分析。

市场与制度的服务支持主要研究劳动市场的形态及其物理空间和信息空间的可及性。劳动市场在现实中的存在状态，以及女性农民工群体到达劳动市场的距离，是影响其参与能力的外部环境条件。劳动市场的完善程度不足，劳动力作为生产要素的配置方式有较为明显的非市场化特征，是当前要素市场一个较为突出的制度短板。一边是规范的劳动市场，另一边是市场化程度不高导致的各种形态的非正式劳动交换平台，两者的同时存在构成了当前劳动要素交换的多样化载体。各种不同的劳动市场上存在着不同的市场结构。劳动者、企业、市场中介组织和政府在劳动市场中有不同的存在状态，进而形成了具有不同特征的劳动市场，主要包括自发性劳动者—企业交易平台、政府中介的劳动者—企业交易平台、信息化劳动交易平台。并不是每一位劳动者都需要进入劳动市场才能获得就业机会，也不是每一家企业都只能依靠市场才能获得需要的劳动供给。各种类型的劳动供给与需求对接方式的存在确保了各种不同类型的市场主体都能够找到符合自身要求的匹配品。研究女性农民工群体的就业能力/能动性，必须对劳动市场的多样化水平做出评价。在此基础上，再展开不同市场形式/平台的可及性研究。劳动市场的多样化水平和其在物理空间、信息空间中的可及性，是就业能力/能动性研究的两个关注重点。企业选择在什么样的市场/平台上寻找劳动需求的满足，劳动者在什么样的市场/平台上寻找劳动供给的实现，取决于市场/平台在物理空间和信息空间中的可及性。物理空间的可及性，是指劳动市场或平台与劳动者和企业之间的距离。更靠近劳动者的市场或平台具有把握劳动供给状况的优势，而更靠近企业的市场或平台则具有把握劳动需求状况的优势。信息空间的可及性，是指就业信息的呈现状态以及被劳动供求双方把握的难易程度。信息空间的可及性取决于信息成本的高低。就女性农民工群体而言，信息化水平的高低是影响信息成本的关键因素。在研究中，对于物理空间和信息空间的可及性，应当给予同等的关注。

劳动者经济机会参与的可持续性主要研究劳动者个体的经济活动参与状态、职业变化过程与频率等。研究主要考察两个方面。一是经济活动的参与方式，即全职劳动和灵活劳动的差异。全职劳动是指工作日时间内处于劳动状态的情况；而灵活劳动则是指因为个人、家庭、季节或其他原因，工作日时间内并非总处于劳动状态的情况。灵活劳动包括失业现象。通过对全职劳动和灵活劳动的研究，可以评估其经济机会把握的稳定性和可持续性。二是职业变化频率。在一个既定的考察周期内，女性农民工群体存在多高的职业变化率，平均的职业变化频度是多少，职业变化的实现方式包括哪些，这些指标既反映女性农民工群体的就业意愿和能力，也反映市场对这一特定人群的保障水平。

3.2.3.4 社会研究开展：能力/能动性的社会氛围

对能力/能动性的社会研究，是对劳动市场存在的能力/能动性现实约束的社会影响因素进行分析。其主要包括对以下三对关系的分析：一是消费文化与就业的相互关系；二是社会财富观念与劳动观念的相互关系；三是劳动价格的长期变化趋势与劳动供求之间的关系。对这三对关系的分析，为能力/能动性的经济分析奠定了社会认识基础。

与工业化伴生的消费文化的兴起，是就业能够以更大规模、更广范围开展的社会性因素。工业化所形成的大规模产出，创造了与之相对应的消费需求。每一轮产业结构升级必然带来浪潮式消费结构的升级。对最新产品的追逐带来的全社会的消费热潮影响着每一个社会个体的选择。就业作为获得收入的一般性手段，因满足消费需要，而获得了现实的必要性。就业为了消费，这一社会认识随着工业化水平的提高也越来越强化。女性农民工群体既从属于某一个特定的家庭，也是一个独立的个体，在探讨家庭对就业能力/能动性的影响时，也必须考察消费对其就业活动的影响。一方面，家庭作为一个消费基本单位，其整体消费支出的变化，特别是在由乡到城的过程中，这种变化有多大，是值得高度关注的问题。另一方面，从性别歧视的角度看，要观察消费在多大程度上影响了家庭的就业决策，使得女性农民工群体能够更多地从自身的角度去考虑就业。个体消费支出占整个家庭消费支出的比例，家庭中不同个体消费的多少与结构的比较，是在对具体家庭进行案例研究时要关注的重点问题。

社会财富观念的多样化与劳动观念的灵活性相互塑造。劳动供给体现劳动意愿。适龄劳动人口有多少愿意参加劳动过程，既是一个市场外部约束的过程，也是一个主动参与的过程。在外部约束条件减弱的情况下，主动参与就成为劳动供给必须关注的重点问题。在我国改革开放之初，较少探讨外部约束和主动参与的区别，市场的发展和居民的积极参与是相互支撑的。随着市场经济的发展，社会财富积累规模扩大，财富积累效应越来越明显。从收入角度看，就是财产性收入在居民收入中的占比逐步提高。随着资本市场的发展，房产在居民财产结构中的占比提高，使得劳动不再是获得收入的唯一途径。适龄劳动人口的退出是今后劳动市场面临的长期问题。财产性收入对劳动性收入具有一定的替代性。就女性农民工群体而言，如果仅仅从低端就业人群的角度来认识其收入结构，那么财产性收入并不需要作为重点因素来加以考虑。但如果从一个较为长期的就业过程来考虑，必然要认识到，就业行为的变化绝不是一个从低端向高端渐次展开的过程。在财富和消费的影响下，就业活动的开展是高度灵活的。不能认为拥有一定数量货币积累的劳动者必然有更为稳定的劳动参与意识，必然会对就业有更为积极的态度。因此，从能力/能动性维度上看，社会财富观念对劳动观念的影响是长期就业变化研究的重点内容。

　　劳动价格的长期变化趋势是重塑劳动供求关系的长期因素。在我国的工业化进程中，劳动价格的长期上升趋势反映了市场范围的扩大、社会财富的增加，以及社会制度、认识的适应性调整。这一长期过程的结果是，劳动价格上升作为一个必然过程，即使可能被特定的经济冲击中断，但其长期上升的态势也是为社会所预期的，除非经济本身陷入长期停滞甚至萎缩的状态中从而彻底改变预期。从需求一方来看，劳动价格上升会影响企业的生产要素组合，工业经济领域用机器替代劳动导致劳动力向服务业领域聚集，如果没有新兴产业的替代，服务业领域会形成过量的劳动供给，使得服务业领域劳动价格相对工业经济领域处于较低水平。从供给一方来看，劳动价格的长期上升会导致劳动供给潜在总量的增加。这种供给总量的增加与需求一侧就业领域的相对聚集合在一起，会形成对服务业领域劳动价格上升的强制性阻力。对于女性农民工群体就业的研究，既要对劳动价格长期上升态势对当前劳动供求关系形成的影响做充分的分析与判断，也要对劳动价格未来出现反向变化趋势及其对劳动供求关系形成的影响进行分析。

3.3 就业性别歧视交叉边缘研究框架

综合上述部分对于禀赋、经济机会和能力/能动性分别展开的研究，本节针对女性农民工群体就业问题，构建围绕就业能力的就业性别歧视交叉边缘研究框架。本节对这一框架分别在性别诊断、价值判断、经济分析和社会分析方面具有的特色、相互关系、研究重点进行集合，并完成就业适应度研究的理论构建。

3.3.1 性别诊断集成

通过三个维度的分析，可以对性别诊断形成的理论结论进行归纳，形成对女性农民工群体进行就业研究的性别基础。概括来看，性别诊断决定就业适应度研究的视角，并为研究视角下关注重点的确定提供基本的理论支撑（见图3.5）。

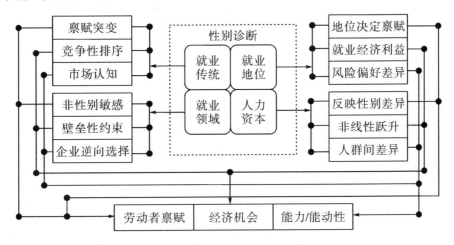

图3.5 性别诊断分析子框架

就业传统诊断突出就业需求分析，强调"竞争性排序"作为分析工具的核心地位。性别诊断认为，第一，企业的竞争性排序是企业组织对市场竞争的模拟，但竞争性排序一旦因企业的壮大而成熟，那么企业的竞争性排序在一定程度上可以替代乃至对抗市场竞争机制。因此，对于竞争性排序成熟度存在差异的企业，如大型企业和中小企业，同样的就业歧视现象背后的原因是有差异的。第二，企业竞争性排序的存在，使得禀赋条件成为限制包括女性农民工群体在内的弱势劳动群体把握经济机会的约束条件。劳动者的禀赋如果没有突变，那么劳动者能够把握的经济机会组合就受制于竞争性排序的现行状态。第三，在禀赋条件一定的情况下，劳动者对市场和企业竞争性排序的认知水平高有助于提高劳动者把握经济机会的能力。不同劳动者群体之间劳动市场的认知水平差异，是影响其就业能力/能动性的关键。

就业地位诊断注重就业，突出以家庭为基本分析单位展开选择动机研究。性别诊断认为，第一，就业地位的现实状态决定家庭成员的禀赋差异。劳动者在市场中表现出来的禀赋状态，取决于其在家庭中的就业地位。对于弱势劳动群体而言，这种反向的决定关系所反映的家庭决策的非经济因素，是就业性别歧视研究需要关注的重点。第二，参与经济活动预期所带来的经济利益，是家庭就业地位结构适应性变化的主要原因。只要就业带来的经济利益足够大，劳动者在家庭中的就业地位会根据经济利益的适应性预期而变化。第三，高风险厌恶是弱势劳动群体的普遍性特征。由此导致的劳动者群体劳动市场适应能力下降，是研究需要关注的问题。

就业领域诊断以劳动市场供求匹配为重点，关注不同领域的进入壁垒以及企业的"逆向选择"。性别诊断认为，第一，就业领域造成的不同劳动者群体之间的就业整体差异，是工业化规律的必然结果，具有非性别敏感的特征。第二，就业领域差异带来的劳动参与的性别差异，应该在整个劳动市场空间中加以认识和平衡。第三，在就业领域差异化结构下，企业在劳动市场中的"逆向选择"是加剧差异化结构的经济社会影响的助推力。

人力资本诊断以经济活动过程为重点，注重对人力资本人群间的差异化结构和非线性积累的研究。性别诊断认为，第一，包括女性农民工群体在内的弱势劳动群体，在参与经济活动前的人力资本初始积累水平是判断其禀赋的核心指标。第二，在参与经济活动的过程中，人力资本积累水平存在非线性跃升过程。女性农民工群体在就业中能够实现这一点，由其参与的经济机会的质量来决定。由此，女性农民工群体人力资本积累的临界值，即反作用于经济机会的人力资本水平，就成为研究关注的重点。第三，女性农民工群体在经济活动过程中的人力资本积累机制、速度和水平与其他群体存在的差异，是反映其就业适应度的一个重要内容。

3.3.2　价值判断集成

价值判断决定女性农民工群体就业适应度研究的立场前提。前文以性别诊断为基本框架，从三个维度展开的价值判断分析，归纳起来包括就业传统（性别导向）、就业地位（家庭单位）、就业领域（歧视泛化）和人力资本（比较研究）四个基本价值原则（见图3.6）。

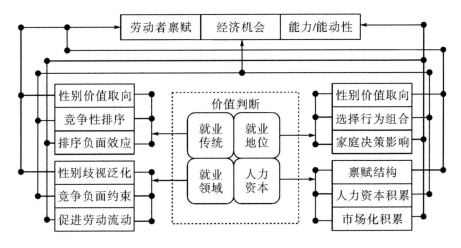

图 3.6　价值判断分析子框架

第一，坚持性别价值取向，围绕竞争性排序展开对不同性别劳动者群体在企业协同劳动关系中的差异化地位及其经济社会负面效应研究。这是一个解决"怎么看"问题的价值立场选择。竞争性排序在市场竞争中的必然性及其常态化的存在都不能成为否定其负面效应的原因。不能因为市场的优先性就否定弱势人群参与并逐步获得更好经济机会的权利。这是本书研究开展的主要动机。坚持性别价值取向，就是要在承认竞争性排序的常态化存在的前提下，研究其经济社会的负面效应以及由此引致的性别歧视。在性别价值取向下看劳动市场，有好坏之分。所谓好的劳动市场，就是企业的竞争性排序既充分体现市场竞争的需要，也显著体现（无论是主动体现还是被动体现）对在竞争性排中处于弱势地位的特定劳动群体的合理关注。劳动市场的规制，并不是一个有利于企业或者有利于劳动群体的简单二元选择命题，而是在充分体现劳动市场本来面目的同时，围绕焦点问题，相机权衡效率与公平，在效率优先的前提下适时关注特定劳动群体市场行为的变化，并采取相应措施，改进其经济活动参与的瓶颈性条件。

研究的目的，不是要否定竞争性排序，而是要为竞争性排序的外部制度性约束设计奠定理论和实证基础，使得性别价值取向成为劳动就业机制构建和企业组织制度设计的基本原则。

第二，坚持以家庭需求为分析开展的前提，在家庭这一基本单元中考察女性农民工群体的就业与发展。这是一个解决"是谁"问题的价值立场选择。女性农民工群体无疑是我们的研究对象。但如何看待女性农民工群体的就业选择，既需要在实际观察中找答案，也需要建构理论以实现自洽的目标。家庭是生产单位和生活单位的综合，是性别分析回避不了的前置性条件。在研究性别问题时很少能回避家庭。甚至一些极端的性别研究之所以以否定家庭作为促进性别平等的手段，也在于其在研究中能够时时感受到家庭在分析中的难以回避性。对于这些研究而言，否定家庭不失为一种理论建构成本低、激进而有冲击性的观点。在问题分析中显著存在又难以解决的现象，应该就是理论构建的关键点。本书以家庭为单位开展女性农民工群体就业研究，将家庭成员的就业可能组合和家庭就业决策结合起来，用家庭的风险偏好替代女性农民工个体的风险偏好。由此开展的研究，既是对现实的模拟，也是对于家庭对女性存在的显性影响的正视。

第三，辩证看待工业化所要求的生产要素组合及其经济社会影响，关注并研究以劳动力流动消减性别歧视泛化的积极制度性应对。这是一个解决"为什么"问题的价值立场选择。性别歧视是一种奇怪的社会现象。一方面社会舆论普遍认识到其负面性，制度也普遍倡导平等、反对性别歧视；但另一方面，性别歧视作为一种现象，却以更为多样的形式、更为复杂的结构、更为极端的结果普遍存在。性别平等也并非一个新话题。制度所倡导的性别平等在现实中落实的程度并不尽如人意。以市场竞争的优先性忽视性别歧视负面效应的论调时有所见，以家庭存续的必要性忽视女性平权呼声、赋权活动的社会氛围时隐时现。历史已经证明，性别平等是一个长期性的过程，促进性别平等的活动必然要在现实的社会经济环境中展开才具有存在的合理性。也正因如此，对于工业化形成的生产要素组合及其较为明显的性别歧视特征，必须辩证看待其经济社会影响，不能因为存在性别歧视的结果就否定生产要素组合的合理性，也不能因为生产要素组合的合理性就不去研究性别歧视是否跨越了生产要素组合的影响范围而出现了泛化现象。只有坚持这样的辩证价值立场，才能对就业中性别歧视产生的综合影响进行客观、深入的分析和判断。

第四，坚持比较研究方法，聚焦禀赋结构，研究女性农民工群体人力资本市场化非线性跃升的实现路径。这是一个解决"怎么办"问题的价值立场选择。对于农民工群体人力资本积累重要性、实现路径的研究较多。但突出农民工群体特点的研究并不多。以禀赋结构而非禀赋水平为基础来开展对女性农民工群体人力资本的研究，就是针对这一研究弱点，在人群比较、行业比较、区域比较和流动比较的过程中，发现女性农民工群体在就业过程中人力资本积累的特异性，并根据这一特异性来研究其人力资本积累的临界点及其跃升机制与过程。不同人群的人力资本积累过程是不同的。只有在比较的过程中才能找到差异，从而在差异基础上形成有针对性的对策。同时，人力资本的积累与实现是在市场中开始和完成的。脱离市场的人力资本可以实现积累，但仅仅是观念层面的积累；脱离市场的人力资本不可能实现，市场化的人力资本实现机制是什么、如何运作，都是在女性农民工群体就业适应度研究中应当明确的内容。

3.3.3 经济分析集成

女性农民工群体就业适应度研究的经济分析部分，主要是对三个维度的分析进行量化评价。按照各个维度的具体分析，经济分析子框架应基于对下列指标的考察展开，以此为就业适应度的研究奠定坚实的数据和案例基础（见图3.7）。

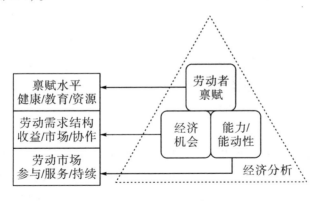

图 3.7　经济分析子框架

在劳动者禀赋方面，经济分析的目的在于提供劳动者禀赋水平的一般性评价，以便为社会分析中的禀赋结构分析奠定数据基础。第一是女性农民工群体健康结构评价，主要包括年龄结构、生育结构和输出地结构三个方面的整体评价。在这些客观性指标之外，还需要对女性农民工群体对于自身健康的自我认知进行调查，以印证群体性指标并为下一步的禀赋结构分析提供数据基础。第二是教育水平评价。基础教育年限和职业技能培训参训次数是研究关注的主要指标。第三是家庭经济资源支持评价。主要是择业成本和家庭储蓄的调查和分析。需要指出的是，禀赋水平的研究是对女性农民工群体的禀赋水平的整体评价。三类指标之间无论是数据来源还是量纲，差异都较大。因此，在研究中，以分类列示的方式表示禀赋水平，更符合实际情况。更为综合性的分析在后面的禀赋结构分析中展开。

在经济机会方面，经济分析的目的在于明确在劳动需求结构的约束下，女性农民工群体预期面临的经济机会组合的选择条件。第一，经济机会的收益特征。家庭的劳动供给、企业在整体劳动需求下的竞争性排序，均以收益（在企业一方是劳动成本）为主要决策依据。经济机会的预期收益（成本），是劳动市场双方做出决策的、可观察的直接表征。第二，要素市场化水平及相应的市场化风险应对。要素市场化水平越高，市场影响的范围越大，劳动者面临的经济机会的收益可预期程度也会越高，因此对经济机会把握的决策也会越理性。要素市场化水平高的市场中的显性就业性别歧视，比要素市场化水平低的劳动环境中的隐性就业性别歧视，更容易识别和应对。第三，劳动的协作关系。在组织和技术条件演进过程中，劳动协作关系调整对女性农民工群体的预期经济机会组合的影响是研究的聚焦点。

在能力/能动性方面，经济分析的目的在于围绕劳动市场这一就业行为发生的主要载体，研究劳动者个人的主动参与能力、市场与制度的服务支持、劳动者经济机会参与的可持续性。第一，劳动者个人的主动参与能力取决于劳动者个体的风险偏好和家庭劳动参与结构。这一研究主要通过案例分析的方式展开。第二，劳动市场方面主要研究劳动市场的形态及其物理空间和信息空间的可及性。多样化劳动市场的客观存在、信息技术对劳动市场的较大影响，以及女性农民工群体对这些多元化的劳动市场现象的适应度是这方面研究的重点。第三，劳动者经济机会参与的可持续性主要通过劳动者个体的经济活动参与、职业变化频率等内容反映。

3.3.4　社会分析集成

女性农民工群体就业适应度的社会分析，主要是对女性农民工群体就业行为进行经济领域之外的社会影响因素分析。本书认为，作为经济现象的就业活动，其行为动机是综合性的。其中既有经济因素的激励，也有复杂的社会因素的激励与约束。开展就业活动的社会研究，就是要弥补单一的经济分析可能造成的市场竞争机制的泛化影响。根据前文的研究，女性农民工群体的社会分析主要包括三个方面的内容（见图3.8）。

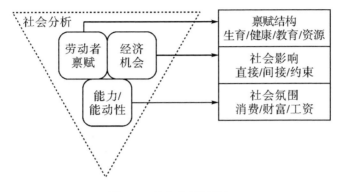

图 3.8 社会分析子框架

在劳动者禀赋方面，强化比较方法运用，突出禀赋结构研究，着重研究影响女性农民工群体就业的重要制约性因素。禀赋的社会分析的核心是禀赋结构分析。禀赋结构是对女性农民工群体潜在禀赋水平可实现程度的预判。禀赋结构的研究是在比较的基础上，根据一般性禀赋水平和不同劳动者群体之间的禀赋差异进行显性的影响因素判断。根据前文的理论分析，禀赋结构是针对女性农民工群体禀赋特异点进行研究形成的相对指标，可以通过禀赋"金字塔"来表述。在禀赋结构分析的基础上，要重视通过案例研究和宏观数据的运用，来验证禀赋结构分析的结论，以确定影响女性农民工群体就业禀赋的主要社会因素，为下一步进行劳动就业促进制度的研究奠定基础。

在经济机会方面，着重研究市场化进程与对应的社会环境之间存在的相互塑造关系，以发现经济机会的社会支持环境及其影响。第一，研究经济活动作用于社会环境的具体影响机制。经济利益、市场化以及协作劳动是三个研究关注的重点。第二，研究市场效应外溢现象及其社会影响。由竞争性排序泛化导致的对弱势群体的前置性歧视是研究关注的重点。第三，研究社会环境对经济机会的反塑造。明确经济机会的社会因素对于经济利益、市场化和协作劳动的影响机制，以及在这一机制影响下，女性农民工群体就业可能面对的经济机会组合的变化。对于市场与社会之间的相互塑造关系的研究，着重勾勒女性农民工群体的市场化进程及其内在的规定性。

在能力/能动性方面，着重研究劳动市场供求关系的社会环境，并从消费、财富和劳动价格三个方面对劳动市场的环境影响因素进行分析。第一，消费文化影响的研究着重分析家庭消费支出及其结构在就业过程中的变化。"就业为了消费"作为一种理念如何影响女性农民工群体的就业，城镇化作为必然的过程如何影响农村家庭的消费支出，是研究的重点。第二，社会财富积累水平的提高和结构变化研究，着重从收入一端分析财产性收入对劳动性收入的替代。劳动就业的长期变化趋势是这一研究的主要关注点。第三，劳动价格的长期变化趋势着重研究劳动供求关系的分人群、分区域、分行业的进入、退出和聚集态势，并在女性农民工群体就业的重点领域展开劳动价格长期变化趋势的研究。

3.3.5 三维度的就业适应度研究总体框架

以上三个维度研究构成了女性农民工群体就业适应度研究框架。研究框架是以性别诊断为基础、以价值分析为尺度、以经济分析和社会分析为具体承载框架的综合性结构研究。本书从三个方面对就业适应度研究总体框架进行系统表述。

第一，女性农民工群体就业适应度是综合性结构化交叉边缘研究。这一研究框架涉及四个方面的研究内容和方法的集成（见图3.9）。首先是性别诊断前置性理论研究。这是社会性别研究方法在就业领域的常识性运用，其根本目的就是将性别作为就业研究的必备要素，在就业活动参与的主体（企业和家庭）、领域（市场和产业）以及就业的社会效益（人力资本）等各个方面展开比较分析。性别诊断是研究的中心，它通过现象、数据和案例的比较，发现不同性别的劳动者群体之间就业行为的差异，从而形成性别诊断的就业传统、地位、领域和人力资本的诊断结论，为更为精准地进行就业适应度三维度研究奠定社会性别基础。其次是价值、经济、社会三类研究方法的结合。价值之"尺"、经济之"果"与社会之"因"，共同构成了就业适应度研究方法上的参照系。价值研究为经济与社会研究的分析和判断提供认识立场、选择依据和评价原则。经济研究的实然结果为价值和社会研究的开展提供验证和实践的约束。社会研究的归因分析为价值和经济研究的结合提供落实机制和方法。更为重要的，三者共同构成了一个就业制度环境的评价空间。某种就业相关政策是否有效不仅在于其预期带来的经济回报高低，或者政策出发点是否高尚，又或者是否符合社会的期望，而在于是否能够在价值、经济和社会三个层面上权衡形成制度目标上善意、经济上可行且能够被接受的结果。尽管在理论上就可以明确发现这三个方面的同时实现是一个"不可能三角形"，但在具体的权衡过程中，理解这一"不可能三角形"是判断的基本立场。再次是劳动者禀赋、经济机会和能力/能动性三个维度的研究展开。性别诊断为三个维度的具体选择提供了基本依据。三个维度的分析为就业适应度的考察提供了研究内容的参照系。对就业的考察可以是多方面，但要反映社会性别研究的要求，这三个方面的内容是不可或缺的。劳动者禀赋、经济机会、能力/能动性之间存在理论上的逻辑联系和实践中的市场关联。从理论上看，劳动者禀赋主要从劳动供给角度切入，经济机会主要从劳动需求角度切入，而能力/能动性则主要从劳动市场角度切入。三个方面合在一起，就是一个供求经济模型的交叉边缘拓展。从实践中看，劳动者禀赋主要反映的是劳动者的初始禀赋水平和禀赋结构，这是在市场之外就存在和确定的；经济机会则是市场化过程的理论反映；能力/能动性则反映劳动者在进入市场过程中的变化，也就是一个市场化过程。由此可以说，市场化是女性农民工群体就业适应度研究关注的重点过程，就业适应度研究是一个以经济分析为基础展开的综合研究。最后是制度分析。制度分析是就业适应度研究的落脚点。性别诊断、方法参照系、内容参照系研究的集成目标，就是对女性农民工群体就业促进政策和制度环境进行分析，为性别导向的就业制度环境建设奠定理论基础。这四个方面的研究共同构成了就业适应度综合性结构化交叉边缘研究。

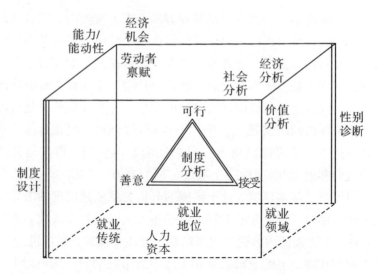

图 3.9　女性农民工群体就业适应度综合性结构化交叉边缘研究框架

　　第二，女性农民工群体就业适应度研究框架具有方法和数据研究两个方面的突出特征。从总体框架上看（见图 3.10），女性农民工群体就业适应度的研究可以分为两个部分。第一部分是基于性别和价值分析展开的三维度分析方法建构。性别研究进入就业研究中，主要在这一部分完成理论建构。前置的性别诊断为三维度分析提供了全面的比较分析并提出了相应的研究重点。价值分析在性别诊断的基础上提出了对应的价值立场和原则，为具体研究的展开提供了基本研究立场和态度的支撑。第二部分是基于具体的观察研究结果和研究方法展开的经济和社会分析，两个相对独立的部分结合起来，就是一个完整的就业适应度研究。之所以要有第一部分的内容，就是为客观的数据和资料研究提供判断的性别立场，讲清楚"应该是什么"，从而在研究中将性别研究的方法和理念一以贯之。之所以要有独立的第二部分的研究，就是要讲清楚"是什么"，以客观的数据对第一部分的理论研究做出验证、补充和调整，并为第一部分提出的理论结论确定实践的可行性边界。两者的相对独立为性别价值的理论研究和实证分析划定了各自的研究范围，不至于相互混淆。两者的结合点就在于对女性农民工群体就业状态和就业促进政策环境的性别取向的现实关注。

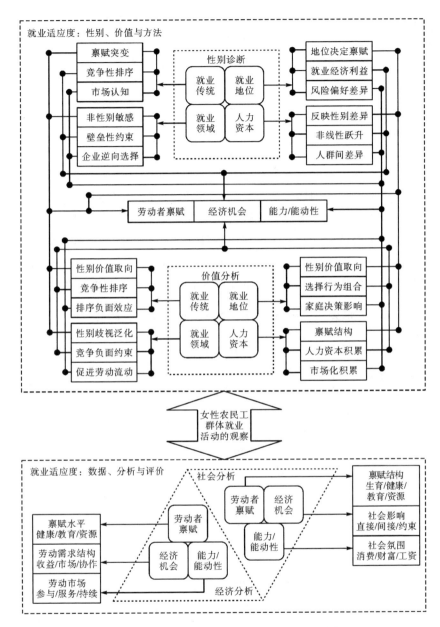

图 3.10 女性农民工群体就业适应度研究总体框架

第三，女性农民工群体就业适应度研究以制度设计为目标，强调经济量化指标和社会定性指标的综合。其主要有三个特征。首先，制度评价是就业适应度评价的重点。研究的开展不在于对女性农民工群体自身的就业状态进行评价，得出其适应还是不适应的结论，而是对女性农民工群体面对的就业制度环境进行评价。从就业市场发展的角度看，无论女性农民工群体是否适应劳动市场，她们在市场化进程中被逐步卷入市场都是一个不可避免的趋势。因此，适应、不适应、适应多少的研究结论并无实际意义。关键还在于就业制度对女性农民工群体就业是否关注，是否将这种关注作为就业制度长期核心目标加以呈现。其次，呈现女性农民工群体就业的状态是研究要达到的目的。一方面，研究采用经济指标，从整体上描绘其就业状态；另一方面，通过社会研究，在就业的具体案例中体现女性农民工群体就业的现实困境。通过宏观分析和微观描述相结合，对女性农民工群体就业展开研究。最后，比较分析是制度分析和评价的基本工具。基于女性农民工群体的就业适应度研究框架存在广阔的发展空间。针对就业市场中的特定弱势群体，也可以采用这一框架展开研究。对多个研究对象进行分析，可以形成比较关系，从而在比较中发现就业制度存在的问题。

3.3.6 女性农民工群体就业适应度指标的模块化构成

本节基于前文的理论研究，构建了女性农民工群体就业适应度评价指标体系，包括 3 个模块、10 个一级指标、20 个二级指标、10 个类别否定项（见表 3.2）。具体指标内容与选择理由说明如下。女性农民工群体就业适应度的评价指标体系可以由下列方程加以表示。

$$\begin{cases} E_{fv} = \sum A_{ij} M_{ij} \\ E_{fs} = (D_a \quad O_b \quad G_c) \end{cases}$$

其中，

$$\begin{cases} D_a = \sum d = \sum a_k d_k \\ O_b = \sum o = \sum \beta_l o_l \\ G_c = \sum g = \sum \varepsilon_n g_n \\ \sum A_{ij} = \sum \alpha_k + \sum \beta_1 + \sum \varepsilon_n = l \\ M_{ij} = 0；当 C_{ij} 满足条件 \end{cases}$$

E_{fv} 为目标女性农民工群体就业适应度的量化总体评价指标，E_{fs} 为目标女性农民工群体就业适应度的结构性指标。

D_a 是禀赋类指标，O_b 为经济机会指标，G_c 为能力/能动性指标；d、o、g 分别为禀赋、经济机会和能力/能动性三个模块的一级指标。

d_k、o_l、g_n 分别为禀赋、经济机会和能力/能动性三个模块的二级指标，α_k、β_l、ε_n 为对应指标的权重。

M_{ij} 为二级指标，i 指称禀赋、经济机会和能力/能动性三个模块，j 指称模块的二级指标。

A_{ij} 为各二级指标的权重。

C_{ij} 为各一级指标的类别否定项条件。

表 3.2　**女性农民工群体就业适应度（E_{fv} 和 E_{fs}）评价指标体系**

模块	一级指标	二级指标（M_{ij} 和 C_{ij}）
禀赋 （D_a）	生育（d_1）	平均生育率（d_{11} / M_{11}）
		生育率结构差异（d_{12} / M_{12}）
		类别否定项：四孩及以上（C_{11}）
	经济资源支持（d_2）	就业平均资源支持（d_{21} / M_{13}）
		就业资源支持结构差异（d_{22} / M_{14}）
		类别否定项：无支持（C_{12}）
	教育（d_3）	平均受教育年限（d_{31} / M_{15}）
		受教育年限的结构差异（d_{32} / M_{16}）
		类别否定项：文盲（C_{13}）
	健康（d_4）	健康水平自我评价（d_{41} / M_{17}）
		健康水平自我评价的结构差异（d_{42} / M_{18}）
		类别否定项：结构差异过大（C_{14}）
经济 机会 （O_b）	就业经济收益（o_1）	收益水平（o_{11} / M_{21}）
		收益水平的性别差异（o_{12} / M_{22}）
		类别否定项：无显性收入（C_{21}）
	市场化就业（o_2）	市场化就业水平（o_{21} / M_{23}）
		市场化就业水平的性别差异（o_{22} / M_{24}）
		类别否定项：无劳动市场（C_{22}）
	劳动协作（o_3）	就业岗位的协作（o_{31} / M_{25}）
		就业岗位协作的性别差异（o_{32} / M_{26}）
		类别否定项：群体性辅助性岗位（C_{23}）

表3.2(续)

模块	一级指标	二级指标（M_{ij} 和 C_{ij}）
能力/能动性（G_c）	市场化劳动主动性（g_1）	市场化劳动主动性水平（g_{11} / M_{31}）
		市场化劳动主动性水平的性别差异（g_{12} / M_{32}）
		类别否定项：就业岗位高速流动（C_{31}）
	人力资本积累（g_2）	人力资本积累水平（g_{21} / M_{33}）
		人力资本积累水平的性别差异（g_{22} / M_{34}）
		类别否定项：自雇或更高回报岗位就业长期未实现（C_{32}）
	劳动市场认知（g_3）	劳动市场认知水平（g_{31} / M_{35}）
		劳动市场认知水平的性别差异（g_{32} / M_{36}）
		类别否定项：无信息接入手段或渠道（C_{33}）

女性农民工群体就业适应度指标包括量化评价指标（E_{fv}）和结构评价指标（E_{fs}）两个部分。量化评价指标是结构评价指标各模块的加权平衡值，结构评价指标则是禀赋、经济机会和能力/能动性三个影响因素的线性表达。量化评价指标主要对目标女性农民工群体的就业适应度进行总体评价，结构评价指标则侧重于三个现实影响因素对其就业适应度的影响水平。

三个模块分别是"禀赋"（D_a）、"经济机会"（O_b）和"能力/能动性"（G_c），每个模块由三个一级指标（d、o、g）组成，每个一级指标又包括三个二级指标（d_k、o_l、g_n 或 M_{ij}、C_{ij}），分别是数量指标（x_{n1}，x 指称 d、o、g，下同）、性别结构化差异指标（x_{n2}）和类别否定项（C_{ij}）。数量指标和性别结构化差异指标纳入女性农民工群体就业适应度指标评价，类别否定项是临界判断值，即对应指标评价值超过确定的设定值，类别否定项取"–10"值，一级指标的得分按"–10"处理。之所以设计类别否定项，就是要突出一个基本的价值取向，即在特定的领域内存在过大的性别差异对于女性农民工群体劳动就业具有完全负面的意义，因此必须加以否定。

二级指标主要包括绝对指标和相对指标两类。绝对指标就是数量指标，是评价分项的实际评价值；相对指标则是性别结构化差异指标，即作为研究对象的目标女性农民工群体在这一分项上与其他对比群体的结构差异。

"禀赋"模块包含"生育"（d_1）、"经济资源支持"（d_2）、"教育"（d_3）和"健康"（d_4）四个一级指标，主要从影响女性农民工群体劳动就业的四个基本影响因素角度，对群体性禀赋特征进行评价。其中，"生育"是指作为研究对象的目标女性农民工群体的平均生育数量（d_{11}）及其与女性农民工群体来源地平均生育数量之间的差异（d_{12}）。"经济资源支持"是指在假定家庭支持一致的情况下，作为研究对象的目标女性农民工群体获得的年均政府就业帮扶资源支持（d_{21}）及其与同来源地男性农民工群体之间的差异（d_{22}）。"教育"是指作为研究对象的目标女性农民工群体的平均受教育年限（d_{31}）及其与来源地统计公布的平均受教育年限之间的差异（d_{32}）。"健康"是指作为研究对象的目标女性农民工群体健康水平（d_{41}）与同来源地男性农民工群体的差异（d_{42}）。

"经济机会"模块包含"就业经济收益"（o_1）、"市场化就业"（o_2）和"劳动协作"（o_3）三个一级指标，主要围绕竞争性排序，对女性农民工群体在市场中进行劳动就业活动的状况进行评价。"就业经济收益"是指作为研究对象的目标女性农民工群体在同一就业场景下获得的中位收入水平（o_{11}）及其与男性农民工群体之间的差异（o_{12}）。"市场化就业"是指作为研究对象的目标女性农民工群体在同一就业目的地依托劳动市场参加就业的比率（o_{21}）及其与男性农民工群体之间的差异（o_{22}）。"劳动协作"是指作为研究对象的目标女性农民工群体在同一就业场景下参加劳动协作的水平（o_{31}）及其与男性农民工群体之间的差异（o_{32}）。

"能力/能动性"模块包含"市场化劳动主动性"（g_1）、"人力资本积累"（g_2）和"劳动市场认知"（g_3）三个一级指标，主要对女性农民工群体在就业过程中实现人力资本积累的可能性和水平进行评价。"市场化劳动主动性"是指作为研究对象的目标女性农民工群体持续就业的平均年限（g_{11}）及其与同一来源地男性农民工群体之间的差异（g_{12}）。"人力资本积累"是指作为研究对象的目标女性农民工群体在同一就业目的地，在就业后实现"他雇"向"自雇"转变或者获得技术性岗位的比率（g_{21}），及其与同一就业目的地男性农民工群体之间的差异（g_{22}）。"劳动市场认知"是指作为研究对象的目标女性农民工群体采用信息化接入手段实现就业的比率（g_{31}）及其与同一就业目的地男性农民工群体之间的差异（g_{32}）。

与已有的就业适应度评价指标相比，针对女性农民工群体的就业适应度评价指标体系最大的差异，就在于男性和女性劳动群体对应指标的结构化差异以及与之相关的类别否定项。有了结构化差异指标，就能够在女性农民工群体的就业分析中加入性别诊断，使得就业适应度指标能够在量化结果上直接体现性别差异的影响，从而为在劳动就业制度中以全过程的方式体现性别影响创造数据支撑。

本节对女性农民工群体就业适应度评价指标体系进行了理论性构建。对于其中一级指标和二级指标的权重构成及其量化评价将在后续的实证部分逐一展开。

3.4　本章小结

本章是本书研究的理论体系建构部分。女性农民工群体就业适应度的研究，关键在于如何在研究中恰当体现性别作为关键变量，影响就业选择的机制及其总体效应。因此，必须在理论部分插入性别研究的工具，以对女性农民工群体就业进行性别维度的针对性研究。本章的主要工作总结如下。

第一，本章建构了"禀赋—经济机会—能力/能动性"三维模型。模型在性别诊断的基础上，依次展开价值分析、经济分析和社会分析，对女性农民工群体就业进行研究。性别诊断是模型的基础，价值分析是性别诊断的主要体现，经济分析和社会分析则构成了女性农民工群体就业适应度评价指标体系构建的理论基础。

第二，女性农民工群体就业适应度是综合性结构化交叉边缘研究。首先是性别诊断前置性理论研究；其次是价值、经济、社会三类研究方法的结合；最后是劳动者禀赋、经济机会和能力/能动性三个维度的研究。

第三，价值之"尺"、经济之"果"与社会之"因"，共同构成了就业适应度研究方法上的参照系。某种就业相关政策是否有效不仅在于其预期带来的经济回报的高低，或者政策出发点是否高尚，又或者是否符合社会的期望，而在于是否能够在价值、经济和社会三个层面上权衡形成制度目标上善意、经济上可行且能够被接受的结果。尽管在理论上可以明确地发现这三个方面的同时实现是一个"不可能三角形"，但在具体的权衡过程中，理解这一"不可能三角形"是判断的基本立场。

第四，女性农民工群体就业适应度指标包括量化评价指标（E_{fv}）和结构评价指标（E_{fs}）两个部分。量化评价指标是结构评价指标各模块的加权平衡值，结构评价指标则是禀赋、经济机会和能力/能动性三个影响因素的线性表达。量化评价指标主要对目标女性农民工群体的就业适应度进行总体评价，结构评价指标则侧重于三个现实影响因素对就业适应度的影响水平。评价指标体系包括 3 个模块、10 个一级指标、20 个二级指标、10 个类别否定项。与已有的就业适应评价指标相比，针对女性农民工群体的就业适应度评价指标体系最大的差异，就在于男性和女性劳动群体对应指标的结构化差异以及与之相关的类别否定项。

4 农村剩余劳动人口的性别特征与劳动制度分析

本章是实证研究的第一个部分，主要包括研究对象介绍和制度分析两方面内容。一是在农村剩余劳动人口的基本特征基础上，介绍村庄、企业和家庭等本书研究涉及的研究对象的基本情况。二是展开制度研究，对女性农民工群体的禀赋结构进行分析和描述，对企业竞争性排序和政府就业促进政策中存在的价值预设进行研究。以此为基础，形成市场环境中女性农民工群体的劳动特征的综合性表述，从而提出研究假设，为下一步就业适应度实证研究的展开奠定基础。

4.1 女性农民工群体的样本特征描述

农民工群体是流动人口的构成部分。根据前文的定义，女性农民工群体是指外出到城镇实现非农就业的农村户籍女性人群。个体的农业劳动时间不超过总劳动时间三分之二的，都属于女性农民工群体。采用这一宽泛的界定①，就是要尽可能多地把农村剩余劳动人口中的女性群体纳入研究范围，从而使得研究本身有较为显著的现实针对对象。

---

① 按照国家统计局的概念，流动人口是指人户分离人口中扣除市辖区内人户分离的人口。农民工是指年内在本乡镇以外从业6个月及以上的外出农民工和在本乡镇内从事非农产业6个月及以上的本地农民工。据《中华人民共和国2019年国民经济和社会发展统计公报》，2019年我国流动人口2.36亿人，全国农民工2.9077亿人，外出农民工1.7425亿人，本地农民工1.1652亿人。由此可见，农民工以及与之对应的农村剩余劳动人口，是比流动人口更大的概念。本书采用更为宽松的非农产业劳动时间界定，其目的就是要尽可能地将农村剩余劳动人口的城镇化过程纳入研究中来。

4.1.1 农村剩余劳动人口流动的性别特征

在城镇化的影响下，农村剩余劳动人口的就业更多的是异地就业。这是由我国经济发展的东中西部梯度发展格局决定的。近年来，这一流动态势出现了新的结构性变化。根据国家统计局 2009—2019 年《农民工监测调查报告》的相关数据，可以发现一些正在发生的变化及趋势（见图 4.1）。把握这些变化有助于在研究的开展进程中更为准确地理解和辨识研究对象。

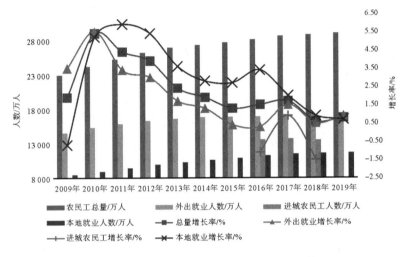

图 4.1　2009—2019 年农民工总量变化趋势

在城镇化速度放缓的大背景下，农村剩余劳动人口在流动方向上出现了多元化特征。一是流动方向多元化。尽管流动的大趋势没有发生根本性变化，如东部为主要的输入地、西部为主要的输出地等，但临时性、短距离、多方向流动的态势已经初现。二是人群结构差异化。大量的劳动力在长期的流动过程中，逐渐出现了融入流入地的态势，且这种态势已经被政策认同，成为城镇化关注的重点。"停驻"的农民工表现出越来越突出的融入城市的多元化能力；相对而言，依然"流动"的农民工则徘徊于低端产业，劳动技能相对固化。在宏观调查统计中，2013 年对 1980 年以后出生的"新生代农民工"的关注，2016 年"进城农民工"的新分类的出现，均表现出当前农民工内部的流动性差异。归属于同一流出地的农民工在人力资本上的积累差异呈现加大趋势，且这种加大的趋势随着工业化传统产业结构升级的完成、服务业的兴起，正在以较难弥合的方式加速发展。三是家庭迁移普遍化。这一现象自2009年开始进行农民工调查时就已经表现得较为突出，以家庭为单位的外出务工发展较为迅速。随着产业链条的逐渐完善，劳动需求开始多样化，劳动输入地相关配套公共服务也日益完善，劳动者对市场信息的把握也有了本质的变化，这些因素的共同作用为家庭迁移创造了条件。对于正在进行过程中的家庭迁移，需要在研究中把握如下三个问题。一是家庭迁移的经济基础是什么，由谁来保障；经济基础是不是家庭迁移的主要原因。二是在家庭迁移的情况下，家庭成员之间的劳动协作关系是怎么样的。三是基于农业生产方式形成的家庭协作在新的城市环境中有哪些变化。

性别作为农民工群体的总体特征，表现出较为鲜明和稳定的特征。按照调查得到的农民工数据，外出就业农民工男女性别比例保持在69：31，本地就业农民工男女性别比例保持在62：38。我们可以从两个数据来看农民工性别比例的合理性：一是按照《2019年国民经济和社会发展统计公报》，我国男女性别比例为51.1：48.9；二是按照第四次全国经济普查数据，男性从业人员为31 908.1万人，女性从业人员为21 346.7万人，男女性别比例为60：40①。对照来看可以发现两个明显的现象。一是男性劳动参与率高于女性。全国从业人员超过5.3亿人，调查得到的农民工群体规模约2.9亿人，超过半数。因此，总体上男性劳动参与率高的情况也适用于农民工群体。二是外出就业农民工的男女性别比例与其他数据相比较，差距较大。这反映出外出就业农民工的男性劳动参与率更高。因此，农民工的性别比例既在整体上反映了劳动就业的性别结构，又表现出这一群体内部不同性别之间，由于劳动形式的差异，劳动参与率不同。可能存在三个原因导致男性农民工，尤其是外出就业的男性农民工劳动参与率高于女性。一是劳动市场本身存在不同的性别需求以及由此形成的性别歧视泛化的影响。二是农村的女性劳动力，并没有被统计到就业人口中，只是作为潜在的劳动力存在。换言之，这部分劳动力的市场化定价过程并没有展开。三是劳动者本身的就业收益成本分析，导致外出务工者必须降低择业和生活成本，这一成本约束最终会逆向影响家庭的劳动决策，使得女性退出劳动市场。尽管劳动者群体的性别特征较为稳定，似乎并无研究的意

---

① 数据来源：国家统计局、国务院第四次全国经济普查领导小组办公室《第四次全国经济普查公报（第二号）——单位基本情况》。

义，但只要对其原因进行分析，就会发现就业性别差异化的背后，是由市场、家庭、文化等多重约束共同作用形成的较难撼动的被动选择。从性别角度研究农民工群体的就业，也正是从这一层面获得其现实的价值。

4.1.2 就业适应度研究对象的样本选择依据

从农村剩余劳动人口的总体特征分析可以看出，对于这一群体进行性别导向的研究，并未成为劳动就业政策设计、理论研究的重点。但其重要性是显然的。特别是在劳动力成本上升的现实背景下，这种研究的意义更为重大。鉴于女性农民工群体就业适应度研究的综合性，从单一维度上选择一个特定的劳动者群体展开研究，并不具备一般的意义。因此，按照就业适应度分析框架的维度构成，本书从就业场景转换入手，从村庄、企业和家庭三个维度来确定女性农民工群体这一研究对象的三种不同的群体表现形态，形成对女性农民工就业过程的理论模拟。

4.1.2.1 以村庄为基本单位的劳动输出地研究

这是从劳动输出一端把握女性农民工群体的研究对象选择。从这一维度切入，有助于我们把握女性农民工群体的禀赋初始状态。从我国西部地区对劳动输出的重视程度来看，这些数据也是较容易获得的。特别是在脱贫攻坚进程中，劳务工作作为脱贫的重要措施加以使用，这为本书从劳动输出一端把握女性农民工群体禀赋结构提供了较为丰富的研究素材。

在输出地研究中，一方面重视以县为单位把握女性农民工群体的整体状况；另一方面也有意识地引导研究中心下沉到村庄，围绕一个具体的村庄，以案例分析的形式来明确女性农民工群体具体的禀赋结构。村庄是女性农民工群体进入市场前的初始聚集载体，也是一个在观察中明显存在的社会构成单位。村庄在文化、经济、社会、区域等多个层面上存在的可以辨识的公共性特征，是农民工在离开乡村之后有所记忆并对其社会行为产生实质性影响的重要因素。农民离开乡村之所以还叫"农民工"，既反映户籍限制的影响，也反映乡村与城市的全方位差异及其对离乡农民的终生影响。这种差异并不会因为取消户籍限制就消失，也不会因为经济条件的改变有所弱化。研究农民工问题，不可能回避对村庄的研究。在村庄层面上研究女性农民工群体，就是要看在传统的乡村社会的公共性语境中，女性农民工群体的存在状态以及与之高度关联的禀赋结构。

在具体研究对象方面，在输出地选择上，本书按照禀赋结构研究的要求，对女性农民工群体特定的禀赋差异，分别选择 2~3 个对应的村庄展开比较研究。鉴于不同地区劳动输出本身存在较大的差异，在研究对象的选择上，尽量选择初始禀赋具有对照性的地区。换言之，要有可比性。不宜将一个处于县城边缘的村庄和一个交通不便的村庄加以比较。过大的区域经济社会条件差异会使得比较无法在可置信的基础上展开。研究的目的，就是要在大致相同的村庄中找到女性农民工群体劳动就业的共性。

从以上的分析来看，对于村庄的选择，应考虑以下一般条件，即所在县为劳务输出大县，外出务工是村庄就业的普遍现象。同时考虑到西部地区脱贫攻坚工作的开展，贫困县也是选择的重要参考依据。必须要认识到的是，对劳动输出地的研究，尽管可以较好地把握女性农民工群体的禀赋状态，但对于劳动者最终实现的就业本身，只能做到有限延伸。一个较大的困难就在于，很难从劳动输出地跟踪特定的劳动者群体到其就业地展开全程研究。这样做不仅成本上难以覆盖，在研究意义上由于个案特征较为明显，也很难形成一般性的政策价值。因此，对于劳动输出地的研究，应突出研究重点。从就业适应度角度看，对劳动输出地的研究应更多侧重于劳动供给、聚焦禀赋层面，不在劳动需求方做过度延伸。而禀赋的分析，也不能仅反映禀赋水平（"有多少"的问题），而是要将重点放在禀赋结构上（"有没有""差多少"的问题）。通过研究，对劳动者禀赋结构的一般性特征进行观察和归纳。这样才能够在验证研究方法的基础上，对女性农民工群体的就业适应度做出合理的分析和判断。

4.1.2.2 以企业为基本单位的劳动需求方研究

这是从劳动需求一端切入展开对女性农民工群体的研究。企业是就业的主要载体。按照国家统计局公布的历年农民工监测调查报告，从农民工就业的总体情况看，2014—2016 年的数据反映，超过八成的就业是他雇行为，只有不到两成是自雇，且自雇更多集中于服务行业。因此，以企业为基本单位的劳动需求方是女性农民工群体就业传统研究的主要对象。对企业劳动需求方的用工研究，是观察和分析女性农民工群体在企业组织约束下形成的新群体构成及其动态变化。企业是市场组织的基本形态。大量用工的劳动密集型企业在我国快速发展，为展开相关研究提供了丰富的基本素材。

从劳动需求方入手、以企业为基本单位展开的女性农民工群体就业适应度研究，在企业对象选择上应考虑长期用工预期稳定的企业（大多数是大型企业）和单个企业用工预期不稳定的中小企业群体两类。这是市场中劳动用工存在较为明显差异的两类企业。从积极的方面看，在劳动用工稳定的企业中，女性农民工更容易形成群体的归属感，也更容易在行为选择上形成一致性倾向。从消极的方面看，稳定的劳动用工激励了劳动者的风险厌恶偏好，同时在劳动技能上形成锁定，最终影响其未来面对市场不确定性的适应能力。劳动用工不稳定的中小企业的积极与消极情况正好相反，且由于企业数量众多，最终在总体上形成的就业规模也远大于大型企业。因此，只有对这两类企业进行研究，才能反映企业作为市场主体，其内部的竞争性排序对劳动者就业形成的实质性影响。

在企业内部劳动群体研究中，对企业组织的具体选择，应考虑四个条件。一是按就业人员规模来确定企业选择。这方面，本书以国家统计局的《统计上大中小微型企业划分办法》作为依据，按照就业人员规模来对企业进行划分。原则上，大中小型企业均应有所涉及。二是按照企业用工条件来选择。一般而言，条件较差、缺乏实质性约束的用工容易吸引低端劳动群体。同时，一些有特别性别要求的岗位，或者在习惯上更适应女性的企业也是关注的重点。三是关注中小企业集中的产业园区。企业的集聚在客观上会形成协同效应，既会由于产业联系的增加而产生就业增长效应，也会由于劳动者集中而形成特定的劳动环境。四是关注劳务派遣活动。劳务派遣公司作为市场中介组织，其市场实力来源于其掌握的一定规模的劳动者群体，以及其与用工企业之间的业务联系。劳务派遣是大型企业普遍采用的用工形式。在这一用工模式下，劳动者作为群体对企业生产的参与与传统的用工方式是存在差异的。

在这四个方面条件的约束下，作为研究对象的企业是大型企业、中小企业、产业园区、劳务派遣公司的集合。最为理想的状态，就是既存在大型企业作为龙头，又有大量中小企业作为配套，还有劳务派遣穿插其间的劳动密集型企业集中的产业园区。从现实中看，这类产业园区在地级市一级的产业园区中，是广泛存在的。选择2~3个类似的园区展开企业研究，是具有客观现实基础的。

4.1.2.3 以家庭为基本单位的劳动者群体研究

家庭是女性农民工群体存在的第三种群体状态。家庭是一个个体而非群体的概念。在这里之所以用家庭来指称女性农民工的群体状态，是因为家庭是女性农民工存在于其中的状态形式。从家庭的角度看女性农民工群体，尽管是最不像群体的"群体"，但也是现实中最为常见的"群体"。之所以选择家庭作为劳动者群体的特征状态，既在于家庭对劳动者个体劳动决策的直接影响，也在于家庭迁移在农民工就业现象中的显著性。

尽管劳动者是以个体的形式进入劳动市场的，但做出进入决策的基本单位是家庭。例如，外出务工还是就近务工，从2016—2018年的数据情况看，外出务工有配偶人员比例（近六成）显著低于本地务工有配偶人员比例（超过九成）。由此可见，有无家庭、家庭完整与否，是影响就业决策的重要因素。对于家庭这一群体维度的研究，主要关注家庭收入结构、迁徙决策、发展阶段、劳动过程等对女性农民工群体就业的长期动态影响。同时，家庭的变化，如家庭规模在农民工迁徙过程中的实质性变化，即由血亲维系的传统大家族转变为基于血亲和抚养关系的小家庭，或者由于婚姻关系变化而引起的家庭变化等，对特定劳动者群体就业选择的影响，可能会引致社会资本的变化，因此也是研究会涉及的内容。

基于以上的分析，以家庭为单位的女性农民工群体研究，研究对象主要根据四个原则选择。一是可观察性。家庭是存在于"私域"中的研究对象。在一般情况下，较难对家庭进行细致入微的研究。因此，强调可观察性，就是要研究那些出于某些特殊的原因，家庭内部关系能为社会所察的特定个体。这种观察方式，只要有足够的样本，就能够反映研究对象的共同特征。对于女性农民工群体而言，这样的研究对象选择原则使得研究更加聚焦于那些内部关系正处于快速变化且变化巨大的家庭。二是政策惠及性。由于研究的目的是形成女性农民工群体就业促进政策的相关框架，所以研究注重那些被就业促进政策影响的家庭。政策如何影响家庭的就业选择是研究关注的重点。由于就业政策本身的普惠性质，研究向就业政策影响人群聚焦并不影响研究的一般性。此外，对于政策惠及的女性农民工群体的研究，可以形成对照，为政策覆盖面的进一步扩大提供参考依据。三是变化性。研究重点关注那些家庭关系正在发生变化的个体。家庭关系变化，按照重要性水平，是指婚姻关系变化、生育或死亡导致的家庭成员变化、长期外出导致的家庭关系实质性变化等。这既是研究方法的要求，也是对女性农民工群体就业地位研究所致。四是自雇性。这一原则主要针对以家庭为单位进行自营业务的家庭。由于自雇作为一种劳动方式，在前两个对象群体的研究中并没有涉及，所以在这里将自雇作为家庭研究的一个原则提出。

基于这四个原则，女性农民工群体研究在对象选择上将更多地关注就业政策惠及的、因家庭关系变化而具有可观察性的女性农民工家庭。经营家庭经济活动的自雇劳动也因其特定的劳动形式，成为研究观察的重点对象。

4.1.2.4 研究对象选择的内在逻辑

在就业适应度的研究对象选择中，以村庄为主要特征的人群研究，关注点在人群的禀赋结构和区域特征上；以企业为主要特征的人群研究，关注点在就业机会的把握过程中人群的自我适应性调整；以家庭为主要特征的人群研究，关注点在家庭对劳动者个体的就业能力约束及其在就业过程中的变化。三个层次的研究对象探讨，为研究样本的选择奠定了各自的理论基础。由于作为各个维度的研究对象群体并不是同一个群体，所以在研究的自洽性方面，必须在研究对象选择之前，建立起三个群体研究之间的理论联系，并对这种理论联系的合理性进行适当的表述，进而为综合分析女性农民工群体的就业适应度提供一致的样本合理性支撑。

就业作为一种场景，其常在性是研究对象选择原则成立的根本原因。就业就是从家庭到市场再到企业的场景转换。农民工群体的就业还要特殊一些，是一个从非市场化场景向市场化场景转变的过程，一个从劳动间接定价到直接定价的场景转变过程。由于在家庭就业地位中处于相对弱势，家庭成为女性农民工群体面临特殊障碍的场景。因此，三个群体的研究对象结合在一起就是对女性农民工群体就业场景转换的理论模拟。村庄是非市场化的传统状态，可以被简单视为就业前的场景模拟，企业是完全市场化的场景状态，家庭则是在非市场化和市场化两种场景中同时存在的一种状态，也可以被简单视为市场过程中的状态。就业就是作为劳动主体的个人或者群体从非市场化场景向市场化场景不断变化的必然过程。由经济活动引致的这种场景必然转换趋势对女性农民工群体形成了什么样的影响，是本书关注的重点。我们分析特定人群，最终的目的就是呈现场景转换的过程。

从现有研究来看，对于包括进城农民工、新生代农民工、女性农民工群体等在内的特定劳动人群研究是当前研究的主要趋势和关注点。这些研究丰富了我们对不同劳动人群在就业过程中表现的认识。但站在劳动政策设计者的角度看，不同研究所形成的多样化的甚至是迥异的结论，以及由此形成的各式各样的对策建议，由于缺乏内在逻辑支撑，决策参考的价值是比较低的。特别是当劳动就业政策面临长期性问题时，例如二孩政策，特定人群的就业研究就会因为鲜明的人群特点而失去参考价值。这是基于性别展开的劳动就业政策研究难以形成气候的一个重要原因。过度强调研究的人群特异性，必然会以牺牲劳动就业作为一种普遍的市场行为的一般性为代价。而在一般性上没有显著的适应性，又会影响研究在政策中的影响力，进而使得在实践中较为明显的就业性别歧视现象在就业促进政策中只能以具体文件条款的形式存在，无法作为制度的基本价值取向体现在制度的执行中。劳动就业政策倡导性别平等，但针对具体人群时却较难在实践中落地。因此在研究中，尽管女性农民工群体具有一定的特异性，但这种特异性不应该成为我们展开一般劳动就业分析的障碍性因素。一般性劳动就业分析关注的主要就是劳动场景在市场作用下的转换，以及由此形成的劳动市场定价问题。要认识到，对劳动场景转换的持续关注，是研究女性农民工群体就业特异性的起点。从这一观点出发，女性农民工群体的就业之所以特异，就在于其劳动场景转换过程面对着特殊的障碍。三个场景的模拟就是要找到并研究她们所面临的特殊障碍。

由于场景的常在性，实践中就业促进政策的实施重点和落脚点就是就业的场景转换。就业促进政策可以分为两类。一是针对劳动场景转换开展的就业促进。例如劳动输出地对农民工进行的技能培训、劳动输入地对农民工就业的一系列帮扶措施、就业公共服务质量的整体提升、集体劳动合同的签订等，都属于此类政策关注的重点。二是针对特定人群的政策，例如针对大学生、贫困人群、残疾人展开的就业帮扶活动，就属于此类。但从采取的具体措施上看，两类政策之间的差异并不是特别大。除了点对点式的、将劳动者直接送到岗位的帮扶之外，对特定人群采取的就业技能培训等一系列措施，与针对劳动场景转换展开的就业促进之间，并无本质的区别。因此，就业场景转换是劳动就业政策关注的重点。将劳动场景转换作为研究对象关注的重点，本身也是为了适应就业促进政策的实际情况。

正是基于就业场景转换的常在性，在对女性农民工群体就业进行研究时，在禀赋、经济机会和能力/能动性分析中采用不同的劳动群体，并不会对就业场景转换这一根本目的形成障碍。相反，更多的劳动群体进入研究中，为就业场景转换的研究提供了更大的比较空间。

4.1.3　具体研究对象及其逻辑结构

根据研究对象的选择依据，本书聚焦就业场景转换，主要选择了 5 组 11 类对象作为研究观察的重点。研究对象之间的逻辑关系与应用范围如图 4.2 所示。下面主要从相关性、特殊性、普遍性和代表性等方面对研究对象的基本情况进行介绍①。需要特别说明的是，除对研究对象的直接研究外，鉴于企业的竞争性排序、政府的就业帮扶与产业规制对于女性农民工群体就业的重要性，在此也将与研究对象及其活动相关的企业和政府作为研究对象中的必要构成部分纳入研究中来，作为对研究对象展开分析的第一部分内容。

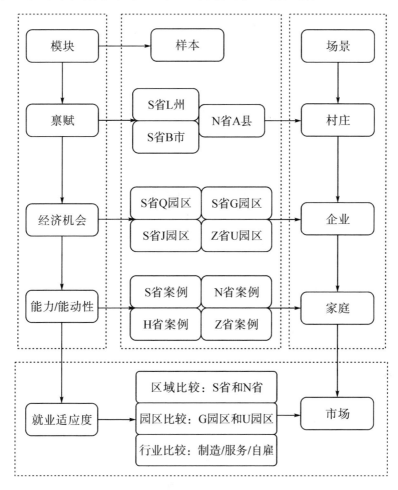

图 4.2　研究对象之间的逻辑关系与应用范围

4.1.3.1　非市场化的典型对象：特殊连片贫困地区

对于贫困村外出务工群体的研究，主要聚焦女性农民工群体的禀赋结

————————
　　① 本节对研究样本的描述，主要是区域、园区、行业发展状况，研究样本的具体内容在禀赋、经济机会和能力/能动性的对应部分予以介绍。

构展开。为此，课题组在西部地区 S 省 L 州的 T 县和 Z 县、B 市的 E 县和 P 县分别选择了 10 个村共计 20 个贫困村，根据脱贫攻坚入户调查的结果，以及对这些村庄进行的针对性走访调查，结合对西部地区 N 省 A 县的对比研究，形成了对女性农民工群体禀赋结构的分析。总体上，由于区域特点、人口增长和劳动输出所处阶段的不同，L 州与 B 市在研究对象上形成对比关系。研究对象基本情况如下①。

（1）L 州的 T 县和 Z 县：人口快速增长地区的劳务输出

①区域经济社会条件

L 州地处特殊连片贫困的民族地区。2018 年地区生产总值超过 1 500 亿元，三次产业比重为 20：40：40，第一产业占比较高。人均生产总值为 31 500 元，不足全国人均生产总值（64 644 元）的一半。城镇居民人均可支配收入 30 500 元，人均消费支出 19 400 元，农村居民人均可支配收入 12 600 元，人均消费支出 9 400 元，与 2018 年全国人均水平比，城镇、农村居民人均可支配收入低于全国中位数（36 413 元、13 066 元），城镇、农村居民人均消费支出低于全国人均消费支出（26 112 元、12 124 元）。

L 州是国家脱贫攻坚重点支持的特殊连片贫困地区。进入 21 世纪以来，L 州财政接受国家转移支付连年增加。1999 年，L 州接收转移支付 11 亿元，2018 年已增长至 536 亿元，与 1999 年相比增长了近 48 倍。相比较而言，L 州财政预算收入和预算支出均增长了 37 倍。比较来看，1999 年 L 州财政预算支出为 19 亿元，2018 年 L 州财政预算支出达到 682 亿元。1999 年与 2018 年两年转移支付占预算支出的比例分别为 57.9%、78.5%。1999—2018 年转移支付占财政预算支出的平均比例为 70.88%，中位数为 70.38%。也就是说，从一个 20 年的周期来看，L 州的支出增加主要由转移支付增长支持，转移支付对 L 州的支持力度不断加大。特别是在 2008 年以后，转移支付对 L 州和 B 市的支持力度均大幅度加大，其中，L 州的增长尤为明显（见图 4.3）。这与 2008 年国际金融危机之后国家发展战略的

①　数据来源与调整的说明：L 州和 B 市的数据来自 S 省 2000—2019 年的统计年鉴、统计公报以及部分经济和人口普查相关数据报告。为避免不必要的纠纷，对 L 州和 B 市的相关数据进行了细节性调整。需要指出的是，这些数据更多地反映了脱贫攻坚期间研究对象区域的农村劳动就业状况，形成了 2020 年后以促进劳动就业推进农业农村可持续发展的历史数据基础。全国数据来自 1999—2019 年的统计年鉴、统计公报、经济普查和人口普查相关数据报告。在本部分，鉴于制度分析部分研究的需要，对特殊连片贫困地区的情况介绍得较多。其他研究对象的情况仅作简略表述，具体内容在后文对应部分再行展开。

定位调整、弱势地区的发展地位提高有密切的关联。

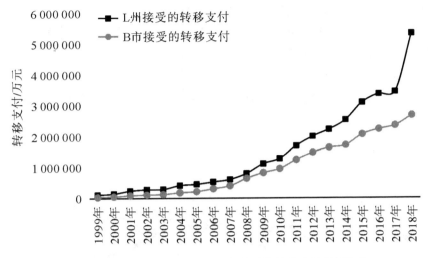

图 4.3　L 州、B 市 1999—2018 年接受的转移支付总量变化

T 县是高寒山区半农半牧县，地处特殊连片贫困地区的核心，是 S 省综合扶贫开发重点地区。2018 年全县生产总值 24 亿元，财政预算收入 1.2 亿元，接受转移支付 29.2 亿元。城镇、农村居民人均可支配收入分别为 26 800 元和 8 700 元。

Z 县是国家扶贫开发工作重点县和 S 省深度贫困县。2018 年全县生产总值 30 亿元，财政预算收入 1.4 亿元，接受转移支付 38.5 亿元。城镇、农村居民人均可支配收入分别为 25 000 元和 9 100 元。

②人口状况

L 州人口增长速度较快。1999 年人口为 394 万人，2018 年为 531 万人，20 年间人口增长 137 万人。这是统计数据反映的情况[①]。按照 2010 年第六次全国人口普查的数据，L 州常住人口中，男性占 52%，女性占 48%；汉族占 48%，少数民族占 52%。15~64 岁的适龄劳动人口占总人口的比例为 66%。文盲率为 19%，15 岁以上不识字人口总规模为 64 万人。

在城镇化水平方面，L 州 1999 年户籍人口城镇化率为 12%，2018 年为 21%；2018 年常住人口城镇化率为 23%，常住人口城镇化率比户籍人口城镇化率高 2 个百分点。两个数据结合起来看，L 州的城镇化并未进入快

---

① 从实际的调研中发现，L 州过去也存在较为突出的"黑户"现象。2017 年以后，经过清理摸底，各种原因造成的无户口人员达 16 万余人，2017 年底 L 州上户问题基本得到解决。

速发展阶段，大量人口停留在农村的情况还是常态。从农业人口与非农业人口的变化趋势来看（见图4.4），L州非农业人口的增长与农业人口的减少在1999—2013年并无负相关关系。也就是说，非农业人口增长的原因并不是农业人口的减少。这种相关性仅在2016年之后才出现。可以看到，2016年以后，脱贫攻坚的实施是形成这一新趋势的重要政策影响因素。从这一数据可以看出，对于L州相关问题的分析，应充分考虑政府相关政策的影响。

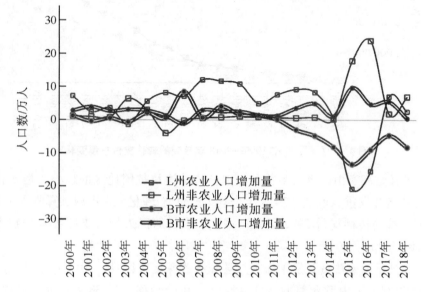

图4.4　L州、B市的农业、非农业人口增长变化态势

　　T县常住人口18.9万人，其中城镇人口4.1万人，城镇化率21.7%；从业人员10.5万人，其中第一产业9.4万人，第二产业0.2万人，第三产业0.9万人。对比来看，2005年常住人口14.5万人，其中城镇人口1.1万人；从业人员8.7万人，其中第一产业7.7万人，第二产业0.2万人，第三产业0.8万人。可以发现，经济社会的发展、城镇化的加快，只是降低了第一产业就业人员增加的速度，并未改变第一产业就业人员增加的长期态势。

　　Z县常住人口27.7万人，其中城镇人口6.4万人，城镇化率23.1%。从业人员17万人，其中第一产业12.4万人，第二产业1.2万人，第三产业3.4万人。对比来看，2005年常住人口23.5万人，其中城镇人口1.7万人；从业人员12.9万人，其中第一产业11.6万人，第二产业0.2万人，第三产业1.1万人。Z县的人口发展与T县有类似的规律。

③脱贫攻坚过程中的劳务输出情况

根据调查得到的数据，2018 年，L 州劳务输出接近 130 万人，实现劳务收入 220 亿元，务工人员人均劳务收入 16 900 元。其中，建档立卡贫困劳动力输出 6 万人，实现劳务收入 9.5 亿元。这一数据反映了进入 21 世纪后，特别是 2008 年以后 L 州劳务输出快速发展的明显态势。

就地城镇化与本地就业在 L 州农村剩余劳动力转移方面，并未居于主导地位。从 L 州和 B 市所在的 S 省各地总人口与从业人员的关系看（见图 4.5），作为省会城市的 C 市两者的差距在 2010 年最小，2018 年最大，1999 年处于中间水平。L 州则为 1999 年最小，2018 年最大，2010 年处于中间水平。应看到，L 州的数据趋势与其他各地均有差异，特别是 2018 年的差距最大这一点，和其他地区明显不同。C 市之所以会出现这样的差距变化趋势，在于城镇化提速和流入人口双提速，是当城镇化达到一定水平后，流动人口加速流入超过城镇化水平的反映。而鉴于 L 州的城镇化水平，这一差距是城镇化与人口流动速度双低且城镇化比人口流动速度更低所致。这一结论在劳动参与率分析（见图 4.6）中，也可以得到证明。L 州的劳动参与率是比较高的，而这种高劳动参与率是第一产业劳动参与率高所致。因此，L 州的劳动参与率高，并不说明就业质量就高。

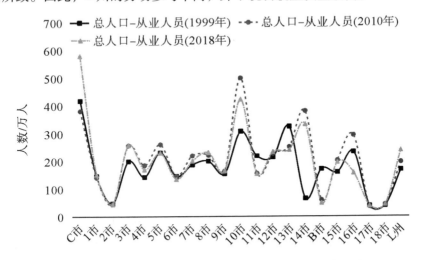

图 4.5　S 省 1999 年、2010 年、2018 年总人口与从业人员差距

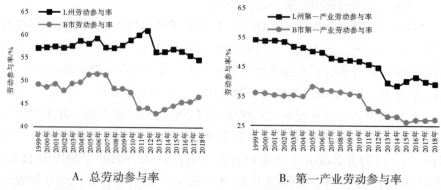

A. 总劳动参与率　　　　　　B. 第一产业劳动参与率

图 4.6　L 州、B 市的劳动参与率、第一产业劳动参与率变化趋势

　　L 州的劳务输出面对较为明显的困难。一是由于农民工本身受传统家族血亲思想认识的影响，自发抱团务工居多，特殊的市场化中介组织居间联系，劳动纠纷较多。二是务工人员文化水平较低。按照 T 县 2015 年的调查，务工人员小学及以下文化程度的占比为 88%。农民工的市场适应能力较弱。三是务工人员中少数民族居多，日常语言交流存在一些障碍。在这种情况下，劳务输出在 L 州脱贫攻坚中所扮演的重要角色，政府在促进农村剩余劳动力就业方面的促进性政策，更值得相关研究高度关注。

　　劳务输出是 T 县和 Z 县脱贫攻坚的重要工作领域。2018 年，T 县全年实现转移输出农村剩余劳动力 6 万人次，全年实现劳务收入 8.1 亿元，务工人员人均劳务收入达到 13 279 元。Z 县全年实现转移输出农村剩余劳动力 8.7 万人次，全年实现劳务收入 11.8 亿元，务工人员人均劳务收入达到 13 497 元。

　　（2）B 市的 E 县和 P 县：人口稳定外流地区的劳务输出

　　①区域条件

　　B 市地处特殊连片贫困地区。2018 年地区生产总值 650 亿元，三次产业比重为 15∶49∶36，第一产业占比较高。人均生产总值为 19 500 元，不足全国人均生产总值（64 644 元）的三分之一。城镇居民人均可支配收入 31 000 元，人均消费支出 23 000 元，农村居民人均可支配收入 12 000 元，人均消费支出 10 100 元，与 2018 年全国人均水平相比，城镇、农村居民人均可支配收入低于全国中位数，城镇、农村居民人均消费支出低于全国人均消费支出。

　　与 L 州类似，财政转移支付也是 B 市财政支出的主要支撑。1999 年，

B市接收转移支付 3.4 亿元，2018 年已增长至 268 亿元，与 1999 年比较增长了近 78 倍。相比较而言，B市的财政预算收入增长了 17 倍，财政预算支出增长了 51 倍。也就是说，从一个 20 年的周期来看，财政预算支出由转移支付支撑的态势较为明显。从增长倍数的情况看，B市的情况比 L 州更为突出。从两市财政转移支付增长率（见图 4.7）的比较来看，转移支付增长率与人均转移支付增长率高度类似。这反映了两个事实。一是对贫困地区进行帮扶的财政支持政策尽管每年均有不同，但显然政策的支出依据没有大的调整。正是政策依据的一致性，才会造成 L 州和 B 市接受转移支付的增长率变化趋势有趋同性。这种支持力度上的趋同性，在 L 州成为脱贫攻坚聚焦点之后，出现了分歧。但这种分歧能持续多久，还有待观察。二是人口是转移支付决策的主要依据。正是因为在政策设计时人口就是支出的主要参考，所以在计算人均转移支付增长率后的曲线与之前的曲线几乎完全一致。换言之，政策对一个地区通过财政转移支付加以支持时，主要参考了人口数据，因此增长率对人口数据不敏感[①]。在研究相关政策时，需要对财政转移支付所表现出来的这些特征引起高度的关注。

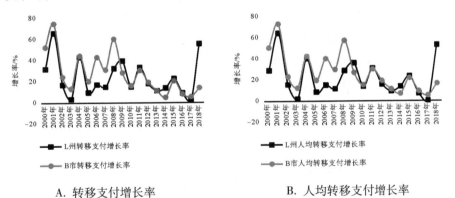

A. 转移支付增长率   B. 人均转移支付增长率

图 4.7   1999—2018 年 L 州、B 市的转移支付和人均转移支付增长率变化情况

E 县是国家级贫困县，是 S 省综合扶贫开发重点地区。2018 年全县生产总值 124 亿元，财政预算收入 4.6 亿元，接受转移支付 53.2 亿元。城镇、农村居民人均可支配收入分别为 30 600 元和 11 900 元。

---

① 要认识到，对于 L 州和 B 市的财政转移支付，主要是对特定的贫困人口的倾斜性支持。也就是说，政策之所以成为可能，在于这些地方存在较为突出的、需要财政支持的现象或者人群。因此，在实施中的财政活动应该对特定的人群更为敏感。但 L 州和 B 市的情况则正好相反。因此，在政策设计中强调的政策动机如何在政策实施中加以体现，是值得高度关注的问题。

P县是国家级贫困县，是全国扶贫开发重点地区。2018年全县生产总值133亿元，财政预算收入7.6亿元，接受转移支付40亿元。城镇、农村居民人均可支配收入分别为30 800元和12 000元。

②人口状况

B市人口相对稳定。1999年人口为343万人，2018年为368万人，20年间人口增长了25万人。在人口增长方面与L州形成显著对照。按照2010年第六次全国人口普查的数据，L州常住人口中，男性占51%，女性占49%。15~64岁的适龄劳动人口占总人口的比例为68%。文盲率为6.3%，15岁以上不识字人口总规模为16万人。

城镇化水平方面，B市1999年户籍人口城镇化率为12.5%，2018年为27.1%；2018年常住人口城镇化率为30%，2018年常住人口城镇化率比户籍人口城镇化率高近3个百分点。B市的城镇化也未进入快速发展阶段，大量人口停留在农村的情况还是常态。从农业人口与非农业人口的变化趋势来看，B市非农业人口的增长与农业人口的减少之间的负相关关系出现得比L州要早，在2011年即出现。显著的负相关区间则和L州一致。这进一步佐证了在政策高强度支撑下的脱贫攻坚，一个突出效果就是贫困地区就地城镇化水平显著提高。

E县2018年常住人口70万人，其中城镇人口25万人，城镇化率约35%；从业人员34万人，其中第一产业17万人，第二产业7.8万人，第三产业9.2万人。对比来看，2005年从业人员43万人[①]，其中第一产业23万人，第二产业3.7万人，第三产业16.3万人。涉农就业依然是就业的主体，农业经济特征非常突出。

P县2018年常住人口61万人，其中城镇人口22万人，城镇化率36%；从业人员33万人，其中第一产业16万人，第二产业8万人，第三产业9万人。对比来看，2005年从业人员39万人，其中第一产业21万人，第二产业4万人，第三产业14万人。P县的情况与E县类似。

③脱贫攻坚过程中的劳务输出情况

根据调查得到的数据，2018年，B市全年转移输出农村剩余劳动力120万人，实现劳务总收入165亿元，务工人员人均劳务收入16 900元。其中，建档立卡贫困劳动力输出9.7万人。B市劳动力资源较为丰富，长

---

① E县2018年比2005年从业人员减少的主要原因是行政区划调整。P县同。

期以来均有百万以上农村劳动力在外务工，是劳动力输出大市。

B 市的劳务输出较为显著地反映在劳动参与率上。从 L 州和 B 市的比较来看，B 市的劳动参与率和第一产业劳动参与率均显著低于 L 州。其背后的主要原因，就是大规模劳务输出的常年存在。从促进第二、三产业就业的角度看，B 市面对的问题是已进入第二、三产业的农村剩余劳动力如何跟随产业升级而升级的问题，而 L 州则还处于必须采取强力措施推动农村剩余劳动力走出农村的问题。两个地方之间的差异主要就在发展阶段的不同上。对 L 州的研究更容易反映农村剩余劳动力离开农村时的禀赋状态，而对 B 市的研究则更容易反映就业能力/能动性方面的问题。这一点在不同地方的劳动就业政策实施重点差异上可以看出。L 州更关注农村劳动力如何走出去的问题，而在 B 市，劳动力就业前景、禀赋结构、未转移的农村剩余劳动力、产业吸纳能力和劳动力逆向回流等现象，已经成为政策分析和作用的对象。

E 县、P 县均是劳务输出大县。农民普遍存在外出务工行为。2018 年，T 县全年实现转移输出农村剩余劳动力 14 万人次，Z 县全年实现转移输出农村剩余劳动力 10 万人次。每年春节期间两县的返乡农民工规模均在 10 万人以上。

本书在对女性农民工群体禀赋进行研究的过程中，针对这两类研究对象，在充分研究群体的劳动特征的同时，也通过与 N 省 A 县女性农民工群体的比较，对这两类研究对象所得出的研究结论进行验证。N 省 A 县也是农村劳务输出大县，2019 年农村人口外出务工超过 10 万人，其中，男性 6.5 万、女性 3.7 万，有 5.5 万的务工人员在 N 省外务工。

4.1.3.2 市场化的典型对象：劳动密集型产业园区

对于劳动就业人群的研究，主要聚焦于产业园区。主要选择了三类园区，一是地处西部 S 省 C 市（省会）的 Q 省级产业园区，其中的劳动用工以中小企业为主；二是地处西部 S 省 Y 市（地级市）的 J 省级产业园区，其中的劳动用工以中小企业为主；三是 C 市（省会）的 G 省级产业园区和中部地区 Z 省的 U 省级产业园区，其中的劳动用工以大企业为主。共同点在于 G 园区和 U 园区两个产业园区的企业均是从事手机等电子产品生产的大型企业。研究对象的基本情况如下。

（1）C 市 Q 园区：劳动密集型产业转移升级下的就业

Q 园区位于 S 省省会城市 C 市 W 区，是鞋业制造业聚集区，集中了 C

市 75% 以上的制鞋企业总部和 88% 的配套企业，制鞋相关企业超过 1 000 家。2005 年 Q 园区最辉煌时期从业人员一度达到 30 万人。近年来，随着 C 市产业结构调整，鞋业的制造部分大体外移至 S 省的农村劳动力聚集区域，Q 园区内仅保留了销售、设计和展示的窗口，从业人员有 7 万人左右。

之所以选择 Q 园区作为研究对象，有四个原因。一是 Q 园区作为劳动密集型企业聚集地，就业规模大，就业进入门槛较低，是农民工存在较多的制造业领域。二是 Q 园区在国内劳动力成本逐年上升的过程中，产业布局中涉及大规模用工的部分，正在逐渐向劳动力较多的区域转移和集中。由此形成了 3 个延伸到县层面的制造业基础。这些岗位对当地农民工而言，是比较现实的就近务工选择。三是 Q 园区由于鞋业本身的产业升级，产业发展格局正在经历深刻的变化。在这些变化影响下的劳动关系的调整触手可及，尤其是劳动成本上升后导致的产业转移，以及由此形成的竞争性排序的变化、劳动关系的调整等，都具有较好的可观察性。四是 Q 园区地处城乡接合部，在快速的城镇化过程中，外来务工人员及家庭、本地进城农民等构成了该区域常住人口的主体。根据调查，截至 2018 年，Q 园区所在街道外来常住人口已超过 10 万人。这一人群的存在，对于我们从中选取样本观察家庭对女性农民工群体就业的影响有显著的支撑作用。

（2）Y 市 J 园区

Y 市 J 园区是 Q 园区转移形成的鞋业园区，经过快速扩张，有制鞋企业近 300 家，从业人员 4 万人左右。全部建成后，鞋企和配套企业预计将超过 1 000 家，从业人员超过 10 万人。

J 园区所在的 A 县 2018 年生产总值 350 亿元，财政预算收入 13 亿元，支出 52 亿元；户籍总人口超过 160 万人，常住人口 110 万人，农村人口 70 万人；从业人员 60 万人，其中第一产业 36 万人。人口规模较大且大规模人口外流是 A 县的突出特征。近年来，由于沿海出口加工企业用工量下降，A 县的返乡人员较多。建设 J 园区，一个较为显著的原因就是 A 县存在大量经过工业化训练的熟练工人群体。

选择 J 园区作为研究对象，主要基于三个方面的考虑。一是 J 园区与 Q 园区之间存在产业的密切关系，对研究的持续开展有显而易见的帮助。二是 J 园区作为沿海地区劳动力回流和产业转移下形成的新兴产业基地，对其劳动力就地城镇化的发展路径进行研究有明确的样本价值。三是大规模劳务务工群体本地就业，对于农民工就业活动对家庭及其未来选择的实质性影响，可以在J园区的研究中加以呈现。

（3）C市G园区和Z省U园区

G园区是围绕C市引进的大型电子加工企业V，建设形成的产业园区。V企业长年用工保持在10万人左右。G园区其他企业均是V企业的配套企业，是典型的龙头企业带中小企业的构成形态。U园区是V企业在国内布局的另外一个重点生产基地，位于中部地区Z省F市，园区除就业人口规模在7万人左右外，其他情况与G园区大体类似。

G园区和U园区的劳动就业有三个明显特征。一是流水线上的就业岗位要求较低。除了一些必要的限制性条件外，岗位几乎没有对技术和技能的要求①。在这样的招聘条件下，在V企业就业的农民工以女工居多。这是本书选择G园区和U园区的一个重要原因。二是G园区和U园区分别是S省和Z省的重点工程。在解决劳动力就业方面是当仁不让的大户。政府对G园区和U园区的劳动需求重视程度较高，相关政策、措施的保障也比较到位。对于研究劳动就业政策的实施，是较好的样本。三是G园区和U园区劳动者流动性较大，V企业必须以长年的常态化招工应对工人流失。由此形成的劳动要素在企业内部竞争性排序中的低下地位及其影响，是可以观察到的现实案例。基于以上三个理由，本书选择G园区和U园区作为产业园区研究的第三个研究对象。

4.1.3.3　市场化过程中的个案集合：调查与媒体报道的比较

从研究的重点来看，对于贫困村、企业和产业园区的研究是从总体层面上对女性农民工群体进行研究。而从家庭维度展开的研究则是细节的刻画。对于家庭的研究包括作为调查对象的农民工家庭和媒体报道中的农民工家庭两类。家庭研究对象的选择，主要依据可观察性、政策惠及性、变化性等原则。对于调查过程中就业去向清楚且可跟踪的案例，在研究中加以呈现。为避免调查案例的局限性，对于媒体报道中出现的典型案例，在此一并加以呈现。研究对象的基本情况如下。

（1）调查案例

作为调查对象的家庭主要是对贫困村、企业和园区进行研究的过程中重点观察和研究的家庭。其中，在西部地区S省选择20户，在西部地区N

---

① 2020年查询到的V企业招工条件如下：18~45周岁，健康，手上无文身，十指灵活，无色盲，无传染疾病，无高血压，体内无金属，女性1.5米以上，男性1.55米以上。初中以上文化程度，有无经验均可。有正式有效身份证。

省选择 20 户，在中部地区 Z 省选择 20 户，在东部地区 H 省选择 20 户，进行农民工家庭案例研究。在 Q 园区、J 园区选择 10 户，在 G 园区选择 10 户，在 U 园区选择 10 户调查案例。Q、J 园区的案例与 G、U 园区的案例形成对照关系。为避免前后衔接不畅，对于家庭的具体情况在后文分析中再进行陈述。

（2）报道案例

使用媒体报道的案例，主要是与调查案例形成对比关系，以验证调查案例分析得到的结论。作为媒体报道的家庭主要是 S 省和 N 省以及 Q、J、G、U 四个园区在脱贫攻坚、产业转移和生产活动开展过程中涉及的、有较为详细报道的劳动群体。从掌握的情况来看，相关案例较为丰富。S 省 L 州、B 市作为脱贫攻坚重点区域，有较多的扶贫案例。S 省 Q、J 和 G 园区和 Z 省 U 园区，作为劳动密集型产业聚集区，劳动纠纷、就业推进等方面的新闻报道也较多。作为案例研究的素材来源较为充分①。本书选择了10 个左右的报道案例，从中发现一般性特征，作为调查案例的对照和验证。同样地，报道案例的具体情况在后文分析中再进行陈述。

4.1.3.4　特定就业方式的典型对象：自雇劳动者的多样性

考虑到农民工来源地和就业地的广泛性，以及自雇性就业发生的形式较为多样，在此按照产业的不同选择四类群体进行研究，以尽可能多地覆盖更大范围的地区、更多的人群。需要特别指出的是，本书把对家庭农场的研究也纳入自雇劳动群体研究中，这是基于乡村振兴背景下劳动的市场化载体已由过去的以工业、建筑业和服务业为主向农业延伸。农业的现代化也是劳动市场化的一个重要发生领域。将其纳入分析，对于就业适应度的研究有充分的必要性。主要调查的自雇劳动者群体研究对象有四类，其基本情况如下。

（1）服务行业从事家庭事业

农村剩余劳动力进入城镇务工，在经历一段时间的择业就业活动、有了一定积累后，就会产生创业的想法。对于新生代农民工而言，更是如

---

①　报道案例的价值取决于新闻报道的真实性和详细程度。客观而言，媒体报道不可能是完全中性的，由于不同的新闻目标，报道的角度选择、描述切入点均会有差异。要在最大程度上减少这一问题导致的可能影响，一是注意对比细节以辨明其真实性；二是不选择与研究目的完全一致的新闻报道，例如可以在乡村振兴中选择恰当的案例来研究农民工就业等；三是注重新闻报道案例的数量，不以少数案例的特定情况得出结论；四是注重选择不同区域、不同媒体的报道案例。

此。受物质资本和人力资本的综合限制，农民工创业一开始都集中在进入门槛较低、对人力资源依赖较大的领域。服务业和一些对个体劳动有较大依赖的第二产业，如建筑业，就成为农民工创业的主要领域。对服务业中以家庭为基本劳动单位的自雇劳动的研究，主要包括家政服务、餐饮两个行业中存在的自雇行为。本书选择东部地区的 H 省 D 市 I 区和西部地区的 S 省 C 市 M 区的家政和餐饮两个行业与同区的建筑行业展开对比研究。主要对 I 区和 M 区的这三个行业进行总体分析，并对其中的女性农民工群体进行案例研究和就业适应度评价研究。案例具体情况在后文展开分析时再进行介绍。

（2）工业或建筑领域以家庭为单位的灵活就业

工业和建筑业是以家庭为单位的灵活就业存在的重点领域。在工业领域，由于分工的深入发展，过去流水线上的一些具体工作环节外包，形成了家庭作业的分工条件。在建筑业领域，由于工程分包的广泛存在，家庭就业也是较为普遍的现象。对于这些现象的研究和把握，构成了对家庭就业研究的另外一个重要场景。本书选择了 1 家机械制造企业和 1 家建筑企业作为样本，对其中涉及的家庭就业进行研究。案例具体情况在后文展开分析时再进行介绍。本部分主要涉及案例研究，所研究的案例主要集中在东部地区的 H 省、中部地区的 Z 省、西部地区的 S 省和 N 省。

（3）新兴行业灵活就业

包括共享经济等在内的新兴行业的灵活就业是本书需要关注的另外一个重点领域。新兴行业所创造的就业岗位，包括伴随共享经济而兴起的快递、外卖、物流等，由于其低门槛和灵活性，吸纳了大量劳动力。由此形成的灵活就业现象有明显异于传统就业的特征。本书对灵活就业的关注，主要针对快递等行业中存在的女性农民工群体展开。基于行业快速扩张的影响，这一务工群体规模发展较快，人员流动较大。本部分主要涉及案例研究，所研究的案例主要集中在东部地区的 H 省和西部地区的 S 省。案例具体情况在后文展开分析时再进行介绍。

（4）家庭农场自雇劳动

随着乡村振兴战略的深入实施，家庭农场作为农业职业化的一种探索形式，得到了广泛的实施和发展。家庭农场的自雇劳动，表现为农民以家庭为单位在本地的自雇劳动，也表现为农民跨区域承包土地从事农业生产。本书选择了 S 省 A 县（西部地区 S 省 G 园区所在县）和 N 省 A 县

（西部地区 N 省），分别对 10 户家庭农场进行研究。案例具体情况在后文展开分析时再进行介绍。

4.1.3.5 研究对象的逻辑结构及其展开

以上四个方面的研究对象共同构成了女性农民工群体就业适应度研究的对象集合。在具体的研究开展过程中，前 5 类研究对象（L 州的 T 县和 Z 县、B 市的 E 县和 P 县、C 市 Q 园区、Y 市 J 园区、C 市 G 园区和 Z 省 U 园区）主要以数据分析为主，以把握女性农民工群体的一般性特征，这是性别诊断和经济分析能够开展的基础；后 6 类研究对象（调查案例、报道案例、服务行业从事家庭事业、工业或建筑领域以家庭为单位的灵活就业、新兴行业灵活就业、家庭农场自雇劳动）则主要采用案例分析的方法，以对女性农民工群体就业的性别特征进行研究，在验证价值分析的基础上，为社会分析的开展提供线索。在此基础上，对前文所述的 11 类研究对象中涉及的企业和政府行为进行分析，就构成了贯穿本书所有研究对象的研究内容。

从逻辑结构上看，前文所述的 11 研究类对象分别隶属于村庄、企业和家庭三组研究对象。政府的劳动就业促进制度对女性农民工群体的支持是三组研究对象之间的明显现实关联。如前文所述，要分析这种制度关联，女性农民工群体因就业行为导致的场景转换就成为联系三组对象的重要理论性建构。因此，研究的逻辑实际上有三个。一是女性农民工群体的禀赋，特别是她们在进入市场之前的禀赋结构。鉴于禀赋结构对于女性农民工群体就业的重要和直接影响，这是研究显然的起点。二是劳动就业促进制度的状态以及对女性农民工群体禀赋结构的制度预设。这是就业适应度研究始终要关注的研究目的。在研究对象的分析开始时，应以制度分析作为基本的价值前提。换言之，在理论构建部分提出的价值分析，在实证研究中就应以制度分析的形式展开。三是性别分析。性别研究必须依托于具体的问题，性别分析必须依托于禀赋、经济机会、能力/能动性分析才能展开。而后者的分析之所以有穿透性，也在于性别诊断作为视角、方法的恰当应用。

因此，整个实证部分的分析，在明确研究对象基本情况之后，首先开展的是劳动就业促进制度研究，从而为整个实证部分的研究奠定价值基础。同时，以村庄为主要研究对象，展开对女性农民工群体的禀赋结构分析，完成就业适应度研究的禀赋维度的研究。在分析中，尤其关注制度分析中的社会性别意识体现、女性农民工群体作为一个特定人群的被关注度，以及背后所反映的劳动就业促进制度中隐含的女性农民工群体的禀赋结构预设。也就是说，制度分析所形成的性别价值基础和禀赋分析所形成的禀赋结构，在研究中形成对比关系。由此可以更为明确地判断劳动就业促进制度的社会性别取向的明晰程度。

这样的对比研究，在之后的经济机会分析和能力/能动性分析中均加以运用。由此形成的价值分析、经济分析和社会分析综合开展的就业适应度研究结构，就成为女性农民工群体就业适应度实证分析展开的研究体系。由研究体系执行得出的三个维度的结论，再通过性别导向的制度比较研究，形成聚焦于提升劳动就业促进制度社会性别关注的就业适应度研究结论。这是整个实证部分研究得以展开的基本框架。

4.2 促进女性农民工群体就业的劳动就业促进制度分析

劳动市场的不完全性是理论和实践中都较为明确的内容。这是劳动就业促进制度出台的根本原因①。在过去 40 余年的发展进程中，我国的劳动就业促进制度伴随着劳动市场的变化，也经历了一个从无到有的逐渐完善的过程。

4.2.1 总体框架：以劳动关系为核心目标的劳动就业促进制度

劳动法律制度，主要包括法律、行政法规、规章和政策四个层次。这四个层次的劳动法律制度，共同构成了以劳动关系为特征的劳动就业促进制度。

在法律层面上，劳动制度是以《中华人民共和国劳动法》（以下简称《劳动法》）为核心，以《中华人民共和国劳动合同法》（以下简称《劳动合同法》）、《中华人民共和国就业促进法》（以下简称《就业促进法》）和《中华人民共和国劳动争议调解仲裁法》（以下简称《劳动争议调解仲裁法》）为支撑的法律体系。其中，除《劳动争议调解仲裁法》自 2007 年底通过后未经过修订外，其他几部法律均经过修改；《劳动合同法》

① 按照理论部分对于劳动制度的表述，本部分所说的劳动就业促进制度是劳动制度的构成部分，主要包括了劳动市场规制和部分由政府实施的劳动就业服务的制度规范性文本。

在 2015 年针对"劳务派遣"的修订引起了社会的较大关注①。《劳动法》的主旨非常明确，就在于"保护劳动者的合法权益，调整劳动关系，建立和维护适应社会主义市场经济的劳动制度"，其落脚点是劳动者的合法权利②，着力点是劳动过程，聚焦点是劳动合同。劳动者权利、劳动过程和劳动合同共同构成的劳动关系，就构成了劳动制度的核心内容。从劳动要素市场化的角度看这几部劳动法律制度，《劳动法》明确了劳动关系弱势的一方在于劳动者，立法的目的就在于保护劳动要素市场化过程中劳动者权利的内容、范围与形式；《劳动合同法》则是劳动要素市场化过程的载体和形式的规范；《就业促进法》一方面明确了劳动要素市场化进程中存在的障碍，另一方面也界定了各类市场主体，特别是政府及其派出机构，在促进劳动要素市场化进程中的责任与义务；《劳动争议调解仲裁法》则为劳动要素市场化进程中可能出现的争议提供了一套协商和解决机制。

在行政法规层面上，主要是法律的实施条例和对劳动过程关键环节、重点人群的特殊规定。《中华人民共和国劳动合同法实施条例》《失业保险条例》《人力资源市场暂行条例》《全国社会保障基金条例》《社会保险费征缴暂行条例》《职工带薪年休假条例》《劳动保障监察条例》《工伤保险条例》是其中具有普遍性的行政法规。对于残疾人、童工、女职工劳动保护和农民工工资支付的行政规范则是对重点人群和关键环节的特殊规定。在规章层面上，主要是对各类市场中介组织、人才市场、社会保险、就业服务机构和程序的管理规定。在政策层面上，则是针对劳动就业发展的特定情况，形成的就业促进行动或者各类市场规制政策。

以上四个层次的制度体系，构成了我国劳动就业促进制度的总体框架。这一框架随着社会主义市场经济发展、劳动要素市场化的深入进行而逐步完善。从 1978 年市场经济开始发展，到 1995 年《劳动法》生效，再到 2008 年《劳动合同法》《就业促进法》和《劳动争议调解仲裁法》生效，中间的时间间隔在 12~15 年。从时间间隔上看，结合中国经济进入新常态、劳动市场供求关系的较大变化等发展趋势，劳动法规再次进行较大

---

① 《劳动法》于 1994 年 7 月由全国人大通过，2009 年 8 月、2018 年 12 月两次修订；《就业促进法》于 2007 年 8 月由全国人大通过，2015 年 4 月修订。这三次修订均属于细节性修订。《劳动合同法》于 2007 年 6 月由全国人大通过，2012 年的修订主要针对"劳务派遣"展开。

② 《劳动法》第一条、第二条对劳动者权利的界定包括，享有平等就业和选择职业的权利、取得劳动报酬的权利、休息休假的权利、获得劳动安全卫生保护的权利、接受职业技能培训的权利、享受社会保险和福利的权利、提请劳动争议处理的权利以及法律规定的其他劳动权利。

幅度修订的必要性日益凸显。对于劳动制度中社会性别因素的研究，也正是在这一背景下，具有了现实层面上的必要性。这一必要性就是要在以上四个层面的劳动制度中回答如下问题。第一，在政策层面上，当前针对特定人群展开的就业帮扶政策是不有促进就业性别平等的实质性举措？第二，在行政法规、规章中存在的促进性别平等的制度性要求，是不是充分的且能够在劳动要素市场化进程中得以落实？第三，在法律层面上，社会性别意识是否得到恰当的、充分的表达？要回答这些问题，首先应对当前劳动就业促进制度的总体特征进行研究。

4.2.2 劳动就业促进制度的阶段性特征：市场、区域、人群和政府

劳动市场的完全性决定劳动就业制度的规范度。在中国经济增长的过程中，劳动市场的完全性程度，与劳动要素的市场化水平和范围直接相关。如何在有效促进劳动要素市场化的同时有序有效拓展其市场化的范围，使得更多的劳动要素参与到经济活动中，是劳动制度乃至经济调控始终关注的重点问题。劳动就业促进制度的发展与变化从属于、服务于劳动要素的市场化。从这个意义上看，我国的劳动就业促进制度有较为明显的阶段性。这一阶段性主要表现出四个方面的特征。

4.2.2.1 坚持市场化导向

发挥人口红利、提升劳动参与率是劳动就业促进制度的首要特征。在劳动制度中，这一点体现得最为明显的，就是对劳动合同的全面重视和强调。劳动合同不仅在《劳动法》中处于较为突出的位置[①]，且有专门的《劳动合同法》来规范由契约界定的劳动关系。而我们都知道，市场竞争环境中的契约，其所体现的平等精神，是以承认参与市场活动的行为主体的市场势力作为前提的。也就是说，平等的劳动交换关系是以约定双方实际上的能力和地位差异作为前提条件的。因此，重视劳动合同的劳动制度，就是秉承市场竞争核心机制、坚持发展优先的劳动制度。这一劳动制度要推动的，就是劳动要素尽可能多地参与经济增长过程。

在《劳动合同法》中，对于劳动合同的作用的表述分为两个层次。一是明确劳动事实及其法律载体。第七条"用人单位自用工之日起即与劳动者建立劳动关系"，明确了劳动关系是劳动合同的事实基础。在此基础上，

---

① 《劳动法》第三章为"劳动合同和集体合同"，从文本结构上看，这是劳动关系受到法律规范的首要约束条件。

第十条"建立劳动关系，应当订立书面劳动合同"，明确了劳动事实的法律载体就是劳动合同。二是对不具备劳动合同情况的处理聚焦于劳动关系的经济方面。第十一条对于未订立书面劳动合同或集体合同，或者约定的劳动报酬不明确的情况，提出"实行同工同酬"。从人力资源和社会保障部提供的通用劳动合同文本的格式上看，劳动合同中的格式内容，包括《劳动法》描述的劳动过程的各个方面。劳动合同是对劳动关系的全面描述和对劳动过程的细节性约定。在不具备劳动合同的情况下，劳动者在事实上存在的劳动关系中的权利保护，在法律文本中明确的只有经济利益。因此，从《劳动合同法》的相关表述中也可以较为清晰地发现，体现和规范劳动市场和劳动要素市场化现状、提高劳动参与率是劳动就业法律的初衷。《就业促进法》中对于劳动关系参与双方的权利描述是中性的，一方面在第三条提出"劳动者依法享有平等就业和自主择业的权利"，另一方面在第八条也明确了"用人单位依法享有自主用人的权利"；同时，强调县级以上政府在就业促进中的主体地位。区域经济发展、项目实施、中小企业壮大等措施综合作用最终带动就业增加的政策思路在法律文本中也表现得十分清晰。

4.2.2.2 默认区域化差异前提

不同地区的产业发展、人口结构差异会带来劳动就业的差异。由此形成的产业梯度转移和人口流动会形成政策规范的要求。在劳动就业促进制度中对于这些差异的表述较为中性。例如，《劳动法》中对于最低工资保障制度就规定"具体标准由省、自治区、直辖市人民政府规定，报国务院备案"①；《就业促进法》中第二十一条明确"支持区域经济发展，鼓励区域协作，统筹协调不同地区就业的均衡增长"，"支持民族地区发展经济，扩大就业"。在地方劳动就业促进制度的具体实施中，区域经济社会发展条件和市场具体趋势的不同影响下形成的不同政策着力点，是普遍存在的现象。

以西部地区的 S 省和东部地区的 H 省为例，2018 年按照中央的部署，

---

① 按照人力资源和社会保障部公布的最低工资标准，2019 年最低工资最高的地区是上海，标准为 2 420 元/月，最低为青海，标准为 1 500 元/月，中位值为 1 700 元/月，平均最低工资标准为 1 787 元/月。其中，有 10 个省份高于平均值，其中的 8 个省份位于东部地区。因此，最低工资地区之间的差异主要反映地区生活水平的差异。

围绕"稳就业"均提出了一系列落实举措①。在主体内容的共同指向均在国家要求的"支持企业稳定发展、鼓励支持就业创业"等方面的同时，H省对"降低企业招工费用""加大重点用工企业服务力度""高校毕业生多渠道就业"等方面特别重视，而S省要求全省各地"应统筹考虑本地区产业结构、环境保护、失业保险基金支付能力以及企业生产经营状况、稳定就业岗位措施、诚信经营评价结果等因素"，提出坚持不裁员参保企业名单，其他方面与国务院文件总体保持一致。从S省各地的落实情况来看，对于企业名单的落实和处理也是不一致的。有的地方给予了明确的概念，有的只是进行了简单的描述。从这些细节可以看出，就业促进作为一个原则性的概念，其内含的政策方向在实践中的一致性坚持是重要的，各地根据不同的区域情况确定落实重点是劳动制度的基本要求。除非区域情况特别突出，特定的区域一般不出现在总体的政策表述中。

另外一个需要指出的特征，就是区域整体上保持就业的平衡增长并不是当前劳动就业促进制度的优先目标。其重要的制度性证明，一是相关劳动制度文本所采用的区域就业状态的描述是就业的区域"均衡"增长。也就是说，是依托市场竞争形成劳动市场的总体出清，区域就业格局事实上的不平衡，也是均衡的必然结果。二是劳动制度并未对就业的区域平衡增长提出明确的量化要求，就业事实上在区域之间存在的不平衡状态也没有在劳动制度中得到描述和原则性应对。要认识到，随着全国区域平衡发展结构的逐渐成形，劳动制度中对区域平衡的重视程度也应当提高，由此形成的对特定人群的劳动就业促进制度也会随之发展。因此，不应将区域之间的不平衡就业状态以及与之相适应的劳动就业促进制度视为当然，应考虑劳动就业促进制度优先目标逐渐向区域平衡接近，并围绕这一制度目标的变化来研究特定人群的就业促进问题。

4.2.2.3 突出人群差序性扶持

对于特定人群的关注，是劳动就业促进制度的另外一个较为重要的特征。在当前的劳动制度中，农民工、高校毕业生、创业人员、女性以及包括残疾人、贫困人口、16～24岁的失业青年在内的就业困难人员等，是政

---

① 具体内容参见2018年底发布的《国务院关于做好当前和今后一个时期促进就业工作的若干意见》《G省人民政府关于印发G省进一步促进就业若干政策的通知》和《S省人民政府关于做好当前和今后一个时期促进就业工作的实施意见》。

策明确表述需要扶持或者约束的特殊人群①。

客观而言，这些人群的重要性水平，在劳动制度中是不同的。农民工作为因工业化、城镇化过程而兴起的新兴工业人口，在劳动就业制度中得到了高度的重视。针对农民工的劳动关系维护、劳动权利保障、就业场景转换支持的劳动就业制度较为丰富，形成了一整套成熟的农民工劳动就业制度体系。随着工业化的延伸，这一制度体系涉及的领域逐渐由经济领域向经济社会综合领域转变，覆盖的范围由乡村向城镇、由产业园区向城市社区转变。反映在劳动就业促进制度层面，就是农民工概念的细化和调整。简而言之，农民工这一原本具有明显城乡二元分割特征的称谓，逐渐开始被其他具有社会性特征的称谓替代。例如，新生代农民工就具有明显的人口特征，而农业转移人口则具有明显的城镇化要求，贫困人口则是对就业禀赋存在明显弱势的农村人口的表述。同样地，伴随着新经济的发展，大学毕业生的重要性凸显，其就业也成为劳动就业促进制度关注的对象②。而其他的特殊人群，劳动就业促进制度对其的关注，并非完全来源于工业化本身的要求。例如，对残疾人的就业帮扶，是基于其禀赋弱势而形成的补偿性对策。劳动就业促进制度对这一类人群的关注是一种常态性的帮扶。由于在经济活动中无法找到内在激励，所以在整个劳动就业促进制度体系中，无论是政策定位还是具体实施，对其的关注度并不如农民工和大学毕业生高。

从人群关注的政策排序上看，不同的特定人群之所以在劳动就业促进制度中重要，首先是因为这一人群在劳动参与的经济活动中的重要性；其次是因为存在市场失灵，即人群的劳动状态与市场需求之间存在供求失衡的效率损失；最后才是因为特定人群禀赋的差异。市场的优先性是当前劳动就业促进制度的趋势性特征。对不同的人群进行差序性扶持的制度特征，在脱贫攻坚的实施中出现了变化。劳动就业促进制度的关注重点首次因脱贫攻坚而形成了由劳动者禀赋差异优先决定的情况。这是在劳动关系

---

① 人力资源和社会保障部对劳动就业促进人员的分类主要包括"高校毕业生""农民工"和"就业困难人员"三类。另外，创业和人力资源流动作为两类特定的劳动就业，其相关行为也是政策关注的重点。

② 按照教育部的数据，2018 年应届大学毕业生 820 万人，全国平均的大学毕业生就业率为91.5%。而按照人力资源和社会保障部的数据，2018 年全年城镇新增就业 1 361 万人。2020 年，这两个数据分别为 874 万和 1 186 万。从数据上可以发现，大学生就业在城镇新增就业中占重要位置。

调整与规制研究中需要重点加以关注的问题。如果这一态势表现出常态化、长期化趋势，那么劳动就业促进制度的人群关注排序也会发生深刻的变化。

4.2.2.4 重点维护劳动关系

劳动关系的可持续性以及由此形成的可预期性是当前劳动就业促进制度关注的重点。无论是提高劳动者进入市场前的初始禀赋，还是强调劳动合同、规范劳动市场服务、处置劳动纠纷，根本的落脚点都在于维护劳动关系。接近 7.8 亿人规模的劳动人群的客观存在，使得劳动就业促进制度在整体层面上无须过多关注劳动供给量，而是在劳动人口持续涌入就业市场的客观条件下，通过稳定与规范劳动关系，为参与劳动关系的各方创造基于市场竞争关系的制度环境。同时，在市场失灵的条件下，政府也有责任主动作为，积极地参与到劳动关系发展变化的各个环节中。

在当前的劳动就业促进制度中，这一点主要体现在三个方面。一是对潜在劳动力存在的领域通过倾斜性制度支持，持续提升区域发展水平，在整体层面上形成提升劳动力禀赋的环境条件。例如，对于农业农村、欠发达地区、民族地区以及更为广义的西部地区的投入，就属于此类。从严格意义上看，这并不属于劳动就业促进制度的范围，在支出统计中也难以被划入就业促进支出。但从效果上看，这无疑是直接有利于农村剩余劳动人口转移的。脱贫攻坚更是这一直接影响的显著制度证明。二是宏观经济调控中稳定就业作为核心目标的长期性，以及由此形成的对中小企业和劳动密集型产业发展的支持和强调，特别是对低端劳动人群聚集的城市家庭服务业的重点关注，在需求一侧形成了就业增长的稳定预期。三是对劳动合同高度重视。一方面，大力提升劳动合同覆盖率，2018 年和 2019 年劳动合同签订率已超过 90%①；另一方面，加强劳动关系监察，突出重点环节高度重视劳动纠纷处置。这方面的工作成效较为显著。一个较为突出的表现，就是近年来劳动争议案件数量在上升，但涉及人员和涉案金额总量均在下降。这种情况既反映了劳动合同覆盖面的提高使得劳动者维护自我利益的能力增强，也反映了政府在劳动关系维持上所做的努力。

---

① 数据来源：人力资源和社会保障部的《人力资源和社会保障事业发展统计公报》（2018 年、2019 年）。

4.2.3　劳动就业促进制度的社会性别取向

劳动就业促进制度的社会性别取向分析是女性农民工群体就业研究的制度前提。就当前的制度设计而言，性别平等是劳动就业促进制度的原则性设定，可以按照法律形式的不同，对当前劳动就业促进制度中的性别平等进行如下梳理。

第一，在法律层面上，就业的性别平等是明确的原则性规定。在《劳动法》中，对于就业中的性别平等，有明确的界定。第十二条要求"劳动者就业，不因民族、种族、性别、宗教信仰不同而受歧视"。第十三条更为明确地指出"妇女享有与男子平等的就业权利。在录用职工时，除国家规定的不适合妇女的工种或者岗位外，不得以性别为由拒绝录用妇女或者提高对妇女的录用标准"，前一句是对妇女劳动权利的原则性规定，而后一句则是对企业劳动组织过程的限制性规定。同时，《劳动法》对妇女的特殊劳动保护也专门进行了表述。对女职工实行特殊劳动保护是国家的制度性约束，其中主要涉及特殊行业、体力劳动强度约束、孕期、哺乳期等方面的规定。《劳动合同法》对未履行特殊劳动保护的劳动合同执行提出了禁止性规定，对女职工权益保护专项集体合同进行了界定。《就业促进法》对特定人群就业促进也有针对性表述，如第十七条对失业人员、残疾人就业的税收优惠。其对女性就业促进的表述与《劳动法》保持一致，未见更为具体的展开和说明。《劳动争议调解冲裁法》未见相关表述。在《中华人民共和国社会保险法》中对职工生育保险有专门的表述。

第二，在行政法规层面上，对女职工劳动保护进行了制度性表述。《女职工劳动保护特别规定》（2012 年）围绕"减少和解决女职工在劳动中因生理特点造成的特殊困难，保护女职工健康"这一目标，从禁忌从事的劳动范围、怀孕生育哺乳期间的劳动保护、性骚扰、监督与调解仲裁等方面进行了限制性规定。其中，对女职工禁忌从事的劳动范围有 4 条 19 目的界定，主要是高体力强度、有毒有害工作环境。《保障农民工工资支付条例》《残疾人就业条例》对中华全国妇女联合会按照职责依法维护农民工获得工资的权利和展开残疾人就业工作的组织主体地位进行了明确。《人力资源市场暂行条例》《全国社会保障基金条例》《社会保险费征缴暂行条例》《失业保险条例》《中华人民共和国劳动合同法实施条例》未见相关表述。

第三，在规章和政策措施层面上，对女性参与劳动过程的制度环境有表述。《就业服务与就业管理规定》（2022 年）、《人才市场管理规定》（2019 年）第二十三条再次强调了禁止以性别作为拒绝性条件的制度约束。《就业服务与就业管理规定》还对限制女职工婚姻、生育的劳动合同条款明确了禁止性规定。《集体合同规定》（2004 年）中对女职工特殊劳动保护的范围、时期以及定期健康检查制度进行了规范。《企业职工生育保险试行办法》（1994 年）对企业女职工生育期间合法劳动权益的维护明确了制度保障。其他规章未见相关表述。在政策措施层面上，主要有三个政策聚焦点。一是农民工方面，较为突出的举措是就业扶贫。贫困地区的农村妇女是就业扶贫的重点。二是对家庭服务业的扶持。家庭服务业以家政服务、养老服务、病患陪护服务为重点。女性是这一行业中的重点就业人群。三是对妇女创新就业的政策性金融支持。对农村妇女，主要以妇联为渠道，拓宽小额担保贷款的接入渠道，以贷款为依托，加大对农村妇女就业的指导和培训力度。

综上，性别平等在劳动就业促进制度中的存在形式，是对因女性特定的禀赋差异而出现的劳动歧视的逆向界定。从实践逻辑上看，逆向界定就是约束性别歧视现象在市场化劳动过程中可能严重激化的领域和环节。所谓严重，一是因女性的禀赋差异，在特定的劳动过程中出现对个体及其亲属的直接伤害；二是出现反市场竞争理性的普遍性就业性别歧视。从制度逻辑上看，在对整个劳动过程进行制度性表述时，性别平等无疑是作为核心的价值原则存在的。但性别平等在就业活动中的落实，则是依据性别的自然禀赋差异而制定的。例如，《劳动法》中对因民族、种族、性别和宗教信仰而引致的歧视，尽管都提出了明确的禁止性规定，但性别是《劳动法》中唯一提出要实施特殊劳动保护的对象。究其原因，在于民族、种族和宗教信仰的差异，并不是自然禀赋的差异，在逻辑上并不必然直接导致劳动过程的差异。而女性在自然禀赋方面的差异则是显而易见的，无论在逻辑上还是实践中，这种禀赋差异导致的劳动歧视是直接的和显性的。因此，对于女性在劳动过程中因禀赋差异导致的歧视性对待，在制度中给予了特别的关注。

4.3 制度实施视角下的女性农民工群体就业研究的基本制度假设

在"性别平等—禀赋差异—特殊劳动保护"的制度逻辑结构中，从禀赋角度切入的对就业过程中性别平等价值立场的制度坚持，在就业促进过程中的实际效果如何，取决于三个方面的约束性因素，即性别在劳动过程中的市场化水平、禀赋差异在就业活动中的重要程度和劳动者人力资本的跃升。本节在对劳动制度的性别特征进行分析的基础上，提出了女性农民工群体就业适应度实证研究的基本制度假设。这是本书在实证部分要验证的关键研究假设。

4.3.1 假设一：性别的市场化水平判断缺失及其影响

本书认为，劳动就业促进制度对性别平等的落实程度取决于性别的市场化水平。就业机会并不是只能在市场中才能得到，劳动过程也并非完全发生在市场中。进入和退出劳动市场的行为在劳动过程中始终在发生。在极端的情况下，例如封闭的乡村，可能终其一生，劳动者的整个劳动发生过程都处在市场之外。在这种情况下，劳动过程能够给劳动者带来的所有收益，都不取决于劳动成果在市场中的交换结果。而劳动成果的交换及其结果，自然也与劳动过程本身无直接的联系。因此，当劳动者在市场之外时，劳动本身是没有价格的。劳动市场的完善与发展，在客观上建立起了劳动过程与收益的直接联系。劳动者是根据劳动的数量和质量来获得工资的，劳动过程在市场中获得了明确的定价。在这种情况下，劳动者是否得到市场公平的对待，取决于劳动者自身的禀赋和市场竞争的充分度。禀赋越高，竞争越充分，劳动回报越高。在企业组织中，本应由劳动者执行的劳动成果市场交换过程由更具谈判能力的企业来承担。这是与市场化劳动就业过程不同的并行过程。由此在市场条件下形成了"劳动过程—市场定价—激励劳动"和"劳动成果—企业组织—市场交换"两个并行的交换过程。在充分竞争的情况下，这两个并行的过程最终会集中体现为企业生产要素的竞争性排序。

女性参与劳动的全过程在市场中发生的比例高低和范围大小就是性别

的市场化水平。衡量性别市场化水平的核心指标是女性工资水平的整体稳定性。从整体上看，稳定性越差，说明市场化水平越低。市场化水平越低，劳动作为生产要素参与经济活动的应得回报实现就越不稳定，非市场因素在劳动定价中发挥作用的可能性就越大，进而社会领域中的性别歧视在经济活动中出现的可能性也就越大。对于劳动就业促进制度而言，必须对性别的市场化水平有前置性判断。这是劳动就业促进制度能够在劳动就业状态发生变化时及时调整适应的前提。

从目前的情况来看，我国法律层面上就业性别平等的表述总体上是静态的。对于性别平等的原则性表述、对于女职工特殊劳动保护的范围规定，都是静态的。对女性劳动参与是否在市场中发生这一问题缺乏制度性关注。究其原因，一是我国的市场发展过程速度较快，劳动者进入市场的渠道多元化特征较为明显，客观上难以对其进行统计。二是劳动就业制度本身更关注劳动者的禀赋差异，未对市场中明显表现出来的不同性别的禀赋差异背后的体制性因素进行确认。三是劳动力的充裕供给，使得性别问题并未成为劳动市场关注的重点问题。

对性别的市场化水平缺乏判断，使得劳动市场竞争性定价的充分性这一决定就业性别平等的重要直接因素，在制度设计中被置于既定的前提地位，成为推进性别平等可有可无的环境条件。也就是说，制度的性别不敏感导致女性的市场化劳动定价不充分。而在就业开展的基础上，女性劳动者受到歧视的情况，往往与企业对女性就业存在的高度不确定性预期相关。这种就业的不确定性预期是女性劳动力的市场化定价不足的结果，也是导致现象层面上的就业性别歧视的直接原因。劳动就业促进制度对女性特殊劳动保护的界定，使得就业这种不确定性预期转变为预期的固定成本支出，在客观上更进一步增加了企业对女性劳动的负面认识。所以，在缺乏性别市场化水平判断的情况下，对女性劳动者的特定劳动保护尽管是必要的，但因其与市场竞争机制的不匹配，实质上对于女性进入劳动市场的总体过程形成了障碍。要让性别平等真正成为劳动就业促进制度的核心价值，必须在制度实施中增强对性别市场化的跟踪和判断。

4.3.2 假设二：禀赋性别差异及基于企业竞争性排序的制度敏感性

劳动者的不同禀赋差异，是一个劳动市场之外的但会对劳动过程产生决定性影响的因素。在劳动过程中，不同劳动过程对劳动者禀赋的不同要求，也会对劳动的最终形式产生影响。但禀赋差异和劳动过程对禀赋的不同要求，并不是导致就业性别歧视的充要条件。这是在研究就业性别歧视中必须认识到的基本事实，也是劳动就业促进制度在执行中能够促进就业性别平等的基本出发点。

人的个体之间千差万别，因此每一个人能够适应的劳动形式也必然因个体的不同而变化。这是自然的客观过程。劳动市场之所以重要，就在于劳动市场本身提供了一个以禀赋为基础的劳动供给与以劳动成果为评价标准的劳动需求之间自由匹配的分散决策过程，进而实现差异化的劳动方式在同一劳动过程中同时发生。市场本身就是由千差万别的人构成的，因此也天然地具备整合不同的人的劳动能力成为合力的制度设计。这是劳动市场自然演化的必然结果。因此，在劳动市场中，不同劳动者的禀赋不同，劳动过程对禀赋的要求不同，本身就是市场要解决的问题。在劳动市场这一前提下看性别歧视的存在缘由，主要是两个方面。一是劳动者没有进入劳动市场，也就是市场化水平不足。这在性别的市场化方面已经展开论述。二是劳动市场不能有效配置劳动。从劳动供求双方看，市场不能有效配置劳动的原因在于供求双方的力量过于悬殊，以至于市场机制完全失灵。从我国的情况来看，大规模人口在城乡之间、东西部地区之间流动形成的劳动需求，迅速增长的企业用工需求长期同时存在，从总体来看，是劳动需求引致的劳动供给长期增加[①]。需求决定的长期趋势反过来塑造了劳动市场，使得劳动市场发展出一套旨在快速实现供求匹配的制度安排，例如东部大规模用工地区存在的招工制度和中介，以及快速兴起以至于不得不通过法律形式加以约束的劳务派遣等。相对于企业需求的决定性作用而言，劳动者自身的禀赋差异并不是劳动关系形成的重要影响因素，因此禀赋差异在劳动过程中得到体现的部分，只是劳动需求认同的部分而已。从这一意义上看，劳动过程中出现的性别歧视，是企业竞争性排序作用的结果，而不是劳动者禀赋差异的直接结果。

劳动就业促进制度针对女性禀赋差异而制定的特殊劳动保护，是从劳动供给出发形成的。针对劳动需求可能存在的性别歧视尽管也有制度约束，但这种约束只涉及性别、婚姻和生育等较为笼统的禀赋条件，以及岗位条件、劳动合同解除等个别劳动环节。这种劳动保护可以在女性禀赋确

---

① 对于这一判断的研究分析基础，将在后文的女性农民工群体就业适应度的经济机会分析部分予以展开。

实不适应的劳动场景中实现保护女性、促进性别平等的目的。但劳动供给本身并不是劳动关系形成的决定性因素，使得这种保护并不能覆盖性别歧视可能出现的所有环节，不能对企业的竞争性排序形成根本影响，进而不能在根本意义上对劳动过程中各类性别歧视现象形成约束。

从这一分析可以看出，当前从禀赋差异出发形成的性别平等落实举措，其主要的思路是通过促进需求来拉动劳动供给的满足。需求是问题的主要方面。因此，劳动就业促进制度的落脚点是激励企业用工。整个制度体系对企业而言是较为宽松的，制度约束的是特定的企业、岗位、劳动期间和行为，是企业用工决策的可能选项的集合，并没有约束企业的竞争性排序形成机制，未在劳动全过程上对企业的生产要素决策形成实质约束，进而也不可能对就业性别歧视形成根本的矫正。企业的生产要素组合决策以及由此形成的竞争性排序，才是就业性别歧视存在的主因。我们应该在企业的竞争性排序基础上对就业的性别歧视加以观察和研究。而劳动就业促进制度约束的真正对象，也应当是基于市场机制而形成的企业竞争性排序。从目前的制度表述来看，相关的制度研究和表述都是缺乏的。

4.3.3 假设三：劳动者人力资本的跃升及其制度保障

在性别歧视主因和客观现实未在劳动就业促进制度中体现的情况下，对于性别歧视的制度矫正只能是间接性的。制度的逻辑是女性劳动者的禀赋与企业要求相比存在差距，企业的用工需求总体上要促进不是约束，女性劳动者的劳动权利同样也要被保护。需求和供给的权利同样重要，在两个同样重要因素之间权衡形成的制度结构，就是一方面在制度中将性别平等作为劳动过程的原则性界定加以明确，另一方面在具体针对性措施上将禀赋差异作为解决性别歧视问题的切入点和途径。在具体的制度实施过程中出现需求的权利与供给的权利相对抗的情况时，市场的最终状态，性别歧视得到解决的程度，只能取决于需求和供给双方的力量对比。马克思在《资本论》劳动关系的历史考察中就已经深刻地指出了这一趋势①。

---

① 马克思指出，资本家要坚持他作为买者的权利，他尽量延长工作日，可是另一方面，这个已经卖出的商品的特殊性质给它的买者规定了一个消费的界限，并且工人也要坚持他作为卖者的权利，他要求把工作日限制在一定的正常量内。于是这里出现了二律背反，权利同权利相对抗，而这两种权利都同样是商品交换规律所承认的。在平等的权利之间，力量就起决定作用。（马克思. 资本论 [M]. 北京：人民出版社，2004：272.）

从我国劳动市场发展的历史趋势来看，农村剩余劳动力大规模向城市转移的趋势至今仍然显著①。即使不考虑内部的组织性水平高低不同，劳动供给方与需求方各自的市场实力也并不是平等的。买方市场作为我国劳动市场的主要特征，在短期内并不会有根本的改变。由于产业结构升级造成的结构性、局部性劳动供求关系逆转，并不能形成可预期的长期趋势。在宏观经济层面上执行的供给侧结构性改革，并不是说市场供求关系出现变化，而是需求没有办法得到充分的保障，所以需要在供给方面采取必要的措施而已。需求依然是决定供求关系的主因。劳动就业促进制度既要维护劳动需求的增长，又要充分保护劳动者权利，其制度目标存在内在矛盾是必然的情况。劳动就业促进制度只能服务于经济发展战略，不可能超越经济发展战略。因此，当前的劳动就业促进制度对就业性别歧视的应对，也只能是有限的应对。较为突出的表现就是对特殊人群的政策支持按照劳动需求进行的制度优先性排序。换言之，以劳动就业促进制度的优先性排序来强制矫正企业的竞争性排序决策。劳动就业促进制度不能覆盖所有的就业弱势人群，而是按照劳动需求的重要性水平进行排列。户籍限制导致存在非禀赋性就业约束的农民工长期处于就业制度保障的优先地位。女性农民工群体作为这一群体的构成部分，也成为制度保障的对象。

　　在具体的就业性别歧视矫正制度实施过程中，当前工作的重点放在了劳动技能在就业前的提升上②。对女性农民工群体进行职业技能培训是各地农民工技能培训中的重要组成内容。根据收集到的各地技能培训计划、项目和工程，我们发现其主要有两个特征。一是性别特征较为突出。其主要表现为专门针对女性开展的技能培训政策以及项目中对培训对象的性别特征有显著表述，对除了性别特征之外的其他普遍性人群特征，例如城乡，则相对较为淡化。反过来，在"春潮行动""阳光工程""雨露计划"等针对农民工和贫困人口展开的劳动技能培训项目中，对性别的表述是比

---

　　① 按照国家统计局《2020 年农民工监测调查报告》，2020 年全国农民工总量 28 560 万人，比上年减少 517 万人，下降 1.8%。其中外出农民工 16 959 万人，本地农民工 11 601 万人，年末在城镇居住的进城农民工 13 101 万人。其中男性占 65.2%，女性占 34.8%，女性占比比上年下降 0.3 个百分点。其中外出农民工中女性占 30.1%，比上年下降 0.6 个百分点，本地农民工中女性占 39.2%，比上年下降 0.2 个百分点。

　　② 对性别歧视的矫正是一个各方面因素综合作用、不同领域制度措施共同实施的过程。这里所说的就业性别歧视的制度性矫正，主要是围绕经济领域展开的。对于其他领域的研究，在后文女性农民工群体就业适应度的社会分析中加以展开。

较淡化的。这两者之间形成了鲜明的对比。二是区域色彩较为浓厚。对农村妇女的技能培训，劳动力输出地更侧重于涉农领域的技能培训，如特色种养业、手工制作等；而输出地培训，劳动需求特征较为明显，如"订单式"培训。总体而言，当前的劳动就业促进制度对女性农民工的帮扶，主要思路还是按照劳动需求的具体条件，通过政策性投入来提高女性农民工群体的就业前禀赋。劳动就业促进制度的制度性排序按照劳动市场需求来针对性改变女性农民工群体的人力资本结构，缩小其与企业的竞争性排序要求的差距，这是本书的第三个理论假设。

当前政策的阶段性特征是较为明显的。通过就业前培训来针对性地提高劳动者禀赋的做法，是加快劳动者进入市场的有效政策。这种实践证明的有效性充分说明，实现劳动者人力资本跃升对于劳动者进入市场有关键作用。因此，在设计针对女性农民工群体的性别导向性劳动制度时，有必要充分研究通过劳动制度引导和保障劳动者人力资本跃升的关键性举措。从总体上看，女性农民工群体人力资本出现跃升可以通过就业岗位的变化来进行评价，如获得技术性岗位或者创业等。这是评价女性农民工群体能力/能动性的核心指标。

4.4　本章小结

本章在对实证部分研究对象进行概要性描述的基础上，通过对当前涉及的农民工就业劳动制度进行制度分析和性别诊断，提出了三个基本研究假设。这三个研究假设是第5、6、7章研究展开的前提。

劳动法律和政策等制度的研究表明，性别平等在劳动就业促进制度中的存在形式，是对因女性特定的禀赋差异而出现的劳动歧视的逆向界定。显著的性别歧视现象在特定领域的存在是劳动法律和政策等制度对其进行界定和约束的充要条件。基于这一制度分析的结论，本章得到三个基本研究假设。

第一，性别的市场化水平判断缺失及其影响。劳动就业促进制度对性别平等的落实程度取决于性别的市场化水平。女性参与劳动的全过程在市场中发生的比例和范围就是性别的市场化水平。衡量性别市场化水平的核心指标就是女性工资水平的整体稳定性。我国法律层面上关于就业性别平等的表述总体上是静态的。对性别的市场化水平缺乏判断，使得劳动市场竞争性定价的充分性这一决定就业性别平等的重要直接因素，在制度设计中被置于既定的前提地位，成为推进性别平等可有可无的环境条件。要让性别平等真正成为劳动就业促进制度的核心价值，必须在制度实施中增强对性别市场化的跟踪和判断。

第二，禀赋性别差异及基于企业竞争性排序的制度敏感性。劳动过程中出现的性别歧视，是企业竞争性排序作用的结果，而不是劳动者禀赋差异的直接结果。当前从禀赋差异出发形成的性别平等落实举措，其主要的思路是通过促进需求来拉动劳动供给。由于当前的劳动供给本身并不是劳动关系形成的决定性因素，使得针对性别歧视的劳动制度保护并不能覆盖性别歧视可能出现的所有环节，不能对企业的竞争性排序形成根本影响，进而不能在根本意义上对劳动过程中各类性别歧视现象形成约束。

第三，劳动者人力资本的跃升及其制度保障。在性别歧视主因和客观现实未在劳动就业促进制度中加以体现的情况下，对于性别歧视的制度矫正只能是间接性的。本书认为，劳动就业促进制度旨在以其优先性排序来强制矫正企业的竞争性排序决策，即政策的制度性排序按照劳动市场需求来针对性改变女性农民工群体的人力资本结构，缩小其与企业的竞争性排序要求的差距。当前的劳动就业促进制度对女性农民工群体的帮扶，主要思路还是按照劳动需求的具体条件，通过政策性投入来提高女性农民工群体就业前禀赋来实现的。这种实践证明的有效性充分说明实现劳动者人力资本跃升对于劳动者进入市场的关键作用。因此，在针对女性农民工群体的性别导向性劳动制度设计时，有必要充分研究通过劳动制度引导和保障劳动者人力资本跃升的关键性举措。

5 女性农民工群体的禀赋结构研究

从劳动就业促进制度分析的结论上看，女性农民工群体的禀赋结构差异是制度实现就业性别歧视矫正的着力点。对于劳动就业促进制度本身的研究给出了这一制度设计的原因。同时还必须认识到，对于禀赋的强调也是对女性农民工群体禀赋现实状况的认识。本章结合第 4 章的研究对象 L 州和 B 市，注重从女性农民工群体来源地的角度，即特殊连片贫困地区的农村外出务工女性，对其禀赋结构进行研究。禀赋支持研究给出的是女性农民工群体人力资本的现实状态，或者说她们把握就业机会的能力。从构成上看，除生育这一重要内容外，受教育水平、健康状况和社会接入状态是三个必须重视的内容。本章将对第一个研究假设"性别的市场化水平判断缺失及其影响"做出回应，由此展开的女性农民工群体禀赋结构的分析将构成劳动就业促进制度对应研究的现实参照，并形成女性农民工群体就业适应度评价指标体系中禀赋模块指标体系的合理性判断。

5.1 女性农民工群体禀赋水平的考察

如前文所言，研究对象 L 州和 B 市的外出务工群体具有相互参照性。其中，L 州由于人口增长较快、外出务工人口正在快速增长，所以其外出务工群体的禀赋状况大致可以与全国发展中前期阶段相类比；而 B 市人口保持稳定，农民长期外出务工，在与 L 州形成对照的情况下，也可以大体反映外出务工这一过程对农民工本身的长期经济和社会影响。在完成制度分析后，本章开展对女性农民工群体就业禀赋的研究，为经济机会维度研究的展开奠定了实证基础。本章主要通过以下三个方面把握女性农民工群体的数据：一是村庄外出务工的总体情况以及其中的女性务工情况；二是被调查的贫困村女性的禀赋水平；三是由外出务工这一行为选择表现出的男女之间的禀赋差异以及制度性自动补偿机制。本书在地方脱贫攻坚工作开展过程中，对 L 州和 B 市农民外出务工情况进行了调查。调查所获得的数据，主要由贫困村入户调查数据、各类工作汇报数据、劳务脱贫专题数据等构成。其中涉及 L 州 T 县和 Z 县农民、B 市的 E 区和 P 县农民。调查所得数据反映出的农民工群体情况如下。

5.1.1 大规模外出务工是两地农民的普遍情况

从西部地区 S 省 B 市 P 县 106 个村的统计数据可以发现（见图 5.1），人口最多的村总人口 6 322 人，2017 年外出务工人口 2 743 人，人口最少的村总人口 1 206 人，外出务工人口 189 人[①]。从图 5.1 中可以看出，村庄总人口的多少与外出务工人口规模之间存在一定的相关性，但这种相关性较弱。究其原因有三个。一是当地农业经济发展条件。条件较好的，如靠近县城、交通要道等的村，外出务工人口相对较少。二是政策作用。政策保障、推动力度大的村，外出务工人口相对较多。三是务工传统。有务工传统的村庄，存在习惯性外出务工现象。与 B 市比较，S 省 L 州也存在外出务工情况。例如 Z 县 W 乡，共有 1 462 户、6 652 人，2017 年外出务工人口 544 人，占比为 8%。这一比例远小于 B 市的情况。如前文所述，劳务输出是 L 州重点推进的脱贫攻坚工作。因此，政府在推动外出务工方面的工作力度很大。可以预见，L 州外出务工的人数还会稳步上升。从总体来看，农村劳动人口存在剩余，由此形成的人口外流是较为普遍的长期现象。在调研中，乡镇干部对本地农民外出务工都表现出一定的熟悉程度，对农民外出务工的时间、地点都有较为明确的说法。这也在一定程度上印证了外出务工这一现象的常态性和长期性。

这种情况是不同地区调查反映的普遍情况。在西部 N 省 A 县的调研中，发现的情况是类似的。A 县也有务工传统，农村劳动力资源总量为191 702 人，外出务工 101 670 人。其中，R 乡外出务工 17 361 人，占总人数的 41.27%。从调查的 6 个村的情况（见表 5.1）来看，外出务工人口占总人口比重在 20%~33%。

---

① 本书对农村就业数据的呈现，其有效性仅限于调查期间。从基层乡镇政府对劳务输出工作的管理上可以发现，农民外出务工数据并不是脱贫攻坚中需要精确把握的数据。其原因，既在于外出务工现象的普遍性，也在于务工现象变化较快，且外出务工以家庭为单位进行。这三个方面的因素结合起来，使得务工数据难以及时跟踪和准确把握。部分地区除非需要调查汇报数据，否则不会对相关数据进行收集和分析。脱贫攻坚工作的开展，使得我们可以对外出务工情况进行精确的把握。这也是本书研究能够在一个更大的数据基础上展开的主要原因。

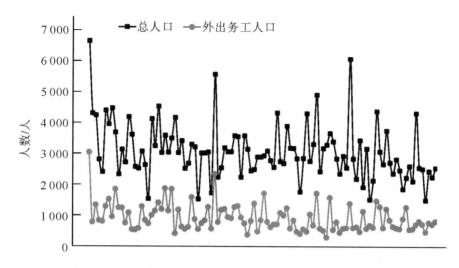

图 5.1　S 省 B 市 P 县 106 个村的总人口与 2017 年外出务工人口

表 5.1　N 省 A 县 6 个村庄的外出务工情况

村庄	户数/户	总人口/人	男性/人	女性/人	外出务工人口/人	外出务工人口占总人口比重/%
A 村	545	1 246	632	614	329	26.40
B 村	1 036	2 321	1 118	1 203	581	25.03
C 村	490	1 143	559	584	360	31.50
D 村	611	1 533	717	816	312	20.35
E 村	987	2 197	1 125	1 072	474	21.57
F 村	407	971	436	535	319	32.85

5.1.2　以家庭为单位的外出务工情况较为普遍

从 S 省 B 市 E 区的调查来看，以家庭为单位的整体外出务工现象较为明显（见表 5.2）。E 区 5 个村共 3 213 户，户籍总人口 8 354 人，每户平均 2.6 人。2017 年外出务工 1 501 户，占总户数的 46.7%，最高的村占比达到 58%；外出务工人口 2 932 人，占户籍总人口的 35%；外出务工户均 1.95 人，外出务工人口占户籍总人口比例最高的村达到 42%。大量的农民工外出均是以家庭为单位的集体外出。在调研中，B 市乡镇干部对家庭外出务工的印象较为深刻，在多次座谈中均有不同程度的强调和反映。L 州家庭外出务工的情况还不是特别突出，T县和Z县均为贫困县，政府推动外出务工，主要以青年为主。但随着外出务工农民对工作地熟悉程度的增加，家庭外出务工的数量也开始逐渐增加。从数据反映出来的情况看，家庭外出务工对于女性外出务工是一个较为有利的因素。对于这一点，在禀赋结构分析中将予以展开。

表5.2　S省B市E区5个村庄2017年家庭外出务工情况

村庄	户数/户	人口/人	男性/人	女性/人	外出务工户数/户	外出务工人口/人	收入/元
1村	561	1 420	670	750	240	600	10 563
2村	906	2 386	1 313	1 073	405	702	10 093
3村	626	1 668	915	753	367	658	12 046
4村	526	1 464	775	689	209	452	10 846
5村	594	1 416	731	685	280	520	10 860

5.1.3　长期的外出务工形成了分化的务工群体

从务工时间上看，长年在外务工，甚至春节也不回家的，已经成为一个显著的群体。新生代农民工倾向于在工作地长期生活，户籍所在地反而成了不熟悉的地方。每年在户籍所在地和就业地之间往来的农民工群体年龄偏大。两个群体之间的差异也越来越明显。

从务工地来看，S省L州的务工群体主要集中在省内以及广东、安徽等地，相对集中。S省B市的务工群体则主要在江苏、北京、浙江、山东、广东和河北，N省A县的务工群体主要集中在广东、浙江、江苏和福建。与S省L州比较，分布更为分散。造成这种差别的主要原因，在于S省B市、N省A县外出务工的趋势延续时间更长，农民在长期务工的过程中，积累了独特的人力资本，从而造成了外出务工地分布更广的情况①。随着

---

① 本章相关数据情况在禀赋水平部分予以提供。需要说明的是，在务工群体分化的情况下，在农村针对农民工群体展开的调查，很难说是覆盖整个农民工群体的调查。因为其中外出务工不归的农民工群体，已经成为事实上的城镇居民。在农村的调研中，只能把握其过去曾经存在的状态。也因为如此，本书对外出务工农民工的调研，主要是针对脱贫攻坚过程中，政策作用的主要对象，也就是贫困群体展开。这样做，既是数据获得的必然性要求，也是研究女性农民工群体作为劳动就业促进制度关注的弱势群体的合理出发点。在下文的研究中，如果不做特殊的说明，所使用的数据均是根据贫困人口数据分析展开形成的。

促进农村剩余劳动力进城的政策措施生效，家庭外出务工情况的普遍化更进一步加快了务工群体的分化过程。

调研的情况反映，停留在农村的务工人员应该是劳动就业促进制度关注的主要对象。因为特殊的家庭关系，如照顾老人、病人或者两者兼具，依然往来于城市与农村之间的务工人员，即使是合格的劳动力，在就业过程中也必然会面对其他劳动者所没有的困难与障碍。在L州劳务输出的推进工作中，这一特点表现得较为明显。贫困人口受家庭条件的影响，往往难以有良好的条件和保障外出务工。在这种情况下，政府对其的帮扶就显得尤为重要。

5.1.4　女性农民工群体总体规模显著小于男性农民工群体

以S省B市P县2017年的数据为例，调查涉及4 279名农民工，除15~20岁这一年龄段，女性农民工群体在各个年龄段上均少于男性农民工群体，尤其是26~35岁这个阶段差距较大（见图5.2）。这是调查反映的普遍情况。N省A县农村男性务工人员和女性务工人员的比例为1.86∶1，大体上2个男性务工人员对应1个女性务工人员。

在调研中，乡镇基层干部对于外出务工存在"男多女少"的情况也有普遍的认识。他们一般认为这是由家庭外出务工引致的必然现象。同时，尽管他们对不歧视女性有共同的认识，但对于女性在劳动方面弱于男性也有较为一致的认识。这些认识是在座谈过程中逐渐体现的，在公开的问卷调查中并没有反映相关的情况。

这种情况，在S省L州也较为普遍，男性、女性务工规模差距最大的年龄段在21~25岁（见图5.3）。随着南方沿海省份劳动用工需要的增加，L州的女性农民工群体也和男性农民工群体一样，通过劳务输出来到南方沿海省份的工厂打工。工厂普遍反映女工比男工好用。这反过来进一步激励了L州女性农民工群体的对外输出。在这点上，S省L州与S省B市、N省A县存在差异。但这一现象的发展还没有在S省L州形成明显的社会氛围，从而影响农村妇女外出务工规模小于男性的长期根本态势。

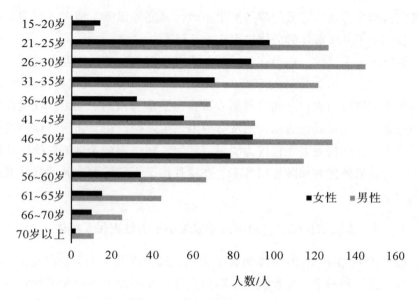

图 5.2　S 省 B 市 P 县 2017 年外出务工各年龄段男女农民工规模比较

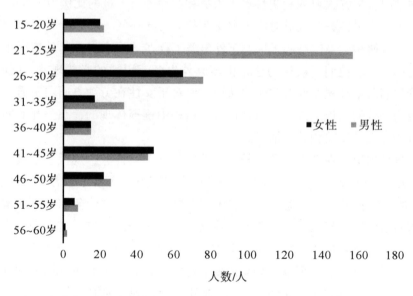

图 5.3　S 省 L 州 Z 县 W 乡 2017 年外出务工各年龄段男女农民工规模比较

社会转型期女性农民工群体就业适应度研究

5.2 基于样本的女性农民工群体禀赋结构分析

对于 L 州和 B 市女性农民工群体禀赋水平的分析，结合 N 省 A 县的数据，主要从年龄、教育、健康三个方面展开。理论与实证的分析均表明，以上三个方面是决定女性农民工群体进入市场的基础性条件。在 S 省 B 市 P 县，本书针对外出务工这一主题，配合劳务扶贫，对 2018 年 4 279 名贫困人口进行摸底调查，结合过去的务工经历、现在的意愿和务工状态，将贫困人口分为三个群体，即"计划外出务工""外出务工未回"和"不外出"①。基于这一调查，从健康状况、教育水平和经济资源三个方面展开女性农民工群体禀赋水平和禀赋结构的分析。

5.2.1 女性农民工年龄是影响健康状况的主要因素

从劳动力需求角度看，年龄更具群体性影响。从年龄结构上看，女性农民工群体务工的机会成本较高，劳动力输出存在较为明显的阶段性特征。总体上，男性和女性农民工均表现出"双峰值"特征（见图 5.4、图 5.5），即在 21~25 岁和 41~45 岁阶段上有较为明显的外出务工意愿和倾向。这反映了农村劳动力供给的基本形态。劳动者在乡村和城市之间因务工形成的流动形态，使得无论从乡村还是城市一端看，这一劳动群体的劳动供给均存在阶段性特征②。

从性别比较的角度看，男性农民工在 45 岁以上年龄段上务工的时间更长，女性农民工则快速下降。女性务工规模总体上在几乎每一个年龄段上均小于男性（除 15~20 岁），说明女性农民工群体务工的机会成本较高，

---

① "计划外出务工"是根据农民自己的回答和他们过去的务工经历做出的判断；"外出务工未回"则是根据入户调查反馈的信息获得的；"不外出"是根据农民自己的回答和入户调查结果获得的。调查由 B 市 P 县相关乡镇干部和驻村帮扶干部共同完成。需要指出的是，"不外出"意味着三种情况，一是务农，二是无劳动力，三是生育。从调查反映的情况来看，B 市的贫困户中第二种情况较多，L 州三种情况都较为明显。

② 农村劳动力在其适龄劳动年龄期间，并不是所有人都能将外出务工作为其终身的劳动方式。从调研所反映的情况来看，农业作为其经济收入的必然构成来源、务工地与户籍地的分离造成的务工和家庭义务维持之间的矛盾、务工劳动条件、城乡社会保障的差异等，均是造成这一现象的原因。乡村劳动力在整体上表现出的这种禀赋特征，使得不同性别之间的类似禀赋特征被隐藏在其后，较难得到关注。

在家庭的就业地位较低。女性在乡村家庭生活中扮演着更为重要甚至是不可替代的角色，由此导致其离开家庭实现自身就业会产生更高的机会成本。这是较为直观的认识。从男性和女性不同年龄段务工规模共同具有的"双峰值"特征来看，农村家庭对21～35岁、41～55岁的劳动力支持力度较大，在这两个年龄段之外，家庭对劳动力回归支撑起家庭作为一个基本单位延续的义务的要求较高。赡养老人、哺育后代是农村家庭必须面对、承担的基本义务。这种具有普遍意义的乡村就业传统从根本上定义了农村劳动力的潜在输出水平。

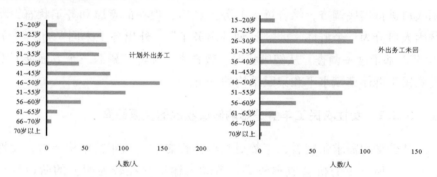

图5.4　S省B市P县计划外出务工女性、外出务工未回女性的年龄结构

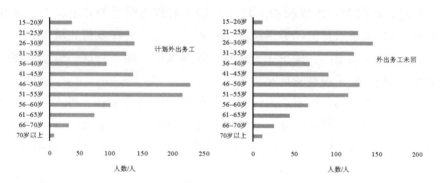

图5.5　S省B市P县计划外出务工男性、外出务工未回男性的年龄结构

相对于其他年龄段的女性而言，21～30岁女性农民工群体的特点在于，其外出意愿相对其他年龄段较低，而一旦外出，滞留不归的比例也较高。而男性农民工群体在计划外出务工方面，其意愿与其他年龄段的差异并不大。从经济分析的角度看，无论是从乡村走向城市还是返乡，都是一种基于机会成本的行为选择。在这一意义上，21～30岁女性在乡村和城市之间流动的机会成本较高。这也就意味着，在21～30岁这一年龄段上，女

性农民工群体与其他年龄段的女性农民工群体以及和男性农民工群体之间，存在不同的成本计算。S省L州的女性农民工群体的情况（见图5.6）可以从侧面验证这一点。L州Z县女性农民工群体主要集中在31~50岁，男性则在15~30岁年龄段上存在大量外出的情况。这是在脱贫攻坚政策强力支持下出现的外出务工。劳务输出政策之所以在执行过程中出现这样的年龄段聚焦点，在于这些务工家庭大多数是过去从未有成员长期在外务工的家庭。这些家庭在面对可能的务工机会时，选择的家庭成员主要是成熟的劳动人口，这本身就证明了他们在家庭中需要履行的义务较少，能够外出①。潜在劳动力的输出结构是决定劳动市场状态和未来变化趋势的根本性原因。女性农民工群体劳动力供给存在的阶段性特征，使得其在参与就业活动过程中较难处于较为有利的地位。这是在劳动供给方面应当予以关注的重要因素。

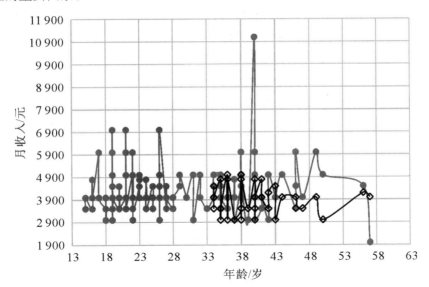

图5.6　S省L州不同年龄（X轴）外出务工男性（灰色）和
女性（黑色）月收入（Y轴）水平比较

---

① 从劳动市场的角度看，这是供给方的分析，即对劳动供给方能够且愿意提供的劳动力的分析。对于劳动需求方的分析，在经济机会研究部分加以展开。两个方面结合在一起，才能构成完整的劳动市场分析。

5.2.2 女性外出务工群体受教育水平较低

根据 S 省 B 市 E 区的入户调查数据可知，初中学历农民工是农民工群体的主体。在 E 区 V 镇被调查的 15~64 岁适龄贫困人口中（见表 5.3），男性初中学历外出务工 86 人，占务工人口 55.5%；女性初中学历外出务工 36 人，占比为 52.9%。从总体来看，外出务工人口中小学和初中学历占大多数。S 省 L 州 T 县的情况有所不同，从脱贫攻坚入户调查的情况来看，贫困户中外出务工人口小学学历比例较高，达到 93.6%。与 B 市相比，L 州外出务工人群的受教育水平更低。贫困务工人口中女性受教育水平显著低于男性。

两地在小学和初中学历层次均可以发现女性务工人数少于男性务工人数。造成这种情况的原因主要在作为劳动力供给的一方①。一方面是贫困地区普遍较为落后的教育状况造成女性受教育困难。无论是 S 省 B 市还是 L 州，由于诸多原因造成的教育资源短缺，以及资源短缺情况下农村家庭在就学问题上存在的性别偏向，是造成女童入学率低于男童的重要原因。另一方面则是农村家庭在劳动力方面的优先排序所致。劳动能力普遍较强的男性多外出打工，而女性则承担农业劳动和家庭义务。

关于这一点，可以从从事农业或者无劳动力的女性和男性规模与外出务工规模比较中看出。表 5.3 B 市 E 区的调查数据表明，男性留在农村的共计 98 人，女性共计 75 人，差距为 23 人；外出务工的男性和女性则分别达到 155 人和 68 人，差距为 87 人。通过区分学历层次可以看出，农村家庭性别倾向在外出务工这一选项中表现较为突出，而在农业劳动中则不明显。

表 5.3　B 市 E 区贫困务工人口受教育水平与务工情况比较　　单位：人

男性					
学历	省内务工	省外务工	县内务工	三项合计	农业劳动或无劳动力	合计
小学	38	7	13	58	65	123

---

① 从经济机会的角度看，低学历的劳动力意味着匹配的就业领域主要是对体力要求较为突出的行业。这类行业对学历无特殊要求，其存在的硬性体力要求对女性就业会形成实质性的障碍。这种市场结构会反过来对劳动供给一侧的家庭就业决策形成影响。关于这一问题，将在经济机会的分析中展开。

表5.3(续)

男性						
学历	省内务工	省外务工	县内务工	三项合计	农业劳动或无劳动力	合计
初中	62	19	5	86	27	113
高中	7	2	0	9	2	11
文盲	0	0	0	0	4	4
大专	2	0	0	2	0	2
合计	109	28	18	155	98	253

女性						
学历	省内务工	省外务工	县内务工	三项合计	农业劳动或无劳动力	合计
小学	18	3	3	24	49	73
初中	27	9	0	36	19	55
高中	2	2	0	4	0	4
文盲	0	0	0	0	4	4
大专	2	1	1	4	3	7
合计	49	15	4	68	75	143

5.2.3 女性外出务工群体面对更多的家庭性障碍因素

贫困地区农民工的外出务工，受经济资源的约束较多。从贫困和非贫困地区的比较来看，外出务工的主要目的地差异较大。根据对经济发展条件较好的 S 省其他农村地区的调查来看，例如 S 省东南部地区的 G 县，农民省外务工比例长期以来均超过省内务工，近年来受乡村振兴的带动，2019 年这种趋势才开始逆转。2019 年全年务工人员 42.8 万人，其中省内务工 22 万人，占比 51.4%（本地城镇就业占比 84%），省外务工 20.8 万人，占比 48.6%，半数以上在广东。而 B 市的外出务工群体则较为分散，主要集中在北京、江苏、浙江、广东和重庆等地，没有一个地方的务工人员规模占总外出务工人员规模的比例超过 20%。

从性别差异上看，女性务工人员倾向于在本地的城镇，特别是家乡所在地级市务工，在县区就近务工的情况较少。S 省 B 市 E 区的调查显示，男性农民工省内务工 968 人，占务工男性的比例为 38.5%；女性农民工省内务工 585 人，占务工女性的比例为 46.7%。S 省 L 州更为明显，除政府劳务输出、家庭共同外出外，调查中的女性外出务工均在本地发生。N 省 A 县的情况也是类似的。A 县外出务工人员在总体上表现为"非远即近"的两端趋向的同时，即省外务工占比达到 53.07%，县内务工占比达到 36.44%，女性外出务工人员在省外务工人群中占比仅为 21.17%，而在县内务工人群中占比达到 41.62%。

这些数据表明，在贫困地区农民家庭外出务工经济资源支持较少，农民外出务工的选择被限制的情况下，女性由于家庭内部的就业地位影响，所能够获得的经济资源的支持更少。因此，在农民家庭整体外出务工的情况下，女性农民工群体面对的家庭就业地位的影响会显著变小，由此更加有利于女性外出工作。

在调研中，劳务输出作为脱贫攻坚的重要举措，之所以能够顺利实施，一个重要的原因也在于政策的帮扶实际上起到了加大对农民工外出的经济资源支持的作用。而这些支持，原本应当由家庭自我负担。从这一角度看，提高公共政策属性的就业帮扶政策的效率，准确辨识经济资源的提供主体应当是一个重要的数据前提。

5.2.4 生育是女性农民工群体就业禀赋结构中需要重点关注的内容

对于农村家庭而言，生育与否是一个具有内在矛盾的现实难题。在传统认识的驱动下，"多生"是农村家庭较为普遍的选择。在 L 州的调查中，生育是家庭劳动决策必须考虑的重要因素。T 县的入户调查数据反映出民族地区有较高的生育率。调研村庄表现出的普遍性特征就是儿童较多。从 S 省 L 州 T 县的调查数据看（见表 5.4），在读学生占比最高的村庄，总人口 810 人，其中在读学生就有 478 人，占总人口比例为 59%。

表 5.4　S 省 L 州 T 县贫困村庄人口与在读学生情况

村庄	1	2	3	4	5	6	7	8
户数/户	216	243	243	136	172	183	251	254
总人口/人	869	876	810	585	898	830	2 015	1 073
在读学生/人	465	155	478	195	153	329	329	471
户均学生/人	2.15	0.64	1.97	1.43	0.89	1.80	1.31	1.85

从脱贫攻坚的实际情况看，"多生"是导致 L 州农村家庭贫困的重要原因。这一情况在前文对 L 州人口增长的描述中已经涉及。另外，"不生育"意味着缺乏发展能力，也会导致贫困。欠发达地区农村的作业条件，特别是西部多山地区，客观上限制了大规模农业作业，进而造成农业对劳动力的明显依赖。仅就农业而言，缺乏劳动力就没有办法做好，也就没有办法发展。在 S 省 B 市 P 县的调研中，我们发现，调研乡镇 347 户贫困户中，187 户为 1 人户或者无孩 2 人户、无孩 3 人户，3 孩及以上的家庭被确定为贫困户的较少，只有 9 户。N 省 A 县的乡镇调查反映的情况类似，贫困户中 1 人户占 9.03%、2 人户占 14.77%、3 人户占 17.44%、4 人户占 18.82%、5 人户占 16.16%、6 人户占 23.28%，1 人户、2 人户、3 人户和 4 人户合计占比达到 60.06%。"多生贫困"和"不生、少生贫困"同时存在。无孩户、少孩户就是贫困户，这种对应关系在现实中对农民生育决策有较大影响。

这种影响的实际反映，较为突出的就是 20~25 岁的农民工，尤其是女性，表现出群体性务工意愿低下。二孩政策实施后，生育决策有了更为自由的空间。在这种情况下，农民家庭的生育选择及其实施会对女性就业形成较大的冲击。

5.2.5　女性农民工群体外出务工的发展稳定性有待于进一步提高

从 S 省 L 州和 B 市的调研情况来看，外出务工表现出惯性发展特征。从 B 市 P 县的贫困家庭适龄女性 2017—2019 年外出务工情况看（见图 5.4），外出群体较为稳定，不外出群体也较为稳定，3 年间，P 县贫困人口实现了全体脱贫。但由外出务工转变为不外出的比例为 6.1%，由不外出转变为外出务工的比例为 7.8%。总体上变化不大。这说明贫困家庭女性外出存在的实质性障碍并未消除。有外出激励的家庭持续外出，而缺乏条件的家庭则较难获得足够的务工激励。针对贫困家庭采取的就业帮扶措施对一些特殊的地区（例如 L 州）和个体（例如残疾、长期慢性病人员）有效，但对贫困人群整体的效果还有待进一步观察。外出务工家庭的收入情况表现出四个特征。

第一，男性务工收入是家庭务工收入的主体（见图 5.6）。外出务工群体中的男性几乎涉及各个年龄段，而女性务工群体中，能够有明确数据统计的人群高度集中在 25~35 岁年龄段。

第二，工资性收入是家庭收入的主要部分。无论在 S 省还是 N 省的调研均是如此。N 省 A 县 U 镇的数据显示，U 镇贫困户人均纯收入 11 146.65 元，人均工资性收入 7 704.39 元，人均生产经营性收入 2 044 元，人均财产性收入及转移性收入 1 398 元。可以看出，工资性收入是贫困户收入的主要部分。

第三，不同地区的农民工收入差距较大，男性和女性的总体收入差距较大。从外出务工的月收入来看，S 省 L 州作为民族地区，外出务工收入较低，S 省 L 州 Z 县的数据显示（见图 5.7），务工收入在 3 001~4 000 元/月的女性占调查女性农民工群体的 78%，这一工资水平段上的女性农民工实际工资 90% 以上集中在 3 000~3 100 元/月；男性占 75%，其中 3 800~4 000 元/月的占 35%，3 000~3 100 元/月的占 55%。从工资的分布看，女性整体上要低于男性。从最高工资水平来看，男性最高工资 11 000 元/月（建筑工地架子工 1 人），女性最高工资 5 000 元/月（建筑工地 2 人），5 000 元以上无。从这一数据可以发现，S 省 L 州女性农民工群体在外地务工过程中所形成的良好劳动形象，是以较低的工资水平作为前提的。S 省 B 市的情况比 L 州要好，P 县的调查数据显示，在外务工每天工作时间 10 小时保底工资水平在 4 500~5 000 元/月，多则每月上万元，灵活务工能保持在 7 000 元/月；而在 B 市本地就业仅 3 000~3 500 元/月或以下，每天加班 4 小时足月的能达到 4 000 元/月以上；外出就业与本地就业薪资待遇差距较大，月均工资差距达 1 000 元以上[①]。两个地方女性农民工群体劳动务工收入之间的整体差距，以及不同性别之间的劳动务工收入差距，既是女性农民工群体进入市场之前禀赋结构的反映，也是这一群体进入市场之后人力资本积累水平的反映。

第四，务工收入的稳定性较差。S 省 L 州、B 市和 N 省 A 县的调研数据均反映，脱贫攻坚以来，农民人均纯收入增加较快。L 州 T 县的调研数据显示，2019 年比 2018 年农民人均纯收入增长了 17.3%，贫困户则增加了 42.6%；N 省 A 县农民人均纯收入增加了 15.1%。这是在政策支持下出现的收入快速增长局面。其中，S 省 T 县农民人均纯收入的增长中，63.37% 是工资性收入的贡献，N 省 A 县则是 57.5%。这种情况在 2020 年受到新型冠状病毒感染疫情（以下简称"新冠疫情"）的影响时，出现了

---

① S 省 B 市务工收入数据来源于相关乡镇对本地务工人口收入的调查报告和汇报材料。

较大的变化。2020年，S省T县农村居民人均纯收入增长仅为7.3%，N省A县则为6.6%。

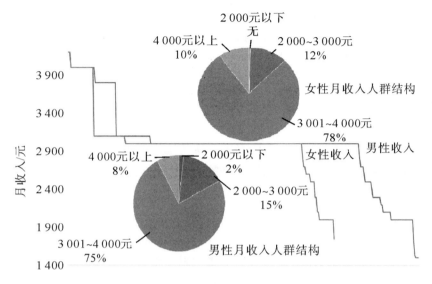

图5.7 S省L州Z县不同性别务工人员月收入结构

从群体层面上看，女性农民工群体的收入并不是家庭务工收入的主体。有务工的女性农民工的家庭一般负担较重，女性外出务工这一选择本身就反映了家庭在经济方面面临的压力；同时，女性劳动收入随着市场的变化也在变化，本地务工之所以能够被接受，根本原因还在于近年来外地务工收入下降，本地务工机会成本下降，使得本地务工的较低收入变得可以接受。这两个因素共同作用，使得女性劳动务工收入和家庭平均收入之间没有直接的支撑关系。

另外一个较为重要的现象是，在夫妻共同外出务工的情况下，女性依靠男性、以家庭的形式进行经济活动的情况比较多。对于这种情况的具体分析，将在人力资本的社会分析部分，结合具体的家庭分析展开。

5.3 劳动就业促进制度中女性农民工群体的禀赋预设

如前文所述，当前劳动就业促进制度是以劳动者的禀赋作为基本制度作用点，其目的在于促进劳动者的初始禀赋向市场化的人力资本转化。农民的初始禀赋是这一转化过程的作用对象。初始禀赋水平及其结构，以及劳动就业促进制度对这一初始禀赋的正确认识和反映水平，是决定转化过程进展状态的两个关键因素。通过对 S 省 L 州和 B 市、N 省 A 县女性农民工群体禀赋水平和禀赋结构的分析，我们已经获得了女性农民工群体初始禀赋的基本情况，并在比较这些地方的基础上形成了对初始禀赋正在发生的变化的分析和判断。本节需要进一步展开劳动就业促进制度分析，对当前劳动就业促进制度中的性别导向进行研究，以判断劳动就业促进制度对女性农民工群体初始禀赋的反映程度，并对劳动就业促进制度的性别导向进行判断。制度的禀赋预设的研究主要从传统制度体系的性别特征、农村劳动就业促进制度的制度目标和现有的介入手段三个方面展开，可以得到四个否定性判断。

5.3.1 农村既有劳动制度体系中性别差异并不重要

性别差异在农村生产劳动活动中之所以不重要，一方面在于农业的劳动密集型特征使得具有最低劳动能力的人口都能以一定的方式参与到生产活动中。农业的季节性特征使得农忙时单个男性劳动力未必能够按时完成目标任务，需要辅助性劳动力的及时介入和支持，而农闲时劳动力的相对闲置也较为突出。在 S 省 L 州、B 市和 N 省 A 县的调研均发现，农闲时农村家庭的成员外出打短工是较为普遍的现象。这种劳动需求状态使得一个家庭没有必要始终保持所有家庭成员处于劳动状态。家庭劳动力在面对劳动选择时存在先后排序是普遍性的状态。在传统的农村中，女性并不是不劳动，而是相对男性而言，居于辅助地位。因此，女性相对于男性较弱的体力，对于农业生产而言并不是一个不可弥补的劳动缺陷。男性为主、女性（或者说弱势人群）为辅、共同劳动是农村生产活动的基本劳动形态，也是农村社会对劳动的基本共识。

在这种情况下，一个完整的家庭内部，女性并不需要始终处于劳动状态中，其劳动技能的水平与其参加劳动活动的时长和机会是高度相关的。这种劳动结构下不同性别在农业劳动中存在的差异是可以接受的。基于这种劳动结构形成的传统农业劳动制度，包括生产资料的配置、劳动方式等，也没有必要过多地针对性别差异做出制度性回应，以抵消性别差异导致的劳动状态的差别。传统的农业社会中之所以存在性别歧视，从经济方面找原因，农业生产方式的差异是一个重要的原因。但不能把农业生产方式的差异作为农村性别歧视存在的根本原因。作为一个社会长期演进的客观结果，农村性别歧视有更为根本的社会传统和文化原因。这是在研究就业性别歧视中必须加以重视的重要内容。

5.3.2 农村性别歧视现象背后的制度性原因正在发生改变

农村性别歧视现象背后的制度性原因由内在的决定性向外部冲击转变。调研所得到的一个令人印象深刻的结论，就是尽管性别歧视现象一直存在，但性别歧视背后的原因已经发生了变化。如果说 S 省 L 州农村中存在的劳动性别歧视更多的是社会习俗和传统的结果，那么 S 省 B 市、N 省 A 县则更多地反映了劳动市场竞争的外部冲击。

当市场的发展带来了大量的城镇工作机会，在农村劳动力排序中居于优先地位的男性，在同样是劳动密集型产业的市场需求面前，获得了类似的优势进而实现城镇务工的同时，女性在农业中开始逐渐获得主导地位，就是自然而然的事情。但这种主导地位的获得并不意味着女性在家庭劳动决策中能够承担更为重要的角色。因为此时的家庭劳动决策依据，不再是农业劳动的需要，而是市场劳动需求。停留在农村或者处于半市场化状态的女性在市场劳动需求面前并不占优势。这种状态反过来决定了农村家庭的就业地位排序。

因此，在女性实际上扮演着重要劳动角色的农村现实状态中，性别平等作为制度要求，较难得到重视和落实。劳动义务的承担与经济权利的维护之间的匹配在实践中较难落实。农村中存在的性别歧视现象，其背后的原因，过去是农业劳动，现在则是市场化的就业需求。如果把农村作为一个整体，那么过去存在的性别歧视就是一种内在决定的结果，而在农村剩余劳动力大规模往城市迁徙的过程中，农村中存在的性别歧视则是一种外部冲击的结果。

5.3.3 性别导向不是聚焦禀赋水平的农村劳动就业促进制度的优先选项

客观而言，农村剩余劳动力与城镇劳动力之间存在的禀赋水平的整体性差异，是当前劳动就业促进制度关注的重点内容。依托市场的力量，推动农村劳动力向城镇转移，是当前劳动就业促进制度的基本思路。劳动就业促进制度本身的聚焦点在市场，即为市场作用的发挥排除障碍、创造条件。

在 S 省 L 州、B 市和 N 省 A 县的调研中，无论是聚焦脱贫攻坚的对口就业帮扶措施，还是围绕县域产业经济发展形成的就业培训，户籍是劳动人群识别的主要依据。脱贫攻坚入户调查形成的各类统计资料，有四个较为突出的统计特征。一是家庭是统计的基本单位。脱贫攻坚的统计数据，一般都能够较好地反映农村家庭的人口构成情况。二是学历，统计数据和统计分析报告一般都会反映政策作用人群的学历结构。三是务工目的地。务工目的地的统计分类一般包括了乡镇、省内县外、省外三类。四是人口的劳动特征，即是否适宜劳动。相对于前三个指标，这一指标有较强的主观性。在调查中，存在着本身属于"长期慢性病"或者"无劳动力"的人群，实际上长期外出务工的情况。这些统计特征所反映的，是农村劳动就业促进制度对劳动力的重视和实施倾斜性扶持的政策目标。

相关统计材料对性别也进行了统计，但性别指标出现得并不稳定。在当前的农村劳动就业制度中，在农民作为一个整体得到政策关注的前提下，对于特定人群的关注，更多地突出区域、民族、收入等统计特征，而对性别这一统计特征关注度不够。之所以如此，一是性别作为一个统计特征，如果加以运用，形成的政策会覆盖更多的人群。劳动就业促进制度还不具备覆盖这一人群规模的资源和能力。二是以性别作为主要统计特征得出的政策结论，与区域、民族、收入等主要统计特征得出的政策结论，区别度并不大。更为重要的原因，还在于性别歧视作为一种社会现象，在社会中的关注度，不如农村、贫困等高。农村干部、农民自身乃至于更高行政层级的管理人员，对于统计中针对性别进行统计体系的设置和统计数据的系统收集，并不持积极的态度。因此，在性别导向不是农村劳动就业促进制度的优先选项的情况下，女性农民工群体在农村生产传统和市场发展现实中实际存在的弱势地位，就缺乏政策的关注和实际支撑。女性成员在农村家庭中的就业地位的改变，女性在农村的就业传统中的转变，就是一个由社会变迁和市场扩张共同决定的自然过程。

5.3.4 农村剩余劳动力的性别禀赋结构差异在劳动帮扶政策中缺乏体现

这一特征，集中体现在女性农民工群体务工收入的统计和分析上。在脱贫攻坚过程中，尽管数据统计上关注了女性农民工群体的务工月收入，但务工收入最终计入女性农民工群体所在家庭，以家庭为单位进行总收入核算后再分配到人。由此得到的统计数据能够反映农村家庭的收入差异及其变化，但对于家庭成员之间的劳动关系，并没有统计意义上的具体体现。除非对特定的家庭进行具体的务工分析，否则较难发现家庭内部实际的劳动关系构成。因此，从女性农民工群体的禀赋结构上看，性别之间的禀赋差异化结构在劳动就业促进制度中缺乏针对性体现。

女性农民工群体务工的年龄特征，特别是20~30岁女性表现出的较弱就业意愿，在实际工作中被视为自然的选择，并不需要政策的介入加以应对；对于女性受教育程度较低的农村社会现实，以及在教育帮扶政策实施过程中表现出来的女童教育困难问题，尽管现象较为突出，但在政策中的针对性表述并不多，贯彻落实的具体措施也较少。在经济资源支持层面上，劳动就业促进制度对女性外出务工的支持，主要表现为职业技能培训和一定的外出务工经济支持，例如往返务工地的差旅费补助。

在S省B市的调查反映，对农村女性的劳动技能培训，更多地考虑女性的居家特征，以家庭手工技术为主要内容且女性为参训主体的内容较多。这类技能培训更多地考虑了农村女性的实际需要，受到农民的欢迎，政策效果不错。但针对外出务工的职业技能培训较少。在L州劳务脱贫过程中，政府采用政策性手段输出农民工到广东，进入工厂前的培训也仅限于务工基础知识，对于农民工在工作过程中的实际技能，则更多地依赖于劳动过程的强制性习得。更值得关注的是，这类培训本身也是基于劳动力整体的，对女性并没有特殊的关注和对待。从生育来看，无论是S省L州、B市还是N省A县，劳动就业促进制度对劳动过程中的生育活动均有具体的保护和支持措施。但对于女性因生育而进行的主动退出劳动选择和未来再次进入劳动市场的发展趋势，还缺乏系统性的支持。对劳动力的关注仅限于劳动过程，对女性劳动力的帮扶仅限于现行劳动力帮扶政策能够涉及的范围，这是当前劳动就业促进制度缺乏性别导向，对女性农民工群体禀赋结构体现不足的主要表现。

5.4 劳动就业促进制度反映女性农民工群体禀赋结构的真实性判断

由此观之，当前劳动就业促进制度对女性农民工群体禀赋结构的实际情况并未进行真实的反映。这种状况的必然性在于，女性农民工群体作为即将进入或者正处于市场化进程中的劳动人群的构成部分，推动这一人群加快市场化进程的力量必然能够推动女性农民工群体就业。由于劳动人口总量的长期充裕，单独对女性农民工群体进行就业识别和倾斜性扶持的制度激励不足。

5.4.1 禀赋研究提供的主要验证

女性农民工群体的市场化水平，即她们进入劳动市场的水平和可持续性，是劳动就业促进制度应当高度关注的核心内容。这是在第4章中提出的第一个基本假设。在本节，针对女性农民工群体的禀赋，在S省L州、B市和N省A县进行了实地调研，可以发现三个基本事实。

第一，市场化结果作为评价女性农民工群体就业的基本手段，已成为农村的共识。无论是农民自身、政府、企业还是社会，都习惯于将提高收入作为促进农民就业的基本出发点和最终落脚点。能够促进农民收入提高的就业政策就是符合当前需要的就业政策。这种完全结果导向式的思维和工作模式，是当前就业政策研究、实施和评价的主流。其背后的逻辑在于：在市场机制的作用下，结果的市场化必然且最终带来全过程的市场化；只要能够推动农民进城，就能最终形成农民通过参与市场化就业实现收入增长的良性机制。在这样的情况下，能够对进入市场起支撑作用的劳动禀赋，例如教育、经济资源和健康，就成为政策关注的重点，而生育以及劳动禀赋在不同性别之间的差异化分布结构，由于其从属性，就较难成为市场机制关注的内容。

第二，"即时性"而非"全过程"是当前政策推进女性农民工群体就业的基本价值取向。农民工来源地政府和社会在推进农民工进入劳动市场、参与市场化就业的过程中，倾向于采取岗位针对性极强的措施，强力"推"农民工进入市场，例如更加关注就业培训后的就业率、劳动收入水平等能够验证工作成效的时效性指标。而农民工进入市场之后如何适应市场、如何更好地发挥劳动要素的积极作用，在当前的政策中是较为缺乏的。政策对性别的关注源自政策对劳动需求的认识，这两者高度相关。性别并没有成为劳动要素市场化过程中的前置条件，得到系统性的体现和原则性实现。

第三，性别差异并不是推动女性农民工群体市场化就业的基本前提。女性农民工群体在自身禀赋条件下进入市场，是通过一次性的"拔高"式政策性帮扶，还是通过全过程的"支撑"式制度性关注，来获得能够充分体现其劳动价值的市场定价，这是禀赋研究关注的核心问题。从调研的情况看，无论是 S 省 L 州、B 市还是 N 省 A 县，所采取的部分措施是一次性的，由此所形成的女性农民工群体就业态势，尽管已表现出快速发展的态势，但就业的不稳定性、劳动收入较低等依然是主要的特征。这些现象的存在已较为充分地说明，劳动结果的市场化并不必然会带来劳动过程的市场化和劳动要素的市场化定价。在女性农民工群体劳动就业活动的市场化定价中，还缺乏性别这一基本定价决策依据。

5.4.2 禀赋模块指标设计及数据来源

在女性农民工群体就业适应度的理论研究部分提出，"禀赋"模块包含"生育"（d_1）、"经济资源支持"（d_2）、"教育"（d_3）和"健康"（d_4）四个一级指标，主要从女性农民工群体劳动就业的四个基本影响因素角度，对群体禀赋特征进行评价。从本章的实证分析上看，以上四个一级指标体现了女性农民工群体在禀赋模块影响其就业选择的基本因素。在各个二级指标方面，根据本章的研究，提出其指标的数据来源及得分档级、对应关系及计算公式（见表 5.5）。

表 5.5　女性农民工群体就业适应度禀赋（D_a）模块指标数据来源及得分档级

一级指标	二级指标	得分档级					指标说明	指标数据来源
		一档	二档	三档	四档	五档		
生育（d_1）	平均生育率（d_{11}/M_{11}）	1	2	3	4	5	目标女性农民工群体生育数量的平均值。生育数越少，表明在同一年龄段上就业可能性越高，档级就越高。从一档到五档分别对应四孩、三孩、二孩、一孩、未生育即 0。按目标人群平均生育数量对应各档级计算得分	根据对目标群体的调查获得数据
	生育率结构差异（d_{12}/M_{12}）	−5	−2.5	0	2.5	5	目标女性农民工群体生育率与来源地生育率差值。目标群体生育率与所在地生育率的负差异越小，群体的生育压力越低，就业可能性越高，档级就越高。从一档到五档分别对应差异为"10%~30%、0~10%、−10%~0、−10%~−30%"（差异档级的设定根据目标群体调查结果，结合对应指标的重要程度决定，指标在设计中越重要，波动幅度越小）。按目标人群的结构差异占比最多的档级作为目标人群的得分	结合政府统计数据和目标群体调查数据
	类别否定项：四孩及以上（C_{11}）	−10	−10	−10	−10	−10	过高生育水平导致女性农民工群体在可预计的生育和养育期内失去参加就业的可能性。生育率结构差异超过−30%即使用类别否定项	结合政府统计数据和目标群体调查数据

表5.5(续)

一级指标	二级指标	得分档级					指标说明	指标数据来源
		一档	二档	三档	四档	五档		
经济资源支持 (d_2)	就业平均资源支持 (d_{21}/M_{13})	1	2	3	4	5	目标女性农民工群体参加就业的年均政府帮扶资源支持。资源支持越高,档级越高。从一档到五档分别对应群体的平均资源支持水平为政府就业帮扶数据平均水平"无、500元/人以下、500~1 000元/人、1 001~1 500元/人、1 500元/人以上",按目标人群的受政府帮扶水平占比最多的档级作为目标人群的得分	结合政府统计数据和目标群体调查数据
	就业资源支持结构差异 (d_{22}/M_{14})	-5	-2.5	0	2.5	5	目标女性农民工群体的年均政府帮扶资源支持与同来源地男性农民工群体的年均政府帮扶资源支持差异。目标群体获得的支持越多,正差异越大,档级越高。从一档到五档分别对应的差异为"-100%~-50%、-50%~0、0、0~50%和50%~100%"(差异档级的设定根据目标群体调查结果,结合对应指标的重要程度决定,指标在设计中越重要,波动幅度越小),按目标人群的政府帮扶差异占比最多的档级作为目标人群的得分	以政府对目标群体的帮扶为依据,结合对目标女性、男性农民工群体规模总量的调查得到
	类别否定项:无支持 (C_{12})	-10	-10	-10	-10	-10	群体性无政府帮扶或就业资源支持结构差异超过-100%支持意味着政策对性别不敏感,使用类别否决项	根据对目标群体的调查获得数据
教育 (d_3)	平均受教育年限 (d_{31}/M_{15})	1	2	3	4	5	目标女性农民工群体平均受教育年限。受教育等级越高,档级越高。从一档到五档分别对应"0~6年(小学)、7~9年(初中)、10~12年(高中)、10~12年(职业学校)、12年以上(大专及以上)"。按目标人群的受教育年限占比最多的档级作为目标人群的得分	根据对目标群体的调查获得数据
	受教育年限的结构差异 (d_{32}/M_{16})	-5	-2.5	0	2.5	5	目标女性农民工群体平均受教育年限与来源地(或就业地)的差异。目标群体受教育年限越高,正差异越大,档级越高。从一档到五档分别对应差异为"-30%~-10%、-10%~0、0、0~10%和10%~30%"(差异档级的设定根据目标群体调查结果,结合对应指标的重要程度决定,指标在设计中越重要,波动幅度越小)。按目标人群的受教育结构差异占比最多的档级作为目标人群的得分	政府统计数据
	类别否定项:文盲 (C_{13})	-10	-10	-10	-10	-10	受教育年限的结构差异超过-30%,直接影响就业能力即使用类别否定项	根据对目标群体的调查获得数据

表5.5(续)

一级指标	二级指标	得分档级					指标说明	指标数据来源
		一档	二档	三档	四档	五档		
健康（d_4）	健康水平自我评价（d_{41}/M_{17}）	1	2	3	4	5	目标女性农民工群体的健康水平自我评价。评价越高，档级越高。从一档到五档分别对应"差、较差、一般、较好、好"。按目标人群选择档级占比最多的档级作为目标人群的得分	根据对目标群体的调查获得数据
	健康水平自我评价的结构差异（d_{42}/M_{18}）	-5	-2.5	0	2.5	5	目标女性农民工群体的健康水平与同来源地男性农民工群体的差异。目标群体健康自评水平越高，正差异越大，档级越高。从一档到五档分别对应为"-100%～-50%、-50%～0、0、0～50%和50%～100%"（差异档级的设定根据目标群体调查结果，结合对应指标的重要程度决定，指标在设计中越重要，波动幅度越小），按目标人群的健康水平差异占比最多的档级作为目标人群的得分	根据对同意来源地不同性别农民工群体的调查数据比较获得
	类别否定项：结构差异过大（C_{14}）	-10	-10	-10	-10	-10	健康水平自我评价的结构差异超过-100%，违背了就业获得发展的基本目标设定，即使用类别否定项	根据对目标群体的调查获得数据

除类别否定项外，其他评估项各档级间得分计算公式如下：

$$实际得分 = 下一档级分值 + \frac{实际差值-下一档级差值}{上一档级差值-下一档级差值} \times$$

$$(上一档级分值-下一档级分值)$$

5.4.3 禀赋假设的实证表现

市场是女性农民工群体外出务工的决定性因素，针对包括女性农民工群体在内的特殊人群实施的特殊就业帮扶政策还缺乏足够的制度环境支撑。市场化所形成的农村劳动力向城镇转移的自然过程带动了农村女性进入市场就业。不同的性别和人群之间，在这一过程中存在的差异，仅仅是市场化早晚和程度的不同。完成市场化以及在市场化过程中劳动力最终获得其明确的、可接受的定价，作为劳动的结果，并不会有太大的差异。对于女性农民工群体外出务工的研究，就是要判断作为传统农村劳动群体中的具有弱势特征的人群，在这一过程中是否需要劳动就业促进制度的倾斜性支持，以及在实践中是否真实得到了劳动就业促进制度的帮扶。

从前文对女性农民工群体禀赋结构以及对劳动就业促进制度的研究上

看，如果不考虑女性农民工群体在就业过程中的人力资本积累，其包括年龄、教育、经济资源等在内的初始禀赋离市场化的要求还有一定的距离。如果没有相应的就业帮扶政策来支持，外出务工作为市场化的一个重要的路径，其可实现的过程是较为缓慢的。因此，大量农村剩余劳动力的存在，使得针对这一对象的劳动就业促进制度的设计和实施成为必然。但这种必然性，并没有现实地延伸至更为细化的弱势群体分类上。之所以没有，一方面在于劳动就业促进制度本身没有必要这样做。将农村剩余劳动力作为一个整体，以参加市场化活动与否作为识别点，从政策实施上看，无疑具有较高的便利性和合理性。另一方面，这一制度设计也与农村劳动力使用的实际排序符合，从而隐性地将劳动力是否参加市场化进程的选择权留给了农村家庭。必须看到，针对不同性别制定的劳动就业促进制度措施，就是影响家庭内部劳动分工决策的外部制度。换言之，这一制度本身对家庭决策是有替代性的。如果外部的制度只能替代家庭决策，但不能提供家庭决策改变后相应的资源配置结构调整，那么这种介入就是不合理的。因此，在城镇并未成为我国劳动力主要承载平台、集中性的公共服务提供机制成熟之前，对劳动就业促进制度的总体框架进行根本性的改变，例如在当前的政策基础上，突出女性农民工群体，对其进行政策性帮扶，一方面必须仔细分析这种改变对农村家庭这一社会基本组成单元的长期持久影响；另一方面，必须对这一类劳动就业促进制度的配合性资源投入进行分析，以提供制度实施的有效性。

劳动就业促进制度设计和执行存在内在的结构性需求矛盾，女性农民工群体的禀赋结构难以在制度及其执行中得到充分体现和保障。聚焦于禀赋水平的劳动就业促进制度本质上是市场需求在供给一方的制度性延伸，这是一个方面的需求。作为劳动就业促进制度，本身需要对制度的影响人群，即劳动者本身的需求进行合理的体现，这是另一个方面的需求。但这两个需求之间存在的内在矛盾与冲突也是较为明显的。一方面是市场竞争机制下的优胜劣汰和"赢者通吃"，另一方面是劳动者基于自身发展所提出的经济利益要求。当前的劳动就业促进制度，其基本价值选择是优先反映市场劳动需求，对劳动者需求的体现是以市场劳动需求实现作为前提的。在这样的情况下，劳动就业促进制度倾向于在市场环境中实现劳动者需求。对于劳动市场中存在的市场失灵现象的解决和应对，也以不影响劳动市场运行作为前提条件。这是我国经济发展过程的客观需求。在这种客观现实条件下，不成熟的劳动者在市场中面对竞争所反映出来的种种不适应，更多地被视为劳动者应当承担的就业成本，处于劳动过程之外的一切劳动相关成本的支出也毫无例外地被视为劳动者应当自我承担的部分。劳动市场中存在的包括性别歧视在内的就业歧视现象，其根源也在于此。

农村劳动就业促进制度是目前劳动就业促进制度的重要构成部分，其针对的群体所面对的劳动市场竞争的不平等程度是较高的。劳动就业促进制度在实现满足市场劳动需求的同时，必须针对这一特殊的群体进行制度性矫正。由此就构成了农村劳动就业促进制度的另外一个重要的规制领域。农村剩余劳动人口能够参与城镇劳动过程、能够因为参与获得经济收益，就成为规制的主要内容。近年来，随着原来流动的农村剩余劳动人口逐渐稳定、向停驻的城镇人口转变，针对劳动者的公共服务供给力度也随之增加。但总体看，劳动就业促进制度推动农村剩余劳动人口尽可能多、尽可能快地进入劳动市场的制度目标没有大的调整。在 L 州和 B 市调查中发现的女性农民工特殊的禀赋结构，是农村剩余劳动人口的内部结构差异，这种差异的存在并不在实质性的意义上影响工业化的进程，因此在制度层面上和劳动市场具体运行中，均得不到充分的体现。劳动就业促进制度内部存在的两类需求的结构性矛盾，在短期内缺乏得到协调和处置的社会经济基础条件。

劳动就业促进制度存在的滞后性是女性农民工群体的特殊禀赋结构较难在制度中得到合理体现的另外一个重要原因。劳动就业促进制度主要依据当前的劳动力供给状态对劳动市场进行规制，是我国工业化进程所形成的劳动需求的制度性反映。在我国的工业化进程进入后期阶段后，尽管劳动就业促进制度保持稳定依然有其必要性和必然性，但长期以劳动市场的统一性替代劳动者的差异性，进而以维护统一劳动市场的竞争性供求匹配替代维持区域化、个体化、多样化的劳动供求相互适应机制，所形成的制度性负效应也较为突出。在当前的劳动就业促进制度影响下，劳动力作为一个整体的充裕供给无疑是较为重要的，但劳动力作为一个个独立的个体的发展的重要性是从属于前者的目标。同时，相对于当前劳动供求双方的发展态势而言，制度的相对滞后特征也已经较为明显。劳动就业促进制度变革的环境性因素正在以加速的态势显现。例如，服务经济发展对女性劳动力的需求加大；产业科技水平提高使得对劳动者技能的要求大大提高，对体力的要求下降；等等。在现行的劳动就业促进制度及其实施中，如果依然不能恰当反映劳动者的禀赋差异，不能维持自然存在的劳动供求相互适应机制，其对经济增长过程的支撑性作用减弱是可以预见的必然情况。

5.4.4　聚焦禀赋结构的劳动就业促进制度的适应性调整

鉴于以上三点分析，基于禀赋水平的劳动就业促进制度要对女性农民工群体就业起到更为积极的作用，必须进行相应的制度优化和适应性调整。在现实的劳动市场竞争过程中，不能期望简单的性别平等制度要求能够对女性农民工群体的就业状态产生实质性的影响。制度调整的主要目标，就是在当前劳动就业促进制度的主要框架中，针对女性农民工群体的禀赋结构特征，合理确定能够对女性农民工群体就业获得有实质性作用的中间目标。这主要包括四个方面。

一是在制度价值层面上，应该更加主动关注目标人群内部的禀赋结构平衡性。劳动市场的进入平等或者机会平等，是以劳动者的禀赋水平大体相当作为前提的。因此，促进女性农民工群体就业，就需要针对禀赋水平设计的劳动就业促进制度，在实施中更加关注农村剩余劳动人口内部的禀赋结构平衡。既在制度中对这一价值原则进行倡明，也在制度实施中贯彻平衡原则。平衡的政策措施，在实际的执行过程中必然是有利于弱势的劳动群体的。不宜在政策措施中过于突出能力标准，而是积极推动农村剩余劳动人口通过多样化的经济参与方式进入劳动市场中。同时，强调平衡，并不是说劳动就业促进制度只在特定劳动者群体面对不平衡状态时才被动介入，而是要通过制度和政策的综合作用，形成平衡的劳动供给局面。主动的制度规制，是平衡策略的重要特征。女性农民工群体的禀赋结构差异，只有在主动的平衡性制度规制中，才能得到更为充分的体现。

二是在制度内容层面上，强化对劳动市场发展长期态势的研究并据此适当加大劳动就业促进制度内容的前瞻性。这一前瞻性主要包括三个方面的内容。首先，调整劳动就业政策的相关内容，及时反映二孩政策可能带来的生育状态的改变趋势。应对二孩政策改变后十年的生育意愿和实际生育行为的变化态势进行深入分析，把握生育行为增加的变化趋势，并在劳动就业促进制度中更加明确地呈现制度对生育行为的支持态度。这是从禀赋结构角度看，劳动就业促进制度针对农村女性务工群体应当做出的首要的制度响应。其次，针对女性农民工群体普遍性的小学学历状况，应进一步加大对欠发达农村地区初中教育的投入和支持力度，坚定不移地推动义务教育全覆盖。更高的受教育水平是女性农民工群体能够更好地参与经济活动的前提条件。在这方面,应着重支持女童教育投入,鼓励和支持社会资金进入欠发达农村地区开展教育活动。在脱贫攻坚的重点区域,过去几年的投入已经取得了显著的效果。只要这种状态能够持续维持下去,并采取措施,进一步将有限的政策性投入效应放大,进一步聚焦欠发达农村地区的女童等弱势人群的教育工作,教育对女性发展的支持力度必然会越来越大。最后,持续有序增加劳动就业促进制度的性别适应性内容。应认识到,聚焦禀赋水平的劳动就业促进制度的最终目标,是劳动者在劳动过程中完成自我实现和全面发展。因此,劳动就业促进制度本身的最终形态,是基于不同劳动群体而形成的不同规制内容的集合。性别作为劳动者的基本特征,是劳动就业促进制度应当关注的重点内容。尽管在当前的制度框架中体现得还不充分,但并不意味着不需要体现。应当根据劳动市场的发展,适时推动性别导向的政策措施更有机和显性地融合于劳动就业促进制度中。

三是在制度规范的对象层面上,制度应当更为精准地聚焦到农村家庭这一基本单位。家庭是农村生产生活的基本单元,是农村劳动关系的基本组合形式,也是农村社会文化的基本构成要素。推动女性农民工群体外出务工就业,不可能脱离家庭来思考相关问题。女性群体是家庭义务的主要承担者,其个人价值的实现与家庭的延续、发展有密不可分的联系。同时,家庭还是女性农民工群体实现外出务工的重要形式。因此,在劳动就业促进制度中,将农村家庭作为政策作用的基本对象,对女性农民工群体而言具有现实的意义和价值。需要引起重视的是,在家庭作为政策主要作用对象的视角下,劳动就业促进制度应当以促进家庭存续和发展为目标,应当尽量减少并采取措施抵消劳动就业带来的家庭不稳定以至于破裂所造成的潜在和现实负面影响。这是劳动就业促进制度应当秉承的基本制度价值取向。

四是从劳动市场的层面上看,劳动就业促进制度应当对以城市为基本单位的区域化劳动市场的建设给予特殊的关注。随着劳动力流动方向、方式出现大规模调整态势的持续演进,在劳动就业促进制度设计中应当构建和完善全国区域劳动市场,形成更为合理的劳动生产体系,为劳动要素进入市场创造更具公平性的市场环境。这一制度建设的重要性,在要素市场化改革深入发展的趋势中表现得尤为突出。由于激烈的竞争和一致性的劳动标准要求，统一的劳动市场在现实条件下对弱势劳动群体不太友好，这是在市场化改革进程中需要高度关注的问题。从长期看，以地级市作为基本聚点，大力推动区域劳动市场的建设，是应对劳动要素内部的长期结构性变化、提高弱势人群劳动生产效率的重要举措。

5.5　本章小结

本章从禀赋水平和禀赋结构的角度，对女性农民工群体的就业适应度进行研究。首先在劳动就业促进制度体系分析的基础上，对研究的样本特征进行了描述。在此基础上，利用S省L州、B市和N省A县脱贫攻坚等相关数据和材料，对女性农民工群体的禀赋结构进行了分析，展示了女性农民工群体的禀赋结构特征，并与农村劳动就业促进制度中对女性禀赋结构的体现进行了对比，得出政策结论。本章的主要观点如下。

第一，当前城镇化速度放慢，农民工流动方向多元化，农村剩余劳动人口内部出现明显的结构性流动差异；家庭迁移正在成为农村剩余劳动人口流动的普遍现象；性别作为农民工群体的总体特征，表现出较为鲜明和稳定的特征。

第二，可能存在三个原因导致男性农民工，尤其是外出就业的男性农民工劳动参与率显著高于女性。一是劳动市场本身存在不同的性别需求以及由此形成的性别歧视泛化的影响。二是农村的女性劳动力并没有被统计到就业人口中，只是作为潜在的劳动力存在。换言之，这部分劳动力的市场化定价过程并没有展开。三是劳动者本身的就业收益成本分析，导致外出务工者必须降低择业和生活成本，这一成本约束最终会逆向影响家庭的劳动决策，使得女性退出劳动市场。

第三，按照就业适应度分析框架的维度构成，研究从就业场景转换入手，从村庄、企业和家庭三个维度来确定女性农民工群体这一研究对象的三种不同的群体表现形态，形成对女性农民工群体就业过程的理论模拟。其中，以村庄为主要特征的人群研究，关注点在人群的禀赋结构和区域特征上；以企业为主要特征的人群研究，关注点在就业机会的把握过程中人群的自我适应性调整；以家庭为主要特征的人群研究，关注点在家庭对劳动者个体的就业能力约束及其在就业过程中的变化。由于场景的常在性，实践中劳动就业促进制度的实施重点和落脚点落在就业的场景转换上。

第四，劳动市场的完全性决定劳动就业促进制度的规范度。劳动法律制度，主要包括法律、行政法规、规章和政策四个层次。这四个层次的劳动法律制度，共同构成了以劳动关系为特征的劳动就业促进制度。我国的劳动就业促进制度有着较为明显的阶段性，主要表现出坚持市场化导向、默认区域化差异前提、突出人群差序性扶持、重点维护劳动关系四个特征。

第五，性别平等是劳动就业促进制度的原则性设定。性别平等在劳动就业促进制度中的存在形式，是对因女性特定的禀赋差异而出现的劳动歧视的逆向界定。

第六，劳动者禀赋是劳动就业促进制度的聚焦点。劳动就业促进制度对性别平等的落实程度取决于性别的市场化水平。从目前的情况看，我国法律层面上就业性别平等的表述总体上是静态的。从禀赋差异出发形成的性别平等落实举措，其主要的思路是通过促进需求来拉动劳动供给的满足。

第七，调研发现，女性农民工群体总体规模显著小于男性农民工。禀赋水平和禀赋结构方面，女性农民工年龄是影响健康状况的主要因素；女性外出务工群体受教育水平较低；女性外出务工群体面对更多的家庭性障碍因素；生育是女性农民工群体就业禀赋结构中需要重点关注的内容；女性农民工群体外出务工的发展稳定性有待于进一步提高。

第八，在农村劳动就业促进制度中，研究发现，在农村的既有劳动制度体系和现有的农业方式中，性别差异并不重要；农村性别歧视现象背后的制度性原因正在由内在的决定性向外部冲击转变；性别导向并不是聚焦禀赋水平的农村劳动就业促进制度的优先选项；农村剩余劳动力不同性别之间的禀赋结构差异，在当前的劳动就业介入手段中并没有体现。

第九，当前劳动就业促进制度对女性农民工群体禀赋结构的实际情况并未进行真实的反映。市场是女性农民工群体外出务工的决定性因素，针对包括女性农民工群体在内的特殊人群实施的特殊就业帮扶政策还缺乏足够的制度环境支撑；劳动就业促进制度设计和执行存在内在的结构性需求矛盾，女性农民工群体的禀赋结构较难在制度及其执行中得到充分体现和保障；劳动就业促进制度存在的滞后性是女性农民工群体的禀赋结构较难在制度中得到合理体现的另外一个重要原因。

第十，针对第4章的理论假设一，即女性农民工群体劳动就业的市场化定价机制，本章在实证分析的基础上提出：①市场化结果作为评价女性农民工群体就业的基本手段，已成为农村的共识；②"即时性"而非"全过程"是当前政策推进女性农民工群体就业的基本价值取向；③性别差异并不是推动女性农民工群体市场化就业的基本前提。

第十一，基于禀赋水平的劳动就业促进制度要对女性农民工群体就业起到更为积极的作用，必须进行相应的制度优化和适应性调整。在制度价值层面上，应该更加主动关注目标人群内部的禀赋结构平衡性；在制度内容层面上，强化对劳动市场发展长期态势的研究并据此适当加大劳动就业促进制度内容的前瞻性；在制度规范的对象层面上，制度应当更为精准地聚焦到农村家庭这一基本单位；在劳动市场的层面上，劳动就业促进制度应当对以城市为基本单位的区域化劳动市场的建设给予特殊的关注。

6 女性农民工群体的经济机会及制度支撑

本章围绕女性农民工群体进入市场后所面对的经济机会展开，研究由企业提供就业岗位的需求决策机制和其背后的竞争性排序依据，以及企业决策的性别敏感度。在此基础上，分析政府劳动就业促进制度对企业劳动需求决策的激励和约束，并从劳动需求一侧对女性农民工群体就业适应度进行性别诊断和分析。本章的研究将对第二个研究假设即"禀赋性别差异及基于企业竞争性排序的制度敏感性"做出回应，由此展开的女性农民工群体经济机会的分析将构成企业竞争性排序研究的主要内容，在此基础上形成对女性农民工群体就业适应度评价指标体系禀赋模块指标体系的合理性判断。

6.1 调查的基本情况

本章对经济机会的分析，是基于观察、问卷、座谈、资料分析得到的基本数据，围绕经济机会的研究假设，即"禀赋性别差异及基于企业竞争性排序的制度敏感性"展开的。本章研究主要围绕以下三个问题展开：第一，女性农民工群体在劳动市场中面对的经济机会；第二，女性农民工群体在企业竞争性排序中所处的地位；第三，企业、农民工自身和政府等对女性农民工群体面对的经济机会的认识。

课题组于 2017 年、2018 年和 2021 年分别在 S 省 Q、J 和 G 产业园区和中部地区 Z 省 U 省级产业园区四个园区管委会开展了调研，了解园区就业状况。下面的研讨涉及的就业相关数据和情况，如未作特殊的说明，均来自调查分析。其中，Q 园区参与座谈企业 3 次 11 户、G 园区 2 次 9 户、J 园区 3 次 13 户、U 园区 2 次 7 户，合计 40 户；走访调查农民工 Q 园区

323 人、G 园区 417 人、J 园区 278 人、U 园区 317 人，合计 1 335 人；Q 园区参与座谈政府工作人员 3 次 7 人次、G 园区 2 次 5 人次、J 园区 3 次 4 人次、U 园区 2 次 6 人次。发放企业调查问卷 190 份，发放农民工调查问卷1 500份，回收有效企业调查问卷 183 份，回收有效农民工调查问卷1 434份①。调查反映出的一些数据特征，就成为下一步深入研究的基本线索。

6.1.1　企业基本情况

根据本书研究的需要，在调查中特别突出了企业群体的对应特征（见图 6.1）。

首先，制造业企业占比过半。之所以如此选择，在于制造类企业对劳动用工的需求较为全面，对劳动者素质要求相对更高，对劳动供给的变化较为敏感，应对的刚性约束较多，因此也更能反映出企业在劳动雇佣方面的主动思考和策略部署。

其次，企业存续的时间大多数在 3~10 年。选择这些企业进行调查的基本考虑，在于 3 年以下的企业由于大多数经营尚未稳定，也缺乏较为长远和稳定的劳动需求。如果将研究对象聚焦在这些企业上，显然无法反映出企业作为劳动用工决策主体的决策依据和选择逻辑。而存续时间在 3~10 年的企业，由于业务已基本稳定，企业劳动用工制度也相对稳定，可观察性较强，由此形成的结论也更有稳定性。

最后，中小企业是研究主体。除 G 园区和 U 园区 2 家企业用工规模较大之外，所有参加调查的企业的平均用工量均在 1 000 人/户左右。中小企业多是课题组在四个园区调查遇到的普遍情况。此外，从宏观数据上看，中小企业也是吸纳就业的主体。对中小企业开展研究，既符合调查的客观实际，也符合政策研究的需要。

---

① 需要说明的是，为增加针对性，在调研过程中，课题组有意识地增加对女性农民工群体的调查量，在四个园区的调查中，共收回女性农民工调查问卷 983 份，占回收问卷总数的 68.55%。这一比例反映的是研究的需要，与实际女性农民工群体在农民工群体中的占比并不一致。

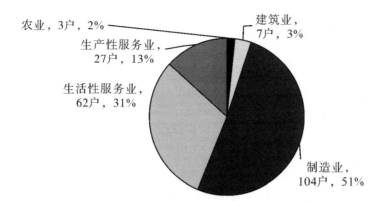

（1）行业构成

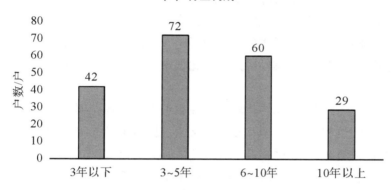

（2）按经营时长区分的企业户数

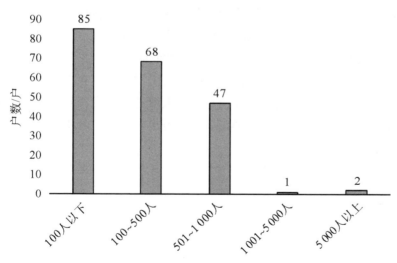

（3）按用工量区分的企业户数

图 6.1　调查企业基本情况

6.1.2　农民工基本情况

除女性农民工在调查中占多数这一特征之外，参加调查的农民工还具有三个特征（见图 6.2）。

第一，注重对中青年农民工的调查。参与调查的农民工中，40 岁以下的占比达到 73%，30 岁以下的占比为 46%。按照《2020 年农民工监测调查报告》，全国农民工平均年龄 41.4 岁，其中 16~20 岁的占 1.6%，21~30 岁的占 21.1%，31~40 岁的占 26.7%，41~50 岁的占 24.2%，50 岁以上的占 26.4%。由此合计 40 岁以下的占比为 49.4%，30 岁以下的占比为 22.7%。由此可见，本书研究覆盖的调查人群显著年轻。之所以做这样的选择，在于调查反映了就业收入、生育成本等重大就业影响因素对农民工进城务工的影响。一个基本的认识前提是，年龄偏大的农民工在劳动就业动机上更有个体性、特殊性因素，因此很难在研究中表现出较为一致的群体性特征。

第二，初中以下学历占比较大。在被调查的农民工群体中，初中及以下学历的占比达到 78%，其中小学和文盲占比为 41%。与《2020 年农民工监测调查报告》的数据对比，未上过学的占 1%，小学文化程度的占 14.7%，初中文化程度的占 55.4%，高中文化程度的占 16.7%，大专及以上的占 12.2%，由此合计初中及以下的占 71.1%。本调查覆盖的对应人群占比相对较高。这与调查所涉及的产业园区中制造业占比较高，流水线作业劳动用工需求较大相关。同时，调查突出这一部分人群，也在于这一部分群体存在通过政策介入来提升进城务工就业能力的必要性和可能性。

第三，突出有子女人群。被调查的农民工群体中，有 1 个及以上子女的人群占比达到 66%。之所以突出这部分人群，在于生育对女性农民工群体就业决策的重要影响。特别是在三孩政策出台之后，分析这一影响有着显著的重要性。

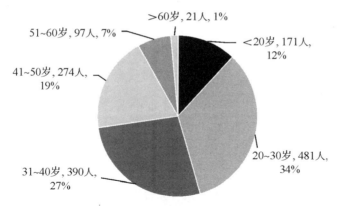

（1）年龄构成

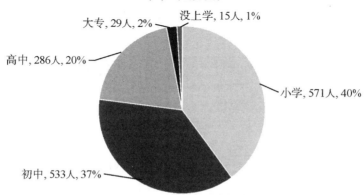

（2）学历构成

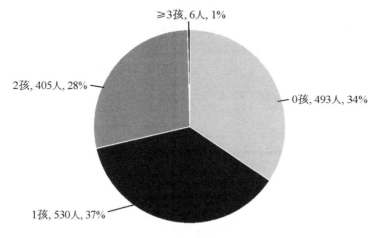

（3）子女数量构成

图6.2　调查农民工基本情况

6.2 劳动市场就业机会分析

对于企业竞争性排序的研究，由企业的劳动需求研究切入。本章研究的数据来源，主要包括企业调查数据、劳动市场分析和政府的劳动供求统计分析报告。数据来源的多元化是由劳动需求满足存在多元化实现渠道的客观实际所决定的。S省Q、J和G产业园区和中部地区Z省U省级产业园区中，Q和G园区位于S省C市，Z省U园区也在省会城市F市。C市和F市作为省会城市，在长期的发展中表现出较强的人口集聚效应，人口城镇化速度较快，劳动市场的可观察性较强，可以在一个时间段内连续观察和获得就业数据。J园区位于Y市，经济规模、人口规模和城镇规模均小于C市和F市，劳动市场的可观察性较差，对于J园区经济机会的分析，主要是基于三次实地调研所获得的数据展开的[①]。从调研和其他数据分析的情况看，产业园区的发展为女性农民工群体提供的经济机会，具有三个普遍性的特征。

6.2.1 私营企业是承载女性农民工群体就业的主体

从就业的现状来看，私营企业[②]是女性农民工群体就业的主要企业组织形式。从Q园区所在的C市Q区的情况看，农民工是劳动群体的主体。根据课题组在2017年和2021年开展的调查所得到的数据，Q区有企业3 189户，其中在Q园区的有431户，占13.5%，Q区就业人员超过20万人，其中Q园区接近3万人。在Q区就业的农民工超过6万人，其中Q园区超过1万人。也就是说，Q园区有超过三分之一的务工人员是农民工。

---

① 由于三个产业园区都位于S省，使得劳动市场的相关研究具有较为突出的区域特征。这是调研的客观条件限制造成的研究约束。一个较为明显的结果是，在禀赋分析部分涉及的跨省外出务工群体，在本章的针对性调研中实际上较难涉及。在本书的研究中，采用了以下措施来解决这一问题：在经济机会分析中，首先基于调研对省内务工群体进行研究，在此基础上，根据就业市场的数据分析，展开对外出务工群体的研究。同时在调查中，注重在农民工输出地获得外出务工未回的农民工基本情况。

② 本章指的私营企业，主要包括统计意义上的"私营企业"和"其他有限责任公司"两个类别。之所以进行这样的界定，在于这两个类型的企业组织形式吸纳的就业最多。无论是调查反映的结果还是统计分析显示的情况，均是如此。同时，在其他有限责任公司中，大多数也是私营企业。

农民工中有 38% 是女性，接近四成。从企业性质上看，私人企业是创造就业岗位的主要企业组织形式，就业人群占比为 73.09%，超过七成。根据企业性质和职工人数进行计算，Q 园区中的私营企业 363 户，职工 21 164人，平均职工数量为 58 人/户，女职工 9 997 人，平均女职工 27 人/户，其中，农民工 11 035 人，平均雇佣农民工 30 人/户，女性农民工 4 219 人，平均雇佣女性农民工 11 人/户。对比来看，Q 园区中的其他类型企业，例如 2 家国有控股企业和 9 家股份有限责任公司，户均职工分别为 151 人/户和 73 人/户。尽管从单个企业看就业岗位规模较大，但由于企业数量较少，在 Q 园区的就业总量中占比较小。结合户均数据和总量数据可以发现，私营企业雇工较多是一个较为显著的事实。即使通过企业数量总量平均后依然如此。这种状况是一个较为普遍的现象。类似的情况，在 G 园区、J 园区和 U 园区也普遍存在。

性别差异在农民工群体内部表现得较为突出。相对于整体数据，尽管女性农民工群体在私营企业中规模较大，但 Q 园区男性和女性职工企业平均数量为 31∶27（单位：人/户），男性农民工和女性农民工的企业平均数量为 19∶11（单位：人/户）。女性与男性相比较，来自农村的劳动力群体内部表现出更大的就业规模的性别差距。调查反映的情况之所以存在，有三个园区产业发展的特殊原因。调查所面对的企业群体，主要由生活性服务业、建筑业、制造业构成。劳动密集型是这些行业的首要特征。这些行业存在长期的大规模劳动需求，这是工业化的传统要求。在波动的劳动供求运动中要满足这些需求，对劳动者的要求就会放宽到允许的最大范围。尽管制造业作为工业化过程中典型的产业，对男性用工有更大的需求，但这一点，并不妨碍在满足产业劳动需求的前提下，让女性参与劳动过程，这也是工业化的传统。

在调查的四个园区，我们也发现，劳动强度不高导致性别敏感度不高也有重要的影响。Q 园区和 J 园区均是以鞋业为主的园区，劳动对体力的要求相对不高。G 园区和 U 园区主要的劳动需求来自流水线作业需求，对劳动时间有较为严格的要求，对体力的要求也不高。在这一因素的影响下，女性相对于男性较弱的体力，并不是其参与劳动过程的主要障碍。这也是调查的四个园区有较多的女性参与的另外一个重要原因。除上述影响外，我们也发现，与城镇劳动力性别差异比较，农民工群体的性别差异之所以更大，并不在于企业对女性农民工群体有更多的歧视。在调查中，企业普遍能够对劳动过程中的女性保护有足够的认识，对农民工群体有总体印象，但并不能对农民工中的女性有整体性的认识①。换言之，企业并不认为女性农民工作为雇员与城镇女职工有太大的区别。由此可见，相对于城镇职工而言，农民工群体内部存在的更大的性别差异，工业化是一个重要的影响因素。工业化传统的影响是双向的，既形成了有明确性别取向的劳动用工需求，成为就业中性别歧视的客观影响因素；又因劳动需求在扩张中必须得到满足的必然要求，又形成了推动女性参与劳动的客观影响因素②。

6.2.2 劳动市场成熟度不高是女性农民工群体产业不平衡聚集状态形成的主要原因

Q园区、J园区、G园区和U园区的企业调查均反映出一个较为显著的产业特征，即劳动需求规模大且稳定。Q园区经过几次迁建之后，依然留在C市M区的企业已不足500户。这些企业主要围绕26户主要的制鞋企业形成一条较为完整的产业链。2017年，26户制鞋企业最小的产值超过5 000万元，最大的超过2亿元，职工人数均在500~1 000人。J园区作为Q园区迁建形成的新园区，核心企业还在迅速形成过程中。2017年的调查数据显示，J园区的核心企业为6户，最小的产值为3 000万元，最大的产值过亿元，职工人数在100~1 000人。J园区的发展，对所在地A县创造了大量就业岗位。对此，地方政府干部在接受调查的过程中有较为明确的积极表达。在G园区围绕大型电子加工企业V展开产业链，V企业在C市长年雇工在10万人以上。U园区也是围绕大型电子加工企业V形成产业集群，V企业在F市常年雇工在4万人左右。C市和Y市的制鞋业经过激烈的竞争和深度产业链纵向整合，发展态势已经稳定。在劳动用工方面大规模劳动需求的稳定发展态势较为突出。

---

① 在对企业的调查问卷中，设计了企业雇用的农民工数量（第7题）和企业雇用的女性农民工数量（第8题）两个问题。根据调查、现场观察和工会数据的相互对比，可以发现，73%以上的被调查企业人员能够对农民工数量有较为准确的估算，只有45%左右的被调查企业人员能够对女性农民工数量进行准确的估算。换言之，被调查企业并不认为女性农民工群体是一个有意义的人群分类。

② 这一章进行的仅仅是劳动需求的分析。劳动供求是相互影响的。就业的性别差异，也是供求共同决定的结果。如果仅仅从需求方面入手去解释所发现的现象，并不足以解释劳动供给最终适应需求所形成的劳动市场结构。在下一章研究女性农民工群体人力资本的过程中，将聚焦劳动供给来对这一现象进行供给方影响因素的分析。

大规模劳动需求的存在，使得四个园区对劳动力需求的稳定性和可持续性较为敏感。如何保持劳动力使用的高效率，是四个园区面对的共同问题。具体而言，一方面必须保持劳动用工的成本在可接受的范围内；另一方面又必须确保劳动用工一定程度的稳定，使得产业规模扩张必然衍生的劳动技能积累性提升能够持续，从而满足企业市场战略实施的需要。这是一对具有明显内在矛盾的目标。要实现劳动力的高效率使用，企业必须有效利用劳动市场，在动态权衡中实现自己的用工目标。由此，劳动市场成为企业达到用工目标的关键所在。

劳动市场的完备程度将决定劳动供求的实现结构并进而决定企业的劳动组织形式①。在四个园区的调查中，劳动市场的不完备性，或者说劳动市场的不成熟度所造成的市场分隔现象，反映均较为突出。在 C 市、Y 市和 F 市，劳动市场不成熟的一个较为突出特征，就是来自农村的不成熟劳动力在市场中广泛存在，使得市场竞争的定价机制较难在总体意义上实现供求的匹配。在这样的劳动市场中，企业需要付出较高的交易成本，以从大规模的劳动供给中找到恰当的劳动者。而较高的交易成本并非每家企业都愿意和能够承担。在这种情况下，出于控制成本的目的，企业在同一劳动市场中的行为会呈现多样化特征。座谈和问卷调查所获得数据表现出两个规律。第一，存续时间越长的企业越倾向于保有成熟的劳动力以维持现状。存续时间超过 5 年的企业占调查企业的 43.85%，这些企业的绝大多数对用工的"经验"和"技能"有明显的倾向，这是导致企业问卷第 6 题的"经验"和"技能"选项得票较高的主要原因。在座谈中，制造类的企业对"保留成熟员工"均提出了寻求政府支持的明确建议。第二，劳动力的普遍性流动则是企业在日常运行中不得不面对的常态。四个园区职工流动率均较大。33.99% 的企业认为职工在岗时间少于 1 年。在调查中，企业对各类劳动需求信息渠道的偏好并不突出，实际上反映的就是对劳动市场

---

① 具体来说，劳动密集型产业的形成，既与产业的作业特征高度相关，也与劳动市场的完备程度高度相关。产业的作业特征决定需求的价格弹性，产业的运行对劳动力的依赖程度越高，劳动需求的弹性就越小。在较高的劳动需求弹性影响下，企业受生产成本约束，对劳动工资水平的敏感度会显著提高。而劳动市场的完备程度则决定供求匹配的弹性大小，劳动市场的分隔越严重，企业需要投入的交易成本越高，劳动市场的完备程度越低。当交易成本变化，企业找到恰当劳动力的变化量并没有随之同步、同比例或者更快、更大比例地变化，供求匹配的弹性就越小。在较高的供求匹配弹性影响下，企业在劳动市场中投入资源以获得稳定劳动力供给的激励下降。当交易成本预期上升时，企业生产成本敏感会导致规避规范劳动市场的反应。

不成熟性的认识。在调查所设计的 4 种信息渠道中，企业的优先顺序分别是网络化信息渠道、劳务中介和劳动市场自主招聘。但除网络化信息渠道得票占 55.67%外，其他渠道得票数均未超过 40%。这说明企业除自己经常使用的特定渠道外，并不熟悉其他渠道的情况。反过来看，这也说明在广义的劳动市场中，并不存在一个公认稳定的劳动供给辨识渠道。

由于交易成本的限制，不成熟的劳动市场会出现逆向选择①。不成熟的劳动市场的市场分隔，使得实现劳动就业规模较小、领域更为聚焦的中小企业在辨识劳动供给方面具有天然的优势。而对于那些存在较为严格的内部制度约束、受规模影响对市场交易成本高度敏感，从而在市场活动中有较多行为限制的企业而言，并不是好事。逆向选择的现实证据，主要表现在两个方面。一是大中小企业对劳动市场存在不同的认识。在调查中，劳动就业规模较大的企业往往对政府介入劳动市场有更高的期望，对政府针对农民工的就业帮扶行为有更为全面和客观的认识，对中小企业在劳动市场中的不规范行为持批评但又无可奈何的态度，认为中小企业因不规范劳动用工所获得的竞争优势是不公平的。而中小企业则对包括《劳动合同法》、农民工工资保护相关措施的实施有一些批评性认识，认为既然中小企业是就业的主力军，政府就应当基于这种现状，加强对中小企业的支持与保护。从三个园区的调查情况来看，这些认识具有一定的普遍性。这种截然不同的看法冲突实际上反映了企业在劳动市场现行结构下劳动需求满足的不同结构。与此对应的劳动市场的现实状况是，大企业的劳动用工尽管规模较大，但总体上保持稳定甚至略有下降，而中小企业就业快速增长②。二是从劳动市场用工条件上看，根据在 C 市的劳动市场需求分析和 Y 市、F 市的政府调研可以发现，企业的劳动需求表达两极化特征较为明显。大量中小企业在劳动用工信息描述中，仅列出最低条件。劳动用工规模较大的 V 企业，在劳动用工信息表述上，与中小企业的做法完全一致。

---

① 逆向选择，是指不成熟的劳动市场会催生不规范的劳动需求匹配过程，扭曲劳动供求匹配的真实交易成本，形成劳动市场的低交易成本"洼地"，进而导致企业基于利益原则，反过来放弃最优的劳动需求，转而通过次优的劳动需求满足，在劳动供求动态平衡的相机权衡中实现企业利润的最大化。在这种情况下，因把握次优需求而在劳动市场中能够创造大量就业，使得市场行为显然不规范的企业获得了事实上的制度优势。这种非正式的制度优势又被政府的劳动就业促进制度认同，并由此形成了对事实上大量创造就业的企业的正式制度倾斜。

② 按照国家统计局的数据，2010 年私营和个体就业人员 1.64 亿人，其中私营企业9 417.6万人；2018 年私营和个体就业人员为 3.74 亿人，其中私营企业 2.13 亿人；2010 年国有单位就业人员 6 516 万人，2018 年为 5 739.7 万人。

而另外一些对技术、经验等要求较高的大企业，在劳动用工信息表述上则非常详尽。这种两极的状态实际上反映的是企业对劳动用工的认识。条件少意味着交易成本低，企业容易获得劳动力，但劳动力是否符合企业的要求，则存在不确定性，劳动者在进入劳动的过程中也会面临较高的流动性。这类企业必须在生产经营过程中采取相应的措施来弥补简略化的招工过程带来的问题。条件多意味着交易成本高，企业获得合格的劳动力困难度大。但反过来，劳动者也更容易介入企业的生产经营过程。目前的问题是，劳动市场中大量企业选择的是简略化的需求表达，这会进一步增加愿意采用更为理性需求表达方式的企业的招工难度，进而倒逼企业采取类似的招工方式以消除交易成本的差异。不成熟劳动市场中逆向选择的存在使得大量劳动力可以迅速进入劳动过程。就当前的经济增长过程而言，能够实现大规模就业是一个较为重要的调控目标。逆向选择也因此具备了发展战略层面的合理性。问题在于：大规模地、不加区别地推动人口参与经济活动，是否是一个有效率的过程？如果说在经济增长水平较低的情况下，这样做还有合理性，那么在增长水平已经较高的今天，不规范劳动市场带来的问题并不比产生的收益少。因此，对于私营企业吸纳就业较多的情况，应更多地从劳动市场不成熟的角度加以理解，并在一个相对长的周期内，从劳动市场趋于完善的目标出发，来探讨私营企业吸纳就业的效率提升问题。

不成熟劳动市场在女性农民工群体身上的体现，就在于女性农民工群体在产业聚集中表现出不平衡的状态。总体来看，劳动需求规模较大、作业重复程度高、技术要求较低的行业，女性农民工群体集中水平较高。产业的低端特征、岗位的附属性质均较为突出[①]。在调查中，有45.81%的企业认为劳动者性别是招工过程中应当考虑的一个主要条件。企业对女性劳动的认识差异较大。在雇佣条件一致的情况下，45.32%的企业明确更愿意用男职工，19.7%的企业更愿意用女职工，34.98%的企业无偏好。从四个园区的比较上看，企业对男职工和女职工的差别性认识，最大的是Q园区，最小的是U园区。G园区和U园区的V企业均认为女性农民工"比较

---

① 另外一个较为突出的现象是，一些具有固定经营场所的餐饮企业，通过直接在店铺外张榜招聘的方式招工，这类企业中女性农民工的数量比其他企业多。调查覆盖的32户餐饮类企业，平均雇工35.7人，女职工比例均超过50%。能够查实女性农民工占比的有19户，这19户企业女性农民工占女职工比例均超过70%。

听话""工作易上手"，适合流水线作业。被调查的一些餐饮和生活性服务行业企业在座谈中也有类似的表述。但也有持不同看法的被调查企业，它们认为，女性农民工"管理较为困难""家庭负担重，工作连续性较差"。

总体来看，如前所述，被调查的部分企业并不能区分农民工和女性农民工，也并不认同这种区分的必要性。基于认识背景的分析，有两点认识较为重要。一是从工业化的要求看，女性在工业产业门类中就业，确实存在限制性因素。当这种限制性因素作用于相对较为弱势的女性农民工群体，效果更为突出。这是就业环境导致的性别差异，是要尊重的客观事实。二是女性农民工群体在劳动过程中出现的产业不平衡聚集，并不能完全归结为企业及其经营者的性别歧视。应当认识到，女性农民工群体之所以能够快速进入劳动市场，其根本原因还在于不成熟劳动市场的逆向竞争机制压低了就业门槛。企业实现劳动需求与供给匹配的方式越不规范，劳动供求信息交换越简略，劳动市场越不成熟，女性农民工群体的聚集特征也就越明显。

6.2.3 性别是劳动收入增长而非就业参与机会提高的决定性因素

劳动市场的不成熟是工业化过程必须面对的状况。对于不成熟的劳动市场导致的女性就业产业不平衡聚集问题，应当有全面和平衡的认识。既要充分认识不成熟劳动市场对于促进低端劳动人口就业的积极意义，也要认识到这种积极意义存在的局限性。对不成熟劳动市场不能精准地根据需求识别劳动供给的弱点，要有客观的判断和分析。

不成熟劳动市场能够促进包括女性农民工群体在内的低端劳动人口就业，这是一个客观事实。工业化肇始所兴起的劳动密集型产业以及随着工业化进程的深入发展形成的城镇服务经济的发展，产生了持久和大量的劳动需求。企业需要劳动人口的劳动贡献，以推进生产和经营。在这样的情况下，劳动者之间具有的、包括性别在内的差异，只要不对劳动过程形成可以预期的较大结果差异，就能够被市场竞争忽视。这也是为什么在调查中企业选择性忽视女性的体力弱势、农民工的技能弱势以及社会对这些群体的显性歧视态度。由于劳动市场分隔的影响，搜寻完全符合要求的劳动者的成本较高，企业只能在能够获得的劳动供给中实现供求的匹配。这是不成熟劳动市场中企业的必然选择。这一点，在 A 县的 J 园区体现得较为明显。J 园区企业的农民工占比超过 60%，其中女性农民工占比为 43.3%。

作为Q园区外迁形成的鞋业园区，当时搬到A县的原因就在于A县人口基数较大，能够招到足够数量的工人。但工人素质不高，企业往往要花较长时间去培养才能使其符合生产的基本要求，这是J园区企业在座谈时反映的主要问题。J园区企业在被问及女性农民工群体的相关话题时，更多地会说到女职工保护、农民工等相关联话题上。它们并不认为女性农民工这一群体有特别的含义。企业更倾向于获得大规模低成本的劳动力。四个园区的问卷调查和座谈显示，80.3%的企业认为工人的经验是招工的首要条件，76.85%的企业认为工资是招工要考虑的重要条件，只有45.81%的企业认为工人的性别重要。在Q园区，企业认为农民工素质中最重要的三个特征是"经验""工资"和"年龄"，J园区是"工资"（"性别"）、"经验"（"技能"），G园区是"工资""经验"和"性别"，U园区则是"经验""学历"和"技能"（见图6.3）。站在更大的地理空间中看，我国近年来出现的企业向中西部地区迁移，以及由此出现的农民工回流现象，其背后依然是企业的成本计算在起决定性作用。企业的成本导向的劳动供给识别策略，是农村劳动力向城市流动的自然市场机制。正是因为这一策略的作用，才使得包括女性农民工群体在内的大量农村劳动力能够通过务工的方式，离开农村家乡，进入城市中，开始全新的生活。

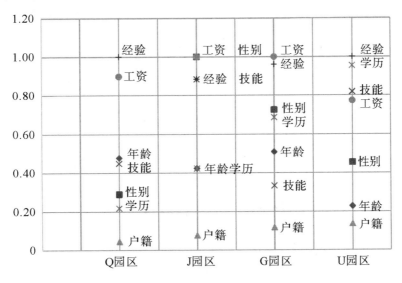

图6.3　四个园区的企业对农民工素质要求的排序

不成熟的劳动市场在推动劳动就业快速增长的同时，也对低端劳动人群通过就业来实现自我发展形成了客观的障碍。一个较为突出的现象，是企业和劳动者本身对劳动工资的认识呈现负相关关系。企业普遍认为劳动工资成本逐年上升是经营中面对的最大问题。有合计72.9%的企业认为企业的劳动用工支出水平"较高"或"很高"；有合计91.13%的企业认为近五年来劳动用工支出"增长较快"或"增长迅速"。而劳动者则认为工资上涨并不理想。农民工调查问卷显示，尽管有65.9%的劳动者对现行工资满意，但78.59%的劳动者认为近年来工资没有增长。这种认识上的差异，使得企业方和职工方较难在劳动工资这一问题上形成真正的共识。由此形成的劳动状况，一方面是企业低门槛的大规模用工，另一方面则是劳动者群体的高流动性。有33.99%的企业认为职工平均在职时间在1年以内，1~2年的有27.59%，合计61.58%；有41.07%的农民工自述近三年在3家企业上过班，在4家企业上过班的有22.32%，合计占比为63.39%。农民工普遍反映"在哪家企业上班都差不多，反正是出劳力"。而企业尽管对农民工的频繁流动有意见，但事实如此，也较难有切实有效的应对策略。从三个园区所在地工会的调查情况来看①，工会统计的职工数量总计规模较大，但根据这一数据和企业工资支出总额，计算得出的职工平均工资水平显著低于当地的最低工资。这一异常现象也说明了职工的高流动性特征。

　　从这些情况来看，农民工在不成熟劳动市场中实现的就业，可能就宏观调控而言，是实现充分就业目标的积极因素。但这种就业，只是就业机会的增长，并非本质意义的就业质量的增长。农民工的确通过某种渠道进入市场中，但也仅仅是进入而已。这种情况，对于本身就处于较为弱势地位的女性农民工群体而言，表现得更为突出。除非一些对性别有特殊要求的行业，例如安全保卫或者体力要求明显的岗位，企业对性别问题的确不敏感，也并不对女性参与劳动有抗拒。但劳动市场中这种就业机会平等的实现，只是一种市场选择下的进入平等。贯穿于劳动过程的真正性别平等，还缺乏实现的可靠途径。劳动者的高频流动，带来的企业生产组织的难题，以及劳动者自身人力资本积累的不确定性，从根本上约束了劳动过程性别平等的实现。要深入分析这一问题，就必须对企业组织内部围绕生

---

　　① 以H园区所在地Q区为例，根据2017年调查得到的私营企业职工和工资总量计算得到的职工平均工资均为1 481元/（月·人），低于当地1 600元/（月·人）的水平。

产要素进行的竞争性排序进行研究，以明确企业这一经济组织在女性农民工群体就业过程中应该承担的责任与实际扮演的角色之间的差异。

6.3　企业的竞争性排序及其性别含义

在分析女性农民工群体就业的实际状况后，有必要对企业使用劳动力的决策过程进行研究。在本书的理论分析部分，对企业的竞争性排序进行了研究和分析。

6.3.1　企业的劳动成本控制策略及其性别影响

劳动密集型企业对于劳动成本是高度敏感的，因为劳动成本支出控制水平是企业竞争优势的基础。一个符合生产经营要求的生产要素组合及其动态调整，是满足企业组织劳动成本控制的前提条件。要理解企业的劳动成本控制政策，必须明确，劳动成本可能在企业成本支出中占较大的份额，但这并不意味着劳动是企业生产要素组合中最重要的成分。劳动只是作为支出中的主要部分，而获得了企业组织管理层面的特殊关注。因此也就不难理解，企业管理在劳动方面的主要关注点，在于实现成本控制和维持企业生产经营效率的动态平衡。从调查的情况来看，企业的劳动成本控制策略主要表现出四个特征。

第一，劳动成本控制服从于利润目标。在四个园区的调查中，无论是以中小企业为主的 Q 和 J 鞋业园区，还是以大型电子信息企业为核心的 G 和 U 园区，劳动用工的波动是较为明显的特征。Q 园区在 2010 年左右受外贸订单减少的影响，劳动用工大规模减少。2016 年底，鞋企联合起来降低工人计件工资，导致工人情绪过激，引起社会关注。Q 园区最终决定向包括 J 园区在内的四个周边园区搬迁，其根本目的也在于能够接近本地劳动力，进而在可预期的时间内能够有效实现劳动成本控制。从 J 园区的座谈中可以看出，尽管 J 园区的工人技术和经验并不如当年的 Q 园区，但显然劳动成本的增长也不如 Q 园区那样显著。企业反映的劳动相关成本支出减少主要涉及三个方面。一是劳动供求匹配的交易成本。J 园区的务工人员大多数是 A 县当地农民工。到园区务工主要通过政府推荐、企业现场招聘和老职工推荐新人等方式来实现，比起在 C 市依托园区和地区劳动市场进行招聘的方式，成本较低，灵活度也较高。企业和劳动者均不用因招工而产生相关费用。在 J 园区的调研也发现，有 36% 的男性农民工在园区就业过程中介绍本人家属和子女进入园区工作。这是 J 园区性别比例较为平衡的原因。按照 A 县工会所获得的数据，J 园区性别比例为 59：41，相对 G 园区和 U 园区较为平衡，G 园区的 V 企业男女比例为 65：35，U 园区则为 63：37，明显差距较大。可以发现，由熟练工介绍新人参加工作是女性农民工群体获得就业机会的一个较为重要的渠道。从 J 园区的情况看，这种情况之所以能够成为普遍现象，还在于 J 园区与农民工家庭所在地距离较短，使得女性外出务工成为可能。二是劳动的机会成本下降。农民工的频繁流动是 C 市的 Q 园区、G 园区和 F 市的 U 园区面临的较为突出的管理问题。相对而言，J 园区的农民工也有流动，但流动的频度相对并不高。在 J 园区的企业和农民工访谈均表明了这一点。J 园区企业认为农民工请假的原因主要是农忙或者家庭有事临时请假。对应地，调查显示，近三年中 J 园区的农民工中有 25.18% 在 1 家单位上过班，比例明显高于其他两个园区。对企业而言，A 县农民工的劳动经验较少、技能水平较低，但农民工的来源稳定，在一个较为长期的区间内，基于职工人力资本积累的乐观预期，可以替代其技能方面的缺陷。三是劳动成本支出上涨的预期较慢。从座谈情况看，企业对 A 县劳动用工的成本整体水平评价较为满意，有企业代表表述 A 县的物价水平、工资水平比原来在 C 市下降了 20% 左右。从最低工资标准看，2017 年 C 市为 1 780 元/月，而 A 县为 1 650 元/月。J 园区企业所表现的劳动成本约束较小情况下企业女性职工比例上升的情况，是当前地级市的县级及以下企业与大都市及周边工业园区企业的一个较为常见的现象[1]。

第二，劳动成本控制受制于劳动密集型企业的资产条件。劳动密集型企业大规模劳动需求的形成，是以大规模的资本投入作为前提的。也就是说，资本投入的重要性是优先于劳动需求的。但是一旦资本投入确定，固定资产投资周期内，劳动需求就是刚性的。对于这一点，在四个园区的调研中可以发现三个特征。一是企业劳动需求的稳定性与劳动密集型企业资

---

[1] 从工业革命的历史中看，女性被生产过程吸纳，本身就是市场竞争的必然结果。在工业革命早期的产业扩张过程中，大量不成熟的劳动力被吸纳进入劳动市场的历史，无论是在马克思的研究中，还是在当时经济史的表述中，都是确定的事实。由此反观当前劳动密集型产业发展过程中出现的女性就业增加，可以有更为客观的认识。

产规模大小有较为稳定的正相关关系。劳动需求越稳定的企业，资产规模相对也越大。在这方面，G园区和U园区的龙头企业V企业最为典型。V企业劳动用工最为密集的几个车间（部门），同时也是女性农民工最为密集的车间（部门），均是生产流水线及为流水线配套的车间和部门。流水线一旦建成，劳动需求就形成，这种需求几乎是刚性的，调整的空间较小。所不同的，只有因订单的差别而形成的设备利用率。资产规模较小的企业，往往业务的稳定性也较差，相应地，劳动需求的变化也较大。这是一个较为普遍的现象。需要注意的是，资产规模较大的企业只是表现出较高的劳动需求稳定性，并不是说资产规模较大的企业劳动雇工量就一定大。但只要跨越固定资产投资周期，同一企业劳动需求的总量伴随资产更新、结构升级而下降的态势是确定的。二是资产性质与劳动群体差异存在现象上的关联度。国有性质的企业劳动用工总量不大，四个园区国有企业数量占比为3.3%，职工数量为4.6%，农民工数量占比为2.3%；波动不大，企业自述"职工稳定增长"，从工会统计数据看，Q园区国有企业职工数量占比近三年均保持在3.5%左右；编制内职工的性别关系也较为稳定，近三年均维持在60∶40的水平上。相比较而言，私营性质企业劳动用工量大，波动也大，职工性别关系波动也较大。相关数据在前文已有表述。这种现象上的差异并非经济因素带来的直接结果，而是劳动就业制度差异的表现。在国有企业的市场化就业部分，例如劳务派遣用工部分，劳动者的流动性就与私营企业差别不大。国有企业的农民工大多数是劳务派遣工，主要集中的岗位是生产辅助性岗位，女性农民工占比较低。而国有企业资本密集型特征较为明显，一般都是资产规模较大的企业，Q园区的国有工业企业资产平均规模是私营企业的11.7倍。资本密集型企业排斥劳动的特征，在国有工业企业群体中表现较为突出。三是服务领域的企业劳动用工存在规模限制的"天花板"。调研涉及的11户Q园区（7户）和G园区（4户）中的生活性服务企业（见图6.4），主要经营业务范围包括餐饮、保洁2类，企业规模偏小，雇工583人，平均企业用工53人/户，中位值为47人，最大用工量为109人，最小用工量为15人。女性农民工在调查的11户企业中较多，有373人，2户保洁类企业表示用工量基本饱和，问题在于职工流动较快，招人压力大。餐饮类企业用工与业务开展水平高度相关。业务量较大的企业表示职工基本够用。从现场观察来看，餐饮类企业受店面约束较大，店面大小与雇工多少有直接的关联。2类企业的用工均面临劳动力流动较快的问题。另外一个需要注意的问题是，外卖的兴起使得部分以快餐小吃为主的餐饮企业雇工量下降，用工转向快递企业。生活性服务业劳动用工存在的规模"天花板"是较为普遍的现象。从促进劳动用工总量的目标出发，增加企业数量必然会成为政策关注的重点内容。但调研发现，仅靠增加企业数量，劳动用工数量目标确实可以实现，但企业的小规模、低资产形成的灵活性，是以劳动用工的不稳定为代价的。在这些领域出现的女性农民工群体聚集现象，既有行业劳动特征的影响，也有企业劳动用工主动调试的影响。

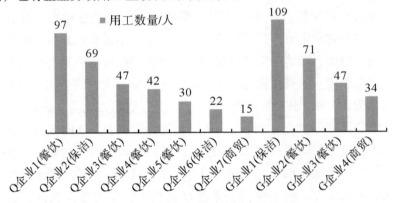

图 6.4　Q、G 园区生活性服务企业用工数量

　　第三，劳动供给的结构性替代是成本控制的主策略。从企业一侧来看，女性农民工在劳动密集型企业能够获得持续的就业机会，是企业成本控制的结果。企业的成本控制策略，其核心就是劳动供给的结构性替代。企业的劳动供给结构性替代策略主要有三种类型。一是劳动能力替代。在劳动总成本一定的情况下，通过使用较低技能的劳动力来实现劳动使用总量的扩大。这一策略的采用需要有较为稳定的劳动成本预期，且以一定的资产投入作为前提。但比较明确的是，企业的资产投入以维持劳动总成本不变或者降低作为前提条件。从调查情况看，四个园区企业对农民工和女性农民工存在"招工容易"和"技术水平低"共存的认识，对于女性农民工，还存在"家庭负担重"的负面认识，但这并没有影响企业雇用大量女性农民工工作（见图 6.5）。

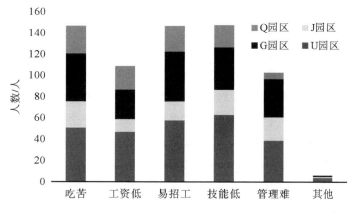

（1）农民工

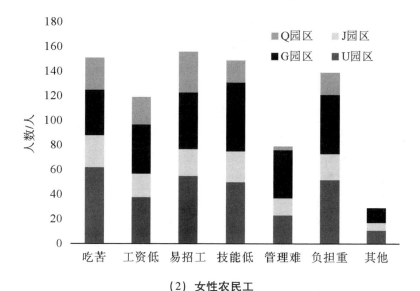

（2）女性农民工

图 6.5　企业对农民工和女性农民工劳动素质的认识

　　G 园区和 U 园区的 V 企业流水线上大量的女性农民工，实质上就是劳动成本控制的结果。从数据上看，V 企业所属 M 集团，2008 年员工总量超过 50 万，其中男性 53%，女性 47%；2018 年员工总量超过 65 万，男性 63.7%，女性 36.3%。从 M 集团的情况来看，2008—2010 年女职工占比有一个锐减过程，三年从 47% 降至 36.3%，下降 10.7 个百分点。从学历上看，2010 年后全国劳动成本开始快速上升，M 集团员工高中学历占比从 2014 年的 44.7% 下降至 2018 年的 40.2%，初中及以下学历的员工占比从

23.2%上升至41%，初高中合计占比从 67.9%上升至 81.2%。从两个园区 V 企业的现场调研情况看，由于 V 企业社会招聘规模较大，岗位条件较低，时间基本延续全年，用工方式也较为灵活，所使用的劳动力总体素质不高，流水线作业岗位大多数是女性职工。C 市和 F 市当地工会介绍，V 企业女工的占比接近 50%。从这些情况来看，M 集团在用工策略上采用的是较为典型的劳动成本替代。劳动者之所以愿意来 V 企业上班，一在于工资稳定，不像其他中小企业，V 企业从不拖欠工资，口碑较好。二在于上手快，在流水线上作业不需要特殊技能，心灵手巧即可。V 企业之所以能够使用大量低端劳动力，在于企业有大规模的生产设备投资作为前提。二是劳动成本替代。当劳动支出预期出现快速上升时，企业会通过投资结构的调整来维持劳动成本的总体水平。例如通过投资将企业搬迁到劳动成本较低的地区等。是否采用这一策略，劳动成本上升的影响大小与固定资产投资预期的大小之间的权衡，是企业决策的关键。在这方面，J 园区是较为典型的例子。在劳动成本的影响下，G 园区的部分生产企业，搬迁到劳动供给较为充裕的 A 县，以获得更为稳定的劳动供给。在调研中发现，企业是否采用这一策略，并不是一个容易的决策。尽管有 72.9%的企业认为劳动成本占比"较高"或"高"，91.13%的企业认为劳动成本增长速度"较快"或"迅速"，但企业更愿意通过业务方向的微调等措施来应对。从宏观上看，劳动力从东部沿海地区向西部地区 S 省和中部地区 Z 省的回流，在客观上加快了东部沿海地区劳动密集型企业向 S 省和 Z 省的迁移过程。但这是一个较为长期的过程。对企业的劳动需求决策而言，并不是一个需要持续面对的经常性问题。三是劳动要素替代。当前两种策略均不能维持企业的劳动成本总体水平时，企业采用其他生产要素替代劳动要素就成为必然。从调查的情况看，有 42.86%的企业愿意因为劳动用工支出变化而调整设备投入、提高自动化水平。这是一个较为典型的受劳动供给影响的劳动需求决策。当前劳动供给总体的低成本依然是较为显著的事实，企业在短期内不会因为更高的效率而放弃低成本的劳动供给，这是一个普遍的事实。

第四，劳动的性别替代规模与劳动要素的可替代水平负相关。作为不成熟的低端劳动力，农民工对城市工人的替代，农村女性工人对男性工人的替代，都是劳动要素受制于企业的生产要素竞争性排序出现的供给结构性变化现象。总的来看，劳动要素的可替代水平越高，劳动性别替代规模就越小，反之也成立。这是在调查中体现得较为明显的一个规律性现象。换言之，劳动需求的刚性越大，女性作为劳动供给的不可或缺部分，被企业重视的程度越高。在四个园区的调研中，不同行业的企业，农民工和女性的劳动参与是不同的。在工业企业中，装备技术水平较高的行业，劳动群体较为稳定，农民工和女工就少。较为典型的就是 G 园区的国有企业，农民工数量仅占 2.8%，其中女性农民工更少，合计仅 103 人，大部分在后勤、保洁等岗位。1 户电力国有企业的人力资源管理部门在座谈中，对近年来企业的校园招聘中女性比例迅速提高的现象较为忧虑，认为大量现场任务更需要男性，长此以往，工作较难开展。在大中型私营企业中，当座谈问及如何留住技能型人才时，企业方也表达了类似的观点。职工在一户企业中长期工作，其工作的连续性是其技能提升的基本前提。在这一点上，女性处于弱势的地位。在餐饮、保洁、物流、快递、家政、流水线等行业，劳动要素的需求是刚性、无法替代的。在这些行业，农民工和女性的劳动参与率较高。一个较为明显的事实是，相关企业实际上通过劳动要素的结构性替代，例如农民工替代城市工，女性替代男性，来满足生产过程形成的对劳动的持续需求。在一些微型企业中，企业主自己乃至全家都是劳动者，也参与企业的生产劳动。在这些行业，女性农民工群体规模较大。按照 Q 园区工会的数据，4 219 名女性农民工中，47% 在流水线岗位、14% 在餐饮企业、21% 在保洁企业，仅这三类企业合计就有 82% 的女性农民工聚集。劳动要素需求的刚性逆向决定劳动性别替代的水平，这一规律的客观存在，有较为深刻的社会现实背景基础。在发展的进程中，这一规律的作用也有积极和消极两个方面。积极的方面在于，在发展初期，产业结构还处于较为初级的阶段，劳动需求可替代水平低，刚性较强，劳动要素的性别替代率也较高，大量的农村女性劳动力因此获得劳动机会，进入市场。消极的方面在于，在发展的中后期，产业结构升级，劳动需求的可替代水平提高，刚性水平下降，劳动要素面临从初级要素向高级要素升级的压力，低端劳动力的可替代水平也随之下降。农村女性劳动力如果不能在参与劳动的过程中实现要素升级，必然会被阻隔在劳动需求可替代水平较低的行业中。

6.3.2　城镇化进程中新技术的劳动者效应及其性别影响

在研究企业竞争性排序的过程中，除劳动成本之外，另外一个需要重视的因素就是技术，特别是新技术①。鉴于新技术对城市生活状态的根本性影响，本节结合城镇化进程，对新技术的劳动者效应及其性别差异进行研究。

第一，新技术应用拓宽市场空间，淡化传统工业化进程的性别取向，客观上扩大了劳动岗位的供给。一方面，企业信息化和自动化水平的提高，形成了劳动强度的下降趋势。这种趋势有利于女性更多地进入过去完全由男性承担的体力劳动中，特别是那些操作较为单一、对劳动时间的要求强于对劳动强度的要求的岗位，更有利于女性。另一方面，在对劳动市场的研究中有一个突出的现象，就是信息技术的应用，这使得劳动市场的可介入度大幅度提高，从而创造了初级劳动要素参与市场的新渠道。被调查企业有 55.67%、被调查农民工有 24.76%主要通过网络和信息化渠道来获得劳动信息。企业对网络形式的招聘有较为积极的认识，认为信息化渠道"连接面较广""连接的劳动者群体素质较高"等。农民工则认为这一渠道"有用"，但"骗子多"。在 Q 园区和 U 园区的座谈中，企业代表和农民工对信息技术载体，即手机、电脑的认识，有一定的差异。企业更侧重于强调信息技术载体的工具性，而农民工对于手机、电脑的总体认识较为积极，特别对其娱乐功能有普遍性的认同。同时，企业尽管对劳动市场的信息化反映较为积极，但对于就业信息的市场化平台，例如各类招聘网站和软件，则存在保留看法。企业对市场化就业信息平台发挥的信息传递功能较为认同，但并不总是倾向于直接利用市场化平台招工。对于中小型企业来说，在市场化信息平台上发布信息，费用并不高，对于招聘一些技术岗位人才确有必要。但对于存在常年大量劳动用工的岗位，按年支付费用、常年发布招聘信息，随着时间的延续，信息的时效性下降，受关注程度下降，也变得越来越不能真正满足企业招聘的需要。同时，招聘也并非完全公开化的市场活动，直接介入市场进行大规模的招工活动，会形成信息泄露的风险，进而会对同业竞争形成影响。因此，中小企业更愿意采用多样化的招聘方式招工。对于农民工，企业更愿意采用线下的方式进行招工。这显然是市场选择的结果。在 G 园区和 U 园区，V 企业针对农民工的

①　本书所说的新技术，广义上是指《中华人民共和国国民经济和社会发展第十三个五年规划纲要》中提及的，新一代信息技术、新能源汽车、生物技术、绿色低碳、高端装备与材料、数字创意等领域的支撑性技术及其产业化过程。在调研过程中，企业和农民工对新技术的理解，直观地表现为信息技术的应用以及随之形成的物流业的发展。

线上、线下招聘活动规模都很大，且常年进行。线上招聘更多地依托各类劳务公司展开，也就是说，V 企业并不直接在信息化平台上招聘，而是通过劳务派遣公司实现线上招聘。通过线上调查发现，2017 年 3—9 月，在 5 个不同的网上直招平台，均存在劳务派遣公司代表 V 企业进行线上招聘。这些网上平台并非大型的网上职业中介，而是一些地区性的职业介绍所、劳动派遣公司的自建网站。从招聘信息上看，无论是工资、待遇、工种均有差别，但差别很小。不同的平台对岗位的宣传重点也各有特色。但有 2 个共同点，一是突出工资待遇，二是突出"公司定期举办相亲活动"。多平台、微小差异的招聘活动的长期举行，一方面通过多平台的作用，扩大了劳动者的信息覆盖面；另一方面也通过有意识的条件设置，维持企业雇佣劳动者的稳定结构。这类在线上举行的招聘活动，主要还是依靠线下的劳务派遣公司进行的。

第二，劳动密集型企业对新技术的采用，以降低劳动总成本支出为基本原则。不同的企业对新技术的采用，有不同的选择和策略组合。但总体而言，降低劳动总成本支出是采用新技术的起因和决定性因素。从四个园区的情况看，新技术的采用并没有完全覆盖企业的整个生产流程。这种状况与新技术在不同领域中的应用效果有直接的关联。在调查中，尽管大多数企业认为近年来劳动力成本上升，但只有 42.86% 的企业认为自己会因为劳动力成本上升而调整设备投入、提高自动化水平，57.14% 的企业认为自己的企业"暂时不会"或者"不会"因为劳动力成本上升而采用资本替代的策略。之所以如此，从现场观察的情况看，在于新技术的采用在企业生产经营的各个方面运用并不平衡。行政性、销售性岗位采用较多，83.25% 的企业反映信息化建设减少了企业的行政性岗位，69.46% 的企业反映信息化建设减少了企业的销售性岗位。此外，33% 的企业反映技术性岗位因为信息化建设减少。存在大规模劳动用工需求的流水线、后勤等岗位，信息化建设减少劳动岗位的效果并不明显，分别为 18.23% 和 23.65%。因此，从调研的情况看，信息化等新技术在传统行业的应用，并不会整齐划一地减少劳动需求。首先受到影响的是信息化投入成本较低的就业岗位领域，例如行政和销售。而对于那些需要进行大规模投入以减少劳动需求的岗位，企业一般不会主动地推进信息化。由此可见，面对新技术，企业的选择还是符合成本理性的。除非新技术采用有一个较为完善的基础设施条件，使得企业可以合理预期新技术采用所需的投入成本出现大幅度下降，否则企业不会加快新技术采用的过程。换言之，即使在新技术的冲击下，企业劳动总成本的下降也是一个长期的过程。在这一过程中，企业对劳动的依赖会出现结构性变化，但由劳动总成本决定的企业劳动需求决策，并不会有大的调整。

第三，企业新技术应用的总体水平决定劳动者的新技术接入程度。企业能在多高水平上和多大范围内实现新技术的应用，不仅取决于企业自身的生产经营决策，也取决于新技术影响的另一方，即劳动者本身。例如，对于劳动密集型企业而言，完全利用信息化平台来实现劳动供求的匹配，并不现实。对农民工的调查显示，有 24.76% 的农民工是通过网络获得工作的，在所有的渠道中仅排第三。前两个渠道分别是"劳务中介"（27.27%）、"朋友介绍"（27.13%）。在前文对于农民工来源地的调查中也可以发现，农民工结伴外出务工的情况较多。在来源地把农民工组织起来，送到外地务工是地方政府的普遍性做法。一些地方也有市场化组织承揽相关业务，负责输出农民工。在这种情况下，农民工自身的新技术接入程度不高，使得网络平台作为劳动供求匹配的渠道，其作用的发挥因此也受限。即使在农民工进城后的工作转换过程中，依靠熟人和现有工作关系来实现转换的比例，也比利用网络更高。从现场观察的情况看，农民工使用手机已非常普遍。智能手机在 50 岁以下农民工群体中很普遍，且没有明显的性别取向。与男性农民工比较，被调查的女性农民工群体在手机拥有方面并没有表现出明显的不同。之所以如此，与手机较低的价格有直接的联系。"千元及以下"是女性农民工群体持有的手机的主要价格区间，且年龄越大，持有手机的价格越低。有子女的女性农民工，使用子女淘汰不用的手机，也是较为普遍的现象。简单地采用手机拥有率的数据来说明农民工对信息技术的接入度并不具备说服力。关键问题还在于农民工如何适应信息技术工具的使用。从这一角度切入观察，可以发现，"被动的诱导性接入"是较为普遍的现象。农民工对网络和信息的使用，更多的是处于一种被技术诱导的矛盾状态，即一方面广泛使用移动支付、社交软件和视频软件，另一方面对网络又有较为普遍的防范心态。男性农民工和女性农民工在这一问题上的性别差异，不如岗位差异明显。从事家政服务业、快递、家电修理等行业的农民工在找工作和工作中对网络和手机依赖较大，而从事流水线岗位等制造业工作的农民工相对较小。在流水线岗位上企业主要还是通过资本投入来推动自动化水平，进而维持劳动力的需求结构稳定性①。从 V 企业 2005 年开始发布的公司社会责任报告来看，职工的男女性别结构 2008 年为 53∶47，2017 年为 64∶36，出现了 11% 的变化。而在这期间，2008 年有 71.7 万雇员，2017 年雇员达到顶峰，为 98.8 万人。生产企业向劳动力充裕地区迁移布局带来的劳动力供给结构中男性的显著增加，是导致 V 企业雇工性别结构出现重大变化的直接原因。这一数据的变化正好说明了劳动需求和供给的相互决定关系，是以资本对劳动需求的把握作为基本前提的。资本识别劳动需求就是创造劳动需求。这一劳动需求创造的过程是以低端劳动力的大规模存在为前提的，因此也不可能在自身的发展进程中衍生出低端劳动人口人力资源升级的内在要求。反过来，在服务行业的农民工对网络和手机的接受度和熟练度也更高。农民工的就业性别差异在这些行业也相对缩小。劳动需求和劳动供给的相互决定关系中，资本的相对影响还较小。之所以如此，与服务企业的市场势力、市场的分散性、技术的快速变化均有直接的关系。至少从目前看，服务行业的数字化，对劳动者接入这些行业是非常积极的因素，而且较之工业产业较为突出的性别倾向，新兴的服务业性别倾向较弱，对女性农民工介入这些产业也形成了较为明显的就业机遇。在工作过程中对手机依赖较大的行业，例如物流、外卖、快递、家政等行业，尽管事实上这些行业性别差距较大，但企业在受访过程中和在实际的招聘过程中并没有表现出对女性的明显歧视②，换言之，女性参与这些领域的劳动机会是存在的。但劳动供给和资本需求相互塑造的现象仅仅是一个阶段性的现象。随着劳动者信息技术接入手段和熟练程度的提升，新技术在企业中的应用有较为突出的经济效应，这在一定程度上也激励了企业加大新技术应用的力度和范围。这种应用必然会带来劳动需求的结构性变化。

第四，新技术所形成的企业生产要素组合变化趋势还未对企业的竞争

①　马克思对资本组织生产带来的就业蓄水池已经有过深入的论证。在低端劳动人口就业研究中，尽管技术变革周期已经加快，但这一论证依然具有现实针对性。流水线的数据化和自动化水平的提高，依然会进一步导致工人的操作碎片化和重复化，对工人的体力要求和技能要求也依然会进一步简单化。由此形成的劳动需求的低质化，带来的女性用工的增加，是一种基于低水平劳动力的、有明确市场导向的、资本化的劳动力需求创造。通过大资本的投入来降低对劳动生产要素的要求，进而使得大规模的低端劳动力可以为资本所使用。这依然是工业化的基本逻辑。

②　以外卖骑手为例，企业在骑手招聘方面，除对骑手设备（电动车等交通工具）有明确的要求外，并未设置包括性别在内的门槛条件。但由于骑手工作时间较长，户外工作环境特征较为明显，女骑手适应性不如男骑手，因此离职率相对较高。这种情况在行业内是较普遍的现象。

性排序形成根本影响。劳动密集型企业的生产要素竞争性排序，总体来讲受劳动成本支出影响，在短期内，受固定资产投资约束。数字产业有三个基础，即信息公共设施基础、硬件制造基础和软件应用基础。信息公共设施基础是数字经济所依赖的网络条件。信息技术网络是我国基础设施建设的重要内容。硬件制造基础的资本性投入与传统的工业产业并无不同。调查中所涉及的 V 企业及其配套企业，大体就属于此类。软件应用基础的资本性投入相对硬件制造基础，有大幅度的降低，出现了较明显的"轻资产"现象。以外卖平台为例，维持一个外卖平台，需要手机 App、网站以及服务器等刚性投入，无论怎样提高投入，都不太可能超过硬件制造企业的固定资产投入。由此就使得这个领域实际资本投入的成本相对传统工业产业和服务行业均较小，使得"投入小"成为软件应用基础类企业的重要特征。这种情况之所以形成，在于软件应用类基础的形成高度依赖于硬件基础和信息公共基础设施两个方面的"公共性"投入①。这两个方面的投入，在整个"十三五"期间，规模都较为庞大②。一方面，软件应用类基础的低资本投入属性，决定了其产业更替的高频度。另一方面，由于软件应用类基础所形成的新业态对城市经济社会生活的较大影响和引发的社会关注，以及由此形成的较大发展可能性的市场预期，往往是风险资本关注的聚点。大量的资本蜂拥而入，在相关领域形成较为明显的投机现象。软件应用类新企业一般都会将获得风险投入作为短期运营的基本目标，企业战略均据此展开。为迅速扩张市场而补贴消费者，为满足消费者欲望进而补贴从业者，凡此种种，形成了产业新现象。低资本成本与高资本投入是软件应用类企业的两大特征。由这两个特征决定的企业经营行为，与其他行业有较为显著的差异。企业倾向于利用大规模劳动就业来迅速获得市场份额。在以数字技术为主要依托的新兴业态中，新技术带来了劳动就业的广泛增加。例如由外卖业兴起形成的"骑手"职业。按照对外卖平台 I 的研究，2018 年仅 I 平台就有超过 270 万骑手，比 2017 年增加超过 50 万。其中，农村骑手占比为 77%，男女性别比例为 92∶8③。要认识到，这只是

① 软件应用类企业的"轻资产"，是以消费者随身装备的增加和公共设施增加作为前提条件的。一方面是手机的高覆盖率，另一方面是网络的全覆盖，使得"轻资产"创业成为可能。

② 以网络基础设施建设为例，"十三五"期间，我国网络建设投资规模在 1.75 万亿元左右。这一估算没有包括大数据、云计算等领域的相关建设投资。数据来源：《"十三五"我国网络基础设施投资有望破两万亿大关》，经济参考报，2018 年 6 月 7 日。

③ 数据来源：美团研究院，《城市新青年：2018 外卖骑手就业报告》，2019 年 1 月 17 日。

短期现象。因为从当前数字技术应用带来女性就业机会的增加现象，就判断这是长期的趋势，是缺乏依据的。数字经济在整个经济体系中的比例还不高①，尽管其积极性已有充分的体现，但对我国现代化经济体系建设的整体影响还不能确定。数字型企业的出现所带来的就业增加，是不是一个可以维持的长期现象，还有待观察。在这一行业中真实的就业性别差异，比成熟的硬件基础设施企业更显著。如果这种态势没有变化，当数字型企业真正成熟起来之后，资本投入策略的变化有可能导致女性就业机会减少。

6.3.3　劳动市场的介入方式及其性别影响

劳动市场作为连接企业和劳动者的主要中介渠道，其存在状态的差异会对企业的用工需求和劳动者的劳动供给形成影响，特别是当劳动市场存在显著的渠道垄断时，劳动市场对就业的影响就更不能被忽视。结合调研的资料，本书对劳动市场的研究，主要从市场化劳动匹配渠道、政策性劳动资源配置和数字化劳动需求识别三个方面展开，以探讨劳动市场的介入方式对企业生产要素竞争性排序的影响及其性别含义。

6.3.3.1　市场化劳动匹配渠道

市场化劳动匹配渠道是对传统劳动市场中介渠道的统称，具有多样化、分散化的高度差异化特征。市场化劳动匹配渠道可以分为三类，即企业所在地的规范就业市场（以下简称"就业市场"）、企业自行组织的就业招聘活动（以下简称"招聘活动"）、劳动者自发形成或第三方市场中介建立的劳务供给组织的劳动供求活动（以下简称"劳务派遣"）。企业利用市场化劳动匹配渠道需要付出成本，成本的大小是决定企业运用哪一

---

① 按照中国互联网络信息中心（CNNIC）第 45 次《中国互联网络发展状况统计报告》，2019 年全国数字经济规模为 31.3 万亿元，占国内生产总值的比重达到 34.8%。看上去已达到必须加以重视的地步。但这一统计仅仅代表互联网相关产业的自我评估。当时，国家统计局对数字经济的统计报告主要还集中在网上零售总额的报告上，并没有对数字经济总体规模进行公开报告，相关统计规则还在制定中。这反映出数字经济究竟如何统计还存在争论。对数字经济规模进行统计，不太符合数字经济快速变化和高度不确定的发展前景。从当时的情况来看，一是"十三五"规划中数字经济并没有作为主导产业在规划中得到强化和重视；二是党的十九届四中全会提出数据是生产要素，形成了数据要素的市场化定价问题。这两个方面的政策表述，实际上都说明了数字经济尽管发展较快，但还没有形成支柱或主导产业意义上的产业现象。因此，本书关于"数字经济在整个经济体系中的比例还不高"的判断，主要是从政策层面上、从现代化经济体系的角度加以展开的。

个渠道来满足用工需求的首要因素。

从调研反映的情况看，小微企业对就业市场的运用更为多样化，大中型企业则更倾向于通过自行实施招聘活动或者劳务派遣的方式来满足用工需求。小微企业并未表现出较为明显的渠道偏好，招聘更多还是从企业用工需求出发，以最为简便的形式来获得劳动供给。总的来看，小微企业较少举行规范性、定期化的招聘活动。当有劳动需求时，依靠就业岗位或者直接在店铺门口张贴招工信息的较多。在这些企业中就业的农民工，大多数也通过此类方式获得就业岗位。生活性服务业类别的企业，企业职工劳动的流动性较大，企业招工因此也是长期的。这种情况下，单纯依靠某一种方式来稳定劳动供给是不现实的。因此，市场化劳动雇工方式的多样化也就成为必然。在多样化的劳动供给条件下，小微企业的劳动群体性别比例在总体上较为稳定，比大中型企业要高。从四个园区的情况看，调查显示的小微企业劳动者性别比例保持在男性50%~57%、女性43%~50%。但由于生产经营的季节性、职工快速流动等的影响，企业和企业之间差异较大，前一时期和后一时期差异较大的情况也较为突出。相对而言，大中型企业的劳动匹配过程一方面具有较为明确的劳动过程要求，另一方面也充分考虑了招聘对象特征，具有一定的对象依存性。自行实施的招聘活动和依托劳务派遣公司两种方式构成的劳动匹配主要渠道，基本上满足了大中型企业的劳动需求。以 V 企业为例，一般在春节后农民工返城高峰时期举办集中的招聘活动，同时，全年长期依托3~5家劳务派遣企业提供订单高峰期的新增劳动需求。劳务派遣公司则会深入城市周边，甚至跨区域组织欠发达地区劳动力进城务工。

企业市场化劳动匹配渠道的多样化和分散化，客观上为农民工群体介入劳动过程提供了更为宽泛的就业信息接收面。这是积极的一面。但多样化和分散化所形成的劳动匹配高度差异化特征，使得劳动市场的管理也变得较为困难。在四个园区的座谈过程中，企业对政府劳动监管的基本认识多集中于"农民工工资""劳动纠纷"和"税收优惠"等问题，对于就业、招聘环节的政府管理，企业更多地提及"政府帮助企业解决劳动力缺乏问题"的细节，没有企业对政府就业市场监管存在的问题提出看法。这一现象实际上反映出劳动市场管理存在较大的盲区，政府在这一领域要实施有效管理，困难较大。当前，劳动者参与劳动的过程是否信息充分、是否公平，劳动匹配过程差异化导致的不可观察性，处于"黑箱"状态，劳动市场的自由度较高。在这种情况下，指望市场竞争机制能够产生公平的就业结果，指望市场能够促进就业的性别平等，是缺乏基本条件的。

6.3.3.2　政策性劳动资源配置

政策性劳动资源配置是对政府组织劳动供给、对接用工需求的组织化行为的统称，具有短期化、对象化的倾斜性特征[①]。

产业园区之所以能够吸引企业落户，一方面在于企业集聚所产生的外部效应，另一方面也在于公共服务因集中而形成的提升效应。在当前招商引资存在激烈的区域间竞争的情况下，园区所在地政府除了提供一般的公共服务之外，还会采取更为直接的手段对入驻企业进行扶持。其中就包括劳动力供给的维持和管理工作，特别是那些存在持续、大规模劳动用工需求的企业和园区，更是如此[②]。V 企业的就业就是一个很好的例子。在 V 企业入驻之初，C 市和 F 市政府曾经均动用行政性力量帮助 V 企业招工，一度引起社会的关注。对于 V 企业劳动用工的满足，在当地的政府工作报告中，一直都有稳定的体现。这种情况并非孤例。在引入重点企业的过程中，帮助企业获得足够的劳动力，是很多地区地方政府采取的措施。政府之所以这么做，既是出于促进经济增长的需要，也是维持社会稳定的选择。这么做之所以能够见效，一方面需要有稳定的企业劳动需求，另一方面还需要有大量的剩余劳动力。这两个条件，在过去十年，伴随着工业化进程的加快，都是能够同时满足的。两者之间的结合单靠市场的力量并不足以完全实现。这样的情况下，市场之外的力量介入是必然的。

在现行的劳动用工实现过程中，一方面可以看到政府直接介入的影子；另一方面也能看到其他各类非市场化力量的介入，例如劳动用工来源地由工人演变形成的"工头"，带领本乡人集体外出务工的情况。从本质上讲，这两种方式都是非市场渠道对市场渠道的补充。政府的介入与民间个人和组织的介入，总体上差别较大。政府的介入普遍上表现出较强的"双目的性"，即一方面解决就业，另一方面满足企业用工。民间个人和组织的介入则有明显的趋利性。仅仅作横向比较，政府的介入在经济利益方

[①]　在前文关于劳动力输出地的研究中，已经对于政府组织劳动力对外输出、获取劳务收入进行了描述和研究。在本节，主要对企业所在地政府的劳动供给组织行为进行研究和分析。

[②]　在调研座谈中，企业均谈及了 2012 年以来劳动力成本上升，企业维持大规模、高质量劳动力供给的难度提高，并且对政府帮助解决劳动力缺乏问题提出了明确的诉求。四个园区的管理机构和当地政府也对问题进行了积极回应，并对所采取的措施进行了说明。

面，对劳动者和企业均有益处。对于女性农民工群体而言，欠发达地区政府推动当地农民工群体外出务工，对于女性农民工群体有较大的帮助。18至21岁的女性青年在政府的帮助下离开家乡，远赴沿海地区开始3至5年的打工生活，是调研政府组织外出务工中发现的较为普遍的现象。民间个人和组织方面，也存在这种情况，但更多的例子是家庭困难使得女性必须外出务工。

从时间维度看，政府介入劳动市场并不是一个可持续的现象。这种情况的出现与区域特征、政府主管人员的变更、政府工作的重心有直接的关联。在劳动力的来源地，政府能够组织外出的农民工，规模较难做大；即使在短期内能够做大规模，由于相关工作人员和投入的限制，也较难持续①。在劳动力就业地，政府对农民工的持续关注具有较为突出的对象性特征。政府的农民工管理存在的核心问题是，除了企业之外，缺乏有效可靠的介入平台。农民工进入城市务工，能够以群体的形式被公共管理体制发现，可靠的只有其工作的场地，即企业。换言之，政府通过企业这一渠道来实现对农民工群体的管理，是较为现实的选择。但由于农民工的高流动性，政府通过企业实现的对农民工就业的管理，始终只能是"就业过程中"的管理。对那些处于失业状态的农民工，缺乏有效的管理手段。在调研中，课题组发现，就业所在地政府的农民工管理工作更多地聚焦于劳动保护、劳动纠纷、就业中培训等问题。农民工实质上被视为职工的一部分，就业是不言自明的前提。对于女性农民工群体问题的认识，参加座谈的人力资源部门的干部在被问及"女职工和女性农民工"时，对女性农民工群体就业帮扶的认识更多地停留在特别困难的个体案例上，对是否需要对女性农民工群体就业进行制度性帮扶缺乏一致性认识。更多的被访谈者认为，农民工和女职工保护法律政策已经覆盖了女性农民工群体，没有必要再对这一群体进行针对性政策倾斜。

6.3.3.3 数字化劳动需求识别

数字化劳动需求识别是对企业应用数字技术实现用工需求与劳动供给

---

① 根据 Z 县的调查材料，2018 年，L 州下达 6 000 人的贫困劳动力转移输出的目标任务。为确保 Z 县贫困户家庭有 1 人在外就业以增加工资性收入，Z 县一方面进行了全县动员，将指标分到乡镇，要求乡镇干部进村入户，把握就业意愿。另一方面，在 2018 年 1 至 3 月先后派 17 人分赴沿海就业集中区域，对接企业，开展十余场网上和现场农民工和企业的点对点招聘活动。在达成就业协议之后，政府在进行 1 天的适应性培训后，免费提供劳务输出专车，专人护送农民工到岗。2018 年 1 至 3 月，共有 10 批次 1 117 人分赴省内外各区域就业。

匹配的活动的统称，具有知识化、生态化的高度不确定特征。数字化劳动需求识别技术正在快速改变传统的劳动供求匹配活动和结构。各类招聘网站和软件，特别是一些兼具工作软件和招聘软件功能的数字化平台，例如各类打车软件、外卖软件和社交软件，拓展了传统就业的范畴。对于一些高度依赖数字化环境展开经营活动的企业而言，应用数字技术是企业生产经营活动的基本特征。对就业而言，数字技术的全方位应用形成了企业明显的劳动进入知识门槛。同时，数字环境中社交生态凸显的重要性，使得在这些行业中就业的劳动者必须保持相关社交生态中的"常在性"。两个因素共同作用，较大地压缩了低端劳动力在这些领域中的职业发展预期空间。

四个园区中的数字企业，例如各类数字化服务公司、网络平台企业中，以大学生为代表的技术人才和技能型工人群体中，农民工占比几乎可以忽略不计。在 C 市外卖快递行业做的调查显示[①]，这一行业吸纳了大量农民工就业，外卖送货员中户籍在农村的占比达到 79%，农村户籍的送货员中男女性别比例为 87∶13，男性是大多数。这 79%的送货员中又有 53%的配偶留在农村老家照顾家务。在受访的外卖送货员中，61%从事这一行业的时间不超过半年，仅有 7%的受访者自述从事外卖工作超过 2 年。公司对业务补贴政策的调整、城市中业务聚焦区域的变化，是 82%的外卖送货员关注的问题。对于数字平台背后的技术保障，外卖送货员普遍不关心或者认为难度过高无法把握。从这些情况看，在数字化企业中，尽管在客观上的确出现了大规模低端劳动力实现灵活就业的现象，但在整体上，数字化企业的劳动门槛显然存在。

从劳动分工的角度看，数字化企业和其他传统企业比较而言，只不过是把传统企业无法容纳的劳动形式纳入企业内部而已，实质上是在数字技术的支撑下，外部劳动市场被企业组织内部化的一种变化而已。这种变化扩大了企业能够容纳的就业范围，在劳动领域拓展了企业边界。但就劳动作为生产过程的总体描述而言，数字技术并没有改变劳动就业的传统结

---

① 本书课题组在 C 市 P 区人力资源部门的帮助下，根据分区域、分企业的原则在 3 家外卖公司分别组织了 5 场座谈。座谈人员主要涉及外卖企业经营管理人员和外卖送货员。其中，企业经营管理人员合计 17 人，外卖员合计 59 人。调查中获得的外卖员总体数据根据企业提供的数据合计形成。

构，至少从当前的情况看，这一判断是有事实基础的①。从硬件基础类企业在数字化渠道应用上的态度来看，例如 V 企业，数字化渠道对 V 企业只是渠道或者工具而已。调研发现，V 企业长期依托几家劳务派遣公司，在线上线下进行长期的招聘活动。这充分反映了 V 企业既要利用数字化渠道来获得劳动供给，又有意识地采取分散化策略，使得企业的劳动管理不在这一过程中被渠道控制。数字化劳动供求匹配渠道，对 V 企业而言就是一种新的管理工具。企业也并不对劳动者的数字知识把握程度有工作性要求和绩效性评价，企业的劳动用工，在本质上，还是以流水线生产需要作为基础条件的。因此可以认为，企业对新技术的采用，建立在对新技术知识化、生态化特征的认识基础之上。这一特征所引致的企业劳动用工因为过多采用新技术可能带来的劳动供给的高度不稳定性，是企业在经营活动中必须高度重视并采取措施有效管理的不确定因素。从这一角度看，企业对女性农民工作为劳动要素的认同度，取决于新技术及其产业化过程对女性农民工群体可能形成的影响。如果新技术及其产业化过程最终会吸纳更多的女性农民工就业，企业也必然会认同这一变化，反之亦然。从当前的情况看，新技术本身还处在快速变化的过程中，其产业化的进程也还停留在通过持续性的风险投资形成不断试错的阶段，新技术会提高劳动的知识和技术门槛，导致企业劳动方式更为多样化，除这两点之外，高度生态化的新技术环境究竟会对特定的劳动群体产生什么样的影响，还是不明确的。不能因为当前的新业态性别比例的高度不均衡，或者新技术带来大规模就业的增加，就对新技术及其产业化的未来做出否定或肯定的判断。

6.3.4 企业竞争性排序的实际状态与性别影响

根据前文的理论分析，企业当前的竞争性排序主要受制于投入条件、要素结构、产业发展周期、劳动成本与供给条件、市场趋势、技术变化和

---

① 外卖等数字化平台带动低端劳动力就业之所以能够引起社会和政府的广泛关注与重视，本质上是低端劳动力就业现象的一种显性化。过去农民工作为低端劳动力进入城市务工，尽管其状态并不是太好，但由于能够呈现在社会公众面前的是一种个体化（例如贫困农户务工）、片段化（例如农民工讨薪）、区域化（例如沿海务工群体）的现象，较难通过社会舆论引起群体性关注。不同区域的政府即使能够对农民工问题有足够的重视，受管理手段的限制，也较难对农民工问题进行整体性的应对与处置。数字化手段的出现实际上在这两个方面均对当前存在的问题提出了新的解决思路。但由于这一解决思路是由企业提出的，因此其对策的内核依然是利润导向的，也不可能因数字技术的采用，形成对低端劳动力就业进行管理的根本应对策略。

政策要求等方面。竞争性排序是影响女性农民工群体就业的劳动需求因素，决定着女性农民工在市场中面对的经济机会及其组合的可接受度。从调研反映的情况看，企业的投入条件、劳动成本与供给条件、市场趋势是影响企业内部生产要素竞争性排序决策的主要因素。综上，当前企业的竞争性排序状态还具有传统工业化的基本特征，主要表现出三个方面的确定性状态与不确定性预期。

（1）企业群体的资产特征依然较为突出，但正面对"轻资产"趋势的结构性变化

资产是企业内部生产要素管理考虑的首要因素。形成资本、土地、技术和劳动的有效组合，是企业能够面对竞争的基本依托。从四个园区的企业情况看，有较为突出的资本特征的企业，即固定资产规模过亿元的企业存续时间较长，劳动用工相对稳定。而大量小微企业，企业存续时间较短，劳动用工变动也较为频繁。尽管从城镇总量上看小微企业实现的就业规模较大，但就产业园区而言，固定资产投资规模较大的工业企业依然是就业的主体。企业、政府与职工对企业的资产规模均有较为一致的认识，即资产规模越大的企业，实力越强。

就园区而言，政府对园区的管理，也主要以龙头企业的存在与否作为主要标志。V 企业所在 G 园区、U 园区尽管在不同的地区，但对 V 企业的重视程度，以及相应的宣传程度，都较高。反过来，Q 园区和 J 园区以中小企业为主，政府干部在座谈中屡屡谈及要"培育园区龙头企业"。在企业的座谈中，尽管主题是"劳动就业"，但小微企业代表对"融资难、融资贵"问题的反映依然较突出。主要的应答思路，就是"扩大投资规模是吸纳就业的关键"。这一普遍性认识的背后，反映的是企业对扩大固定资产投资的追求。在职工群体中，"大企业就是资产大的企业""大企业工作更稳定"也是普遍性的认识。因此，追求更大的资产规模，是当前企业在竞争环境中实现利润目标的普遍性手段。尽管在产业发展的不同阶段，企业对这一手段应用的力度会有所变化，但这一手段的优先性，以及由此形成的企业内部生产要素竞争性排序中资本的首位性，是较为显著的。

资本对劳动、技术和土地等要素在企业中的运用有决定性影响。以劳动为例，固定资产投资结构决定企业的劳动用工结构。资本密集型的企业，既可能会因为新技术的采用而大规模缩减劳动使用规模，例如技术型企业对设备的依赖，形成对高技术劳动力的需求，基本就排斥了低端劳动

力就业；也有可能会因为资本的投入而形成大规模的新劳动需求，例如制造业的流水线用工需求。企业劳动用工结构、状态的稳定度，决定于资本的实际需要，在一定的程度上，也与资本的拥有者对劳动的认识有关。四个园区的企业之所以雇用了相当规模的女性农民工，根本原因还在于企业的生产经营对于低端劳动力的刚性需求。从生产流程上看，Q 园区和 J 园区的鞋业企业需要大量的劳动力介入。G 园区和 U 园区的 V 企业，流水线生产也离不开大量劳动力。这都是资本投入所形成的生产过程的必然要求。大中型企业和小微企业的区别，仅仅在于对劳动过程的预期不同。大企业更倾向于在固定资产投资周期内保持较为稳定的劳动规模和结构，而小微企业则更注重满足短期、即时的劳动需求。这种劳动需求的状态，对女性农民工而言并不利。一方面作为低端劳动力，由于技术和履历的限制，较难进入大企业就业；另一方面，即使能够进入，由于自身或者家庭的原因，在就业过程中必然出现的劳动中断，也限制了女性农民工保持稳定的就业状态，最终会被企业内部的竞争机制淘汰。女性农民工群体在大企业中相对较少，调查中涉及的 2 家大型企业，就直言没有女性农民工。出现这种情况不是没有原因的。大规模的固定资产投资要求对小微企业形成的事实约束，在劳动市场中必然转化为劳动力的竞争性配置。在这种形势下，劳动力本身必须适应资本的要求，才能在竞争中获得参与经济活动的就业机会。资本决定劳动，这种状态依然是当前的主要态势。

随着新技术影响的提升，企业"轻资产"的情况也开始出现。"轻资产"企业当前所表现出的灵活就业扩张的劳动市场现象，值得高度关注。如前文所述，所谓"轻资产"，实际上是以应投入资产一方面以基础设施的形式实现，另一方面以个人持有资产（例如手机）增加作为替代的①。换言之，具有公共性的资产环境成为企业开展经营活动的前提条件。按照资本决定劳动的逻辑，由企业一方单独决定劳动需求，并不能反映劳动需求的本来状态。公共基础设施的持有者和劳动者作为个人资产持有者的整体，应该在劳动需求决定中扮演更为积极的角色。企业内部生产要素的竞争性排序有必要向市场竞争的资源配置机制转变，企业的劳动管理也有必

---

① 对于新经济条件下女性农民工就业态势的研究，由于生产性投入以企业投入、公共基础设施投入和个人持有资产投入为前提条件，那么对女性农民工在个人持有资产投入方面的把握度和公共基础设施投入方面的被支持程度就成为必须进行研究的内容。这方面的研究将在本书接下来的内容中展开。

要向由企业、劳动者和公共性资产的持有者共同参与决定的劳动治理转变。这种转变是否能实现，应当如何实现，还存在较大的不确定性。以"轻资产"为主要特征的新经济，劳动需求本质上还是由企业单一决定和管理的。应该看到，这种单一的决定机制使得相关经济活动的收益更多地向企业集中，也由此形成"高烧不断"的新经济现象。这种状态的可持续性较低，随着技术产业化水平的提高，收益显著高于其他领域带来超高速发展必然会形成泡沫和投机现象，进而吞噬产业发展的基本动力。"轻资产"企业短期内所带来的劳动就业扩张，在产业发展进程中也必然会转变劳动结构的长期变化。因此，在新经济发展的进程中，通过制度规范，加快形成劳动治理机制，使得产业发展的内在机制能够确保经济活动收益更多地惠及劳动人口，是当务之急。如果等到产业发展成熟，资本实质上完成了上下游整合，形成绝对控制力时再采取事后的制度性矫正措施，事倍而功半。例如，对于农民工群体在外卖、快递领域就业中占主体，以及女性在这些领域中占少数的情况，应在劳动治理的视野中加以分析和重点应对。以市场的名义而听之任之，最终的结果就是工业化完成之后成熟产业中存在的体制性就业性别歧视无法矫正。

（2）企业资本决定的劳动结构，具有较明显的劳动群体针对性适应特征

调查反映的另外一个较为突出的现象，就是企业受访者在第一次听到女性农民工问题时，往往反应较慢，表现出对座谈话题的不熟悉和不以为意。仔细分析这种态度的背后，就是女性农民工作为一个劳动群体，其群体特征还没有被纳入企业生产经营考察的范围中来，或者说企业如果要考虑女性农民工群体的劳动特征并采取措施来适应这种特征，其可能付出劳动成本上升的代价，是企业没有预计或者不想承受的。在资本的决定性影响下，企业最终会形成什么样的劳动结构，还决定于劳动群体的总体状况①。

在现实中，大型的劳动密集型企业一般都对劳动群体有深入的研究和

---

① 从工业化的必然规律上看，资本之所以通过生产设备的投入带来了大量过去未被卷入工业化生产过程中来的剩余劳动人员，包括妇女和儿童在内，进入生产过程中，从而扩大了劳动后备军，就在于劳动要素本身的充裕性和可利用性。劳动要素充裕性和可利用性的价值之高、对于生产过程的不可或缺性以及开发的容易程度，使得其他要素的投入变得经济上十分"昂贵"，难以为资本所接受。关于这一点，马克思在《资本论》中已有深入的描述。资本之所以要雇佣劳动，在于劳动的廉价，使之能够迅速满足资本追逐利润的需要。

细致的观察，以把握其特征，并将这种特征贯穿于生产设备投资和生产经营管理的全过程。例如 V 企业，由于其劳动群体中有相对其他企业更多的女性群体，对女性农民工的认识和帮扶也更多。也正因为如此，具有劳动密集型特征的企业，无论从设备、生产组织、劳动管理等哪一个方面看，都有明显的劳动群体针对性适应特征。这是积极的一面。有了资本对劳动群体的细致研究，才可能有更好的劳动环境和保障。工业化之所以能够带来大量低端劳动人口就业，其根本原因也在于此，但也仅限于此。

劳动是企业内部生产要素管理的基本因素，有效利用劳动是企业劳动管理的首要原则。企业对有效劳动的需求得到满足之后，很难有更大的动力去提升现有劳动群体的素质。对社会而言，良好的劳动人口是具有学习能力、自持能力和适应潜力的劳动者，而对于企业来说，好的劳动人口是守纪律、精业务、易满足的劳动者。企业所要求的学习，是指对劳动岗位所要求的技术的掌握。在劳动市场中的劳动者群体，最好是已经掌握了这种技能的人群，如果没有，在入职后花最少的时间加以培训，以迅速掌握相关技能，是企业愿意做的所有工作[①]。在这种格局中，女性农民工在整个企业雇佣的劳动者群体中，地位是不太高的。在劳动市场中，资本对农民工的关注来源于持续劳动群体的必要性，但并不会因此也对女性农民工群体形成特殊的关注。

（3）企业生产要素管理的市场化程度是影响企业就业性别决策的关键性环节因素

市场是企业内部生产要素管理的替代性因素，引入市场是企业生产要素竞争性排序管理的关键所在。调查中被观察的企业，在内部生产要素管理方面，表现出以下规律性现象：根据企业大小的差异，内部生产要素管理的市场化程度，按照小企业到大企业的顺序，逐渐降低。换言之，越是小的企业，其生产要素被外部决定的程度越高，企业对生产要素在生产过程中的管理能力越低。越是大的企业，其生产要素的内部决定程度越高，

---

① 企业对职工的培训有明确的工作目标。在调研中，三个园区的企业除了组织员工参加园区举办的政策宣介等培训外，自行组织的培训主要是业务类的，即由业务骨干对新进员工进行入职教育和适应性技能培训。在日常工作中，中小企业一般不组织培训，年底会对员工进行团队建设方面的训练，由于主要采取户外拓展训练的形式，得到员工的普遍欢迎。国有企业会针对中层以上的管理干部开展政策和技能培训。较为特殊的是 V 企业，由于职工群体规模较大，工作环境较为封闭，V 企业在日常工作过程中，会针对特殊的群体，例如孕妇、单身职工开展针对性教育和培训工作。总的来看，培训主要是针对维持正常生产秩序展开的。

企业的管理能力也越强。

土地、资本、劳动力和技术四类要素对大小企业的含义差别是较大的[①]。土地在小企业方面更多地表现为房租，对大企业而言，土地则是一种可以获得溢价的投资品。在资本方面，小企业的资本来源结构相对单一，其风险的承担结构也相对单一，可以调整的空间较小。大企业则完全不同，多样化金融工具的使用，本身就使得大企业的投资成为较为灵活的管理手段。在劳动方面，大企业能够依靠劳动群体内部结构的调整来获得稳定的劳动供给，小企业在这方面的可回旋空间小得多。在技术方面，大企业对技术产业化的操控能力强于小企业。因此，仅就企业组织内部而言，大企业的生产要素管理空间远比小企业大，生产要素根据企业生产经营的需要进行相互替代的操作可能性较高。小企业的内部生产要素的竞争性排序，是"被市场外在决定"的状态，而大企业的生产要素竞争性排序，则是"主动引入市场"的结果。这两者之间由于决定与被决定关系的不同，存在本质的差异。小企业的竞争性排序，除生产过程的特殊要求外，基本上是市场在企业组织内部的延续。而大企业的竞争性排序，则是在外部市场参照下的内部生产要素结构根据企业生产经营的主动调试。

从劳动要素的角度看，小企业的劳动就业是劳动市场竞争的直接结果。劳动市场的状态决定着小企业的劳动就业状态。而大企业的劳动就业只是对劳动市场的"模拟"，劳动市场对企业劳动要素的适应会形成什么样的影响，取决于企业对劳动市场走势的判断以及对市场竞争机制的接受程度。因此，小企业的劳动决策并无太大的空间，劳动市场的供给与需求状况，对于小企业而言，是必须接受的外部条件。而大企业则不同，劳动就业是否由市场决定，取决于企业对劳动市场的可参照度的判断。例如劳动市场出现较为明显的工资上升，这是当前的状态。从长期看，小企业群体对此类市场走势只能接受，而大企业则有更大的劳动决策空间来对冲劳动市场的工资上涨。在调研中，大企业较为强调竞争机制对劳动就业岗位的作用。其背后的逻辑在于：当前劳动市场劳动供给充沛而导致的劳动工

---

① 此处对大小企业生产要素竞争性排序的研究，仅仅是就单一的企业所表现出来的特征进行组织研究，并不是对大企业和小企业群体的就业对比研究。对大企业群体和小企业群体的认识，与一家企业的认识比较，有较大的差异。一个显著的事实就是，中小企业群体是吸纳劳动就业的主要群体。但这一事实是以大规模的中企业群体作为前提条件的。就一家中小企业而言，其劳动就业群体的规模是不如一家同样具有劳动密集型特征的大企业的。

资低于企业预期成本的情况较为明显，即使在劳动工资水平已经出现了明显上涨态势的情况下依然如此[①]。企业参照劳动市场价格来确定企业劳动工资的给付水平，对于劳动成本控制而言，是较为有利的。这种政策的判断和对冲，对小企业而言，是无法实施的。将这一观点应用到劳动就业的性别平等问题上，可以发现，由于生产要素的竞争性排序的外部决定特征，小企业中存在的劳动就业性别歧视现象，在整体上是劳动市场性别结构和歧视的延伸性反映，并不是企业必然的生产要素决策选择。换言之，市场上存在多少性别歧视，在小企业中就有多少反映。同样地，由于生产要素竞争性排序的内部决定特征，大企业中存在的劳动就业性别歧视现象，则是企业基于土地、资本、技术和劳动的整体状况，形成的主动决策。换言之，大企业中存在的劳动就业性别歧视现象，是企业组织生产经营决策的必然结果。企业规模的差异导致的劳动就业性别歧视原因的不同，是我们深入认识和分析就业性别平等问题应当首先认识清楚的基本事实基础。

6.4 经济机会假设的验证

6.4.1 对假设问题的回答

第4章提出的"禀赋性别差异及基于企业竞争性排序的制度敏感性"假设，在本章转化为以下三个问题：第一，女性农民工群体在劳动市场中面对的经济机会；第二，女性农民工群体在企业竞争性排序中所处的地位；第三，企业、农民工自身和政府等对女性农民工群体面对的经济机会的认识。

基于本章的研究，对以上三个问题的回答如下。

第一，女性农民工群体在劳动市场中面对的经济机会是市场竞争决定的结果。在这一点上，女性农民工与其他大规模劳动就业群体并无差异。换言之，对于女性农民工群体而言，禀赋并不是其获得经济机会的主因。

---

① 在V企业的调查中，农民工在座谈中反映了一个案例：V企业原先包职工吃住，后来在职工反映工资水平不高的呼声高涨的情况下，V企业回应职工要求，涨了职工工资，但停止了原先包吃住的做法。职工并没有特别反对。当问及职工原因时，他们普遍反映，在工厂住宿不方便，长期吃食堂也不好吃。与其包吃住，不如把钱直接发给个人。

劳动需求决定的劳动供给，必然会是劳动需求方希望的供给。当然，研究也发现，劳动供给的群体特征，也在一定程度上对劳动需求形成了影响。但这种影响并没有从根本上改变劳动需求决定劳动供给的总体趋势。在这一趋势中，性别作为劳动者的个体特征，成为决定劳动供给的间接因素，并不会对劳动需求形成实质性影响，因此也就无法在企业的劳动需求决策中得到具有足够重要的表达。同时，也必须认识到，在劳动过程中形成的性别歧视现象，更多的是由劳动过程的自然特点引致的，并不是社会性歧视。由此形成的客观态势是，现实社会中的性别状态如何，劳动就业中的性别状态就如何。企业作为生产组织者，并没有主动的态度、足够的动力，甚至没有基本的意识去矫正现实社会中存在的性别歧视现象。最终的态势是，生产中存在的性别差异与社会中的性别歧视现象重叠在一起，形成相互"激励"，最终在劳动过程中形成了对包括女性农民工群体在内的女性群体的性别歧视。市场竞争并不会主动地形成矫正性别歧视的机制，这是研究得到的第一个结论。

第二，女性农民工群体在企业竞争性排序中并未因突出的禀赋而居于优势地位。本书对企业竞争性排序的研究，主要从资本、劳动、技术三个方面切入。劳动是竞争性排序聚焦的主要对象，劳动与资本、技术比较，在企业经营的不同阶段上，在不同的企业之间，哪一个因素处于优先的地位，对于劳动而言较为重要。因为这一排序将决定劳动在企业经营收益分配中的博弈能力和回报份额。资本是企业能够实施竞争性排序的前提，同时也是竞争性排序决策的三个主要对象之一。技术是革命性因素，是企业作为一个市场组织，决定劳动和资本等生产要素相互关系的最终力量。

第三，相关主体对女性农民工群体面对的经济机会认识差异度较大，缺乏性别特征。对女性农民工群体的识别必要性认识不足是共同的特征。在调查中涉及的社会群体，无论是企业、政府还是社会，对劳动就业促进制度帮扶女性农民工群体的必要性认识不足。即使是在农民工来源地，对于女性农民工进行常态化系统培训、帮助其获得可持续发展能力的必要性认识也不足。企业并不能也缺乏足够的动力，从劳动者自身特征出发对女性农民工群体进行有效的识别。

6.4.2 企业竞争性排序的特征及其对女性农民工群体的影响

基于以上三点认识，企业针对生产要素组合进行的竞争性排序判断，主要表现出两个特征。

第一，资本投入规模的大小、技术的独特性决定竞争性排序的稳定性。缺乏资本或者技术的支撑，企业作为一个市场组织就缺乏独特性，因此其内部的竞争性排序和外部的市场会同一化，也就没有单独研究的必要性。从这一意义上讲，一方面，大量的中小企业群体，尽管是就业的主要载体，但其企业组织形态，并不具备承载稳定就业群体的基本条件。另一方面，大企业可以承载稳定就业，但稳定就意味着就业增量不大，对于需要显著就业增量的劳动管理部门而言，这一企业组织形式也具有较为突出的缺点。因此，能够既保持显著就业增量，又尽可能提高就业稳定性的企业组织形式，是政府和劳动者均愿意看到的。但这一形式在经济活动的开展中，受到行业、经济周期、竞争结构等多种因素的约束，并不容易实现。在劳动就业过程的某一个环节上通过制度介入的方式来矫正这一情况，较难取得显著的效果。对于女性农民工群体，特别是刚刚离开农村进入城市务工的新群体来说，除了服从市场竞争的支配外，几乎没有其他的选择。

第二，就劳动而言，企业短期的竞争性排序决策服从劳动供给的结构性替代原则。这是包括女性农民工群体在内的弱势劳动人群，能够在市场中获得就业岗位的根本原因。利用资本的适应性投入，即以降低劳动能力要求为原则的资本投入，进而能够使用劳动能力较弱的人群来满足劳动需求，是被调查企业存在的普遍现象。这既能够解释企业倾向于使用女性农民工来满足流水线生产需要的现象，也能够说明为什么包括信息技术在内的新技术在被调查企业内较难得到全面彻底的应用。从这一角度看，资本和劳动之所以能够在企业内共存，弱势劳动群体之所以能够在市场中得到经济机会，其根本点不在于资本和劳动相互需要，而是在于劳动在一定程度上满足了资本的需求。对于女性农民工群体而言，这一规律意味着在一个固定资产投资周期内，企业在劳动供给的结构性替代原则的作用下，会逐渐派生出对较为弱势劳动人群的需要。因此，保持对劳动务工的持续参与，就能够持续把握住经济机会。但显然，这类经济机会的稳定性和回报都会显著地低于预期。

6.5 经济机会模块的指标设计及数据来源

本书理论研究部分就经济机会模块的指标进行了设计。"经济机会"模块包含"就业经济收益"（o_1）、"市场化就业"（o_2）和"劳动协作"（o_3）三个一级指标，主要围绕竞争性排序，对女性农民工在市场中进行劳动就业活动的状况进行评价。从本章的实证分析上看，以上三个一级指标体现了经济机会模块约束女性农民工群体就业选择的基本因素。在各个二级指标方面，根据本章的研究，提出其指标的数据获取来源、得分档级、对应关系及计算公式（见表6.1）。

表6.1 女性农民工群体就业适应度经济机会（O_b）模块指标数据来源及得分档级

一级指标	二级指标	得分档级					指标说明	指标数据来源
		一档	二档	三档	四档	五档		
就业经济收益（o_1）	收益水平（o_{11}/M_{21}）	1	2	3	4	5	同一就业场景下目标女性农民工群体的中位收入水平。收入越高，档级越高，从一档到五档分别对应"就业地最低月工资水平以下、最低月工资~高于最低月工资1 000元、高于最低月工资1 000元~高于最低月工资2 000元、高于最低月工资2 000元~高于最低月工资3 000元、高于最低月工资3 000元及以上"。将目标人群收入占比最多的档级作为目标人群的得分	根据对目标群体的调查获得数据
	收益水平的性别差异（o_{12}/M_{22}）	-5	-2.5	0	2.5	5	同一就业场景下目标女性农民工群体的中位收入水平与男性农民工群体之间的差异。负差异越小，档级越低，反之亦然。从一档到五档分别对应差异为"-30%~-10%、-10%~0、0~10%和10%~30%"（差异档级的设定根据目标群体调查结果，结合对应指标的重要程度决定，指标在设计中越重要，波动幅度越小）。将目标人群的收益差异占比最多的档级作为目标人群的得分	政府统计数据
	类别否定项：无显性收入（C_{21}）	-10	-10	-10	-10	-10	收益水平的性别差异超过-30%，违背了就业获得发展的基本目标设定，即使用类别否定项	根据对目标群体的调查获得数据

表6.1(续)

一级指标	二级指标	得分档级					指标说明	指标数据来源
		一档	二档	三档	四档	五档		
市场化就业（o_2）	2.2.1 市场化就业水平（o_{21}/M_{23}）	1	2	3	4	5	同一就业目的地目标女性农民工群体依托劳动市场参加就业的比率。参与率越高，档级越高。从一档到五档分别对应"0～10%、10%～25%、25%～50%、50%～75%、75%～100%"，将目标人群的就业市场参与率占比最多的档级作为目标人群的得分	政府统计数据
	市场化就业水平的性别差异（o_{22}/M_{24}）	-5	-2.5	0	2.5	5	同一就业目的地目标女性农民工群体依托劳动市场参加就业的比率与男性农民工群体之间的差异。负差异越小，档级越低，反之亦然。从一档到五档分别对应差异为"-100%～-50%、-50%～0%、0、0~50%和50%～100%"（差异档级的设定根据目标群体调查结果，结合对应指标的重要程度决定，指标在设计中越重要，波动幅度越小）。将目标人群的市场参与率差异占比最多的档级作为目标人群的得分	以政府对目标群体的帮扶为依据，结合对目标女性、男性农民工群体规模总量的调查得到
	类别否定项：无劳动市场（C_{22}）	-10	-10	-10	-10	-10	缺乏劳动市场中介是导致目标女性农民工群体劳动收入难以保障的主要原因。市场化就业水平的性别差异超过-100%即使用类别否定项	根据对目标群体的调查获得数据
劳动协作（o_3）	就业岗位的协作（o_{31}/M_{25}）	1	2	3	4	5	同一就业场景下目标女性农民工群体参加劳动协作的水平。参与水平越高，档级越高。从一档到五档分别对应"0～10%、10%～25%、25%～50%、50%～75%、75%～100%"，将目标人群的协作参与率占比最多的档级作为目标人群的得分	根据对目标群体的调查获得数据
	就业岗位协作的性别差异（o_{32}/M_{26}）	-5	-2.5	0	2.5	5	同一就业场景下目标女性农民工群体参加劳动协作的水平与男性农民工群体的差异。负差异越小，档级越低，反之亦然。从一档到五档分别对应差异为"-100%～-50%、-50%～0、0~50%和50%～100%"（差异档级的设定根据目标群体调查结果，结合对应指标的重要程度决定，指标在设计中越重要，波动幅度越小）。将目标人群的协作差异占比最多的档级作为目标人群的得分	政府统计数据
	类别否定项：群体性辅助性岗位（C_{23}）	-10	-10	-10	-10	-10	劳动辅助性岗位人力资本积累水平低，难以通过参加就业获得自身发展。就业岗位协作的性别差异超过-100%即使用类别否定项	根据对目标群体的调查获得数据

除类别否定项外，其他评估项各档级间得分计算公式如下：

$$实际得分 = 下一档级分值 + \frac{实际差值 - 下一档级差值}{上一档级差值 - 下一档级差值} \times$$

$$(上一档级分值 - 下一档级分值)$$

6.6 劳动就业促进制度的影响及性别取向

基于上述分析，政府在企业劳动管制方面，对于因竞争性排序而形成的劳动就业性别不平等现象，应当有更为精细和明确的政策措施，实施于更为明确的作用对象身上，才能真正形成促进劳动就业性别平等的政策效果。当前，劳动就业促进制度还存在三个问题。

（1）劳动就业促进制度设计具有较为明显的"守底线"特征

劳动就业促进制度对企业组织内部的生产要素配置和应用的管理更多是清单式管理，对包括女性农民工在内的特定劳动群体的制度性关注较为缺乏。劳动就业促进制度表现出"守底线"特征，即守宏观经济稳定的底线。在前面的研究中已经指出，劳动就业促进制度更注重从劳动群体一端对就业进行帮扶。在企业这一端，劳动就业促进制度的介入是间接性的。在当前的经济态势中，稳就业所采取的主要措施是减税降费，例如企业缓缴社会保险费、缴纳的失业保险费的返还、农民工用工大户企业的农民工工资保证金暂缓缴存或免缴、定额税收减免、担保贷款及贴息、就业补贴等。这些政策措施的主要思路，就是通过税费的优惠和减免，来激励企业稳定和扩大就业岗位，避免劳动用工支出的刚性导致企业主动减少劳动用工。对于企业的劳动就业促进制度，大多是这一类间接性的措施。这类措施能够有效地在经济运行的整体层面上实现"稳就业"的目标，但由于其间接性，并不能对特定的劳动群体形成直接性的、具有政策导向性作用的就业促进效果。也正因为如此，这一类的劳动就业促进制度和政策，由于其间接性的作用机制约束，无法在制度层面上真正实现促进就业性别平等的目标。但现实中，企业基于利益导向形成的事实上的性别歧视现象又是存在的，政策对相关情况和案例也有明确的反映，但最终执行结果往往不尽如人意①。社会对就业性别歧视案件的处置关注点聚焦在责任主体（例如劳动监管部门）和特定人群（例如女大学生）等方面。当政策和社会在探讨就业性别平等问题时，一方面均有意无意地回避了劳动供给大于需求的低端劳动人口的就业实现问题，而将注意力集中到劳动力总体上依然需求大于供给的大学生群体方面；另一方面都有意无意地回避激烈的市场竞争机制下企业内部的工作压力和环境客观上不太利于女性劳动者就业的实际情况，而将注意力集中到招聘环节中的条件设置、工作过程中较难取证的劳动歧视。这些客观情况的存在，都反映出当前的劳动就业促进制度的企业导向、市场逻辑和间接手段在促进就业性别平等方面的天然局限性。

（2）劳动就业促进制度在企业劳动需求和供给匹配的市场化活动中的作用发挥存在客观限制

劳动市场的多层次、多样化存在，是调研反映的一个客观现象。女性农民工在市场中获得就业机会，并不是通过一个或几个主要的渠道完成的。女性农民工就业的渠道是高度分散化的状态。其中既有市场化程度很高的劳动市场的作用，也有完全处于市场之外的、基于个体关系而完成的就业活动。在这种情况下，劳动就业促进制度实际上缺乏强制性的手段和资源，对广义的劳动市场中开展的就业活动进行实质性的监管。劳动就业促进制度对就业活动的实际管束，客观上只能集中于劳动者较为集中的区域，例如农民工输出地、企业和产业园区所在地等。同时，由于资源的限制，监管只能是"事件导向"的，即发现问题进行处置。主动的、全面的监管是无法实现的。因此，劳动就业促进制度往往只能关注就业前的劳动者引导和就业后的企业劳动管理行为的负面清单管理，对劳动需求和供给的匹配活动缺乏实质性的介入。调研显示，在劳动者高度流动的情况下，劳动需求和供给匹配活动实质上是劳动关系确定的关键性活动，这一过程所决定的劳动时间、待遇等一系列关键性条件，是劳动者在之后的劳动过

---

① 《关于进一步规范招聘行为促进妇女就业的通知》（人社部发〔2019〕17号）（以下简称《通知》）指出，依法禁止招聘环节中的就业性别歧视，各类用人单位、人力资源服务机构在拟定招聘计划、发布招聘信息、招用人员过程中，不得限定性别（国家规定的女职工禁忌劳动范围等情况除外）或性别优先，不得以性别为由限制妇女求职就业、拒绝录用妇女，不得询问妇女婚育情况，不得将妊娠测试作为入职体检项目，不得将限制生育作为录用条件，不得差别化地提高对妇女的录用标准。国有企事业单位、公共就业人才服务机构及各部门所属人力资源服务机构要带头遵法守法，坚决禁止就业性别歧视行为。《通知》还指出，支持妇女就业。加强就业服务，以女大学生为重点，为妇女提供个性化职业指导和有针对性的职业介绍，树立正确就业观和择业观。

程中必须遵守的基本规则。一般的劳动者，尤其是女性农民工，较难对事前达成的劳动协议条款提出异议。从部分女性农民工反映的情况来看，对此除了接受之外，唯一能够做到的，就是通过离职来表达异议。但这种方式显然对女性农民工自身并非一个好的选择。因此，如果对劳动需求和供给匹配活动缺乏必要的介入，那么在这一过程中形成的就业性别歧视，就会成为之后的劳动过程的必然特征。在劳动关系流动性较大的情况下，劳动就业促进制度必须重视和管理这一匹配过程。基于这一认识，由单一的人力资源部门对劳动就业进行管理，是无法实现这一目的的。劳动过程监管向劳动关系治理的转变，是应对这一问题必然要推动的体系性变革。

（3）劳动就业促进制度具有较为明显的市场化倾向，缺乏平衡的价值立场和手段

发展是过去 40 多年我国社会的主题，促进经济活动规模和质量的同步提升是政府经济管理一直关注的重点。而我国的发展之所以能够以高速度持续如此之久，关键就在于庞大的人口红利支撑。大规模的劳动者持续进入市场，是我国经济增长的基本动力。从这一意义出发，我国的劳动就业促进制度，服务于经济增长过程，服从于经济活动开展主体即企业的需要。创造经济增量、实现企业利润的发展要求使得劳动就业促进制度更多地从企业一侧来考虑劳动者进入市场的状态和结构，并采取措施来推动这种结构的实现。"企业第一、劳动第二"成为劳动就业促进制度的基本价值取向，"没有企业就没有就业，没有就业就没有民生"成为社会的共识。在这一制度与认识环境下，在企业利益和劳动者利益之间主动找平衡点，由于违背市场竞争原则，不太可能成为劳动就业促进制度的行动选择。平衡作为价值原则，尽管在就业制度中得到证明，但在具体的实践中，却较难有操作的空间。发展的效率要求与就业的公平诉求之间，存在着较难调和的现实矛盾。就业公平的社会共识与就业歧视的现实状况之间，存在着较为鲜明的反向映射。劳动就业促进制度在理念上对公平的强调和在实践中对竞争的维护，存在着不可克服的内在冲突。这些都反映了在现实的劳动市场环境中，通过制度的介入来提升女性农民工群体的就业地位有着较深层次的障碍。

6.7　本章小结

本章对经济机会的研究，是就业适应度评价指标体系的第二个模块。本章围绕企业生产要素竞争性排序决策这一主题有如下结论。

从调研数据上看，女性农民工在企业的就业主要有三个方面的特征。第一，私营企业是女性农民工群体就业的主要企业组织形式。女性与男性相比较，来自农村的劳动力群体内部表现出更大的就业规模的性别差距。第二，劳动市场成熟度不高是女性农民工群体产业不平衡聚集状态形成的主要原因。劳动需求规模较大、作业重复程度高、技术要求较低的行业，女性农民工群体集中水平较高。企业实现劳动需求与供给匹配的方式越不规范，劳动供求信息交换越简略，劳动市场越不成熟，女性农民工群体的聚集特征也就越明显。第三，性别是劳动收入增长而非就业参与机会增加的决定性因素。

工业化传统的影响是双向的，既形成了有明确性别取向的劳动用工需求，成为就业中性别歧视的客观影响因素；又因劳动需求在扩张中必须得到满足的要求，形成了推动女性参与劳动的客观影响因素。在企业内部的生产要素竞争性排序中，主要影响因素包括三个。

首先，企业的劳动成本控制策略。这一策略主要表现出劳动成本控制服从于利润目标、劳动成本控制受制于劳动密集型企业的资产条件、劳动供给的结构性替代是成本控制的主策略、劳动的性别替代规模与劳动要素的可替代水平负相关等特征。女性农民工在劳动密集型企业能够获得持续的就业机会，是企业成本控制的结果。企业的成本控制策略，其核心就是劳动供给的结构性替代，包括劳动能力、劳动成本和劳动要素三种类型的替代。作为不成熟的低端劳动力，农民工对城市工人的替代，农村女性工人对男性工人的替代，都是劳动要素受制于企业的生产要素竞争性排序而出现的供给结构性变化现象。总的来看，劳动要素的可替代水平越高，劳动性别替代规模就越小；反之也成立。

其次，新技术的应用。第一，新技术应用拓宽市场空间，淡化传统工业化进程的性别取向，客观上扩大了劳动岗位的供给。第二，劳动密集型企业对新技术的采用，以降低劳动总成本支出为基本原则。企业新技术应用的总体水平决定劳动者的新技术接入程度。男性农民工和女性农民工在面对新技术方面的性别差异，不如他们之间因岗位差异导致的新技术接入差异明显。第三，新技术所形成的企业生产要素组合变化趋势还未对企业的竞争性排序形成根本影响。数字型企业所带来的就业机会增加，也仅仅是就业机会的增加而已。这一行业中真实的就业性别差异，相比更为成熟的硬件基础设施企业而言，较为严重。如果这种态势没有变化，当数字型企业真正成熟起来之后，资本投入策略的变化导致女性就业机会的显著下降，是大概率的事件。

最后，劳动市场的介入方式。第一，市场化劳动匹配渠道是对传统劳动市场中介渠道的统称，具有多样化、分散化的高度差异化特征。劳动者参与劳动的过程是否信息充分、是否公平，劳动匹配过程差异化导致的不可观察性，处于"黑箱"状态，劳动市场的自由度较高。在这种情况下，指望市场竞争机制能够产生公平的就业结果，指望市场能够促进就业的性别平等，是缺乏基本条件的。第二，政策性劳动资源配置是对政府组织劳动供给、对接用工需求的组织化行为的统称，具有短期化、对象化的倾斜性特征。由于农民工的高流动性，政府通过企业实现的对农民工就业的管理，始终只能是"就业过程中"的管理。对那些处于失业状态的农民工，缺乏有效的管理手段。第三，数字化劳动需求识别是对企业应用数字技术实现用工需求与劳动供给匹配的活动的统称，具有知识化、生态化的高度不确定特征。企业对女性农民工作为劳动要素的认同度，取决于新技术及其产业化过程对女性农民工群体可能形成的影响。如果新技术及其产业化过程最终会吸纳更多的女性农民工就业，企业也必然会认同这一变化，反之亦然。

结合以上三个方面的影响因素分析，企业竞争性排序的实际状态与性别影响主要表现出三个特征。第一，企业群体的资产特征依然突出，但正面对"轻资产"趋势的结构性变化。大企业更倾向于在固定资产投资周期内保持较为稳定的劳动规模和结构，而小微企业则更注重满足短期、即时的劳动需求。这种劳动需求的状态，对女性农民工而言并不利。一方面作为低端劳动力，女性农民工个体由于技术和履历的限制，较难进入大企业就业；另一方面，即使能够进入，由于自身或者家庭的原因，在就业过程中必然出现的劳动中断，也限制了女性农民工保持稳定的就业状态，最终会被企业内部的竞争机制淘汰。第二，企业资本决定的劳动结构，具有明显的劳动群体针对性适应特征。女性农民工在整个企业雇佣的劳动者群体中，地位是不太高的。在劳动市场中，资本对农民工的关注来源于持续劳动群体的必要性，但并不会因此也对女性农民工群体形成特殊的关注。第三，企业生产要素管理的市场化程度是影响企业就业性别决策的关键性环节因素。企业规模的差异导致的劳动就业性别歧视原因是不同的。大企业能够依靠劳动群体内部结构的调整来获得稳定的劳动供给，小企业在这方面的可回旋空间小得多。

由此形成对劳动就业促进制度的含义如下。第一，劳动就业促进制度设计具有较为明显的"守底线"特征。主要是宏观经济调控的底线，而非特定就业弱势人群的底线。劳动就业监督管理对企业组织内部的生产要素配置和应用的管理更多是负面清单式管理，对包括女性农民工在内的特定劳动群体的制度性关注较为缺乏。第二，劳动就业促进制度在企业劳动需求和供给匹配的市场化活动中的作用发挥存在客观限制。在这种情况下，劳动就业促进制度实际上缺乏强制性的手段和资源，对广义的劳动市场中开展的就业活动进行实质性的监管。第三，劳动就业促进制度具有较为明显的市场化倾向，缺乏平衡的价值立场和手段。在现实的劳动市场环境中，通过制度的介入来提升女性农民工群体的就业地位有着较深层次的障碍。

7 人力资本积累进程中的女性农民工群体就业能力及环境约束

本章是女性农民工群体就业适应度研究分析的第三维度研究，是对女性农民工群体就业能力/能动性的研究。本章根据第5、6章农民工来源地和企业调查的数据情况，通过收集到的女性农民工家庭案例，从家庭的角度切入，围绕就业活动的可持续性与人力资本跃升开展性别诊断，对女性农民工群体就业能力/能动性进行研究，分析女性农民工群体就业能力/能动性提升的家庭和社会约束条件。本章的研究将对第三个假设即"劳动者人力资本的跃升及其制度保障"做出回应，由此展开的女性农民工群体能力/能动性分析将补齐女性农民工群体就业适应度分析的最后一个部分，完成对能力/能动性模块指标体系的合理性判断。

7.1 女性农民工群体就业能力/能动性的家庭因素影响

如前文所述，能力/能动性是指在劳动者禀赋、市场环境等条件约束下女性农民工群体在经济机会的选择集合中进行有效选择并采取行动的能力。对于女性农民工群体就业能力/能动性的研究，在今天我国劳动力结构特征出现趋势性变化的时期，具有较强的现实针对性和政策价值。

7.1.1 "二元"传统影响下农村家庭的女性就业决策

家庭是对劳动者群体进行研究的微观基本单位。这一判断意味着对女性农民工群体的研究，实际上并不能完全从劳动者个体的层面上展开，不能完全根据劳动者个人人力资源发展的实际需要来进行分析。女性农民工群体劳动就业的能力/能动性更多的是在家庭中酝酿、成形、激励，并服从于、服务于，同时也被约束于家庭。

7.1.1.1 农村家庭的农业、工业"二元"传统

从生产的角度看，农村家庭的女性就业决策是在农业生产和工业化劳动两个传统共同作用下的选择过程。对农村家庭而言，农业生产是长期遵循的习惯性传统，这是农村家庭能够保持较为稳定结构的经济基础。家庭是我国农业生产的基本组织单位。这种状态在农村家庭联产承包责任制长期执行的进程中得到强化，成为我国农村的基本生产形态。这种生产形态有四个特征。一是家庭依附于土地，土地的规模大小、产出多少决定家庭的规模大小和内在结构。家庭所承担的农业生产任务越重，相应地家庭需要的成员也就越多。反过来，家庭成员越多，所能够完成的农业生产工作也就越多。这在小农经济中，是一般规律。二是家庭之间在农业生产过程中的相互协作关系决定农村社会的基本形态。这种协作关系越紧密，农村社会的组织也就越紧密。如果协作关系被破坏，农村社会组织的生产关系基础就会丧失，家庭作为农村社会和经济活动基本单元的环境条件也因此不复存在。三是家庭内部结构和相互之间的协作关系一旦形成，就具有超稳定性。这种超稳定性是以农业生产力长期稳定作为前提条件的。除非农业生产出现重大的技术性变革，或者农产品市场环境出现根本性改变，超稳定的农村社会较难出现变化。即使上述条件成立，农村社会向适应生产力发展方向的变化也会持续较长的时间才能完成。如果采取措施强力推动这一过程，就会对农村社会形成重大的制度性冲击，从而形成不确定性较高的变革效应。四是家庭中个体服从于家庭发展的需要。在农业生产实际上需要团队协作的条件下，家庭中的个体必须在生产过程中服从家庭的安排。这种个体对家庭这一集体的从属性扩展到农村社会生活中，就会形成"家庭重于个体成员"的社会普遍认识。当家庭的地位在农村中被提升到足够高的水平时，个体的发展需要就会完全被家庭的需要替代。结合以上四个特征，可以发现，在农村家庭中，家庭成员劳动就业地位，与其在农业生产中所扮演的角色有直接的关联。与农业生产的直接关联越高，在生产中发挥的作用越大，其在家庭中所处的地位也就越高。由此观之，农村女性在家庭劳动中的地位，取决于她们在农业生产中、在维系家庭作为农业生产基本单元中、在维护家庭之间协作关系三个场景中所发挥的作用。由农业生产这一传统所决定的农村家庭女性的就业地位，是农村女性进入城市、参加工业化劳动的基本劳动就业决策依据。

工业化劳动则是改革开放以来经济增长过程形成的新劳动传统，这是农村家庭能够跟上发展步伐，实现自我更新的关键。工业化劳动之所以成为传统，在于改革开放40多年来长期的发展进程所营造的经济氛围，使得农民进入城市参加工业化劳动的动机从最早的收入激励为主转向更为综合的"进城"激励。参加劳动获得收入成为"进城"的必经阶段，已经在农民的心理上形成了普遍性的预期。这种预期在乡村振兴的进程中，随着一二三产业在农村的融合发展态势愈加明显、农民就地城镇化步伐的加快，表现得更为突出。在S省C市周边的远郊县，尽管农村的居住环境在长期投入和帮扶的支撑下，已经有了较大的改善。农业经济在乡村旅游的带动下，也逐步呈现出高效率和高收益相互促进的局面。但本地农民大量居住在城镇、不愿回农村的情况依然较为突出。这种情况在同处西部地区的N省和中部地区的Z省都存在。在东部地区的H省，则是另一幅场景，大规模外来劳动力涌入，较大地缩小了乡村与城市之间的差异，H省11个地级市，常住人口比户籍人口少的只有2个，全省常住人口比户籍人口多811万，最大的常住人口和户籍人口差异并不是像西部地区那样出现在省会城市，而是出现在另外一个地级市。这些都是大规模农民进城的现象。这些现象的持续实际上意味着收入预期已经不再是决定农民工进城务工的主要动机。结合这些情况可以发现，工业化劳动传统作为外部嵌入的生产形态，有四个特征。一是大规模低端劳动需求是确保农村家庭能够外出就业的基本生产条件。如前文所述，企业作为劳动需求的创造者，在吸纳低端劳动人口的过程中，是供给侧自适应的。也就是说，企业会根据劳动市场的结构性特征来有效构造劳动需求，以获得稳定的劳动供给。对于农村家庭而言，在现有的工业化作业水平条件下，保持青壮年劳动力的持续输出，是参与工业化的基本条件。从这一点上看，工业化劳动传统与农业劳动传统之间并无本质差异。二是可量化的劳动收入显著高于传统农业生产的可量化收入。工业化劳动属于付薪劳动。劳动者根据劳动关系完成工作任务后，会获得约定的劳动报酬。这和传统的农业劳动必须在产品出售后才能获得收入的情况存在明显的不同。农民在从事工业化劳动后收入的可预期性明显提高。这对于农村家庭的生产和生活决定均有重要的决策意义。三是劳动者个体的能力高低是决定工业化劳动收入高低的直接影响因素。劳动者能力越强，劳动收入越高；劳动者进入市场的时间越长、经验越多，劳动收入越高；有组织的劳动者群体与单一的劳动者个体相比，平均收入水平要高。由于个体的能力是决定劳动收入的关键，家庭对于工业化劳动的影响，显然不如农业生产传统的影响大和直接。四是工业化劳动的长期持续对农村家庭的传统结构有毁灭性影响。工业化劳动场景与家庭场景的长期分离，工业化劳动对个体而非家庭的强调，都使得农业生产传统维系的紧密家庭内部关系，无论是同代之间的关系、代际关系还是因家庭而连接起来的村庄结构，都趋于碎片化、短期化和极端化。农业生产作为维系家庭结构的主导性力量基础，逐渐消失。取而代之的工业化劳动传统正在全方位动摇农业生产传统的基础性地位。

对农村、工厂和农民工家庭的调研均显示，随着工业化进程的深入，这两个传统之间的相互关系也在发生变化。从前期的破坏农业生产传统来获得工业化劳动资源，到中期的反哺农业生产传统来稳定和扩大工业化劳动资源，再到中后期的同步稳定农业生产和工业化劳动资源。工业化劳动传统对农业生产传统的长期持续改造，既支持了工业化的发展进程，也对农村家庭形成了长期持续的影响。这两个传统之间矛盾运动的同时、长期存在，决定了农村家庭在经济发展过程中的结构变化，主要表现在以下几个方面。

7.1.1.2　农业生产传统的影响使得"大家庭"依然是农村家庭的常态

家庭在农村与城市有着不同的含义。农村家庭首先是一个由家庭联产承包责任制决定的农业生产的基本单位，其次才是一个生活和社会的单位。农村家庭的生产属性直接决定其生活和社会属性。城市家庭尽管也有生产属性，但这种生产属性并未通过特定的制度形式进行明确的规定。因此，城市家庭的生产、生活和社会功能，并无优先性。即使生产的优先性在事实上存在，但也未必会被特定的家庭个体成员认同和察知。这一点与农村家庭差异较大。尽管工业化劳动传统影响较大，但传统的农业生产传统决定的农村家庭结构整体的面貌依然还在，在农村妇女劳动决策方面的影响尤其不可忽视。

在 S 省 L 州和 B 市的调研均显示，农业生产对家庭人口规模有要求。根据对 B 市 1 306 户农村家庭、16～74 岁人口共计 4 225 人的调查情况来看①，1 人户、2 人户和 3 人户外出务工的比例较高②。这可以反过来说明，农村人口较少的家庭在农业生产开展方面存在天然的要素约束。这种情况，在 1 人户和 2 人户中，体现较为明显。在 1 人户和 2 人户共计 415 人中，没有外出的仅有 49 人（见表 7.1）。60 岁以上的有 544 人，其中 1 人户 12 人、2 人户 82 人，外出务工的共 106 人，占 19.49%（见表 7.2）。以村为单位，男性务工比例整体在 70% 左右，女性务工比例在 50% 左右。老人外出务工也是一个较为普遍的农村人口流动现象。究其原因，主要有三类。一是投亲。调查中反映的 1 人户外出务工情况中，60 岁以上的 4 户人均属于投靠在外务工的已分家子女。二是常年在外务工，子女也在外务工，回乡已无任何牵挂。三是鳏寡孤独的，且还有自理能力，不愿在农村生活。在 4 至 8 人户的 60 岁以上人口中，外出务工比例比 1 至 3 人户显著低（见表 7.2），表明人口越少的家庭，在老龄状态下受保障程度也越低。如果考虑有务工意愿的农民工在春节后 2 个月时间段内均外出务工的话，则只有 20% 左右的 16 岁以上农村劳动力没有外出务工。其中，在 1 至 3 人户中，工业化劳动传统已经表现出对农业生产传统的全面替代，仅有 15% 左右的人口留在农村；在 4 至 8 人户中，这种替代率更低一些，有 20% 左右的人口留在农村。在 S 省 L 州，由于民族地区和较为偏远的区位条件限制，替代率更低。在 L 州 Z 县 3 个村对贫困户的调查中，共计 66 户贫困户 270 人（男性 142 人，女性 128 人）中，外出务工的 64 人，占比为 23.7%，其中男性 50 人，占所有男性比例为 35.2%，女性 14 人，占所有女性比例为 10.94%。农业生产传统的特征较为明显。非贫困户的务工比例比贫困户高一些，但 3 个村各自务工男性占比不超过 50%，女性不超过 30%。这一结果显著低于 B 市的调查结果。

---

① 在 2017 年春节期间，对 B 市 S 镇家庭进行调查，根据乡镇政府资料和入户调查获得相关数据。所谓"有务工意愿尚未外出"，是指在春节后 1 个月内依然停留在农村的人员。

② 8 人户的务工人数较少，合计只有 22 人，9 户只有 2 人，故未作单独考察。从 7 人户、8 人户和 9 户人合计计算的情况看，共计 122 人，有意愿外出的 81 人，占 66.4%，外出务工 11 人，占比 9.02%，合计 92 人，占比 75.41%。

表 7.1　S 省 B 市农村家庭人口（16 岁以上）规模与务工情况

家庭规模	有务工意愿尚未外出		无务工意愿		已外出务工		合计/人
	人数/人	比例/%	人数/人	比例/%	人数/人	比例/%	
1 人户	28	53.85	0	0	24	46.15	52
2 人户	151	41.60	49	13.50	163	44.90	363
3 人户	408	44.49	162	17.67	347	37.84	917
4 人户	555	46.99	210	17.78	416	35.22	1 181
5 人户	450	46.73	164	17.03	349	36.24	963
6 人户	290	46.25	130	20.73	207	33.01	627
7 人户	68	69.39	23	23.47	7	7.14	98
8 人户	13	59.09	7	31.82	2	9.09	22
9 人户	0	0	0	0	2	100	2
合计	1 963	46.46	745	17.63	1 517	35.91	4 225

表 7.2　S 省 B 市 S 镇 60 岁以上人口的外出务工情况

家庭规模	有务工意愿尚未外出		无务工意愿		已外出务工		合计/人
	人数/人	比例/%	人数/人	比例/%	人数/人	比例/%	
1 人户	8	66.67	0	0	4	33.33	12
2 人户	25	30.49	29	35.37	28	34.15	82
3 人户	79	45.4	59	33.91	36	20.69	174
4 人户	40	34.78	56	48.7	19	16.52	115
5 人户	28	32.94	47	55.29	10	11.76	85
6 人户	19	25.33	47	62.67	9	12	75
7 人户	0	0	1	100	0	0	1
合计	199	36.58	239	43.93	106	19.49	544

　　在 N 省 A 县对乡镇和村干部的座谈调查也显示，外出务工是普遍现象，主要有四个特征。第一，参加座谈的 4 个乡镇和 5 个村的工作人员反映，留在农村不外出务工的人员群体在 20% 以下，常年外出务工不归的各个地方都存在，占比在 10% 左右。第二，新冠疫情对外出务工有较大冲击。2020 年春节期间，受新冠疫情影响，回乡人员中有 40% 左右在春节结

束后未能如期外出。这种情况大致持续到 2020 年 6 月才逐渐缓解。第三，举家外出务工的情况较多。往往是一方先外出，然后配偶在第二年跟上。一方在城里有相对稳定的工作，另一方则打零工的居多。这两年，在沿海一些务工人群较集中的地方打工的家庭，子女随行的情况也逐渐多起来。第四，外出务工人群的男女性别比例差异较大，大致为 2∶1。女性外出务工显著不如男性多。

从以上的调查数据可以发现，4 人户以上的"大家庭"是当前的家庭主体。4 人户、5 人户及 6 人户占调查农村家庭的 53%，其中 4 人户、5 人户占比合计为 46%。外出家庭中对应家庭占比为 62%，其中 5 人户、6 人户占比合计为 36%。因此，从调查数据反映出来的现象上看，有两个点需要引起重视。一是外出务工对传统农业生产的替代作用较强，但传统农业生产并非对此毫无抵抗能力。二是家庭规模越小，家庭成员外出务工的可能性越大；家庭规模越大，家庭有部分成员停留在农村的可能性就越大。这两个现象结合起来可以发现，家庭规模的大小是影响农业生产传统和工业化劳动传统作用大小的关键性因素。家庭规模越大，保持农业生产传统的抵抗力越强，反之就越低。这是仅就调查数据得出的结论。实际上，在调查中，可以发现农民的宗族意识、血亲观念、乡土情结，使得家庭这一概念并非仅仅停留在以户为单位的生产单元层面，而是以家族、村落为单位的更大的社会松散性"连接体"存在。守望相助、邻里相帮的乡土观念，以及在农业生产中形成的协作关系，使得农村的家庭边界并非如城市那样清晰。"家"与"族"实质上一体化，家之"小家"与族之"大家"在很多场合中都是同一的。这是农业生产传统在社会文化传统层面上的普遍性体现。在农民工问题研究中，无论如何都不能忽视这种家庭观念的实质性影响。在"大家庭"的结构性影响下，农民进城务工的决策取决于、从属于家庭的需要。这种相对于劳动者个体的组织的外部决定性，首先体现在对于家庭中处于弱势劳动地位的劳动力的配置上。

7.1.1.3 "大家庭"在农村的现实必要性分析

劳动者停留在农村，作为就业的替代性选择，在家庭这一社会组织功能实现的维度上依然具有现实的必然性。从 S 省 B 市 S 镇 16 岁以上人口的流动情况看（见表 7.3），35.91% 的人员在春节后即进城务工，其中男女性别比例为 1.73∶1，这个比例和 S 镇 16 岁以上人口的性别比大体一致（1.75∶1）。46.46% 有务工意愿的人口在春节后 1 个月内依然停留在农村，男女性别比例为 2∶1；没有务工意愿的占 17.63%，男女性别比例为 1.22∶1。

表 7.3　S 省 B 市 S 镇 16 岁以上人口外出务工的性别差异

性别	有务工意愿尚未外出		无务工意愿		已外出务工		合计/人
	人数/人	比例/%	人数/人	比例/%	人数/人	比例/%	
男性	1 312	48.86	410	15.27	963	35.87	2 685
女性	651	42.27	335	21.75	554	35.97	1 540
合计	1 963	46.46	745	17.63	1 517	35.91	4 225

　　已外出务工人口和无务工意愿人口的性别比有差异的原因在于，男性务工人员离乡进城务工的速度和规模的年度变化。春节以后如果男性离开及时，停留在农村的人口的男女性别比例就会下降，反之就会停留在一个比较高的水平。外出务工人员性别比例和农村 16~74 岁人口性别比例之所以接近一致，与现在的农村夫妻双方共同外出务工现象有直接的关联。而无务工意愿人员中间性别比例明显低于农村 16 岁以上人口性别比例，与男性实际上承担着更多外出务工获得收入的家庭责任有直接的关联。有务工意愿的人口在正常工作时间内没有离开农村，这反映了两种情况：一是城市就业是灵活性就业，或者是 1 年以内的短期就业，使得农民工缺乏劳动时间的合理预期；二是城市工作之间的相互替代性较强，使得农民工对通过更为积极的工作表现来获得更好职业发展的预期较低。

　　从农村一侧来看，接近 50% 的农民工春节后在农村的短暂停留，充分说明了农村依然具备吸纳流动劳动力的条件，作为城镇就业的替代，有其客观必然性。对于这部分农民工为什么要短暂停留在农村，从调查反映的情况看，主要有四种情况。一是过渡原因。涉及从上一个务工地向新务工地流动，需要做对接等一系列准备工作，导致节后停留。在 S 省 B 市，这种情况占 30% 左右，N 省 A 县则占 41% 左右。大多数状况是刚刚从沿海回来，要到省会或者外省务工。二是家庭原因。由于农村"红白事"或者家里人身体情况不好，必须停留在农村，待事情处理完后才能回城。这种情况在 S 省 B 市占 20% 左右，N 省 A 县占 17% 左右。夫妻双方均要外出务工，农村家里还有很多事情要提前安排好，这些都需要时间。三是群体原因。在 S 省 L 州 Z 县，农民有群体外出务工的习惯。由于牵头人需要时间来组织和安排相关事项，因此也有一个时间段的迟滞。四是工作岗位的原因。长期务工导致农民对务工收入有更高预期，而这种预期在市场中往往不容易实现，反过来导致农民对务工的积极性下降。经济下行会加重收入下降的预期，由此造成农民在回乡后会在农村多停留一段时间。如果说农民外出务工是获得收入，那么回乡就是履行其承担的家庭和社会责任。务工收益下降或者积极性下降，回乡履行家庭和社会责任的可能性必然会提升。

7.1.1.4 农村家庭的功能结构决定女性农民工群体的禀赋结构和劳动决策

从调查的情况看，S省B市S镇被调查的农村家庭，一般在男性后代（儿子）25岁左右开始分家独立生活；N省A县调查反映的情况大体相似，乡镇干部反映20~25岁结婚分家的较多。在分家之前，两代人，即父（户主）母、子女，共同生活的场景是比较常见的。三代人，即父（户主）母、子女和孙辈或者父母、户主和配偶、儿女，在一起生活的情况B市大约占20%、A县大约占17%。B市调查的户主最小年龄为24岁，45~55岁的户主人数最多；A县户主最小年龄为26岁，40~45岁以及46~50岁的户主群体规模相当。四世同堂是比较少见的情况。户主是一个家庭的核心，家庭内部成员的角色定位都是根据户主这一核心展开的。除离婚和寡居的情况，调查发现户主均是男性。

从"户主"和"儿子"务工的情况可以看出（见表7.4），农村家庭男性是主要的劳动力。B市调查中"户主"只有不到18%的明确不外出务工，"儿子"只有13%左右的明确不外出务工，单身的"儿子"一般都要外出务工；A县对应的"户主"为13%、"儿子"为18%、单身"儿子"为70%。从年龄结构上看，B市和A县调查中表示"不外出"的"户主"群体年龄均偏大，主要集中在60岁以上的男性。如果把这一部分劳动力不足的人群去掉，那么"户主"和"儿子"这两个角色是承担获取家庭收入责任的劳动主体（见图7.1）。

表7.4 S省B市S镇不同家庭身份的就业选择差异

家庭身份	有务工意愿尚未外出		无务工意愿		已外出务工		合计/人
	人数/人	比例/%	人数/人	比例/%	人数/人	比例/%	
户主	675	51.68	228	17.46	403	30.86	1 306

表7.4(续)

家庭身份	有务工意愿尚未外出		无务工意愿		已外出务工		合计/人
	人数/人	比例/%	人数/人	比例/%	人数/人	比例/%	
儿子	611	46.15	174	13.14	539	40.71	1 324
女婿	25	55.56	1	2.22	19	42.22	45
父亲	1	10.00	7	70.00	2	20.00	10
合计	1 312	48.86	410	15.27	963	35.87	2 685
女儿	206	32.65	169	26.78	256	40.57	631
母亲	3	9.09	24	72.73	6	18.18	33
儿媳	136	50.94	27	10.11	104	38.95	267
配偶	306	50.25	115	18.88	188	30.87	609
合计	651	42.27	335	21.75	554	35.97	1 540

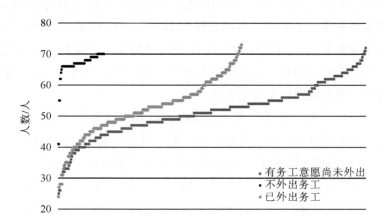

图7.1　S省B市S镇农村家庭的户主（男）按照就业类别区分的年龄结构

（注：不同颜色线代表不同的就业选择，同一条线中的短线段或者点
代表这一年龄段人群规模的大小，下同。）

相对而言，农村家庭女性不外出务工的比例较高，B市调查对象反映出来的相应数据在20%以上（见表7.4），A县为37%。其中，"女儿"和"配偶"是不外出务工的主要家庭角色，B市不外出务工比例分别超过26%和18%，A县分别超过38%和33%。"女儿"一般是指尚未出嫁的年轻女性，配偶是"户主"的妻子。"儿媳"中，B市大约有10%、A县有

21%选择不外出务工,比例相对较低。从走访的情况看,"女儿"不外出务工的较多,主要的原因在于面临婚嫁、生育、家庭赡养等。"配偶"不外出务工则主要是因为生育和家庭赡养。"儿媳"外出务工的较多,主要原因是和"儿子"夫妻一起外出,使得儿媳留在农村的情况较少。在这种情况下,"配偶"就必须承担起相应的养育孙辈的责任。农村女性外出务工的之所以比男性更少,更多是由农村家庭的内部分工结构决定的。

7.1.1.5 工业化劳动传统影响下女性农民工群体外出务工决策的多重影响因素

在工业化劳动传统影响下的女性农民工群体劳动决策正在逐渐摆脱农业生产传统的家庭职能结构影响。长期离乡的生活状态已经深刻影响了农村社会的基本联系,使得农业生产传统中的家庭职能受到较为严重的影响。从调查情况看,B市S镇尽管有20%左右的人口留村,但80%的人口都愿意外出务工,其中的差异只不过在时间的长短和务工收入的多少上。在对A县的调查中,乡镇干部和村干部对农民外出务工的意愿均无异议,认为"只要条件许可,都愿意打工"。工业化传统已经深刻地影响了农村的社会基础。从女性的就业选择上看,如前文所言,从整个年龄区间看,存在较为明显的"双峰"现象(见图7.2),即20~30岁和40~50岁的女性表现出较为明显的外出务工意愿。反过来,"不外出务工"的选择在25~35岁女性中是最少的,在20岁以前和65岁之后是最多的。这种情况在A县的调查中反映得更为突出,"外出务工"的选择集中在23~28岁和45~52岁。

在不同的年龄阶段上(见图7.2),女性是否选择外出务工,表现出与男性不一致的选择。从B市调查得到的数据图表的情况看,"不外出务工"的男性高度集中在60~70岁,线条极短;而女性则分布在16~70岁,呈轻微的"S"形。男性外出务工的利益导向和能力特征较为突出,除了受到所接受教育的影响,年轻人群总体上以加速态势外出务工(见图7.3),无论是"已外出务工"人群还是"有务工意愿尚未外出"人群均是如此。而女性则不然,"已外出务工"人群和"有务工意愿尚未外出"人群变化的加速期较短暂,大体发生在20岁附近,然后就开始减速上升,在40~50岁又有一个加速期。需要指出的是,"不外出务工"人群在30~40岁也有一个加速扩大的态势。这些与男性存在显著差异的就业选择的背后,就是农村家庭中女性与男性承担的家庭分工不同、责任不同导致的务工选择差异。但无论如何,"已外出务工"人群和"有务工意愿尚未外出"人群总体规模大于"不外出务工"人群，已经充分反映了工业化劳动传统对农村家庭结构形成了广泛而深刻的影响。

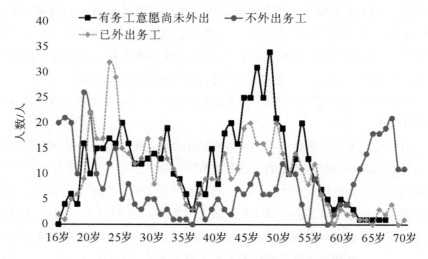

图7.2　S省B市S镇女性农民工群体年龄结构

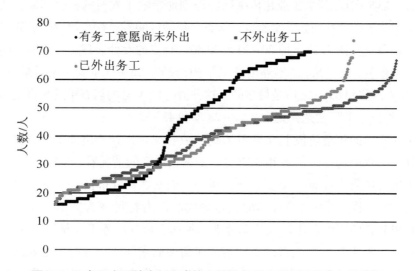

图7.3　S省B市S镇农村家庭的女性按照就业类别区分的年龄结构

7.1.2　进城激励下女性农民工就业的个人能动性分析

除家庭的影响外，女性农民工就业是否会积累起足以支撑未来事业发展的人力资本，取决于这一群体自身对务工的认识以及由此形成的参与积极性。在分析家庭对女性农民工就业的激励和约束环境之后，必须更进一步分析女性农民工自身的内在激励。这是在二元结构影响下的女性农民工务工决策研究的第一个重要因素。总体来看，女性农民工的就业决策受其人力资源初始状态、务工收入的影响，尤其是务工收入。在收入导向下，女性农民工较难合理地预期在就业过程中实现人力资源增长。

7.1.2.1 女性农民工就业决策的人力资源约束

人力资源的初始状态决定就业决策的选择立场，人力资源在就业过程中的变化决定就业决策可能选择集合变化的范围和速度。本节主要考虑受教育水平、年龄和劳动特点三个方面的初始人力资源禀赋对女性农民工就业决策的影响。

受教育水平不高是影响女性农民工务工主动性的直接性因素。在 S 省 B 市和 L 州的调研中均发现，外出务工群体的受教育水平大多不高，多数是小学、初中。其中，L 州以小学为主。在 N 省 A 县的调查中，受访人群中 57%是小学学历。在 S 省和 H 省产业园区的调查中也发现，78.04%的受访人群受教育水平在初中以下。前文的研究也已经发现，女性农民工的受教育水平与男性相比，总体上更低，主要表现在小学学历人群规模较大，高中学历人群规模较小（见图 7.4）。更低的受教育水平一般意味着劳动个体更低的学习能力、更少的通识，面对更差的就业机会和更低的工资收入。在调研中，我们也发现，这种情况并不少见。这也是为什么在调查中，有 78.59%的农民工认为自己的收入在过去三年没有变化的主要原因之一。在这种基本条件限制下，女性农民工的务工决策面临的选择是不多的。在 L 州，年轻未婚女性之所以外出务工，是因为她们大多数都认为由于家里困难，外出务工可以赚钱，帮助家里解决实际的困难，例如有病人或者兄弟姊妹要读书等。在调查中，较少有女性农民工从自身的角度来说明外出务工的原因。独立意识不强，是女性农民工群体受教育水平低的直接反映。她们往往把自身置于家庭、亲族乃至朋友群体之中，下意识地回避劳动过程中的竞争的选择。企业面对这样的劳动群体，在满足劳动需求的条件下，也必然会出现逆向选择，即优先选择满足要求的更为低端的劳动力。在 S 省 Q、J 和 G 园区，以及 Z 省 U 园区的调查中，可以发现，在园区就业的男性和女性学历结构差异较大，女性的学历更偏向于小学（见图 7.5）。这是与劳动者实际学历结构不一致的结果，由此可以发现企业在劳动力选择中的竞争性选择结果。

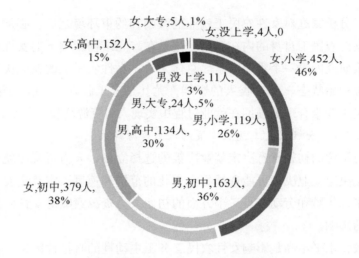

图 7.4　园区调查人群性别—学历结构

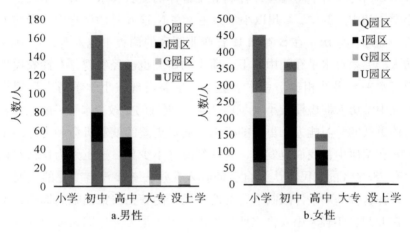

图 7.5　Q、J、G 和 U 园区农民工性别—学历结构

　　在不同年龄段上，女性农民工对自身的不同认识是影响其就业决策可持续性的关键变量。年龄是影响女性农民工务工决策的重要因素。从 2 个省份 4 个园区的调查情况看，女性农民工群体对务工的预期表现出短期化特征。这种短期化的特征在 25 岁以下未婚或者未育的女性农民工群体和 50 岁以上的女性农民工群体中，表现得较为突出。25 岁以下的女性农民工由于面对婚姻和生育的责任，不太可能对务工有较为长期的计划与安排。50 岁以上的女性农民工则较少表现出更为积极的职业发展态度。对于自身或者所属家庭务工长期发展较为关注的，是 25~50 岁的女性农民工群体。这部分群体，一方面已经务工较长时间，形成了较为充分的务工经

验，对自身职业发展已经有了较为充分的认识；另一方面，这一时期往往家庭也面临着从务工为主向想以自己创办事业为主转变的关键时期。因此，不能简单地说女性农民工群体对务工的能动性足够或者不足够，不同年龄的群体对此有完全不同的认识。

女性农民工相对于男性农民工的务工劣势是压缩其就业决策空间的前提性因素。从S省B市和N省A县的农村家庭情况来看，男性外出务工是可以预见的、必然的和优先的。因此，农村家庭对男性外出务工往往有更多的家庭内关注和资源的倾斜。男性在外出务工的过程中也更容易积累起更为充裕的就业经验。而女性农民工的外出务工往往是跟随的、偶然的和附属的。女性农民工所能利用的，是家庭内部男性成员外出务工形成的就业资源。这种资源的不充分性和优先性决定了女性农民工群体务工的天然劣势。外出务工的女性农民工，如果是独立外出的，那么留在农村的家庭必然会成为其务工决策的决定性依据。如果是群体性外出的，那么自发形成的群体性组织在一定程度上会替代女性农民工群体的自主决策。在调查中，女性农民工群体相对于男性农民工群体表现出来的相对稳定的就业状态、夫妻双方同时外出时妻子工种对丈夫工种的依赖性等，都充分表现出女性农民工的务工劣势。此外，在S省L州和N省A县政府针对女性农民开展的针对性就业培训，往往会得到农民家庭、企业的一致性好评，其根本原因也在于这类培训实质上扩大了女性农民工的就业决策空间。

7.1.2.2 女性农民工就业决策对务工收入高度敏感

外出务工就是获得货币收入。如果不能实现这一点，外出务工就没有意义。这是调研中农民工反映的普遍性认识。从对女性农民工就业决策的影响上看，务工收入是关键性的影响因素。但这种关键性的影响，并非一般意义上的"高收入"，而是具有"稳定收入预期"的鲜明特征。

第一，收入的高低并不是女性农民工群体就业决策的首要影响因素。影响女性农民工务工决定的因素包括家庭及其影响、岗位预期收入、岗位的附属性条件等因素。务工收入是影响女性农民工群体就业决策的重要因素。女性农民工在主观意识上都愿意接受更高收入的工作岗位，但这仅仅是主观认识的单方面反映。在实际中，调研发现，女性农民工群体往往较难对劳动工资的水平进行恰当的控制。换言之，女性农民工在整体上并没有表现出对更高务工收入的持续追求。究其原因，一方面是劳动禀赋差异较大，导致可选择的岗位较少；另一方面则是由于市场也没有给女性农民工群体更多的选择空间。女性农民工群体实际上是就业市场中弱势的价格接受者，只能通过主动更换工作在短期内获得相对更高的务工收入。但务工的高流动性本身对弱势的劳动群体而言，实质上是以务工收入水平的小幅提高来替代本应发生的人力资本积累。这种实际的客观状况使得女性农民工形成了被动接受价格的预期。在调查中，大多数女性农民工尽管表达出对更高务工收入的期待，但对于如何获得更高的务工收入，更多的是希望找到一个"更好的工作"。另外需要指出的是，由于女性离开农村外出务工，有更多的家庭责任限制，所以获得更高务工收入的期望被家庭责任限制打破的可能性较高，这在根本上决定了女性农民工群体缺乏追求更高务工收入的内在动力。

第二，收入的稳定性是影响女性农民工群体就业意愿的主要因素。与男性农民工群体类似，女性农民工群体也更倾向于获得更为稳定的劳动收入。这种收入的稳定性，表现在三个方面。一是倾向于获得即时收入。干活就拿钱，干完有收入。这是调查中农民工反映的最喜欢的工作方式。为了更快拿到工资，在工资总量上做一些让步，对很多农民工来说，都是可以接受的。考虑到大部分女性农民工外出工作时间一般不会超过1年，这种对即时收入的偏好是比较容易理解的。年轻、劳动力较强的女性农民工更愿意获得即时性收入。二是倾向于获得净收入。在调查中，由于进城务工开支较大，所以一般能够节约开支的工作岗位，较受农民工欢迎。包吃住的岗位更受农民工欢迎。夫妻双方共同务工，如果能在一起工作和生活，是农民工普遍欢迎的工作。当然，这种方式的优先性是以收入的大体相当作为前提的。年龄越大的农民工，特别是家庭负担较重的女性农民工，越倾向于获得净收入。三是倾向于获得安全收入。女性农民工更愿意在工资能够按时发放的岗位上工作，比如计时制工作（如工厂的专职性岗位）。这种情况的普遍性已经使得较多工厂都将工资按时足额发放作为岗位的优点，在招聘时加以宣传。女性农民工倾向于在工作任务完成后获得收入，越快越好，比如计件制的工作（例如保洁、建筑工地工人等）。女性农民工反映，入职1个月后需要看到收入，如果没有，就要考虑被骗的可能性，需要尽快换岗。建筑业欠薪的情况较多。在这一行业中就业的农民工，无论是受雇于企业还是个人，无论是替人打工还是自行承包工程，工作结束之际即开始频繁要求获得报酬的情况较为常见。这种防骗止损、注重收入安全性的心态，在女性农民工群体中更为普遍。女性农民工对收入稳定性的认识主要集中于收入的即时性、净收入性和安全性三个方面。这种群体性的倾向反映的是现实务工过程中，女性农民工劳动禀赋的弱势地位、就业岗位的低端特征以及女性农民工群体维护自身劳动权益的困难程度。务工收入的稳定性不高，是女性农民工在态度上强调务工收入稳定性的逆向决定因素。

第三，收入的可把握程度是影响女性农民工群体就业岗位自主选择的重要因素。在调研中，L 州 Z 县的女性农民工外出，除政府组织外，还有较大的一部分是跟着本地的"工头"外出的。"工头"一般是过去常年在外务工的本地农民，对务工地较为熟悉，有岗位资源。返乡后带领本乡农民外出务工，帮助他们找到岗位，并负责帮助他们获得劳动收入。"工头"一般会负责农民工外出务工的前期支出，包括车票、手机和一些生活用品，后期在农民工工资中扣除。农民工工作一般由"工头"安排，工资由"工头"从工厂领取并以现金的形式发给农民工，"工头"在其中抽成。这种方式之所以能够存在，关键就在于农民工，特别是女性农民工对收入可把握性的认识。这种状况并非个案。在 S 省 B 市和 N 省 A 县的外出务工农民工夫妻中，尽管务工岗位各有不同，但夫妻以相互配合的形式完成工作的情况较为普遍。例如，建筑装修工地上男性做大工，女性做小工；或者在保洁工作中，男性负责工作量较大的厨房、阳台、电器等，女性负责家具、卧室；再或者同一工厂里，男性做技术工人，女性做保洁、餐饮；中老年男性做保安，中老年女性在小区做家政；等等，都属于这种情况。这种劳动方式之所以较为普遍，更大程度上就是因为通过这种方式，女性农民工收入稳定性较差的问题，可以在群体性组织、家庭劳动的结构中得到缓冲和改善。但另一方面，由于这种承担劳动风险的群体性结构或者家庭结构的存在，女性农民工通过承担劳动风险获得更高劳动收入、完成人力资本积累的过程也就自然被中止。

7.1.2.3 女性农民工对就业带来人力资源增长缺乏基本预期

在调研中，能够对自身未来职业发展做出明确增值性预测的女性农民工较少。调研表现出来的群体性特征就是女性农民工群体对收入的满足程度差异较大，但对人力资源发展认识的差异较小。具体有三个方面的认识。

第一，务工时间较短的女性农民工一般对自身人力资源的发展没有基本认识。L 州外出务工的青年女性农民工在调研座谈中反映出的一个普遍性的认识，就是务工是为了获得收入，这是最为直接的结果。在 S 省 B 市和 N 省 A 县的调研发现，外出时间不足半年的女性农民工，基本上也是以获得收入作为外出务工的唯一目标。她们的基本认识就是基于目前自己"能干什么"，去选择外出务工的目的地和机会。成本和收益是她们判断务工岗位好坏的基本公式。这与农村青年男性外出务工的动机形成较为鲜明的对比。园区调查结果显示，农民工外出务工主要关注两个目标（见图7.6），一是"收入"（男性30%选择、女性39%选择），二是"进城"（男性30%选择、女性36%选择）。这两个目标相比，显然"收入"是一个通过务工就可以获得的直接结果。

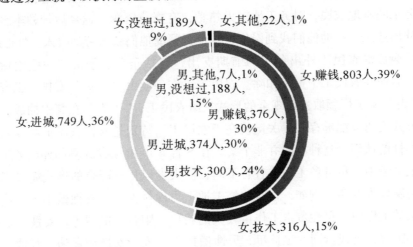

图7.6　四个园区农民工性别—外出务工目标调查结果

第二，务工时间较长的女性农民工对自身人力资源的发展更为聚焦于创办家庭事业。相对而言，外出务工时间超过3年的女性农民工，基本形成了对自身事业下一步发展的认识。在工业园区的座谈中，女性农民工对于未来的职业发展，80%左右的受访人员对务工表现出较为稳定的认识，认为自己在3~8年内还会务工。务工结束后，47%的女性农民工没有明确的意向。53%左右的受访女性农民工选择在务工地或者回乡与家人一起创办家庭事业，其中，开农场、养殖场的有13%，开餐馆的有45%，做家政、保洁的有21%，开小工厂作坊的有14%，开小超市的有7%。这种状况实际上高度依赖于女性农民工的配偶及家庭在外出务工过程中的技能习得，以及作为户主的男性的选择。在调研中发现，有超过70%的受访男性农民工有独立创办事业的意愿。他们普遍认为，积累一部分务工收入后，自己独立做事是最好的选择。这样做的好处在于，无论怎么辛苦，劳动挣的钱都是自己的，是比较好把握的。这种群体性的选择倾向显然对女性农民工也产生了影响。在调研中也发现，在务工地创办家庭事业的女性农民工家庭，其劳动面对的风险也是较大的。比如开餐馆，所在的区位和店面位置所限，以及外卖竞争和渠道限制，受访的农民工家庭实际获得的收入与其原来的预期之间存在较大差异，导致所创办的家庭事业频繁地流动和变化。

第三，较少女性农民工对通过学习培训获得技能这一选择有积极行动。学习培训是需要付出成本和时间的人力资本主动的积累行为。受访的女性农民工中（见图7.7），只有32.15%认为学历是外出务工的主要障碍，与参加调查的男性有41.24%认为学历是障碍相比，显著较低。与四个园区女性农民工学历46%为小学学历、男性农民工学历26%为小学学历对比，形成较为鲜明的对照。在调研中，女性农民工普遍认为，好的工作机会不是能够提升自身能力的工作，而是直接增加收入的工作。收入的提升、稳定性和可把握性是务工选择的首要影响因素。她们并不是没有认识到技能提升对提高务工收入的重要作用，而是受制于自身较低的人力资本水平和学习培训的成本，较难做出利用空闲时间或者减少务工时间来参加培训的决策。即使政府针对部分女性农民工群体推出免费的技能培训，比如B市有对女性农民工进行的家政服务培训，L州针对农民工外出务工展开的技能培训，尽管受农民工欢迎，但实际对于有过较长时间务工经历的群体而言，其参加的积极性并不是很高。究其原因，在于外出务工面对的工作机会条件千差万别，在培训中学习的特定劳动技能，由于务工岗位高流动性，未必在工作中就能够用上。在务工企业接受的技能培训，的确使得女性农民工能够更快地适应岗位工作的需要，但这种技能的习得又有较强的专业性，一旦离开工作岗位，一切又要重新开始。

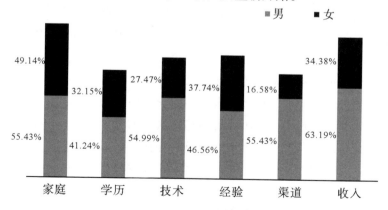

图7.7 四个园区农民工性别—务工障碍的自我评价结果

7.1.3　家庭责任履行约束影响下的女性农民工就业的间断性预期

女性是农村家庭责任承担的主力。所谓家庭责任，在当前的农村社会中，主要包括赡养老人、养育后代以及承担农业劳动等无偿劳动。家庭责任是女性农民工外出务工的直接原因，同时也是她们人力资本的积累和增长最大的约束性因素。这种完全矛盾的状态主要表现在三个方面。

第一，以增加家庭整体收入为直接目的的外出务工，形成了女性农民工人力资本积累和增长的"天花板"。女性农民工之所以能够外出务工，一个非常重要的原因是家庭需要她们的务工收入。在园区调查中，以提高家庭收入为理由外出务工的受访女性农民工占比为43%，支持家庭成员（包括子女、弟妹）读书是31%的女性农民工选择的务工理由，3%的女性农民工外出务工是因为家庭成员需要治病，三个方面的女性农民工合计占比为77%。因为个人理由外出务工的女性农民工只有23%。从这一选择上看，农村大家庭的存在实际上已经决定了女性农民工外出务工决策的选择空间和选择动机。这种情况在多子女的农村家庭中表现是比较明显的。比如在L州的调查中，16~18岁的年轻女性农民，其家庭之所以同意她们外出务工，就在于父母在家务农同时抚养后代，他们已经成年的子女，自然也必须为家庭做出收入方面的贡献。在收入成为务工的第一目的的情况下，女性农民工的人力资本积累和增长，就成为劳动过程中的副产品，并非绝对必要的。

第二，家庭责任的非连续性履行中断了女性农民工的职业发展过程。在调查中反映出来的女性农民工外出务工年龄存在的"双峰"特征，其背后就是她们在家庭中承担责任的非连续性履行。从调查反映的情况看，25岁以下主要是承担生育责任，25~40岁主要是承担抚养后代和赡养老人的责任。在城市中，家庭责任的履行并不会造成女性劳动的完全中断。其主要原因在于，城市能够提供替代女性家庭责任履行的社会性服务，比如育幼和养老服务。而类似的社会性服务，在农村中是缺失的。在农村的大家庭中，特别是在父母身体健康、兄弟姊妹众多的大家庭中，由于停留在农村的家庭成员较多，其中一个家庭成员的责任，可以由其他家庭成员来共同承担。这种情况在一定程度上形成了育幼和养老服务的准公共性供给。但客观来讲，这种情况并不是普遍情况。大量人员外出务工，以及子女长大成人后持续的分家活动，在客观上限制了农村家庭的规模。女性作为家庭中较为弱势的劳动力,必然要承担起预期收入价值更低的家庭责任。而责任的非连续性履行必然会导致女性农民工外出务工活动的间断性,造成其人力资本积累和增长的中断。

第三,家庭责任内涵与外延的变化进一步加大了女性农民工外出务工的实质性约束。这主要是指两个方面的问题。一是随着二孩政策的落实,鼓励农村家庭多育的政策性激励加强。在调查中,受访的农村家庭对二孩并不排斥。女性农民工生育责任的加大,会对其外出务工形成替代作用。同时也可以合理预期,随着家庭成员的增加,家庭未来的责任结构必然复杂化,女性承担的家庭内部的无偿劳动量也会增加。二是夫妻双方携子女共同外出务工现象逐渐增加。农村外出务工的夫妻,过去长期把子女留在家乡由长辈照顾。由此形成的子女和父母之间的情感疏离,很难通过日后的物质补偿行为加以弥补。很多外出务工的农民工对此都有比较深刻的认识。新一代的年轻农民工夫妻双方携子女共同外出的情况也因此增加。在这种情况下,夫妻双方必有一人留出时间来照顾子女,使得女性农民工人力资本的积累和增长受到约束。

7.2 女性农民工群体就业能力/能动性的社会环境约束影响

农村和城市交叉场景的生活状态是女性农民工身份约束前提下形成的客观现实。在较不稳定的生活状态乃至节奏的预期之下,女性农民工人力资本积累和增长存在一系列的约束性因素。本节主要针对女性农民工工作状态的高流动性,结合农民工创业这一主题,展开就业能力/能动性的社会环境约束影响分析。

7.2.1 高流动性工作状态下女性农民工人力资本积累和增长的约束因素分析

从职业发展的调查问卷结果看,53%的受访农民工认为自身职业发展不稳定,其中65%为男性农民工、48%为女性农民工(见图7.8),59.97%的受访农民工认为之所以能够从事当前工作的最大优势在于年轻,36.4%的认为自己手巧,43.51%的认为自己有经验,44.42%的受访农民工担心失去现在的工作，与此形成鲜明对照的是，65.34%的受访农民工会因为更高的收入放弃现在的工作。这些数据，一方面反映出农民工的工作场景高度不稳定，另一方面也反映出高度不稳定工作场景下农民工的适应性反应。从性别比较来看，男性对工作环境的不稳定感觉显著高于女性，这反过来说明女性农民工对现有工作的认同度要高于男性农民工。结合调查案例可以发现，高流动性工作状态对女性农民工人力资本积累和增长有三个约束性因素。

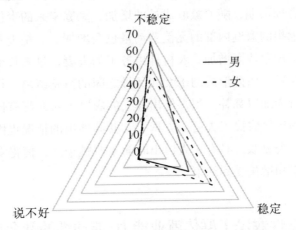

图7.8　四个园区受访农民工对工作稳定性的自我评价结果（单位:%）

　　第一，职业发展的间断性较难对女性农民工的人力资本积累和增长形成有效支撑。女性农民工的职业发展表现出较为明显的间断性特征。一种情况是，相对于男性农民工，女性农民工离开现有工作岗位、回乡处理家庭或其他事务的频度更高。另一种情况是，在夫妻双方共同外出务工的情况下，女性因为男性工作岗位变化而改变工种乃至务工地点的情况也较为普遍。此外，在市场低迷的情况下，由于就业岗位的低端和高替代性特征，女性农民工因此失业的情况也相对较多。在调查中发现，以流水线作业为主的电子产品装配企业实际上大多数岗位都非常适合女性农民工，但企业为了平衡性别比例，在招聘过程中会倾向于招录男性农民工，即使男性流动性更高，也是如此。其原因，从管理的角度看，主要是为了方便管理，因为男女性别比例较为平衡的企业，管理上较为方便。另外，近年来强调企业社会责任，企业在就业方面做到性别比例平衡，对于树立良好的企业形象也是一个较好的支撑。在这种管理倾向下，女性农民工务工的替代性进一步提高。在这些因素的影响下，女性农民工的务工表现出间断性的特征。这种工作的间断性，使得女性农民工群体较难对因职业关系带来的人力资本积累有良好的、正面的预期。在调查中，女性农民工大多数对现有岗位较为漠然，收入及其稳定性是务工的第一决策因素，而是否在工作中可以获得技能提升，并不是她们关注的重点。

第二，高流动性的择业状态实质上形成了女性农民工人力资本积累和增长的环境约束。调查显示，有 72.95% 的男性农民工、69.28% 的女性农民工近三年在 3 家以上的单位务工（见图 7.9），受访期间正在行政岗位上工作的男性农民工占 15.74%、女性农民工占 8.04%（见图 7.10）。从座谈的情况看，即使在 1 家企业务工，在 3 年内干过 3 个以上岗位的受访农民工比例超过 71%。只有 7% 的受访农民工在座谈中表明自己在近 3 年内得到提拔，进入管理岗位。这里的管理岗位主要是指流水线或者车间的班组负责人，一般管理 10 人左右的工作小组。流动的原因很多，在企业方面，生产的季节性、劳动工资的成本约束等有重要影响。保持劳动队伍的高流动性是劳动成本控制的重要手段，这一点在企业是较为常见的管理策略。女性农民工在务工过程中必须面对的高流动性反过来又进一步加大了这一群体自身对务工过程的倾向性认识，进而形成"逆向选择"局面：获得即时务工收入的劳动倾向在高流动性务工环境的影响下进一步被选择和激励强化，进而使得以人力资本积累和增长为目标的务工动机完全被收入动机覆盖，从而造成了对人力资本积累和增长的环境性内在约束。要打破这一恶性循环，关键问题还在于企业作为市场主体在劳动制度约束下的劳动决策及其调整。

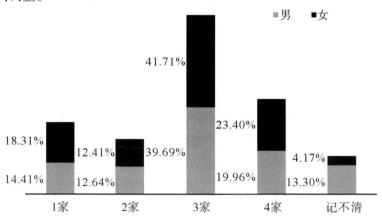

图 7.9　四个园区农民工近三年性别—务工户数调查结果

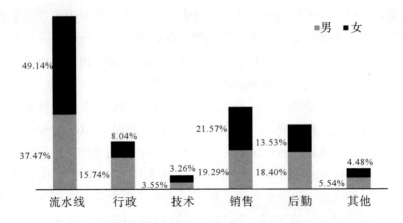

图 7.10　四个园区农民工群体性别—就业岗位调查结果

第三，以产出效率为导向的工作培训在短期内较难对女性农民工的人力资本积累和增长发挥显著作用。在劳动过程的管理中，政府强调发挥企业的积极性和主动性，根据企业生产的需要，对女性农民工群体进行技能培训，帮助其提升劳动技能。从政府的动机出发，这一要求是合理的，也符合当前企业在劳动市场中的主体地位。但从企业的角度看，培训应该是完全服务于企业生产需要的。这是培训的直接需求。因此，企业培训主要以岗位技能需要为出发点和落脚点。从调研的情况看，技术和操作规范、工作流程、团队建设要求是培训的主要内容。部分女工较多的企业，还针对女工进行孕期、经期劳动保护和自我保护知识教育。企业技能培训具有较为明显的即时性、短期性特征。培训时间较短，岗位技能培训 1~3 天居多，最长 5 天。特殊的针对性培训，一般为半天时间，主要安排在非工作时间，比如中午或者晚上。这些培训对尽快提升女性农民工劳动技能，使其适应生产需要有积极作用。但由于培训的专业性和操作性要求，一般不会涉及更为关键的专业背景知识和系统性管理的介绍。女性农民工在培训过程中获得的知识与信息足够满足生产的要求，但未必与其自身的人力资本积累和增长需要相匹配。同时需要引起注意的是，由于大量需要培训的岗位实质上是重复劳动程度较高的岗位，即使不培训，女性农民工在工作一段时间后也能够掌握相关工作技能。因此，培训对于企业和女性农民工而言，其重视程度均不够。这种状况也进一步降低了女性农民工对技能培训的积极性和主动性。

7.2.2 农民工家庭创业的困难与性别影响分析

农民工家庭创业是指农民工在外出务工一段时间后，在务工地、居住地或者回乡创办自主经营事业的情况。随着我国城镇化的深入发展，农民工家庭创业已经成为较为普遍的现象，需要在研究中加以重视。应当认识到，农民工在外出务工阶段结束后形成的自主创业活动，是其务工活动的自然和必然延续，因此也是农民工务工活动的有机构成形式之一。总体上看，当前农民工家庭创业具有四个特征。

第一，家庭创业是农民工外出务工一段时间后的强烈选择意向。调查反映的情况与之前的其他研究大体一致，45 岁以下的农民工对家庭创业具有较为明显的偏好性，特别是 30 岁以下的农民工群体，无论其自身是否具备创业的条件，均是如此。当然，如果将考察的人群范围放得更宽，可以发现，在大学生、退伍士兵等刚刚进入劳动市场的新就业人群中，自主创业均是其会考虑的选择。在农民工座谈过程中，受访农民工对"为什么选择创业"提出了四个方面的理由。一是创业相对自由，工作时间主要由自己决定，约束较小。这清楚地反映了农民工对工厂较为严格的劳动制度和较长的劳动时间的对抗心态。在经历过 2 至 3 年工厂工作之后，农民工普遍对"上班"持较为漠然的态度。收入增长较慢、劳动时间较长、长期与家庭处于脱离状态等，都使得外出务工成为其不得不选择但又想改变的生活状态。在这样的心态支撑下，创业必然会成为更好的选择意向。二是劳动收入相对更清楚，可把握度更高。工厂的工资制度，在较低的收入风险情况下会成为厌恶风险和波动人群的优先选择。但农民工工资存在的事实上的障碍，以及较难避免的劳动收入纠纷，使得工厂工资制度应有的低风险特征事实上较难保证。农民工务工一年，只要出现年度收入延迟给付或得不到的情况，第二年农民工都会通过变换工作的形式来规避风险。自主创业在较大程度上可以规避这方面的风险。三是劳动过程更易把握。近年来，我国产业结构升级较快，工厂务工对劳动者的技能要求，从以体力为主的技能向以知识为主的技能迅速转变，劳动者面临着较大的技能转型和升级的压力。在这一过程中，必然会出现以技能替代为主要特征的自主创业过程。实施这一过程的主要人群，就是对自身在技能转型和升级过程中预期较为悲观的人群。他们试图通过自主创业，继续停留在自己较为熟悉或者可以把握的就业领域内。这种情况在 40~50 岁的农民工家庭中表现得较为明显。四是新技术影响。网络和数字技术的发展，对农民工自主创业也有较为深刻的影响。受访的农民工无论要从事哪一方面的创业活动，都对数字技术的运用有较为乐观的认识。特别是在销售领域，63.6%的受访农民工认为由于网络存在，自己从事的事业不会面临较大的销售问题。

第二，农民工家庭创业具有较为明显的趋同性特征。从农民工创业的主要行业领域上看，有两个方面的调查数据。一是受访农民工对创业行业的主观认识。在座谈中，19.39%的农民工家庭有开小餐馆的意向，19.39%的农民工家庭有从事保洁业务的意向，4.95%的农民工家庭有跑运输和做零售的意向，7.6%的农民工家庭有做家政的意向，11.02%的农民工家庭表达了创业意向，但没有方向，也缺乏具体的安排和计划。二是实际的农民工创业行业情况。在 S 省 C 市和 Z 省 F 市的调查中，依托原有工作的园区和生活的区域自营服务性业务的情况较为普遍。首先是餐饮，这是农民工创业较为普遍的行业选择。有的租赁门面做快餐，主要的顾客就是周边上班的人群。缺乏资金的，直接在工厂或者工地周边摆地摊。开杂货铺的情况较少，主要原因是房租和进货渠道对成本影响较大，对于没有在城镇买房的农民工家庭而言，这一类成本支出刚性较强，不容忽视。其次，保洁也是较为集中的创业领域。这一领域创业的农民工，一般在保洁公司中干过一段时间，熟悉情况且手中形成一批客户资源后，就开始自己干。有夫妻共同做、夫妻和子女共同做的，规模大小不一。最后，长途运输也是农民工家庭创业选择较多的领域。一般是家庭在务工一段时间后，利用积蓄贷款购车跑运输的情况较多。从这两个方面的情况看，农民工家庭的创业意向和实际创业活动之间基本一致，反映出农民工家庭创业所在领域的一些共同特征，即较低的投入成本、较大的劳动强度、行业的服务性质等。从家庭创业决策来看，男性一般是决策的主体。创业行业的选择与家庭中的男性所从事的行业、男性对创业的认识有较高的关联度。尽管在创业活动的进行过程中，女性劳动与男性劳动并无太大的差异，但女性在创业决策中处于较为劣势的地位。从四个园区的调查结果看（见图 7.11），女性农民工在创业意愿上不如男性积极，除在保洁行业与男性农民工有相当的创业意愿外，在其他调查的行业上均不如男性农民工积极，且对创业无思考的比例高于男性农民工群体。

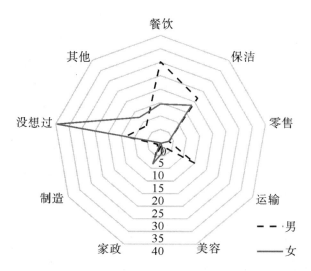

图 7.11　四个园区农民工性别—创业行业意愿调查结果（单位:%）

第三，农民工家庭创业的风险性较高。从调查的情况看，外出务工 5 年左右、年龄在 25~35 岁的农民工，创业意愿和活动均较为活跃。尽管家庭创业的意向较为强烈，农民工创业也较为踊跃，但创业风险无疑也是较高的。对于创业风险的认识，是高度个体依存的。换言之，在一个特定的群体内，对于特定活动的风险，有的认为高，有的认为低，是有差异的。但在农民工群体中，家庭创业在总体上表现出来的实际风险较高。也就是说，作为创业主体的农民工家庭应该是风险厌恶的。但对作为创业主体的农民工家庭而言，个体对创业风险的认识却较为乐观，表现出明显的风险偏好。这是一个形成鲜明对比的风险认识差异。从具体情况看，农民工创业所面对的风险性因素主要包括四个方面。一是规范度不够导致业务具有较为突出的"灰色"特征。在受访的创业农民工家庭中，去工商税务部门进行业务登记和收入申报的较少。除一些必须有营业执照的餐馆外，其他大多数的受访农民工家庭在开展创业活动的过程中，并未进行过相关的申报和登记活动。尤其是从事地摊和夜市的农民工家庭，基本上都是流动作业。在这种情况下，被城市管理、卫生执法部门查处的可能性较高。二是服务性行业对人流变化较为敏感。大多数农民工家庭创业之所以能够开展，关键在他们对所要从事的业务活动的市场有一定的认识。但这种市场需求的状态并非完全不变的，而是随市场环境的变化而变化。比如在城市新区，刚刚建成后 3 至 5 年，由于装修工程较多，周边工人群体较多，餐饮、零售等日常需求也较多。这个时候从事相关行业，一般都可以维持。但随着周边环境日趋成熟，工人群体减少，住户增加，对服务品质的要求就会随之提升，这时首先是大型卖场入驻，紧接着各类锁定住户群体的服务业态也随之跟进。低端的餐饮和零售就失去了市场需求空间。农民工在城镇创业，如果业态没有随着人流变化而变化，那么失败的可能性是较大的。对这一点，多数农民工家庭在创业之初都缺乏基本的预判。三是对市场的直观把握不足以形成足够的风险应对策略。受访农民工家庭在涉及创业的行业选择理由时，36.12%的家庭认为"周围的人都这样""别人干这个干得很好"，35%的家庭认为"自己过去干过""有经验"。总体来看，农民工家庭创业都有其认为的较为充分的理由。但在问及创业的成本与收益问题时，比如预计投入多少、日运营成本多少、日收入多少等问题时，农民工家庭对此缺乏较为精确的计算。对于投入，多数受访农民工家庭只能估计大致的总数，对于具体的投入细节并不能在投入之初就有所把握。对于成本，农民工家庭低估的倾向较为明显，而对于收入，高估的倾向也较为明显。园区调查的结果显示，创业投入成本自我评估在 10 万元以下的农民工群体占比为 65.55%，女性农民工群体对创业成本的评估低于男性农民工群体（见图 7.12）。总体来看，农民工家庭创业的实际收入水平大体上比务工高 10%~15%，并非大多数农民工家庭预先设想的那样。之所以能够高出务工收入，其主要原因还是创业时期的劳动时间更长，所形成的劳动回报才更多。大多数创业还面对相当的风险性，创业的稳定性并不高。四是较为强烈的劳动力依赖导致要素结构的单一化。多数农民工家庭进行创业，投入的资金规模从受访农民工自己估计的情况看，估计投入 1 万元以下的占 2.16%，1 万~5 万元的占 17.92%，6 万~10 万元的占 45.47%。在创业后，受访农民工家庭对资金投入的评价一般比事前的更好，总体上在 3 万~8 万元。这是一个倾向性较为鲜明的事前和事后对比。受访农民工家庭对资金投入较为敏感。在实际投入超过预期投入的客观情况下，农民工家庭对资金的后续投入持较为明显的风险厌恶态度。他们更倾向于用劳动或者其他手段来替代持续的资金投入，特别是先期投入在短期内难以回收的情况下，更是如此。受访农民工家庭在创业前一般预计 1~2 年能收回投资成本，先期投入越多，对投入回收期的期望就越短。女性农民工群体在这方面的风险厌恶程度更高（见图 7.13）。在创业后，一旦遇到没有预计到的情况导致投入很难收回，创业的农民工家庭也会很容易放弃创业，再次回到务工状态中。但即使这种情况出现，只要农民工家庭自身条件允许，过去的创业失败也不会对其再次创业形成根本性障碍。

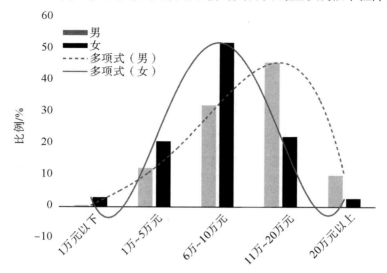

图7.12　四个园区农民工性别—创业成本自我评估结果

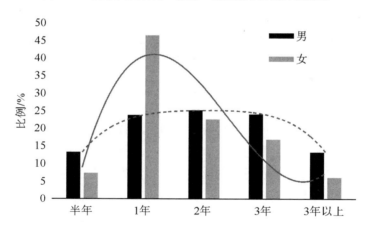

图7.13　四个园区农民工性别—创业投资回收期自我评估调查结果

第四，家庭创业中女性的辅助性劳动角色定位较为普遍。农民工家庭创业除劳动要素之外其他要素投入的局限性，使得家庭劳动要素的利用在创业活动中变得较为重要。在这种情况下，较少有农民工家庭创业夫妻双方只有一方参与到创业活动中，而另一方完全从事家务活动的情况。更多的情况是夫妻双方共同劳动，在工作的过程中抽空照顾子女。成年的子女，也会参与到家庭事业的经营中。家庭活动附属于创业活动，这是农民工家庭创业中较为普遍的情况。女性在创业活动中的劳动贡献是明确的和不可或缺的。也正是因为如此，在农民工家庭创业的过程中，劳动的性别差异实际上并不大。同时也要注意到，女性在家庭创业活动中，劳动的辅助性特征也较为明显。承接业务、关键的劳动岗位由男性承担，而内部事务、辅助性劳动工作则由女性承担。由于创业活动最终的评价是通过最终收入来进行的，所以不同工作之间只存在相互的配合关系，而不存在利益分配关系。女性实际承担的辅助性岗位只是一种工作关系上的差异，并不是性别歧视。因此，在农民工家庭创业的过程中，家庭内部男性和女性的劳动关系实际上是其家庭夫妻关系、代际关系的延伸。家庭创业作为一个基本单位的劳动，并没有所谓的劳动歧视。如果在农民工家庭创业活动中存在劳动的性别歧视，也仅仅是家庭内部原有的性别歧视在劳动就业领域的直接反映，并不是农民工家庭创业的劳动过程所致。对于这一点，在就业的性别分析中要加以重视。

7.2.3　女性农民工独自创业的障碍性分析

女性农民工独自创业作为农民工家庭创业的特例，也是在本书中需要加以特别关注的情况。客观上讲，女性农民工独自创业所面对的劳动和工作环境，比农民工家庭创业所面对的劳动和工作环境要更具挑战性。分析这一群体的创业活动，才能够让我们对女性农民工群体就业的能力/能动性有更为全面的认识。

女性农民工创业往往有特殊的家庭和个人背景因素。从受访的女性农民工创业者情况看，主要包括三个类别。一是年轻的女性农民工，年龄在25~30岁。这部分女性农民工创业以美容、美发、美甲为主。多数情况是女性农民工个人先在美容、美发、美甲店打工，习得技术后自主创业。夫妻双方共同从事这一行业的较少，更多的情况是女性农民工独立经营。从实际情况看有两个特点。一方面，这一行业对年龄有较为明显的要求。调查反映的情况是，几乎没有在40岁以后独立经营这一行业的女性农民工。其原因主要在于，顾客不太接受中老年女性提供美容、美发、美甲服务。另一方面，女性农民工回乡创业从事美容美发的情况较多。与之形成对比的是，男性农民工从事美容美发职业且最终独立创业的也较多，但没有表现出更多的年龄和地域特征。二是长期外出务工且家庭劳动力较为缺乏的女性农民工，年龄在35~40岁。这部分女性农民工由于必须通过务工获得劳动收入以支撑家庭，所以倾向于通过创业来更为直接地把握住收入。从调查情况看，受访的女性农民工在创业领域上并没有表现出特别的倾向性，餐饮、保洁、运输、销售代理均有。三是离异的女性农民工，年龄阶段特征不突出，总体上看不大于 60 岁。出于自身发展或者抚养子女的需要，这部分女性农民工创业的动机更明确，就是要找到事情干并获得收入。从职业上看，除一些家庭责任较重的女性农民工更倾向于在固定的工作场所工作外，其他也并未表现出较为明显的特异性。客观地说，女性农民工独自创业的并不多。受访农民工中，已经在创业的有 64 位，占调查农民工群体的 4.46%，其中只有 25 位是女性创业，占 39%，女性独自创业的只有 4 位，占女性创业的 10%（见图 7.14）。可以发现，这些女性农民工的个人能力较为突出、务工经验较为丰富且独立性较强。这些素质是支撑其创业的重要因素。

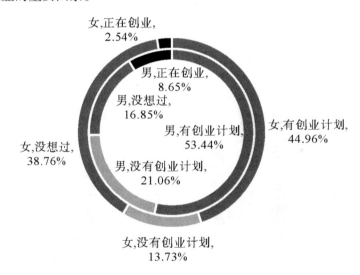

图 7.14 四个园区农民工性别—创业意愿调查结果

女性农民工创业的家庭支撑较弱，有较为明显的生产要素投入约束。无论女性农民工的能力和素质有多强，在创业过程中面对的较为明显的约束依然是生产要素约束。其中，尤其以劳动要素投入不足为甚。调查中四个园区女性农民工对创业雇工的认同度仅为 31%，低于男性农民工 68% 的认同度，同时女性农民工对创业过程中劳动力缺乏的认识度为 24.01%，比男性农民工的 17.52% 高。（见图 7.15 和图 7.16）。这种情况之所以会出现，主要在于农民工家庭对女性农民工创业的支持度不够。年轻的女性农民工之所以外出务工，最为主要的原因就是为家庭增加收入，以支持家庭中更为重要的开支，比如兄弟姊妹读书教育、父母治病等。农民工家庭最终会以女性农民工每年带回多少钱作为其务工是否值得的主要判断依据，其家庭认为创业只不过是女性农民工带回收入的一种方式而已。因此女性农民工创业与否，尽管对其个体而言是较为重要的人力资本跃升和职业突破过程，但这种重要性未必被其家庭认同。相反，如果创业过程涉及更大规模的资金和家庭的人力投入，往往在创业之初是不会被支持的。对于家庭本身就缺乏劳动力，或者离异的女性农民工而言，在创业过程中缺乏劳动力支持是较为常见的现象。在创业资金投入方面，与农民工家庭创业相比较，女性农民工对预期投入和实际投入差距的认识更为敏感，对投入回收期的长度的忍耐度也更低。在受访的女性农民工中，尽管对家庭创业均表现出支持的态度，但在问及独立创业问题时，52.49%的受访女性农民工均无明确的意愿。

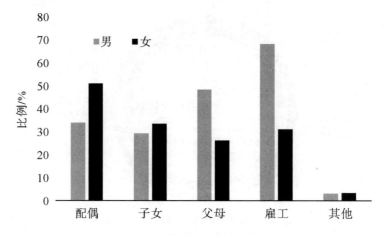

图 7.15　四个园区农民工群体性别—劳动力需求自我评估调查结果

社会转型期女性农民工群体就业适应度研究

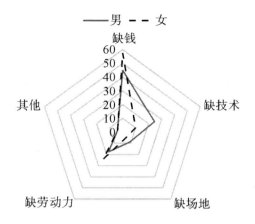

图 7.16　四个园区农民工群体性别—创业要素约束
自我评估调查结果（单位:%）

女性农民工创业面对的市场风险更为集中和突出。与农民工家庭创业相比较，女性农民工创业所面对的市场风险主要在三个方面。一是要素保障程度不够导致的较高的创业不稳定性。一方面是小额投入带来的经营灵活度不够；另一方面是实际创业过程中要素保障不足带来的劳动替代，即女性农民工通过延长自身劳动时间来弥补其他要素保障程度不够的状况。由此形成的创业不稳定状况，集中反映在女性农民工创业者对所从事事业持有的短期预期心态上。53%的受访女性农民工创业者认为做的事情"能做就做，不能就换"，29%的受访女性农民工认为创业实际上"更累，更操心，不知道能干多久"。二是市场变化迅速导致的经营波动风险较大。尽管女性农民工创业所处的行业大多是具有需求刚性的服务性行业，但由于经营事业所在社区往往在城市的边缘、产业园区周边的城中村等区域，城市面貌往往在几年内会出现大幅度的变化，实际的市场需求处于快速变化的状态中。女性农民工创业往往资金投入较小，创业所产生的现金流，既是经营活动的资金池，也是女性农民工家庭的生活支出。所以实际创业活动中可以动用的灵活资金比起其原始投入来看，规模更小。从受访的创业女性农民工反馈的情况看，创业带来的收入中，生活支出占经营收入的30%左右，比务工时期低 12%～13%，有子女在读书的家庭支出则更高。如果经营成本预期为 40%～50%，收入下降 20%～30%，创业就基本在亏损的边缘上。三是在劳动力是创业要素结构主体的情况下，女性农民工的创业实质上是务工的另外一种形式。大多数创业所形成的经营活动，往往对于更大的企业有较为明显的依赖性。以餐饮为例，在城镇中创办的小型餐饮，离开外卖实际上较难保障客源的稳定性。而外卖这一行业的行业龙头在逐步完善渠道建设后，对于依附于其网络组织上的小企业收取的费率也在提高，15%~25%的费率是较为常见的情况。在这种情况下，很难说创业比务工好。由于创业所处产业的低端特征，利润率较低，从单位时间收入上看，大体上和务工区别不大。创业与务工最大的区别在于，女性农民工可以通过自由延长劳动时间来获得更多的劳动收入。这是在调研中反映得比较突出的现象。

7.3 劳动就业促进制度对提升女性农民工群体就业能力/能动性的影响分析

劳动就业促进制度的有效实施，是帮助女性农民工从务工走向创业，进而实现人力资本积累和增长的制度支撑。在完成对女性农民工群体的就业能力/能动性分析之后，必须对劳动就业促进制度对女性农民工群体就业能力/能动性提升的影响进行分析，以完成就业能力/能动性研究。

7.3.1 岗位导向的劳动就业促进制度的优缺点分析

当前的劳动就业促进制度以就业率为直接和最有效的考核指标。无论是对农民工、大学生，还是对就业困难人员、退役士兵，均是如此。从 S 省、N 省和 H 省人力资源部门的调研和座谈情况看，从事劳动就业培训工作的政府人员，对坚持以就业率来考核劳动就业促进制度和资金使用绩效较为强调。在"稳就业"的宏观调控背景下，这种以结果评过程的政策导向具有较强的现实针对性和广泛的社会接受度。

以岗位为直接和最终目标的劳动就业促进制度在实施过程中表现出两个突出的切入点：一是输出地劳动力组织，这在本书第 5 章进行了研究和分析；二是就业市场匹配和企业稳岗，这在本书第 6 章进行了研究和分析。这些制度的执行，在较大程度上支撑了农民工进城务工的关键环节，使得从农村到岗位、从农民到农民工的转变过程可以较为顺畅地执行。在这一过程中，农民得到实惠，企业满足劳动需求，是一个双赢的局面。这是劳动就业促进制度的优点。

但需要指出的是，农民工在就业过程中的能力/能动性提升，并不是劳动就业促进制度的直接作用目标，而是就业过程的间接结果。其中的区别在于，就业过程会带来能力/能动性的提升，但这种提升是否会出现，完全依赖于农民工个体的差异。换言之，最终有的农民工会因为就业彻底改变生活状态实现城镇化；而有的农民工则会一直维持务工状态，最终年老回乡。究竟哪一个群体更多，取决于农民工自身的禀赋和能动性。而以能力/能动性为直接目标，就是考虑农民工中的大多数要实现城镇化，在这里，能力/能动性是关键的绩效评价指标，就业成为次要目标。

对于以能力/能动性为直接目标的农民工劳动就业促进制度的适用性，在调研中受到了劳动就业部门工作同志的反对。主要的反对意见包括三个。第一，如果劳动就业促进制度不以就业为直接目标，那么制度本身就会失去可操作性。这在当前就业优先的政策环境氛围下本身就是不可能的。第二，农民工并不会认同以能力/能动性为目标的劳动就业促进制度。如果不帮助农民就业，那么对于农民来说，劳动就业促进制度本身就较难理解。第三，提高能力/能动性是教育部门的事情。让劳动就业部门来干教育部门的事情，无论是人员、资源还是经费，都较难落实和落地。

这些观点均反映了当前促进农民工就业的现实状况。农民工就业主要还是在市场条件下完成的，市场是决定农民工就业的主要环境。政府的劳动就业促进制度，只是在市场这一前提下，帮助农民工更快、更容易、更有保障地参与到劳动市场中。换言之，劳动就业促进制度以提高劳动市场的资源配置效率为目标和硬约束。劳动就业促进制度当然可以选择以农民工的就业能力/能动性为直接目标，但由于这一选择与市场之间并不存在直接的联系，所以制度执行必然是低效率的。反过来，在劳动市场的竞争机制选择和淘汰过程中逐步完善形成的劳动就业促进制度，尽管因为符合市场竞争的需要而具有劳动供求匹配上的效率，但对劳动者而言，这一制度的效率取得是以放弃对劳动者人力资本积累的直接影响为代价的。劳动就业促进制度在促进农民工人力资本积累和发展方面存在的内在矛盾，不太可能在当前的劳动就业促进制度环境中得到彻底解决。无论是制度的制定者还是受惠群体，尽管对人力资本积累和发展均持积极和支持的态度，但都不认为人力资本的积累和发展是优先于劳动就业并获得收入的更高层次目标。

但从女性农民工群体务工的能力/能动性现状来看，以能力/能动性为直接目标的劳动就业促进制度有明显的积极意义。一方面，女性农民工群体无论只是务工还是创业，所处的工作环境和性质，基本上决定了务工就只是务工，非连续性务工所带来的人力资本积累和发展并不足以实现人力资本积累突破临界点从而发生质变。另一方面，女性农民工群体外出务工存在的普遍依附性特征，使得女性农民工群体通过务工获得显著的人力资本积累和发展成为较为困难的事情。如果务工能够带来人力资本积累和发展这一事情在农民工群体中的发生是有一定概率的，那么对于女性农民工群体而言，这一概率是较低的。关于这一点，在农民工创业中就可以看出来。在农民工的问卷调查中，"正在创业"的比例为 4.46%，共 64 人，其中女性农民工独自创业的仅有 4 人。因此，关注女性农民工的人力资本积累和发展，应该是劳动就业促进制度重点关注的结构性问题之一。

7.3.2 创业培训开展情况及其存在的问题分析

"双创"活动开展以来，农民工创业工作也得到了劳动就业促进制度的集中关注[1]。从各地的情况看，创业政策的主要关注点在于特定的创业人群、创业环境、创业能力、创业服务等方面。较为普遍的做法是，通过包括创业园、创业孵化基地、创业孵化实训基地等载体建设，对创业者进行集中的政策扶持。从政策措施上看，对于农民工创业的政策支持，显著的特点是支持返乡创业。政策的主要考虑，就是顺应沿海及经济发达地区产业结构升级形成的产业转移和扩张趋势，支持外出务工农民工返乡创业[2]。从支持的产业上看，农民工在务工地从事的劳动密集型产业、特色

---

① 《国务院关于大力推进大众创业万众创新若干政策措施的意见》（国发〔2015〕32 号）指出，按照"四个全面"战略布局，坚持改革推动，加快实施创新驱动发展战略，充分发挥市场在资源配置中的决定性作用和更好发挥政府作用，加大简政放权力度，放宽政策、放开市场、放活主体，形成有利于创业创新的良好氛围，让千千万万创业者活跃起来，汇聚成经济社会发展的巨大动能。推进大众创业、万众创新，就是要通过转变政府职能、建设服务型政府，营造公平竞争的创业环境，使有梦想、有意愿、有能力的科技人员、高校毕业生、农民工、退役军人、失业人员等各类市场创业主体"如鱼得水"，通过创业增加收入，让更多的人富起来，促进收入分配结构调整，实现创新支持创业、创业带动就业的良性互动发展。

② 参见《国务院办公厅关于支持农民工等人员返乡创业的意见》（国办发〔2015〕47 号）和《关于实施农民工等人员返乡创业培训五年行动计划（2016—2020 年）的通知》（人社厅发〔2016〕90 号）。

服务业、"互联网+"特色产品销售、一二三产业融合发展的特色农业，都是政策强调的重点产业。在政策措施上，强调包括创业园区等在内的基础服务平台及公共服务建设、创业培训、减税降费、金融服务等方面。对于女性创业群体，通过小额担保贷款的方式鼓励其创业。创业培训是农民工在创业过程中补足能力/能动性短板的针对性措施。创业培训的执行情况主要有三个方面的特点。

第一，创业培训在对象上存在较为突出的局限性和短期性。返乡农民工是创业培训工作的政策对象。其背景就是在 2008 年国际金融危机之后，我国沿海地区加工制造业萎缩、劳动工资水平上涨共同推动的农民工返乡潮。支持创业政策的初衷就是要有效应对返乡农民工的工作和发展需求，充分发挥这一群体在外务工的劳动和工作经验对家乡发展的积极作用。在执行的过程中，有一个较为显著的操作性困难，就是返乡农民工存在识别问题。工作人员必须在情况统计过程中弄清楚两个关键信息，即"是否返乡"和"是否创业"。返乡农民工在政策中并无量化界定，在实际中也不容易界定。在 S 省 B 市和 N 省 A 县，乡镇工作人员一般是通过走访、询问村干部来获得相关信息。村干部通过个人掌握的情况做出初步判断，其准确性较难评价。被识别出来的群体是否要创业，更是一个随意性很强的主观认识。政策上要求将"有意愿"和"已经在创业初期"的返乡农民工纳入培训，这一要求的落实必须以较为准确的对象调查作为基础。但在实际工作开展过程中，调查是较少执行的。往往就是村干部通过简单的口头询问就获得相关信息并上报。同时，从信息上报到创业培训执行之间的时差、农民工的频繁流动更是让上报的信息准确性随着时间推移而快速下降。从 S 省 L 州、B 市和 N 省 A 县对返乡农民工参加创业培训的调查情况看，培训对象表现出两个特征。一是参加培训的农民工往往年龄偏大。B 市是农民外出务工的集中地，近年来农民工回流规模确实较大，但调查中观察的 4 次创业培训中，参训的农民年龄在 35～50 岁的占比达到 72.5%。L 州观察的 3 次创业培训中，对应年龄段占比为 65.6%。A 县为 57%。二是女性参训比例较大。其主要原因是大部分创业均以家庭为基本单位申报，所以在参训时，女性来参加培训的比例较高，B 市为 82.2%，L 州为 73.1%，A 县为 77.8%。在这些女性中，B 市有 44.1%、L 州有 52.9%、A 县有 57% 的参训女性为"偶尔外出""季节性外出""不外出"情况。培训对象与创业需要的基本素质之间的差异较大，这是创业培训在对象方面存在的较为突出问题。

第二，创业培训的项目化运行限制了培训目标向人力资本积累和发展的延伸。由于在创业对象上聚焦返乡农民工，所以培训较为突出农业特色与特征。大多数培训均围绕农村的生活性和生产性服务业展开。从政策要求上看，一般要求返乡农民工须接受 1 次创业培训。培训一般由区县、乡镇人力资源部门委托专业化培训机构或者自行组织执行。从培训的执行情况看，创业培训的项目化运行是培训效果难以提升的一个较大的约束性因素。其主要表现在两个方面。一是单次培训较难有长远、稳定的培训目的，完成培训的规模要求往往成为创业培训组织方的核心目标。在这种情况下，作为培训具体执行方的单位和个人，较难有一致的行动方向。二是培训供给与需求之间匹配度不高。从培训机构来看，一次性的创业培训工作，并无更多的利润空间。调动更多的资源来进行完整的培训流程和内容设计并无太多益处。机构之所以承接相关工作，关键还在于机构与当地人力资源部门之间存在长期的业务联系，使得机构从长远而非一次性业务中来衡量培训收益。在执行过程中，有意愿从事各种创业活动的农民工参加同一次培训，众口难调的情况较为普遍。从农民工的角度看，1 次创业培训实际上也较难获得实质性的帮助。参加培训的农民工一部分是出于观望心态来参训，一部分则是因为培训与后续的系列帮扶活动实质上存在捆绑关系，不能不来。真正能从创业培训中获得直接收益的，更多的是那些创业已经有一定规模的农民工家庭，他们可以通过创业培训的参与来为下一步获得更多的帮扶实惠奠定基础。

第三，由劳动力输出地实施的农民工创业培训，其针对性、规范性较难保障。创业培训在执行过程中各地的差异较大。在执行机构方面，在 S 省 B 市，主要由县人力资源部门通过招标或由当地的培训机构来执行。在 S 省 L 州和 N 省 A 县，由县人力资源部门与乡镇部门共同执行的情况较多。在培训内容方面，S 省 B 市突出养殖技术、互联网知识、金融知识、帮扶政策解读；L 州则重视农业农技、工商注册、消防安全、治安、帮扶政策等；A 县则更为强调农民愿意学什么，开展电工、厨师等培训较多。在培训师资方面，B 市主要由基层人力资源部门干部、农业技术人员、金融机构工作人员等承担；L 州则由政府工商、消防、公安、人力资源等部门的工作人员承担；A县主要由当地干部和学校教师来承担。在培训时长方面，B市课程安排1天；L州则是2天；A县主要以农民夜校的形式开展相关培训。综合这些情况可以发现，创业培训的课程设置与创业之间的联系实际上不太紧密。地方在工作设计过程中主要考虑的还是向农民工传递必要的政策信息和基础性知识。之所以这样选择，一方面受地方培训资源的限制，无法提供更具针对性的创业培训课程；另一方面受农民工自身的参与积极性和素质约束，培训实施方不可能完全脱离农民工的实际情况来进行创业培训。这种现实中存在的相互适应倾向，实际上构成了创业培训的低层次恶性循环。无论是培训实施方还是参与方，都以完成培训作为直接目标。至于创业培训更为根本的人力资本积累与发展目标，以及在这一过程中对更为细分的人群，比如女性农民工群体，进行针对性的创业指导和精准帮扶，在现实的培训中较难有存续的空间。

7.3.3　城镇化进程的就业公共服务的性别取向分析

对于农民工创业的政策性帮扶是就业公共服务的有机构成部分。在这一具体领域中反映出来的政策细节，是更为宏观的就业公共服务政策取向的映射。从上文对农民工创业的研究和分析中可以发现，当前就业公共服务在面对不同性别的劳动群体时，还缺乏有针对性的政策原则，使得以性别为靶向的精准政策在实践中得以有效实施。

第一，岗位导向的就业公共服务缺乏足够的性别瞄准工具。就业公共服务以岗位的现实需求作为政策设计的基本出发点，有什么样的岗位就进行什么样的针对性政策帮扶。帮助农民工实现就业是服务的核心，甚至在实际操作层面上是唯一的目标。由此在现实中，就业公共服务表现出来三个特征，即中断性、主观化、企业化。所谓中断性，是指就业公共服务往往在被培训的农民工实现就业后即终止；所谓主观化，是指就业公共服务的设计和实施基于服务主体即政府人力资源部门的认识开展，而这种认识未必与农民工就业实际情况一致，未必会根据农民工就业实际情况的变化而变化；所谓企业化，是指就业公共服务在执行层面上，往往直接与企业需求挂钩。在一些情况下，人力资源部门更愿意直接将公共服务项目通过发包的方式让企业来完成，由此造成对农民工的就业公共服务的补贴最终由企业直接享受。整个就业公共服务实质上等同于对企业获得劳动力的扶持行为。农民工自身的就业需求尽管是公共服务的初衷，但在实际执行中，却可能沦为企业劳动力需求实现的附属品。在这种情况下，就业公共服务要推动女性农民工群体的就业，就存在较大的盲区。政府相关部门和企业均没有性别瞄准工具，也没有动机去设计和应用性别瞄准工具，因为性别并非就业公共服务设计和执行的核心要件。一个在调查中反映出来的现象是，在劳动力输出尚处于初期阶段的 L 州，更倾向于将就业困难的农村妇女组织起来，开展家庭手工为主的技能培训。从组织的目的看，宏观层面上对就业工作特色的要求，是地方政府推动就业困难女性农民工参加技能培训的主要原因。因此在组织过程中，女性、农村户口、就业困难就成为选择参加培训对象的主要依据。从参加培训的女性农民工实际情况看，参加培训的肯定是就业困难的人群，但就业困难的原因却未必是技能缺乏。因此，存在错位。普惠金融工具的应用对于推动女性农民工群体就业有显著的积极作用。但在农村的实施过程中，这一政策所覆盖的范围往往会根据就业工作的现实需要而调整，随意性较大。有就业需求的女性农民工也不一定会在实际的资金发放过程中成为政策覆盖的对象。没有性别瞄准工具或者没有就业的性别倾斜意识，是一些基层就业公共服务存在的普遍性情况。

第二，收入目标优先使得就业公共服务难以识别、聚焦并针对性激发女性农民工群体的真实发展需求。提高农民工收入是帮助和推动农民工外出务工的首要目标。这是就业公共服务政策在实践中与作为政策覆盖对象的农民工群体之间保持高度一致的共识。能够创造就业机会和创业机遇的公共服务就是好的，反之就是效率低下的。无论是劳动力输入地还是输出地，涉及农民工就业工作，在各类调研和汇报材料中，都将就业的总量和收入的提高作为描述的重点内容。前文已经讨论论过，之所以会出现这样的政策倾向，与宏观层面上就业的优先性，以及就业与民生之间的直接关联有直接联系。在这样的政策环境中，就业公共服务只能以就业带来收入为目标。同时，农民工群体的迁徙性特征，也使得作为劳动力输出地和输入地的地方政府，较难形成具有长期目标的就业公共服务。女性农民工作为农民工群体的一个部分，既在企业这一侧缺乏足够的重要性，也在政府这一侧较难引起持续的重视。在实际的政策执行中，农民工群体作为一个整体的特征，比如农村户籍、低端劳动力等，往往会顺理成章地成为女性农民工群体的特征，进而用务工替代职业发展、用收入替代人力资本提升。女性农民工作为一个群体，在务工过程中自然增强的职业发展意识及其现实尝试，在当前的就业公共服务政策体系中还缺乏体现。

第三，单一目标来源的就业公共服务资源供给较难对女性农民工就业形成持续性政策支撑。就业公共服务在劳动力输出地的供给，基本都由地方政府承担。S省L州、B市和N省A县反映的情况都是如此。缺乏其他有能力的社会组织来实施相关的工作，是政府不得不承担起相关责任的实际原因。在S省C市和Z省F市，除政府外，也有社会公益组织、企业在做就业公共服务。但存在的问题较为明显。一是体量小。受资金和资源的约束，社会公益组织和企业针对的农民工群体的服务体量并不会太大。二是资金来源受限。在C市和F市调查的社会组织中，就业公共服务的执行主要按项目制运行，资金通过招投标方式获得或来源于政府人力资源部门、工会的情况较多，占80%以上。真正完全由社会资金驱动的项目较少。这一资金来源结构决定了社会组织也会受项目资助资金的约束，其就业活动的展开也会是短期的和收入导向的。换言之，多样化工作形态、多元化资源渠道的就业社会化公共服务还没有完全形成。社会组织承担的就业公共服务在这样的情况下，女性农民工即使表现出较为明显的群体性就业倾向，也不太能在整齐划一的就业公共服务政策体系中得到及时和连续的政策帮扶。要解决这一问题，以劳动力为导向、以人力资本提升为目标、多元主体参与、多渠道资源保障的社会化就业公共服务制度体系的建设是关键所在。

7.3.4 对能力/能动性假设的验证

在第4章研究中提出的"劳动者人力资本的跃升及其制度保障"假设指出，在性别歧视主因和客观现实未在劳动就业促进制度中加以体现的情况下，对于性别歧视的制度矫正只能是间接性的。在这种情况下，劳动就业促进制度旨在以其优先性排序来强制矫正企业的竞争性排序决策，即政策的制度性排序按照劳动市场需求来针对性改变女性农民工群体的人力资本结构，缩小与企业的竞争性排序要求的差距。从实证研究的结论上看，研究假设可以在三个方面加以充实和拓展。

第一，女性农民工群体是否能在就业过程中实现人力资本的积累取决于家庭的发展需要。在务工的情况下，女性农民工群体人力资本积累的主要方式，就是通过持续参与市场、持续在工作状态下提升自我发展能力。因此，女性农民工群体参与市场活动时间越长，人力资本积累水平就越有可能提升乃至于突破。家庭是推动女性农民工群体参与市场活动的主要制度性激励机制。家庭是超越性别关系的基本劳动供给微观主体，尤其在农村市场化程度还存在不足的情况下，更要重视和发挥家庭在稳定劳动供给方面的支撑性作用。必须充分认识到，在农业作业传统和工业化传统的"二元"作用和影响下，家庭这一制度形式正在发生变化，如果任由市场力量将农村传统的家庭摧毁，而又无法在功能意义上形成新的主导性激励机制，那么由家庭决定的农民进城务工以及女性农民工群体在务工过程中实现人力资本积累的基础性动力缺失就会成为必然。从女性农民工群体人力资本积累的角度切入，以农村家庭为基本作用单位，强化家庭对劳动者人力资本积累的更为合理的激励和支持，应当成为劳动就业促进制度的主要调整点。

第二，女性农民工群体的人力资本积累突破临界点主要以"他雇"向"自雇"的务工模式转变为主要标志。在当前的发展阶段上，较难把女性农民工群体人力资本积累的突破性变化归结为可以量化、比较和评价的知识、技术和能力的指标体系。这样做会让评价局限到能够被量化比较和评价的部分行业、部分人群上，而对于那些无法取得技术职称、证书、学历和可鉴证工作经验的农民工群体来说，这样的评价缺乏实际意义。本书认为，女性农民工群体人力资本积累的突破应主要考虑"自雇"务工模式的出现、稳定和发展。从现象上看，"自雇"是农民工在务工一段时间后的普遍性行为选择。从逻辑上看，能够在务工过程中通过经验积累来实现"自雇"，是传统小农作业模式在工业化环境中的"逻辑再现"，是农民在城市生活中试图把握自身命运的直接反映。从可能性上看，当前随着网络的应用与发展，这一选择的现实可能性实际上得到了显著的提高。因此，在对女性农民工群体进行就业适应度研究的过程中，对于"自雇"这一务工模式及其价值应有充分的重视。

第三，劳动就业促进制度需要进一步明确着力点，来矫正竞争性排序对女性农民工人力资本积累的负面影响。从企业的角度看，竞争性排序决策是对能够把握的生产要素配置结构和使用顺序的判断。聚焦到劳动要素，就是企业针对劳动供给结构特征对劳动需求结构的适应性调整。劳动供给结构的约束性越小，供给弹性越大，适应性调整的空间也就越大。在当前的劳动供求结构中，企业所实施的适应性调整，往往以获取更大规模的低端劳动力作为普遍性选项。这既创造了大量适合进城务工人群的就业岗位，也在根本上限制了这些就业岗位未来的发展空间。从这一角度看，劳动就业促进制度就是对劳动供给结构的约束，是影响劳动供给弹性的关键变量。劳动就业促进制度形成的劳动要素制度性优先排序，不能以体现企业劳动需求为主要目标，而是应当以包括女性农民工群体在内的低端劳动人群的人力资本积累为主要目标，由此形成更具竞争性和发展性的劳动供给约束结构，为工业化进程中的人力资本积累创造量化的制度环境条件。

7.3.5　能力/能动性模块的指标设计及数据来源

本书第 3 章提出，"能力/能动性"模块包含"市场化劳动主动性"（g_1）、"人力资本积累"（g_2）和"劳动市场认知"（g_3）三个一级指标，主要对女性农民工群体在就业过程中实现人力资本积累的可能性和水平进行评价。"市场化劳动主动性"，是指作为研究对象的目标女性农民工群体持续就业的平均年限（g_{11}）及其与同一来源地男性农民工群体之间的差异（g_{12}）。"人力资本积累"，是指作为研究对象的目标女性农民工群体在同一就业目的地再就业后实现"他雇"向"自雇"转变或者获得技术性岗位的比率（g_{21}），及其与同一就业目的地男性农民工群体之间的差异（g_{22}）。"劳动市场认知"，是指作为研究对象的目标女性农民工群体采用信息化接入手段实现就业的比率（g_{31}），及其与同一就业目的地男性农民工群体之间的差异（g_{32}）。根据本章的研究，能力/能动性模块一级指标和二级指标的基本情况见表 7.5。

表 7.5 女性农民工群体就业适应度能力/能动性（G_c）模块指标数据来源及得分档级

一级指标	二级指标	得分档级					指标说明	指标数据来源
		一档	二档	三档	四档	五档		
市场化劳动主动性（g_1）	市场化劳动主动性水平（g_{11}/M_{31}）	1	2	3	4	5	同一就业场景下目标女性农民工群体持续参与市场化劳动的平均水平。持续年限越长，档级越高。从一档到五档分别对应"1年以下、1~3年、4~5年、6~10年、10年以上"，将目标人群的参与就业年限平均值作为目标人群的得分	根据对目标群体的调查获得数据
	市场化劳动主动性水平的性别差异（g_{12}/M_{32}）	-5	-2.5	0	2.5	5	同一就业场景下目标女性农民工群体持续参与市场化的平均水平与男性农民工群体之间的差异。负差异越小，档级越低，反之亦然。从一档到五档分别对应差异为"-100%~-50%、-50%~0、0~50%和50%~100%"（差异档级的设定根据目标群体调查结果，结合对应指标的重要程度决定，指标在设计中越重要，波动幅度越小）。将目标人群的差异的平均值作为目标人群的得分	根据对目标群体的调查获得数据
	类别否定项：就业岗位高速流动（C_{31}）	-10	-10	-10	-10	-10	过快的岗位转换会产生较为突出的岗位适应问题，无助于女性农民工群体人力资本的提升。市场化劳动主动性水平的性别差异超过-100%即使用类别否定项	根据对目标群体的调查获得数据
人力资本积累（g_2）	人力资本积累水平（g_{21}/M_{33}）	1	2	3	4	5	同一就业目的地目标女性农民工群体人力资本积累临界值水平。以是否出现"他雇"向"自雇"转变、技术性岗位的获得作为标志。同一群体出现比例越高，档级越高。从一档到五档分别对应"无变化、0~25%、25%~50%、50%~75%、100%"，将目标人群的调查出现变化的比例作为目标人群的得分	根据对目标群体的调查获得数据
	人力资本积累水平的性别差异（g_{22}/M_{34}）	-5	-2.5	0	2.5	5	同一就业目的地目标女性农民工群体人力资本积累临界值水平与男性农民工群体的差异。负差异越小，档级越低，反之亦然。从一档到五档分别对应差异为"-100%~-50%、-50%~0、0、0~50%和50%~100%"（差异档级的设定根据目标群体调查结果，结合对应指标的重要程度决定，指标在设计中越重要，波动幅度越小）。将目标人群的积累水平差异比例作为目标人群的得分	根据对目标群体的调查获得数据
	类别否定项：自雇或更高回报岗位就业长期未实现（C_{32}）	-10	-10	-10	-10	-10	长期没有出现劳动收入的跃升说明就业岗位无助于人力资本的积累。人力资本积累水平的性别差异超过-100%即使用类别否定项	根据对目标群体的调查获得数据

表7.5(续)

一级指标	二级指标	得分档级					指标说明	指标数据来源
		一档	二档	三档	四档	五档		
劳动市场认知（g_3）	劳动市场认知水平（g_{31}/M_{35}）	1	2	3	4	5	同一就业目的地目标女性农民工群体对劳动市场的接受水平。通过信息化接入手段在就业过程中的使用比率来评价。接受水平越高，档级越高。从一档到五档分别对应"0~10%、10%~25%、25%~50%、50%~75%、75%~100%"，将目标人群的调查比例作为目标人群的得分	根据对目标群体的调查获得数据
	劳动市场认知水平的性别差异（g_{32}/M_{36}）	-5	-2.5	0	2.5	5	同一就业目的地目标女性农民工群体对劳动市场的接受水平与男性农民工群体的差异。负差异越小，档级越低，反之亦然。从一档到五档分别对应差异为"-100%~-50%、-50%~0、0~50%和50%~100%"（差异档级的设定根据目标群体调查结果，结合对应指标的重要程度决定，指标在设计中越重要，波动幅度越小）。将目标人群的信息化手段使用水平差异比例作为目标人群的得分	根据对目标群体的调查获得数据
	类别否定项：无信息接入手段或渠道（C_{33}）	-10	-10	-10	-10	-10	缺乏信息接入手段很难获得多元化、可持续的劳动信息。劳动市场认知水平的性别差异超过-100%即使用类别否定项	根据对目标群体的调查获得数据

除类别否定项外，其他评估项各档级间得分计算公式如下：

$$实际得分 = 下一档级分值 + \frac{实际差值 - 下一档级差值}{上一档级差值 - 下一档级差值} \times$$

$$(上一档级分值 - 下一档级分值)$$

7.4 本章小结

本章对女性农民工群体就业适应度的能力/能动性模块进行研究，验证了"劳动者人力资本的跃升及其制度保障"的假设，主要内容如下。

第一，女性农民工群体劳动就业的能力/能动性更多的是在家庭中酝酿、成形、激励，并服从于、服务于，同时也被约束于家庭的。由农业生产这一传统所决定的农村家庭女性的就业地位，是农村女性进入城市、参加工业化劳动的基本劳动就业决策依据。工业化劳动则是改革开放以来经济增长过程形成的新劳动传统，这是农村家庭能够跟上发展步伐，实现自我更新的关键。这两个传统之间长期存在的矛盾运动，决定了农村家庭在经济发展过程中的结构变化。农村家庭首先是一个由家庭联产承包责任制决定的农业生产的基本单位，其次才是一个生活和社会的单位。农村家庭的生产属性直接决定其生活和社会属性。农村家庭的功能结构决定女性农民工群体的禀赋结构和劳动决策。外出务工的农村女性之所以比男性更少，更多是由农村家庭的内部分工结构决定的。

第二，女性农民工群体的就业决策受其人力资源初始状态、务工收入的影响，尤其是务工收入。在收入导向下，女性农民工较难合理地预期在就业过程中实现的人力资源增长。受教育水平不高是影响女性农民工群体务工主动性的直接性因素。不同年龄段上女性农民工群体对自身的不同认识是影响其就业决策可持续性的关键性变量。女性农民工群体相对于男性农民工群体的务工劣势是压缩其就业决策空间的前提性因素。

第三，女性农民工群体就业决策对务工收入高度敏感。收入的高低并不是女性农民工群体就业决策的首要影响因素。收入的稳定性才是影响女性农民工群体就业意愿的主要因素。此外，收入的可把握程度是影响女性农民工群体就业岗位自主选择的重要因素。也正因为如此，女性农民工群体对就业带来的人力资源增长缺乏基本预期。

第四，家庭责任履行约束影响下的女性农民工群体就业的间断性预期。以增加家庭整体收入为直接目的的外出务工，形成了女性农民工群体人力资本积累和增长的"天花板"。家庭责任的非连续性履行中断了女性农民工群体的职业发展过程。家庭责任内涵与外延的变化进一步加大了女性农民工群体外出务工的实质性约束。

第五，女性农民工群体就业能力/能动性的社会环境约束影响。本书的研究发现，职业发展的间断性无法对女性农民工群体的人力资本积累和增长形成有效支撑。高流动性的择业状态实质上形成了女性农民工群体人力资本积累和增长的环境约束。以产出效率为导向的工作培训在短期内较难对女性农民工群体的人力资本积累和增长发挥显著作用。

第六，农民工家庭创业的困难与性别影响分析。女性农民工独自创业所面对的劳动和工作环境，比农民工家庭创业所面对的劳动和工作环境，要更具挑战性。本书的研究发现，女性农民工创业往往有特殊的家庭和个人背景因素。女性农民工创业的家庭支撑较弱，有较为明显的生产要素投入约束。女性农民工创业面对的市场风险较为集中和突出。

第七，劳动就业促进制度对提升女性农民工群体就业能力/能动性的影响分析。本书的研究发现，岗位导向的就业公共服务缺乏足够的性别瞄准工具。收入目标优先使得就业公共服务难以识别、聚焦并针对性激发女性农民工群体的真实发展需求。单一目标来源的就业公共服务资源供给较难对女性农民工群体就业形成持续性政策支撑。以劳动力为导向、以人力资本提升为目标、多元主体参与、多渠道资源保障的社会化就业公共服务制度体系的建设是当前问题应对的关键。

第八，围绕能力/能动性模块的假设，本书形成三点认识。①女性农民工群体是否能在就业过程中实现人力资本的积累取决于家庭的发展需要。从女性农民工群体人力资本积累的角度切入，以农村家庭为基本作用单位，强化家庭对劳动者人力资本积累的更为合理的激励和支持，应当成为劳动就业促进制度的主要调整点。②女性农民工群体的人力资本积累突破临界点以"他雇"向"自雇"的务工模式转变为主要标志。③劳动就业促进制度需要进一步明确着力点，来矫正竞争性排序对女性农民工群体人力资本积累的负面影响。

8 基于性别诊断的女性农民工群体就业适应度评价指标体系研究

本章主要基于理论分析和实际调查的结论，应用层次分析方法（AHP），针对女性农民工群体建立"禀赋—经济机会—能力/能动性"三维就业适应度评价指标体系。在此基础上，应用就业适应度评价指标体系，对本书聚焦的女性农民工群体，进行就业适应度评价分析。本章旨在将理论分析和实证研究形成的结论，归纳梳理为具体化的女性农民工群体就业适应度评价指标体系，并通过评价指标体系的实际应用，来明确理论构建的实证价值，为基于性别诊断的就业适应度分析框架在更广范围内应用奠定基础。

8.1 女性农民工群体就业适应度评价指标的模块化集成

8.1.1 女性农民工群体就业适应度评价指标体系

根据第 3—7 章的研究，本书开展的女性农民工群体就业适应度研究，形成了包括禀赋、经济机会和能力/能动性三个模块的评价指标体系（见表 8.1）。

表 8.1　女性农民工群体就业适应度评价指标体系

模块	一级指标	二级指标	得分档级					指标说明	指标数据来源
			一档	二档	三档	四档	五档		
禀赋	生育（d_1）	平均生育率（d_{11}/M_{11}）	1	2	3	4	5	目标女性农民工群体生育数量的平均值。生育数越少，表明在同一年龄段上的就业可能性越高，档级就越高。从一档到五档分别对应四孩、三孩、二孩、一孩、未生育即 0。按目标人群平均生育数量对应各档级计算得分	根据对目标群体的调查获得数据
		生育率结构差异（d_{12}/M_{12}）	-5	-2.5	0	2.5	5	目标女性农民工群体生育率与来源地生育率的差值。目标群体生育率与所在地生育率的负差异越小，群体的生育压力越低，就业可能性越高，档级就越高。从一档到五档分别对应差异为"10%～30%、0～10%、0、-10%～0 和 -30%～-10%"（差异档级的设定根据目标群体调查结果，结合对应指标的重要程度决定，指标在设计中越重要，波动幅度越小）。将目标人群的结构差异占比最多的档级作为目标人群的得分	结合政府统计数据和目标群体调查数据
		类别否定项：四孩及以上（C_{11}）	-10	-10	-10	-10	-10	过高的生育水平导致女性农民工群体在可预计的生育和养育期内失去参加就业的可能性。生育率结构差异超过 -30% 即使用类别否定项	结合政府统计数据和目标群体调查数据
	经济资源支持（d_2）	就业平均资源支持（d_{21}/M_{13}）	1	2	3	4	5	目标女性农民工群体参加就业的年均政府帮扶资源支持。资源支持越多，档级越高。从一档到五档对应群体的平均资源支持水平，即政府就业帮扶数据平均水平，分别为"无、每人 500 元以下、每人 500～1 000 元、每人 1 001～1 500、每人 1 500 元以上"。将目标人群的受政府帮扶水平占比最多的档级作为目标人群的得分	结合政府统计数据和目标群体调查数据
		就业资源支持结构差异（d_{22}/M_{14}）	-5	-2.5	0	2.5	5	目标女性农民工群体的年均政府帮扶资源支持与同来源地男性农民工群体的年均政府帮扶资源支持差异。目标群体获得的资源支持越多，正差异越大，档级越高。从一档到五档对应的差异分别为"-100%～-50%、-50%～0、0、0～50% 和 50%～100%"（差异档级的设定根据目标群体调查结果，结合对应指标的重要程度决定，指标在设计中越重要，波动幅度越小）。将目标人群的政府帮扶差异占比最多的档级作为目标人群的得分	以政府对目标群体的帮扶为依据，结合对目标女性、男性农民工群体规模总量的调查得到
		类别否定项：无支持（C_{12}）	-10	-10	-10	-10	-10	群体性无政府帮扶或就业资源支持结构差异超过 -100%，意味着政策对性别不敏感，使用类别否定项	根据对目标群体的调查获得数据

表8.1(续)

模块	一级指标	二级指标	得分档级					指标说明	指标数据来源
			一档	二档	三档	四档	五档		
禀赋	教育 (d_3)	平均受教育年限 (d_{31}/M_{15})	1	2	3	4	5	目标女性农民工群体平均受教育年限。受教育年限越长,档级越高。从一档到五档分别对应"0~6年(小学)、7~9年(初中)、10~12年(高中)、10~12年(职业学校)、12年以上(大专及以上)"。将目标人群的受教育年限占比最多的档级作为目标人群的得分	根据对目标群体的调查获得数据
		受教育年限的结构差异 (d_{32}/M_{16})	-5	-2.5	0	2.5	5	目标女性农民工群体平均受教育年限与来源地(或就业地)的差异。目标群体受教育年限越长,正差异越大,档级越高。从一档到五档对应的差异分为"-30%~-10%、-10%~0、0、0~10%和10%~30%"(差异档级的设定根据目标群体调查结果,结合对应指标的重要程度决定,指标在设计中越重要,波动幅度越小)。将目标人群的受教育结构差异占比最多的档级作为目标人群的得分	政府统计数据
		类别否定项:文盲 (C_{13})	-10	-10	-10	-10	-10	受教育年限的结构差异超过-30%,直接影响就业能力,使用类别否定项	根据对目标群体的调查获得数据
	健康 (d_4)	健康水平自我评价 (d_{41}/M_{17})	1	2	3	4	5	目标女性农民工群体的健康水平自我评价。评价越高,档级越高。从一档到五档分别对应"差、较差、一般、较好、好"。将目标人群选择档级占比最多的档级作为目标人群的得分	根据对目标群体的调查获得数据
		健康水平自我评价的结构差异 (d_{42}/M_{18})	-5	-2.5	0	2.5	5	目标女性农民工群体的健康水平与同来源地男性农民工群体的差异。目标群体健康自评水平越高,正差异越大,档级越高。从一档到五档分别对应为"-100%~-50%、-50%~0、0、0~50%和50%~100%"(差异档级的设定根据目标群体调查结果,结合对应指标的重要程度决定,指标在设计中越重要,波动幅度越小),将目标人群的健康水平差异占比最多的档级作为目标人群的得分	根据对同一来源地不同性别农民工群体的调查数据比较获得
		类别否定项:结构差异过大 (C_{14})	-10	-10	-10	-10	-10	健康水平自我评价的结构差异超过100%,违背了就业获得发展的基本目标设定,即使用类别否定项	根据对目标群体的调查获得数据

表8.1(续)

模块	一级指标	二级指标	得分档级					指标说明	指标数据来源
			一档	二档	三档	四档	五档		
经济机会	就业经济收益（o_1）	收益水平（o_{11}/M_{21}）	1	2	3	4	5	同一就业场景下目标女性农民工群体的中位收入水平。收入越高，档级越高，从一档到五档分别对应"就业地最低月工资水平以下、最低月工资~高于最低月工资1 000元、高于最低月工资1 000元~高于最低月工资2 000元、高于最低月工资2 000元~高于最低月工资3 000元、高于最低月工资3 000元及以上"。将目标人群收入占比最多的档级作为目标人群的得分	根据对目标群体的调查获得数据
		性别收益差异排序（o_{12}/M_{22}）	-5	-2.5	0	2.5	5	同一就业场景下目标女性农民工群体的中位收入水平与男性农民工群体之间的差异。负差异越小，档级越低，反之亦然。从一档到五档对应的差异分别为"-30%~-10%、-10%~0、0~10%和10%~30%"（差异档级的设定根据目标群体调查结果，结合对应指标的重要程度决定，指标在设计中越重要，波动幅度越小）。将目标人群的收益差异占比最多的档级作为目标人群的得分	政府统计数据
		类别否定项：无显性收入（C_{21}）	-10	-10	-10	-10	-10	性别收益差异排序超过-30%，违背了就业获得发展的基本目标设定，即使用类别否定项	根据对目标群体的调查获得数据
	市场化就业（o_2）	市场化就业水平（o_{21}/M_{23}）	1	2	3	4	5	同一就业目的地目标女性农民工群体依托劳动市场参加就业的比率。参与率越高，档级越高。从一档到五档分别对应"0~10%、10%~25%、25%~50%、50%~75%、75%~100%"，将目标人群的就业市场参与率占比最多的档级作为目标人群的得分	政府统计数据
		市场化就业水平的性别差异（o_{22}/M_{24}）	-5	-2.5	0	2.5	5	同一就业目的地目标女性农民工群体依托劳动市场参加就业的比率与男性农民工群体之间的差异。负差异越小，档级越低，反之亦然。从一档到五档分别对应差异为"-100%~-50%、-50%~0、0、0~50%和50%~100%"（差异档级的设定根据目标群体调查结果，结合对应指标的重要程度决定，指标在设计中越重要，波动幅度越小）。将目标人群的市场参与率差异占比最多的档级作为目标人群的得分	以政府对目标群体的帮扶为依据，结合对目标女性、男性农民工群体规模总量的调查得到
		类别否定项：无劳动市场（C_{22}）	-10	-10	-10	-10	-10	缺乏劳动市场中介是导致目标女性农民工群体劳动收入难以保障的主要原因。市场化就业水平的性别差异超过-100%即使用类别否定项	根据对目标群体的调查获得数据

表8.1(续)

模块	一级指标	二级指标	得分档级					指标说明	指标数据来源
			一档	二档	三档	四档	五档		
经济机会	劳动协作 (o_3)	就业岗位的协作 (o_{31} / M_{25})	1	2	3	4	5	同一就业场景下目标女性农民工群体参加劳动协作的水平。参与水平越高，档级越高。从一档到五档分别对应"0～10%、10%～25%、25%～50%、50%～75%、75%～100%"，将目标人群的协作参与率占比最多的档级作为目标人群的得分	根据对目标人群的调查获得数据
		就业岗位的性别协作水平差异 (o_{32} / M_{26})	-5	-2.5	0	2.5	5	同一就业场景下目标女性农民工群体参加劳动协作的水平与男性农民工群体的差异。负差异越小，档级越低，反之亦然。从一档到五档分别对应差异为"-100%～-50%、-50%～0、0、0～50%和50%～100%"（差异档级的设定根据目标群体调查结果，结合对应指标的重要程度决定，指标在设计中越重要，波动幅度越小）。将目标人群的协作差异占比最多的档级作为目标人群的得分	政府统计数据
		类别否定项：群体性辅助性岗位 (C_{23})	-10	-10	-10	-10	-10	劳动辅助性岗位人力资本积累水平低，较难通过参加就业获得自身发展。就业岗位的性别协作水平差异超过-100%即使用类别否定项	根据对目标群体的调查获得数据
能力／能动性	市场化劳动主动性 (g_1)	市场化劳动主动性水平 (g_{11} / M_{31})	1	2	3	4	5	同一就业场景下目标女性农民工群体持续参与市场化劳动的平均水平。持续年限越长，档级越高。从一档到五档分别对应"1年以下、1～3年、4～5年、6～10年、10年以上"，将目标人群的参与就业年限平均值作为目标人群的得分	根据对目标群体的调查获得数据
		市场化劳动主动性水平的性别差异 (g_{12} / M_{32})	-5	-2.5	0	2.5	5	同一就业场景下目标女性农民工群体持续参与市场化的平均水平与男性农民工群体之间的差异。负差异越小，档级越低，反之亦然。从一档到五档分别对应差异为"-100%～-50%、-50%～0、0、0～50%和50%～100%"（差异档级的设定根据目标群体调查结果，结合对应指标的重要程度决定，指标在设计中越重要，波动幅度越小）。将目标人群的差异的平均值作为目标人群的得分	根据对目标群体的调查获得数据
		类别否定项：就业岗位高速流动 (C_{31})	-10	-10	-10	-10	-10	过快的岗位转换产生较为突出的岗位适应问题，无助于女性农民工群体人力资本的提升。市场化劳动主动性水平的性别差异超过-100%即使用类别否定项	根据对目标群体的调查获得数据

模块	一级指标	二级指标	得分档级					指标说明	指标数据来源
			一档	二档	三档	四档	五档		
能力/能动性	人力资本积累（g_2）	人力资本积累水平（g_{21}/M_{33}）	1	2	3	4	5	同一就业目的地目标女性农民工群体人力资本积累临界值水平。以是否出现"他雇"向"自雇"转变、技术性岗位的获得作为标志。同一群体出现比例越高，档级越高。从一档到五档分别对应"无变化、0~25%、25%~50%、50%~75%、100%"，将目标人群的调查出现变化的比例作为目标人群的得分	根据对目标群体的调查获得数据
		人力资本积累水平的性别差异（g_{22}/M_{34}）	-5	-2.5	0	2.5	5	同一就业目的地目标女性农民工人力资本积累临界值水平与男性农民工的差异。负差异越小，档级越低，反之亦然。从一档到五档分别对应差异为"-100%、-50%、-50%~0、0、0~50%和50%~100%"（差异档级的设定根据目标群体调查结果，结合对应指标的重要程度决定，指标在设计中越重要，波动幅度越小）。将目标人群的积累水平差异比例作为目标人群的得分	根据对目标群体的调查获得数据
		类别否定项：自雇或更高回报岗位就业长期未实现（C_{32}）	-10	-10	-10	-10	-10	长期没有出现劳动收入的跃升说明就业岗位无助于人力资本的积累。人力资本积累水平的性别差异超过-100%即使用类别否定项	根据对目标群体的调查获得数据
	劳动市场认知（g_3）	劳动市场认知水平（g_{31}/M_{35}）	1	2	3	4	5	同一就业目的地目标女性农民工群体对劳动市场的接受水平。通过信息化接入手段在就业过程中的使用比率来评价。接受水平越高，档级越高。从一档到五档分别对应"0~10%、0~25%、25%~50%、50%~75%、75%~100%"，将目标人群的调查比例作为目标人群的得分	根据对目标群体的调查获得数据
		劳动市场认知水平的性别差异（g_{32}/M_{36}）	-5	-2.5	0	2.5	5	同一就业目的地目标女性农民工群体对劳动市场的接受水平与男性农民工群体的差异。负差异越小，档级越低，反之亦然。从一档到五档分别对应差异为"-100%~-50%、-50%~0、0~50%和50%~100%"（差异档级的设定根据目标群体调查结果，结合对应指标的重要程度决定，指标在设计中越重要，波动幅度越小）。将目标人群的信息化手段使用水平差异比例作为目标人群的得分	根据对目标群体的调查获得数据
		类别否定项：无信息接入手段或渠道（C_{33}）	-10	-10	-10	-10	-10	缺乏信息接入手段很难获得多元化、可持续的劳动信息。劳动市场认知水平的性别差异超过-100%即使用类别否定项	根据对目标群体的调查获得数据

除类别否定项之外，其他评估项各档级间得分计算公式如下：

$$实际得分 = 下一档级分值 + \frac{实际差值-下一档级差值}{上一档级差值-下一档级差值}$$

×(上一档级分值-下一档级分值)

根据第 3 章的研究，就业适应度包括量化总体评价指标 E_{fv} 和结构性指标 E_{fs} 两个部分，即

$$\begin{cases} E_{fv} = \sum A_{ij}M_{ij} \\ E_{fs} = (D_a \quad O_b \quad G_c) \end{cases}$$

满足如下条件，

$$\begin{cases} D_a = \sum d = \sum a_k d_k \\ O_b = \sum o = \sum \beta_l o_l \\ G_c = \sum g = \sum \varepsilon_n g_n \\ \sum A_{ij} = \sum \alpha_k + \sum \beta_1 + \sum \varepsilon_n = l \\ M_{ij} = 0；当 C_{ij} 满足条件 \end{cases}$$

8.1.2 结构化差异指标的设计与应用：比较研究方法支撑下的性别诊断

在本书的女性农民工群体就业适应度研究中，对应指标的性别结构化差异是体现性别诊断的关键性指标。本书对于性别在劳动就业促进制度研究中的重要性，主要体现在富有女性研究特征的指标体系设计方面。从总体上看，性别结构化差异指标主要有三个特点。

第一，着重体现社会性别意识。性别作为一个影响因素，在劳动就业中是否重要，并不是一个需要计量统计才能加以确认的结果。性别对于劳动之所以重要，在于发挥女性在劳动过程中的作用本身就是社会再生产过程一个必不可少的环节。对女性农民工群体就业适应度的研究，就是针对劳动就业领域中相对弱势的女性农民工群体进行性别指向的就业研究，为劳动就业促进制度的调整奠定基础。因此，在就业适应度评价指标体系设计中，如果按照完全体现企业要求的劳动需求细化要求来设计就业适应度评价指标体系，仅仅在调查人群上体现不同的性别差异，最终得到的结果只能是现行市场和制度的翻版，并不能对市场和制度环境的变化形成真正的对照。因此在就业适应度评价指标体系的设计中，明确提出性别结构化差

异指标，就是要明确体现社会性别意识对于劳动就业促进制度的重要性。

第二，注重突出比较研究方法。在性别结构化差异指标的得分确定上，主要采用处于同一劳动关系中的不同人群在对应指标上的得分差异来体现。将比较的结果直接纳入就业适应度评价指标体系中加以体现和考察，由此来发现女性农民工群体在就业上的短板。从总体上看，结构化差异指标 E_{fs} 的设计，其根本目的也在于此。实际上，比较研究方法的使用，在就业适应度指标评价这一方法体系中，是贯穿始终的。量化总体评价指标 E_{fv} 在应用过程中，也必然会通过不同行业、企业、园区、来源地、性别的农民工之间的评级结果和结构的比较，来发现问题。

第三，注重体现不同性别人群对应指标比较的差异性结构，无论这一结构对指标的影响是积极的还是消极的。性别是劳动关系中的重要影响因素。忽视性别的劳动管理与研究，并不是真实意义的劳动管理与研究。基于这一认识，本书在结构化差异档级及得分的设计上，采用了以"0"为中心的对称分值设计，同时在最低和最高得分的绝对值上，与对应指标保持一致。通过分值及其结构的设计，既体现人群性别差异的可能影响，将性别诊断置于整个研究的全过程，又不至于以偏概全，形成"唯性别"的错误印象。

8.1.3 类别否定项的设计与应用：价值判断的约束性体现

本书对当前劳动就业过程中是否存在性别歧视、性别歧视现象是否严重，并不持有前置性价值预设。劳动就业过程中可能出现的性别比例差别加大的情况，未必就是性别歧视。本书持有的前置性价值预设在于：劳动就业过程中关键性因素的缺失是性别歧视现象出现后难以得到矫正的直接原因，对于这些关键性因素的缺失要给予高度关注。前置性价值预设主要体现在就业适应度评价指标体系中的"类别否定项"的设计和应用上。

类别否定项着重体现关键性因素的缺失。类别否定项是一致性的负值设计，分值确定为"-10 分"。之所以如此设计，在于每类指标含 2 个二级指标，2 个二级指标均得最高等级满分的情况下，无论各个二级指标权重如何，得分均为"10 分"。类别否定项的"-10 分"设计，就意味着只要类别否定项成立，无论具体指标得多少分，一级指标都是"-10 分"，即完全否定二级指标的具体得分。

类别否定项是就业适应度评价的前置性研究。对于女性农民工群体就业适应度各项指标的研究，首先要以一级指标的类别否定项"不成立"为前提条件。因此，类别否定项"成立"就成为结构性指标 E_{fs} 异常的关键性特征。

8.2 女性农民工群体就业适应度评价指标体系的权重与信效度研究

本书应用层次分析方法（AHP），对女性农民工群体就业适应度评价指标体系各个指标及其权重进行研究，得到评价指标体系的对应判断矩阵。

8.2.1 专家选择与打分情况

本书通过专家打分的方式确定女性农民工群体就业适应度评价指标体系各指标的权重。课题组在西部地区 S 省、N 省，中部地区 Z 省和东部地区 H 省分别选择了 12 位相关人员，共计 48 人对各指标进行判断。每个省份 12 位打分人员的构成为：①相关领域研究专家 3 人；②劳动就业部门政府工作人员 3 人；③各省份作为研究对象的园区中的企业管理人员 3 人；④正在当地打工的农民工 3 人。

选择上述人员对就业适应度评价指标体系进行打分，主要基于如下考虑。对于就业适应度的研究，由于涉及性别分析，并非所有人都能够理解和支持，因此，采用专家打分的方式来确定权重，本身就意味着在研究中要引入社会在当前阶段上对这一问题持有的基本态度。要反映社会对性别在就业中的认识，就应当在相关人群中，选择尽可能多的不同人群，来对指标权重进行判断。这是本书在这一环节引入四类人群的相关意见的原因。

在打分过程中，课题组向参与打分的人员解释了相关指标的含义。同时，说明了打分规则，若指标 A 比指标 B 重要，则 A 得分为"n"，否则得分为"$1/n$"，按上述标准分别进行两两打分。对于参与人员在打分过程中可能出现的误判，课题组进行了提前的提醒和过程中的解释，有效地确保了打分过程的顺利进行。

8.2.2 指标权重与判断矩阵

根据专家打分得到的各指标权重如图 8.1 和表 8.2 所示。在 yaahp 软件的辅助下[1]，对权重计算进行一致性检验分析，其中 CI = 0.051 7，RI =

---

[1] yaahp 是一款层次分析法（AHP）辅助软件，为使用层次分析法的决策过程提供模型构造、计算和分析等方面的帮助。利用 yaahp，可以方便地完成层次分析法、模糊综合评价法以及层次分析法与模糊综合评价法相结合的多准则决策分析任务。

1.629 2（根据随机一致性 RI 表得到），CR = CI/RI = 0.031 7<0.1，判断矩阵满足一致性检验，相关指标可信①。

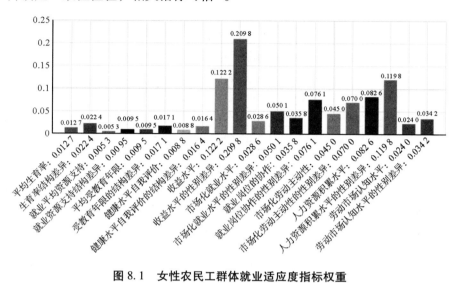

图 8.1　女性农民工群体就业适应度指标权重

表 8.2　女性农民工群体就业适应度指标权重

模块	权重	一级指标	权重	二级指标（M_{ij} 和 C_{ij}）	权重
禀赋（D_a）	0.101 6	生育（d_1）	0.035 1	平均生育率（d_{11}/M_{11}）	0.012 7
				生育率结构差异（d_{12}/M_{12}）	0.022 4
				类别否定项：四孩及以上（C_{11}）	—
		经济资源支持（d_2）	0.014 8	就业平均资源支持（d_{21}/M_{13}）	0.005 3
				就业资源支持结构差异（d_{22}/M_{14}）	0.009 5
				类别否定项：无支持（C_{12}）	—
		教育（d_3）	0.026 6	平均受教育年限（d_{31}/M_{15}）	0.009 5
				受教育年限的结构差异（d_{32}/M_{16}）	0.017 1
				类别否定项：文盲（C_{13}）	—
		健康（d_4）	0.025 1	健康水平自我评价（d_{41}/M_{17}）	0.008 8
				健康水平自我评价的结构差异（d_{42}/M_{18}）	0.016 4
				类别否定项：结构差异过大（C_{14}）	—

---

① 按照层次分析法，一般情况下，CR 值越小，说明判断矩阵一致性越好。若 CR 值<0.1，则判断矩阵满足一致性检验；若 CR 值>0.1，则说明判断矩阵不具有一致性，应该对判断矩阵进行适当调整之后再次进行分析。

表8.2(续)

模块	权重	一级指标	权重	二级指标（M_{ij} 和 C_{ij}）	权重
经济机会（O_b）	0.522 6	就业经济收益（o_1）	0.332 0	收益水平（o_{11}/M_{21}）	0.122 2
				收益水平的性别差异（o_{12}/M_{22}）	0.209 8
				类别否定项：无显性收入（C_{21}）	—
		市场化就业（o_2）	0.078 6	市场化就业水平（o_{21}/M_{23}）	0.028 6
				市场化就业水平的性别差异（o_{22}/M_{24}）	0.050 1
				类别否定项：无劳动市场（C_{22}）	—
		劳动协作（o_3）	0.112 0	就业岗位的协作（o_{31}/M_{25}）	0.035 8
				就业岗位协作的性别差异（o_{32}/M_{26}）	0.076 1
				类别否定项：群体性辅助性岗位（C_{23}）	—
能力/能动性（G_c）	0.375 7	市场化劳动主动性（g_1）	0.115 1	市场化劳动主动性水平（g_{11}/M_{31}）	0.045 0
				市场化劳动主动性水平的性别差异（g_{12}/M_{32}）	0.070 0
				类别否定项：就业岗位高速流动（C_{31}）	—
		人力资本积累（g_2）	0.202 4	人力资本积累水平（g_{21}/M_{33}）	0.082 6
				人力资本积累水平的性别差异（g_{22}/M_{34}）	0.119 8
				类别否定项：自雇或更高回报岗位就业长期未实现（C_{32}）	—
		劳动市场认知（g_3）	0.058 2	劳动市场认知水平（g_{31}/M_{35}）	0.024 0
				劳动市场认知水平的性别差异（g_{32}/M_{36}）	0.034 2
				类别否定项：无信息接入手段或渠道（C_{33}）	—

上述权重分析反映了三个认识特征。

第一，对就业适应度分析而言，经济机会分析处于核心位置。"经济机会"模块的权重合计为52.26%。参与打分的人群对就业这一社会活动的经济属性有较为突出的认识。同样地，在"经济机会"模块中，占比最高的是"就业经济收益"，占比为33.2%。把握经济机会首先且最重要的是获得经济收益，这也是在调研中较为突出的一个认识。

第二，就业经济收益与人力资本积累、市场化就业水平之间存在直接关联。这三个一级指标权重分别处于第1位、第2位和第3位，充分说明，参与打分人群对于"参与竞争—获得回报—能力提升"的市场逻辑的认同。

第三，对女性农民工群体而言，性别差异是重要的。在所有指标中，性别差异类评价指标权重总和为62.54%，而一般性的就业能力评价指标体系总和为37.45%。这反映出参与打分的人群对性别差异的重视程度较高。对于女性农民工群体的研究，如果在性别方面能够有针对性政策设计，显然能够提高其就业适应度。

8.2.3　女性农民工群体就业适应度评价的实施与重点

应用女性农民工群体就业适应度评价指标体系，对不同来源地、就业地、行业的劳动群体进行就业适应度研究，主要按照三个比较方式展开。

第一，对同处西部地区的 S 省和 N 省外出务工农民工群体进行研究。通过对比研究，集中对农民工来源地女性农民工群体就业适应能力及劳动就业促进制度进行分析。

第二，对西部地区 S 省和中部地区 Z 省的 Q 园区、J 园区、G 园区和 U 园区的农民工群体进行研究。通过对比研究，集中对在园区就业的女性农民工群体的就业适应能力及企业管理措施进行分析。

第三，对西部地区 S 省和东部地区 H 省的餐饮、家政和建筑三个行业的女性农民工群体进行研究。通过对比研究，集中对不同行业的女性农民工群体的就业适应能力及政府的行业劳动管制制度进行分析。

本书所做的就业适应度对比研究，一方面在于检验就业适应度这一研究工具；另一方面也试图通过就业适应度的对比评价，为性别指向的劳动就业促进制度的针对性、适应性调整奠定工具和实证基础。

8.3　基于女性农民工群体就业适应度评价指标体系的比较研究

本书课题组在 S 省、N 省、Z 省和 H 省分不同类别、性别、行业等共进行了 26 组农民工群体的就业适应度量化评价比较研究。

8.3.1　研究对象的基本情况

本书研究所涉及的 26 个农民工群体，基本情况如表 8.3 所示。

表8.3 就业适应度分析的农民工群体情况

地点	组别	农民工群体规模/人	地点	组别	农民工群体规模/人	地点	组别	农民工群体规模/人	地点	组别	农民工群体规模/人
S省L州	组1男	23	S省J园区	组9男	27	H省D市	组17男	26	H省D市	组25男	25
	组1女	31		组9女	27		组17女	27		组25女	29
	组2男	23		组10男	30		组18男（自雇）	19		组26男（自雇）	29
	组2女	31		组10女	30		组18女（自雇）	21		组26女（自雇）	13
S省P市	组3男	32	S省G园区	组11男	27	S省C市	组19男	25	合计26组，涉及农民工1356人，其中男性农民工658人，女性农民工698人。平均每组农民工52人，其中男性农民工25人，女性农民工27人		
	组3女	31		组11女	25		组19女	34			
	组4男	31		组12男	23		组20男（自雇）	26			
	组4女	32		组12女	28		组20女（自雇）	31			
N省A县	组5男	24	Z省U园区	组13男	27	H省D市	组21男	24			
	组5女	32		组13女	29		组21女	24			
	组6男	25		组14男	23		组22男（自雇）	23			
	组6女	30		组14女	25		组22女（自雇）	25			
S省Q园区	组7男	23	S省C市	组15男	26	S省C市	组23男	23			
	组7女	31		组15女	27		组23女	27			
	组8男	24		组16男（自雇）	21		组24男（自雇）	29			
	组8女	31		组16女（自雇）	16		组24女（自雇）	11			

其中，男性农民工群体相关数据为基础对照组，就业适应度评价就是在对男性农民工群体就业适应度进行评价的基础上，对女性农民工群体就业适应度与男性农民工群体就业适应度的差异进行比较分析。

8.3.2 各个模块的基础数据情况

8.3.2.1 禀赋模块

禀赋模块指标的基础数据情况见表8.4。

表 8.4 就业适应度中禀赋模块基础数据情况

地区	组别	生育		经济资源支持		教育		健康	
		平均生育率[1]	生育率结构差异[2]	就业平均资源支持[3]	就业资源支持结构差异	平均受教育年限	受教育年限的结构差异[4]	健康水平自我评价	健康水平自我评价的结构差异
S省L州	组1男	1.39	-20.33%[1.7]	1 100	0	6.9	-6.88%[7.41]	较好	0
	组1女	1.9	15.20%	1 300	18.18%	5.6	-24.43%	较好	0
	组2男	1.25	-27.21%	1 000	0	7.1	-4.18%	一般	0
	组2女	1.97	17.63%	1 300	30.00%	5.8	-21.73%	一般	0
S省P市	组3男	1.1	-22.70%[1.4]	900	0	8.8	1.15%[8.7]	较好	0
	组3女	1.57	15.27%	900	0	7.5	-13.79%	一般	-25.00%
	组4男	1.17	-16.48%	1 000	0	8	-8.05%	一般	0
	组4女	1.52	10.68%	1 000	0	7.4	-14.94%	较好	33.33%
N省A县	组5男	1.22	-16.76%[1.4]	1 000	0	8.2	1.23%[8.1]	较好	0
	组5女	1.5	9.11%	1 300	30.00%	6.3	-22.22%	较好	0
	组6男	1.18	-19.27%	1 000	0	8.4	3.70%	一般	0
	组6女	1.61	17.17%	1 300	30.00%	6.2	-23.46%	较好	33.33%
S省Q园区	组7男	1.15	-8.53%[1.2]	1 537	0	8.5	-19.66%[10.58]	较好	0
	组7女	1.47	23.66%	926	-39.75%	7.1	-32.89%	较好	0
	组8男	1.08	-12.10%	1 625	0	8.3	-21.55%	较好	0
	组8女	1.38	7.76%	879	-45.91%	7.2	-31.95%	较好	0
S省J园区	组9男	1.51	1.89%[1.5]	637	0	8.1	5.19%[7.7]	一般	0
	组9女	1.62	9.30%	687	7.85%	7.8	1.30%	一般	0
	组10男	1.33	-12.56%	767	0	8.5	10.39%	一般	0
	组10女	1.57	5.90%	559	-27.12%	7.6	-1.30%	较差	-33.33%
S省G园区	组11男	1.08	-11.23%[1.2]	1 822	0	9.2	-13.04%[10.58]	一般	0
	组11女	1.35	13.51%	2 135	17.18%	8	-24.39%	一般	0
	组12男	1.11	-8.50%	1 769	0	8.9	-15.88%	较好	0
	组12女	1.32	15.22%	2 376	34.31%	8.3	-21.55%	较好	0
Z省U园区	组13男	1.18	-4.7%[1.2]	1 971	0	9.3	-20.92%[11.76]	较好	0
	组13女	1.34	16.21%	2 428	23.19%	8.1	-31.12%	较好	0
	组14男	1.05	-10.68%	1 941	0	9	-23.47%	一般	0
	组14女	1.35	16.18%	2 479	27.72%	8.3	-29.42%	一般	0
S省C市	组15男	1.07	-11.83%[1.2]	759	0	8.7	-17.77%[10.58]	较好	0
	组15女	1.36	12.76%	517	-31.88%	7.3	-31.00%	一般	-25.00%
	组16男（自雇）	0.86	-29.81%	110	0	9.4	-11.15%	较好	0
	组16女（自雇）	0.94	-28.25%	172	56.36%	8.2	-22.50%	较差	-50.00%

表8.4(续)

地区	组别	生育		经济资源支持		教育		健康	
		平均生育率[1]	生育率结构差异[2]	就业平均资源支持[3]	就业资源支持结构差异	平均受教育年限	受教育年限的结构差异[4]	健康水平自我评价	健康水平自我评价的结构差异
H省D市	组17男	0.8	−5.9%[1.1]	287	0	9.2	−22.1%[11.81]	较好	0
	组17女	1.02	−8.45%	329	14.63%	8.2	−30.57%	较好	0
	组18男（自雇）	0.91	−16.34%	65	0	9.1	−22.95%	一般	0
	组18女（自雇）	0.96	−11.78%	98	50.77%	7.6	−35.65%	较差	−33.33%
S省C市	组19男	0.97	−21.56%[1.2]	387	0	8.4	−20.6%[10.58]	较好	0
	组19女	1.25	7.36%	499	28.94%	7.7	−27.22%	较差	−50.00%
	组20男（自雇）	0.9	−23.17%	287	0	8.2	−22.50%	较好	0
	组20女（自雇）	1.36	13.56%	172	−40.07%	7.4	−30.06%	一般	−25.00%
H省D市	组21男	0.85	−22.16%[1.1]	455	0	9.2	−22.1%[11.81]	一般	0
	组21女	1.35	22.16%	167	−63.30%	8.7	−26.33%	较好	33.33%
	组22男（自雇）	0.98	−16.31%	387	0	8.9	−24.64%	较好	0
	组22女（自雇）	1.38	27.55%	461	19.12%	8	−32.26%	较好	0
S省C市	组23男	0.93	−20.15%[1.2]	528	0	7.9	−25.33%[10.58]	较好	0
	组23女	1.31	10.17%	319	−39.58%	6.6	−10.93%	一般	−25.00%
	组24男（自雇）	0.91	−26.11%	0	0	8.3	12.01%	一般	0
	组24女（自雇）	1.42	15.66%	0	0	6.4	−13.63%	一般	0
S省D市	组25男	0.88	−21.76%[1.1]	798	0	8.1	−31.41%[11.81]	较好	0
	组25女	1.22	13.77%	623	−21.93%	7.2	−39.03%	一般	−25.00%
	组26男（自雇）	0.85	−22.67%	187	0	8.3	−29.72%	较好	0
	组26女（自雇）	1.03	9.37%	251	34.22%	6.5	−44.96%	较差	−50.00%

注：[1] 数据表示被调查人群子女总数（分男性和女性分别统计），除以对应性别人群规模；[2] 数据表示被调查人群中结构差异占比最多的档级群体的得分平均值，括号内为对应地区的平均生育率；[3] 数据表示每年外出务工获得的政府帮扶经费，为目标人群调查数据的平均值，单位为元/（人·年）；[4] 数据括号内为农民工来源地或就业地平均受教育年限，单位为年。

8.3.2.2 经济机会模块

经济机会模块指标的基础数据情况见表8.5。

表 8.5 就业适应度中经济机会模块基础数据情况

地区	组别	就业经济收益		市场化就业		劳动协作	
		收益水平	收益水平的性别差异 [1]	市场化就业水平	市场化就业水平的性别差异	就业岗位的协作	就业岗位协作的性别差异
S 省 L 州	组 1 男	3 231	0 [1 650]	42.50%	0	61.10%	0
	组 1 女	2 718	−15.88%	31.70%	−25.41%	58.20%	−4.75%
	组 2 男	3 006	0	47.80%	0	60.30%	0
	组 2 女	2 560	−14.84%	30.20%	−36.82%	59.50%	−1.33%
S 省 P 市	组 3 男	3 556	0 [1 650]	69.20%	0	58.90%	0
	组 3 女	2 833	−20.33%	58.50%	−15.46%	52.70%	−10.53%
	组 4 男	3 264	0	67.40%	0	56.90%	0
	组 4 女	2 921	−10.51%	61.80%	−8.31%	57.20%	0.53%
N 省 A 县	组 5 男	3 920	0 [1 850]	71.10%	0	68.20%	0
	组 5 女	3 256	−16.94%	62.50%	−12.10%	62.50%	−8.36%
	组 6 男	3 766	0	73.00%	0	61.80%	0
	组 6 女	3 087	−18.03%	64.10%	−12.19%	59.20%	−4.21%
S 省 Q 园区	组 7 男	3 989	0 [1 780]	83.20%	0	85.00%	0
	组 7 女	3 467	−13.09%	75.20%	−9.62%	81.40%	−4.24%
	组 8 男	4 276	0	79.50%	0	86.20%	0
	组 8 女	3 298	−22.87%	72.20%	−9.18%	80.40%	−6.73%
S 省 J 园区	组 9 男	3 178	0 [1 650]	65.30%	0	72.20%	0
	组 9 女	2 651	−16.58%	66.70%	2.14%	68.00%	−5.82%
	组 10 男	3 324	0	87.10%	0	65.20%	0
	组 10 女	2 527	−23.98%	85.50%	−1.84%	60.30%	−7.52%
S 省 G 园区	组 11 男	4 273	0 [1 780]	82.30%	0	87.90%	0
	组 11 女	3 985	−6.74%	88.00%	6.93%	93.30%	6.14%
	组 12 男	4 055	0	88.60%	0	86.50%	0
	组 12 女	4 169	2.81%	89.50%	1.02%	91.50%	5.78%
Z 省 U 园区	组 13 男	4 376	0 [1 700]	91.70%	0	88.10%	0
	组 13 女	4 124	−5.76%	90.30%	−1.53%	89.40%	1.48%
	组 14 男	4 350	0	93.40%	0	88.30%	0
	组 14 女	4 278	−1.66%	94.20%	0.86%	92.10%	4.30%
S 省 C 市	组 15 男	3 762	0 [1 780]	85.20%	0	65.70%	0
	组 15 女	3 122	−17.01%	81.30%	−4.58%	63.90%	−2.74%
	组 16 男（自雇）	4 088	0	51.90%	0	67.90%	0
	组 16 女（自雇）	3 213	−21.40%	53.60%	3.28%	68.20%	0.44%

表8.5(续)

地区	组别	就业经济收益		市场化就业		劳动协作	
		收益水平	收益水平的性别差异[1]	市场化就业水平	市场化就业水平的性别差异	就业岗位的协作	就业岗位协作的性别差异
H省D市	组17男	4 251	0〔2 100〕	84.70%	0	71.20%	0
	组17女	3 760	−11.55%	89.20%	5.31%	73.30%	2.95%
	组18男（自雇）	4 170	0	68.00%	0	62.20%	0
	组18女（自雇）	3 852	−7.63%	69.30%	1.91%	65.80%	5.79%
S省C市	组19男	3 975	0〔1 780〕	89.10%	0	47.20%	0
	组19女	3 163	−20.43%	90.30%	1.35%	38.90%	−17.58%
	组20男（自雇）	4 058	0	72.20%	0	31.90%	0
	组20女（自雇）	3 021	−25.55%	73.50%	1.80%	34.40%	7.84%
H省D市	组21男	4 287	0〔2 100〕	87.70%	0	55.70%	0
	组21女	3 558	−17.00%	83.80%	−4.45%	56.10%	0.72%
	组22男（自雇）	4 523	0	69.00%	0	25.40%	0
	组22女（自雇）	3 520	−22.18%	70.10%	1.59%	30.10%	18.50%
S省C市	组23男	5 039	0〔1 780〕	69.20%	0	81.80%	0
	组23女	3 277	−34.97%	47.30%	−31.65%	53.20%	−34.96%
	组24男（自雇）	5 790	0	49.50%	0	54.40%	0
	组24女（自雇）	3 367	−41.85%	31.70%	−35.96%	24.30%	−55.33%
S省D市	组25男	5 760	0〔2 100〕	79.70%	0	79.30%	0
	组25女	3 840	−33.33%	68.80%	−13.68%	46.50%	−41.36%
	组26男（自雇）	6 230	0	62.70%	0	46.60%	0
	组26女（自雇）	3 720	−40.29%	35.00%	−44.18%	20.00%	−57.08%

注：［1］数据括号内为对应地区最低工资标准，单位为元/月。

8.3.2.3 能力/能动性模块

能力/能动性模块指标的基础数据情况见表8.6。

表 8.6　就业适应度中能力/能动性模块基础数据情况

地区	组别	市场化劳动主动性		人力资本积累		劳动市场认知	
		市场化劳动主动性水平[1]	市场化劳动主动性水平的性别差异	人力资本积累水平[2]	人力资本积累水平的性别差异	劳动市场认知水平	劳动市场认知水平的性别差异
S 省 L 州	组 1 男	2.72	0	15.30%	0	30.90%	0
	组 1 女	2.19	−19.49%	9.00%	−41.18%	27.00%	−12.62%
	组 2 男	3.25	0	17.00%	0	41.20%	0
	组 2 女	2.4	−26.15%	8.00%	−52.94%	27.50%	−33.25%
S 省 P 市	组 3 男	5.3	0	35.20%	0	49.30%	0
	组 3 女	4.11	−22.45%	23.30%	−33.81%	50.50%	2.43%
	组 4 男	5.76	0	37.50%	0	47.90%	0
	组 4 女	4.62	−19.79%	27.00%	−28.00%	44.20%	−7.72%
N 省 A 县	组 5 男	5.7	0	31.60%	0	58.90%	0
	组 5 女	4.66	−18.25%	19.30%	−38.92%	46.60%	−20.88%
	组 6 男	4.73	0	35.40%	0	58.30%	0
	组 6 女	5.29	11.84%	22.60%	−36.16%	51.30%	−12.01%
S 省 Q 园区	组 7 男	3.52	0	47.20%	0	69.00%	0
	组 7 女	3.3	−6.25%	39.30%	−16.74%	57.30%	−16.96%
	组 8 男	3.28	0	51.60%	0	52.30%	0
	组 8 女	3.47	5.79%	37.80%	−26.74%	47.60%	−8.99%
S 省 J 园区	组 9 男	4.73	0	36.70%	0	56.90%	0
	组 9 女	4.22	−10.78%	23.10%	−37.06%	45.70%	−19.68%
	组 10 男	3.17	0	34.40%	0	52.10%	0
	组 10 女	3.37	6.31%	29.50%	−14.24%	47.80%	−8.25%
S 省 G 园区	组 11 男	2.26	0	46.60%	0	68.50%	0
	组 11 女	2.93	29.65%	46.80%	0.43%	68.90%	0.58%
	组 12 男	3.08	0	39.90%	0	70.20%	0
	组 12 女	3.57	15.91%	43.70%	9.52%	73.70%	4.99%
Z 省 U 园区	组 13 男	2.76	0	36.20%	0	71.50%	0
	组 13 女	3.11	12.68%	38.20%	5.52%	75.50%	5.59%
	组 14 男	3.09	0	39.50%	0	56.50%	0
	组 14 女	3.27	5.83%	40.00%	1.27%	47.80%	−15.40%
S 省 C 市	组 15 男	1.85	0	23.30%	0	69.70%	0
	组 15 女	1.36	−26.49%	17.50%	−24.89%	59.40%	−14.78%
	组 16 男（自雇）	6.55	0	100.00%	0	31.10%	0
	组 16 女（自雇）	5.39	−17.71%	100.00%	0	25.60%	−17.68%

表8.6(续)

地区	组别	市场化劳动主动性		人力资本积累		劳动市场认知	
		市场化劳动主动性水平[1]	市场化劳动主动性水平的性别差异	人力资本积累水平[2]	人力资本积累水平的性别差异	劳动市场认知水平	劳动市场认知水平的性别差异
H省D市	组17男	1.77	0	17.90%	0	53.00%	0
	组17女	1.87	5.65%	18.10%	1.12%	59.10%	11.51%
	组18男(自雇)	5.92	0	100.00%	0	37.00%	0
	组18女(自雇)	3.25	−45.10%	100.00%	0	29.20%	−21.08%
S省C市	组19男	1.67	0	15.70%	0	66.30%	0
	组19女	2.58	54.49%	25.30%	61.15%	67.90%	2.41%
	组20男(自雇)	3.55	0	100.00%	0	52.00%	0
	组20女(自雇)	5.3	49.30%	100.00%	0	53.10%	2.12%
H省D市	组21男	2.66	0	15.00%	0	62.50%	0
	组21女	2.39	−10.15%	25.60%	70.67%	53.80%	−13.92%
	组22男(自雇)	3.98	0	100.00%	0	43.00%	0
	组22女(自雇)	4.56	14.57%	100.00%	0	50.10%	16.51%
S省C市	组23男	3.98	0	62.00%	0	57.10%	0
	组23女	1.27	−68.09%	24.90%	−59.84%	21.30%	−62.70%
	组24男(自雇)	6.3	0	100.00%	0	30.70%	0
	组24女(自雇)	2.07	−67.14%	100.00%	0	13.30%	−56.68%
S省D市	组25男	3.27	0	59.50%	0	66.40%	0
	组25女	1.08	−66.97%	17.20%	−71.09%	42.30%	−36.30%
	组26男(自雇)	7.75	0	100.00%	0	34.90%	0
	组26女(自雇)	1.01	−86.97%	100.00%	0	23.70%	−32.09%

注：[1]数据表示目标群体的平均务工年限，单位为年；[2]数据表示目标群体中已获得技术性岗位或者有明确实施计划的人群占比。

8.3.3 目标群体就业适应度量化评价结果

根据各个指标档级的计分规则，按照调查数据和赋予的权重得到各个指标分项的得分结果。

8.3.3.1 禀赋模块的得分结果

禀赋模块的得分结果如表8.7所示。

表 8.7　就业适应度禀赋模块的得分表

地区	组别	生育		经济资源支持		教育		健康	
		平均生育率	生育率结构差异	就业平均资源支持	就业资源支持结构差异	平均受教育年限	受教育年限的结构差异	健康水平自我评价	健康水平自我评价的结构差异
S省L州	组1男	3.39	3.79	2.20	0	1.3	-1.72	4	0
	组1女	3.9	-3.15	2.60	0.91	0.93	-6.11	4	0
	组2男	3.25	4.65	2.00	0	1.37	-1.05	3	0
	组2女	3.97	-3.45	2.60	1.5	0.93	-3.97	3	0
S省P市	组3男	3.1	4.09	1.80	0	1.93	0	4	0
	组3女	3.57	-3.16	1.80	0	1.5	-2.97	3	-1.25
	组4男	3.17	3.31	2.00	0	1.67	-2.01	3	0
	组4女	3.52	-2.59	2.00	0	1.47	-3.12	4	1.67
N省A县	组5男	3.22	3.35	2.00	0	1.73	0	4	0
	组5女	3.5	-2.28	2.60	1.5	1.1	-4.03	4	0
	组6男	3.18	3.66	2.00	0	1.8	0.01	3	0
	组6女	3.61	-3.40	2.60	1.5	1.07	-4.18	4	1.67
S省Q园区	组7男	3.15	2.13	3.07	0	1.83	-3.71	4	0
	组7女	3.47	-4.21	1.85	-1.99	1.37	-10[1]	4	0
	组8男	3.08	2.76	3.25	0	1.77	-3.94	4	0
	组8女	3.38	-1.94	1.76	-2.3	1.4	-10[1]	4	0
S省J园区	组9男	3.51	-0.47	1.27	0	1.7	0.01	3	0
	组9女	3.62	-2.33	1.37	0.39	1.6	0	3	0
	组10男	3.33	2.82	1.53	0	1.83	2.55	3	0
	组10女	3.57	-1.48	1.12	-1.36	1.53	-0.32	2	-1.67
S省G园区	组11男	3.08	2.65	3.64	0	2.07	-2.88	3	0
	组11女	3.35	-2.94	5.27	0.86	1.67	-4.3	3	0
	组12男	3.11	2.13	3.54	0	1.97	-3.23	4	0
	组12女	3.32	-3.15	5.75	1.72	1.77	-3.94	4	0
Z省U园区	组13男	3.18	1.18	3.94	0	2.1	-3.86	4	0
	组13女	3.34	-3.28	5.86	1.16	1.7	-10[1]	4	0
	组14男	3.05	2.59	3.88	0	2	-4.18	3	0
	组14女	3.35	-3.27	5.96	1.39	1.77	-4.93	3	0
S省C市	组15男	3.07	2.73	1.52	0	1.9	-3.47	4	0
	组15女	3.36	-2.85	1.03	-1.59	1.43	-10	3	-1.25
	组16男（自雇）	4.86	4.98	0.22	0	2.13	-2.64	4	0
	组16女（自雇）	4.94	4.78	0.34	2.82	1.73	-4.06	2	-2.5

表8.7(续)

地区	组别	生育		经济资源支持		教育		健康	
		平均生育率	生育率结构差异	就业平均资源支持	就业资源支持结构差异	平均受教育年限	受教育年限的结构差异	健康水平自我评价	健康水平自我评价的结构差异
H省D市	组17男	4.8	1.48	0.57	0	2.07	-4.01	4	0
	组17女	3.02	2.11	0.66	0.73	1.73	-10[1]	4	0
	组18男(自雇)	4.91	3.29	0.13	0	2.03	-4.12	3	0
	组18女(自雇)	4.96	2.72	0.20	2.54	1.53	-10[1]	2	-1.67
S省C市	组19男	4.97	3.95	0.77	0	1.8	-3.83	4	0
	组19女	3.25	-1.84	1.00	1.45	1.57	-4.65		-2.5
	组20男(自雇)	4.9	4.15	0.57	0	1.73	-4.06	4	0
	组20女(自雇)	3.36	-2.95	0.34	-2	1.47	-10[1]	3	-1.25
H省D市	组21男	4.85	4.02	0.91	0	2.07	-4.01	3	0
	组21女	3.35	-4.02	0.33	-4.34	1.9	-4.54	4	1.67
	组22男(自雇)	4.98	3.29	0.77	0	1.97	-4.33	4	0
	组22女(自雇)	3.38	-4.69	0.92	0.96	1.67	-10[1]	4	0
S省C市	组23男	4.93	3.77	1.06	0	1.63	-4.42	4	0
	组23女	3.31	-2.52	0.64	-1.98	1.2	-2.62	3	-1.25
	组24男(自雇)	4.91	4.51	0.00	0	1.77	2.75	3	0
	组24女(自雇)	3.42	-3.21	0.00	0	1.13	-2.95	3	0
S省D市	组25男	4.88	3.97	1.60	0	1.7	-10[1]	4	0
	组25女	3.22	-2.97	1.25	-1.1	1.4	-10[1]		-1.25
	组26男(自雇)	4.85	4.08	0.37	0	1.77	-4.97	4	0
	组26女(自雇)	3.03	-2.34	0.50	1.71	1.17	-10[1]	2	-2.5

注:[1]为类别否定项。可以发现,目标女性农民工群体禀赋模块的类别否定项集中在教育的性别差异上。

8.3.3.2 经济机会模块的得分结果

经济机会模块的得分结果如表8.8所示。

表8.8 就业适应度经济机会模块的得分表

地区	组别	就业经济收益		市场化就业		劳动协作	
		收益水平	收益水平的性别差异	市场化就业水平	市场化就业水平的性别差异	就业岗位的协作	就业岗位协作的性别差异
S省L州	组1男	2.96	0	2.7	0	3.44	0
	组1女	2.65	-3.23	2.27	-1.27	3.33	-0.24
	组2男	2.82	0	2.91	0	3.41	0
	组2女	1.55	-3.1	2.21	-1.84	3.38	-0.07
S省P市	组3男	3.16	0	3.77	0	3.36	0
	组3女	2.72	-3.79	3.34	-0.77	3.11	-0.53
	组4男	2.98	0	3.7	0	3.28	0
	组4女	2.77	-2.56	3.47	-0.42	3.29	0.03
N省A县	组5男	4.12	0	3.84	0	3.73	0
	组5女	2.76	-3.37	3.5	-0.6	3.5	-0.42
	组6男	3.04	0	3.92	0	3.47	0
	组6女	2.67	-3.5	3.56	-0.61	3.37	-0.21
S省Q园区	组7男	4.24	0	4.33	0	4.4	0
	组7女	2.95	-2.89	4.01	-0.48	4.26	-0.21
	组8男	4.4	0	4.18	0	4.45	0
	组8女	2.85	-4.11	3.89	-0.46	4.22	-0.34
S省J园区	组9男	2.93	0	3.61	0	3.89	0
	组9女	2.61	-3.32	3.67	0.11	3.72	-0.29
	组10男	3.01	0	4.48	0	3.61	0
	组10女	1.53	-4.25	4.42	-0.09	3.41	-0.38
S省G园区	组11男	4.4	0	4.29	0	4.52	0
	组11女	4.24	-1.68	4.52	0.35	4.73	0.31
	组12男	4.28	0	4.54	0	4.46	0
	组12女	4.34	0.7	4.58	0.05	4.66	0.29
Z省U园区	组13男	4.57	0	4.67	0	4.52	0
	组13女	4.43	-1.44	4.61	-0.08	4.58	0.07
	组14男	4.56	0	4.74	0	4.53	0
	组14女	4.52	-0.41	4.77	0.04	4.68	0.22
S省C市	组15男	3.11	0	4.41	0	3.63	0
	组15女	2.75	-3.38	4.25	-0.23	3.56	-0.14
	组16男（自雇）	4.3	0	3.08	0	3.72	0
	组16女（自雇）	2.81	-3.93	3.14	0.16	3.73	0.02

表8.8(续)

地区	组别	就业经济收益		市场化就业		劳动协作	
		收益水平	收益水平的性别差异	市场化就业水平	市场化就业水平的性别差异	就业岗位的协作	就业岗位协作的性别差异
H省D市	组17男	4.02	0	4.39	0	3.85	0
	组17女	2.79	-2.69	4.57	0.27	3.93	0.15
	组18男（自雇）	2.99	0	3.72	0	3.49	0
	组18女（自雇）	2.83	-2.2	3.77	0.1	3.63	0.29
S省C市	组19男	4.23	0	4.56	0	2.89	0
	组19女	2.78	-3.8	4.61	0.07	2.76	-0.88
	组20男（自雇）	4.28	0	3.89	0	2.48	0
	组20女（自雇）	2.7	-4.44	3.94	0.09	2.58	0.39
H省D市	组21男	4.04	0	4.51	0	3.23	0
	组21女	2.69	-3.38	4.35	-0.22	3.24	0.04
	组22男（自雇）	4.15	0	3.76	0	2.22	0
	组22女（自雇）	2.68	-4.02	3.8	0.08	2.4	0.93
S省C市	组23男	5.83	0	3.77	0	4.27	0
	组23女	2.84	-10 [1]	2.89	-1.58	3.13	-1.75
	组24男（自雇）	6.25	0	2.98	0	3.18	0
	组24女（自雇）	2.89	-10	2.27	-1.8	2.17	-5.27
S省D市	组25男	6.24	0	4.19	0	4.17	0
	组25女	3.16	-10	3.75	-0.68	3.06	-2.07
	组26男（自雇）	6.5	0	3.51	0	3.06	0
	组26女（自雇）	3.09	-10 [1]	2.4	-2.21	2	-5.35

注：[1]为类别否定项。可以发现，目标女性农民工群体经济机会模块的类别否定项主要集中在建筑业的就业经济收益差异上。

8.3.3.3　能力/能动性模块的得分结果

能力/能动性模块的得分结果如表8.9所示。

表 8.9 就业适应度能力/能动性模块的得分表

地区	组别	市场化劳动主动性		人力资本积累		劳动市场认知	
		市场化劳动主动性水平	市场化劳动主动性水平的性别差异	人力资本积累水平	人力资本积累水平的性别差异	劳动市场认知水平	劳动市场认知水平的性别差异
S省 L州	组1男	1.86	0	1.61	0	2.24	0
	组1女	1.6	-0.97	1.36	-2.06	2.08	-0.63
	组2男	2.13	0	1.68	0	2.65	0
	组2女	1.7	-1.31	1.32	-2.65	2.1	-1.66
S省 P市	组3男	3.06	0	2.41	0	2.97	0
	组3女	2.56	-1.12	1.93	-1.69	3.02	0.12
	组4男	3.15	0	2.5	0	2.92	0
	组4女	2.81	-0.99	2.08	-1.4	2.77	-0.39
N省 A县	组5男	3.14	0	2.26	0	3.36	0
	组5女	2.83	-0.91	1.77	-1.95	2.86	-1.04
	组6男	2.87	0	2.42	0	3.33	0
	组6女	3.06	0.59	1.9	-1.81	3.05	-0.6
S省 Q园区	组7男	2.26	0	2.89	0	3.76	0
	组7女	2.15	-0.31	2.57	-0.84	3.29	-0.85
	组8男	2.14	0	3.06	0	3.09	0
	组8女	2.24	0.29	2.51	-1.34	2.9	-0.45
S省 J园区	组9男	2.87	0	2.47	0	3.28	0
	组9女	2.61	-0.54	1.92	-1.85	2.83	-0.98
	组10男	2.09	0	2.38	0	3.08	0
	组10女	2.19	0.32	2.18	-0.71	2.91	-0.41
S省 G园区	组11男	1.63	0	2.86	0	3.74	0
	组11女	1.97	1.48	2.87	0.02	3.76	0.03
	组12男	2.04	0	2.6	0	3.81	0
	组12女	2.29	0.8	2.75	0.48	3.95	0.25
Z省 U园区	组13男	1.88	0	2.45	0	3.86	0
	组13女	2.06	0.63	2.53	0.28	4.02	0.28
	组14男	2.05	0	2.58	0	3.26	0
	组14女	2.14	0.29	2.6	0.06	2.91	-0.77
S省 C市	组15男	1.43	0	1.93	0	3.79	0
	组15女	1.18	-1.32	1.7	-1.24	3.38	-0.74
	组16男 （自雇）	4.31	0	5	0	2.24	0
	组16女 （自雇）	4.08	-0.89	5	0	2.02	-0.88

地区	组别	市场化劳动主动性		人力资本积累		劳动市场认知	
		市场化劳动主动性水平	市场化劳动主动性水平的性别差异	人力资本积累水平	人力资本积累水平的性别差异	劳动市场认知水平	劳动市场认知水平的性别差异
H省D市	组17男	1.39	0	1.72	0	3.12	0
	组17女	1.44	0.28	1.72	0.06	3.36	0.58
	组18男（自雇）	4.18	0	5	0	2.48	0
	组18女（自雇）	2.13	-2.26	5	0	2.17	-1.05
S省C市	组19男	1.34	0	1.63	0	3.65	0
	组19女	1.79	5.22	2.01	5.56	3.72	0.12
	组20男（自雇）	2.28	0	5	0	3.08	0
	组20女（自雇）	3.15	2.46	5	0	3.12	0.11
H省D市	组21男	1.83	0	1.6	0	3.5	0
	组21女	1.7	-0.51	2.02	6.03	3.15	-0.7
	组22男（自雇）	2.49	0	5	0	2.72	0
	组22女（自雇）	2.78	0.73	5	0	3	0.83
S省C市	组23男	2.49	0	3.48	0	3.28	0
	组23女	1.14	-5.9	2	-5.49	1.85	-3.13
	组24男（自雇）	4.26	0	5	0	2.23	0
	组24女（自雇）	1.54	-5.86	5	0	1.53	-2.83
S省D市	组25男	2.14	0	3.38	0	3.66	0
	组25女	1.04	-5.85	1.69	-6.05	2.69	-1.81
	组26男（自雇）	4.55	0	5	0	2.4	0
	组26女（自雇）	1.01	-6.85	5	0	1.95	-1.6

8.3.3.4　女性农民工群体就业适应度的评价得分

根据三个模块的得分情况，对26个组女性农民工群体就业适应度的量化评价得分结果如表8.10所示。

表 8.10　女性农民工就业适应度量化评价得分表

地区	组别	结构性指标（E_{fs}）			总体评价指标（E_{ft}）
		禀赋	经济机会	能力/能动性	就业适应度
S省 L州	组1男	−1.21	56.21	27.05	99.03
	组1女	8.21	−25.16	−10.20	−41.26
	组2男	−3.09	54.99	29.82	102.57
	组2女	12.32	−37.43	−23.00	−63.59
S省 P市	组3男	1.09	61.43	40.81	121.63
	组3女	9.50	−33.48	7.03	−31.10
	组4男	−1.54	58.74	41.83	113.86
	组4女	13.64	−0.03	11.44	13.47
N省 A县	组5男	2.82	74.68	40.86	133.35
	组5女	10.02	−20.64	0.93	−19.89
	组6男	1.27	60.78	40.90	119.34
	组6女	15.12	−23.21	17.18	−6.13
S省 Q园区	组7男	−0.23	79.95	43.07	132.34
	组7女	0.64	−1.87	23.66	3.59
	组8男	−2.09	81.65	42.32	134.26
	组8女	−4.87	−30.06	22.21	−21.41
S省 J园区	组9男	13.95	60.06	41.19	109.59
	组9女	15.06	−15.60	5.10	−5.85
	组10男	7.46	62.52	36.46	119.07
	组10女	7.07	−48.96	27.18	−21.33
S省 G园区	组11男	−0.42	82.22	39.94	133.62
	组11女	11.32	50.54	52.30	100.99
	组12男	0.93	81.25	39.80	131.51
	组12女	14.43	99.96	54.71	154.97
Z省 U园区	组13男	2.41	85.38	37.96	131.02
	组13女	3.82	53.64	48.54	91.32
	组14男	−2.47	85.50	38.36	132.97
	组14女	11.95	78.90	38.21	114.40
S省 C市	组15男	−2.02	63.61	31.47	105.29
	组15女	−5.47	−14.63	0.84	−32.01
	组16男（自雇）	−3.83	74.67	66.07	159.21
	组16女（自雇）	−9.21	−24.83	55.27	42.65

表8.10(续)

地区	组别	结构性指标（E_{fs}）			总体评价指标（E_{fv}）
		禀赋	经济机会	能力/能动性	就业适应度
H省 D市	组17男	1.73	75.46	27.95	111.75
	组17女	−11.79	7.29	33.41	38.38
	组18男（自雇）	−3.55	59.67	66.06	136.94
	组18女（自雇）	−13.91	14.91	36.68	49.88
S省 C市	组19男	−3.43	75.08	28.25	117.57
	组19女	−5.27	−29.03	137.15	99.46
	组20男（自雇）	−4.54	72.31	58.95	145.29
	组20女（自雇）	−4.97	−36.23	80.56	25.17
H省 D市	组21男	−4.61	73.83	29.85	117.08
	组21女	4.01	−14.80	98.17	74.98
	组22男（自雇）	−2.65	69.41	59.03	140.54
	组22女（自雇）	4.21	−24.65	68.96	27.49
S省 C市	组23男	−4.11	97.31	47.82	157.91
	组23女	5.56	−176.86	−91.69	−274.28
	组24男（自雇）	5.15	96.28	65.82	187.48
	组24女（自雇）	10.20	−209.35	1.20	−212.32
S省 D市	组25男	−13.81	103.17	46.33	153.47
	组25女	−7.46	−168.67	−94.52	−283.96
	组26男（自雇）	−6.09	100.42	67.54	180.17
	组26女（自雇）	−7.34	−209.80	−2.90	−230.54

8.3.4 女性农民工群体就业适应度评价结果的比较应用

女性农民工群体就业适应度的研究，是突出性别的比较研究，因此在量化评价方面，也要突出比较的意图。在就业适应度的评价上，就业适应度的绝对值大小尽管有其实际意义，但与男性农民工群体相比的差值，更具制度研究价值。因此，在女性农民工群体就业适应度研究方面，在同一组内，考虑男性和女性的就业适应度比较，将男性的就业适应度作为参照值，女性的就业适应度作为评估值。从就业适应度评价指标设计上看，指标包括绝对指标和相对指标两类，鉴于男性农民工群体在相对指标上得分较少的情况，男性农民工群体的就业适应度评价本身就是就业适应能力的绝对评价，而女性农民工群体的就业适应度就是在其自身就业适应度评价基础上结合性别差异评价后的结果。因此，将男性和女性农民工群体的就业适应度进行比较分析，更能够体现性别分析在女性农民工群体就业分析中的作用。从指标评价的实际执行结果来看，相对指标的设定和应用，实际上起到了扩大性别差异的作用，使得性别差异以更为显著的差值在就业适应度中得到了体现。我们可以从 26 个组的数据结果中得到如下结论。

8.3.4.1 量化分析的比较结论

基于性别分析的女性农民工群体就业适应度研究，并不是要分析"适不适应"的问题。基于某种分析得出"适不适应"的结论，无论方法如何，对于一个具体、生动的劳动群体而言，都是一个过于武断的判断。对于在就业过程中居于相对弱势地位的女性农民工群体而言，更是如此。因此，本书关于就业适应度的研究，是要基于一个认识基础点，例如在本书中就是作为对比组的男性农民工群体的就业适应度评价，得到"更适应"还是"更不适应"的结论，以此为劳动就业促进制度以性别为基本考量目标进行调整提供决策依据。

从整体情况看，量化评价的直观结果是女性农民工群体比男性农民工群体更不适应外出务工获得的就业机会（见图 8.2a）。但这一结论并无实际的意义。因此，需要做一个比较来说明女性农民工群体就业适应度量化评价，尤其是加入性别结构化差异指标后，就业适应度研究的意义所在。

在这里，如果将就业适应度评价指标中的结构化差异指标全部去掉，就得到了不包含结构化差异指标的就业适应度评价指标体系，由此形成的评价结果（见图 8.2b）与包含结构化差异指标的就业适应度评价结果有较大的不同。从量化分析的结论上看，将性别差异化指标纳入就业适应度分析时，采用结构化差异指标进行就业适应度研究的特征就充分显示出来了。从总体上看，包含结构化差异指标的就业适应度评价指标显示的男性、女性农民工群体就业适应度差异，比不包含结构化差异指标的就业适应度评价指标差异更大。不适用结构化差异指标的就业适应度研究，不同性别之间的差异尽管存在，但在不同的人群中，差异的走势是类似的，除非劳动就业的行业特征过于突出，例如建筑业等。这说明包含结构化差异指标的就业适应度将男性和女性农民工群体的就业适应差异扩大，使得一些由于不同区域、不同行业、不同工作环境带来的更为细致的就业适应差异可以被发现和重视。如果当不使用结构化差异指标时，我们把就业的性别歧视归结为性别差异这一自然原因，在使用结构化差异指标后，就会发现，性别差异背后有更为复杂的影响因素和作用机制。也正是在这一意义上，本书认为，以性别结构化差异指标作为特征的就业适应度量化评价能够在显著意义上反映性别对就业的影响。

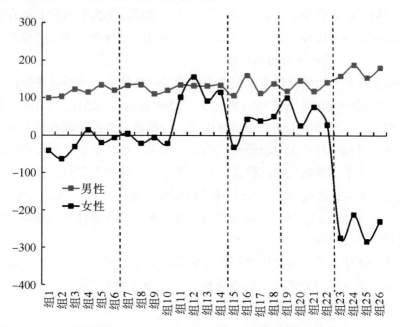

a. 包含结构化差异指标的完整就业适应度评价结果

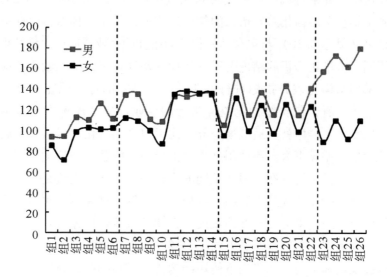

b. 不包含结构化差异指标的就业适应度评价结果

图 8.2　目标女性农民工群体就业适应度量化评价结果

8.3.4.2　目标女性农民工群体流动性与其就业适应度正相关

从 26 组女性农民工群体就业适应度量化评价结果来看（见图 8.2a），男性和女性差距最大的在建筑业（第 23～26 组），其次是来源地（第 1～6 组）和园区中的 S 省 Q 和 J 两个制鞋园区。建筑业的差异很大程度上来源于行业差异，这一由行业差异引致的就业适应度在性别之间的较大差距，是劳动就业促进制度需要高度关注且需要通过更为严格的措施来加以规制的重要风险点。此外，来源地男性和女性就业适应度之间的差异需要引起注意。结合禀赋部分的研究可以发现，这一结果反映的问题在于，来源地的目标女性农民工群体大多数属于有务工意愿但调查期间尚在农村的群体，这一群体对自身、城镇务工、劳动市场的认识，均与实际情况有差异，这是来源地女性农民工群体就业适应度总体较低的重要原因。与其他群体相比较，可以发现这一问题在园区目标群体、餐饮目标群体和家政目标群体中均不突出。由此可见，这一问题的背后反映的基本规律，在于农民工缺乏流动（离开农村到城镇务工和生活）；就业适应度的性别差异反映的主要是农业就业传统。因此，女性与男性的就业适应度差异较大。来源地的劳动就业促进制度如果有鲜明的性别倾斜，对于女性农民工群体的就业就会形成显著的支撑作用，由此弥补女性农民工群体在就业适应度方面与男性的差异。

8.3.4.3　市场条件下目标女性农民工群体的就业适应度并非内生制度变量

就业适应度的量化评价结果反映的另一个重要事实在于，女性农民工群体的就业适应度主要受经济机会影响。这从图 8.3b "经济机会" 和图 8.3d "就业适应度" 的相似性就可以发现。这是女性农民工群体就业的客观实际数据与社会认识高度一致所形成的共同结果。在就业适应度各类指标权重的专家打分过程中，专家打分的结果就是经济机会的权重较高，而目标女性农民工群体就业的实际情况更进一步加重了这种影响。从这一结果上看，目标女性农民工群体的就业主要是在市场条件下决定的，而不是通过制度介入就能直接决定的问题。如果不尊重市场的力量，单独通过制度矫正的方式来对冲市场对女性农民工群体就业存在的事实上的歧视现象，很难取得预想的结果。

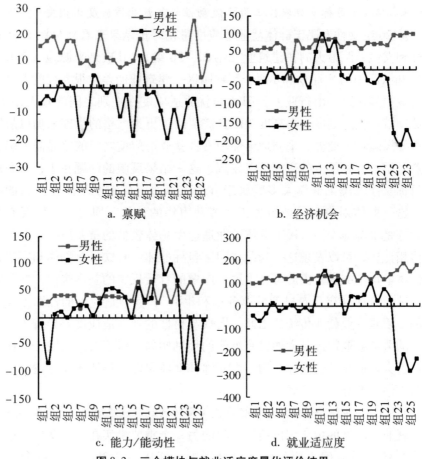

a. 禀赋　　　　　　　　　　b. 经济机会

c. 能力/能动性　　　　　　　d. 就业适应度

图 8.3　三个模块与就业适应度量化评价结果

同时还要认识到，市场对于女性农民工群体而言，并不完全是负面的。在 G 园区和 U 园区，尽管在社会舆论层面上对这两个园区劳动就业状况存在较为负面的认识，但从就业适应度的分析来看，在这个领域，的确出现了女性农民工群体就业适应度向男性靠拢且超越的现象。因此，这更进一步证明，女性农民工群体并没有办法决定自身是否能够适应市场，但特定的劳动市场和就业环境确实能够激发和提升女性农民工群体的就业适应能力。对于劳动就业促进制度而言，这一发现的意义在于，要认识到，尊重劳动市场的选择，是性别导向的劳动就业促进制度能够发挥作用的基本原则。

8.3.4.4　以信息技术产业为特征的现代工业生产对性别的敏感度较低

从各组的情况看，总体上，目标女性农民工群体的就业适应度显著低

于男性，但在园区第 12 组，目标女性农民工群体的就业适应度评价值大于
男性对照组。在园区第 11、13 和 14 组和家政 D 市第 19 和 21 组，目标女
性农民工群体的就业适应度评价值接近男性对照组。如果把各组指标按照
来源地、园区、餐饮、家政和建筑五个类别进行归类，得到更大目标群体
的就业适应度评价结果（见图 8.4），可以发现，目标女性农民工群体的就
业适应度在园区、餐饮和家政三个类别为正值，在来源地和建筑两个类别
为负值。家政行业的就业适应度最高。尤其需要注意的是，在对园区女性
农民工群体就业适应度的评价中，在总体评价指标为正值的情况下，"经
济机会"和"能力/能动性"两个模块的结构性指标也均为正值。考虑到
目标女性农民工群体主要集中在制鞋和信息设备生产领域，可以发现，现
代工业化的生产过程对于目标女性农民工群体提高就业适应能力具有积极
意义。这一结果实际上反映了工业化生产方式并非完全排斥女性，而是在
技术发展进程中不断产生能够促进女性劳动的新模式。

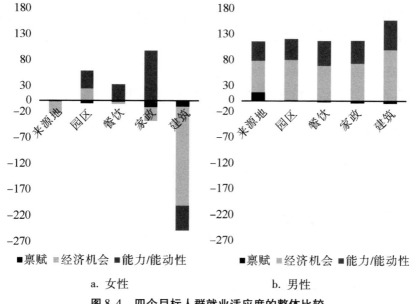

a. 女性   b. 男性

图 8.4 四个目标人群就业适应度的整体比较

8.3.4.5 市场内外的目标女性农民工群体就业适应度差异较大

总体来看，尽管男性和女性的就业适应度有较大的差异，但市场内的
目标女性农民工群体，较之市场外的女性农民工群体，依然有较为积极的
就业适应度评价。所谓市场外，在调查中主要表现为两种情况，一是女性
农民工群体未进入市场，在就业适应度评价中主要是通过"来源地"群体

加以评价的；二是进入市场，但由于家庭、体力、市场和行业限制，实际上处于游离于市场之外的状态，在就业适应度评价中，这一群体的集中体现就是建筑行业的女性农民工群体。

市场对女性农民工群体而言是"双刃剑"。从目标群体就业适应度评价结果看（见图8.4），一方面，"经济机会"对于园区女性农民工群体的就业适应度而言是重要的支撑性因素；另一方面，对于其他群体来说，"经济机会"对于女性农民工群体就业适应度的贡献是负值。这充分说明了市场条件下不同的就业机会对于女性农民工群体而言具有完全不同的含义。

能力/能动性是提升女性农民工群体就业适应度的关键变量。从评价的五个类别来看，园区、餐饮和家政三个类别中（见图8.4），能力/能动性均是就业适应度的支撑性因素。这充分说明，在当前的外出务工状态下，女性农民工群体是否有较好的就业适应能力，还有较为明显的个体色彩。在家政等女性农民工群体自身能力能够得到充分发挥的领域，女性农民工群体的就业适应度就高，反之就较低。群体意义上的"就业机会获取—务工回报增加—就业能力提升"的良性机制，并不存在于每一个就业领域。

8.3.5 性别导向的就业适应度评价的适用范围

本书对26个女性农民工群体进行就业适应度研究，一方面在于研究和评价女性农民工群体就业适应能力，另一方面也旨在验证就业适应度评价指标体系。本书研究得到的一个基本认识在于，性别是劳动就业促进制度必须关注的重要因素。考虑了性别因素的劳动就业促进制度与不考虑性别因素的劳动就业促进制度相比，会在更为精准的制度视野中提升劳动就业促进制度的制度效率。对于本书实施的女性农民工群体就业适应度研究，在其未来的适用范围上，要注意考虑三个限制性因素。

第一，注意规模适当。女性农民工群体就业适应度的评价所涉及的目标群体不宜过大。由于"经济机会"模块权重较大，且从本书的实施上看，女性农民工群体在"经济机会"模块的实际数据更进一步加大了权重的影响。因此，如果不对女性农民工群体按照一定的规则进行细分，直接以某个领域，例如行业、社区，对大规模的女性农民工群体进行评价，所得到的结果更多的是群体性的"经济机会"模块的特征，而对于禀赋和能力/能动性的体现就不够。因此，研究的群体定为20～50人，在这一规模上先执行评价分析，在评价的基础上，根据研究对象合并的可能性，例如是否处于同一企业、是否有同样的工作或生活环境等，再进行更大规模的就业适应度评价。

第二，注意比较研究。女性农民工群体就业适应度的研究，关键在于比较。通过比较来发现问题是就业适应度分析的关键。量化评价的主要目的，在于为比较研究奠定基础。尤其是当在不同的女性群体之间、男性和女性群体之间进行就业适应度比较研究时，要注重研究不同的人群在性别结构化差异指标上的异同，解决好这一问题，对于利用就业适应度分析来发现和锁定就业性别歧视问题，尤为重要。

第三，注意生育因素。在利用总和生育率考察男性和女性农民工抚养子女对就业的影响中，可以发现，男性在所有组别的生育率结构差异中，得分均高于女性（见图8.5、图8.6）。这说明在农民工家庭中，男性在就业方面承担更为主要的责任。反过来这种作用也在显著的意义上对女性农民工群体的就业形成了实质影响。同时，还应该注意到，在 J 园区、C 市、D 市的餐饮行业中，生育率结构差异并不大。这说明农民工的工作场景对生育这一就业影响因素有补偿作用。因此，在就业适应度研究中，对于生育进行单独研究，有较为重要的政策价值。

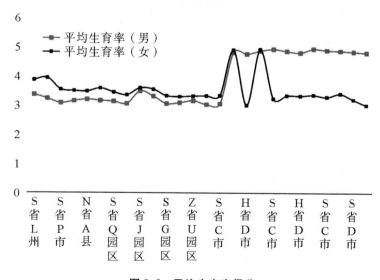

图 8.5　平均生育率得分

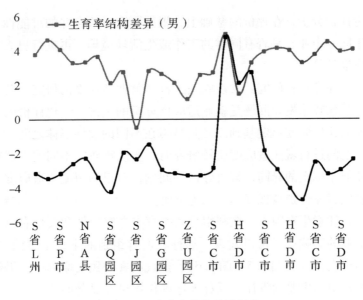

图8.6　生育率结构差异得分

8.4　本章小结

本章的主要研究内容和观点如下。

（1）主要研究内容

本章在集成第5、6、7章关于"禀赋""经济机会"和"能力/能动性"三个模块的实证研究结果的基础上，提出了基于性别分析的女性农民工群体就业适应度评价指标体系。同时，应用层次分析法，对评价指标体系的权重进行了研究和赋值。根据对西部地区S省和N省、中部地区Z省和东部地区H省部分地区、园区、行业的调查，对26个女性农民工群体以及作为对照组的26个男性农民工群体进行了就业适应度评价和比较研究。

（2）主要观点

①性别结构化差异指标着重体现社会性别意识，注重突出比较研究方法，注重体现不同性别人群对应指标比较的差异性结构，无论这一结构对指标的影响是积极的还是消极的。

②劳动就业过程中关键性因素的缺失是性别歧视现象出现后较难得到

矫正的直接原因，对于这些关键性因素的缺失要给予高度关注。前置性价值预设主要体现在就业适应度评价指标体系中的"类别否定项"设计和应用上。

③在就业适应度评价指标体系权重分析中，"经济机会"分析处于核心位置，就业经济收益与人力资本积累、市场化就业水平之间存在直接关联。专家一致认为，对女性农民工群体而言，把握经济机会是决定其就业适应能力的关键，也正因为如此，性别差异是重要的。

④对目标群体就业适应度的研究表明，目标女性农民工群体流动性与其就业适应度正相关，市场条件下目标女性农民工群体的就业适应度并非内生制度变量，以信息技术产业为特征的现代工业生产对性别的敏感度较低，市场内外的目标女性农民工群体就业适应度差异较大。

⑤在就业适应度评价指标的适应性方面，要注意群体规模、比较研究、生育等限制性因素的影响。

9 "性别优序"视阈中女性农民工群体就业适应度提升的对策研究

就业的性别结构变化是工业化的必然产物。发达国家的工业化历程表明，由农业人口居多的就业模式向第二、三产业就业人口居多的就业格局的转变，将会形成三种"力"，一是技术进步、产业结构升级形成的对劳动力，特别是低素质劳动力的"排斥力"；二是"不就业"成本的提高带来的"推动力"；三是服务业快速发展引致的劳动回报率提高产生的"吸引力"。在多方面因素作用之下，会引起就业性别结构的较大变化。世界银行指出（2012），发挥妇女的劳动生产能力对于提升经济社会发展质量至关重要。在工业化、城镇化加速发展的今天，就业既能够给女性农民工群体带来收入，更能使她们以更为积极的姿态融入城市。在加快推进城乡一体化建设和融合发展的进程中，特别是在全面推进社会主义现代化建设的战略格局中，以及放开"三孩"的政策背景下，更有必要充分重视和积极应对女性农民工群体的就业问题。

9.1 以"治理的性别优序"应对就业性别歧视的"三个普遍性"

女性农民工群体在外出务工过程中面对的性别歧视现象，是社会经济生活中性别不平等的一个缩影。在研究中发现，在城乡二元结构式的就业图景中，存在四种类型的"就业不平等"，影响着女性农民工的职业发展。一是发展阶段约束下的要素优序化导致的性别不平等，其主要表现是不同产业之间就业格局的性别差异。二是城乡二元结构中的投入差异化导致的性别不平等，其主要表现是城乡之间就业机会的性别差异。三是市场规则作用下的结果导向化导致的性别不平等，其主要表现是竞争性排序下就业回报的性别差异。四是社会意识约束下的身份固定化导致的性别不平等，其主要表现是由农村家庭成员的农业生产定位形成的家庭内部劳动决策的性别差异。多种因素导致的就业性别不平等形成了对提高劳动这一生产要素利用效率的实质性障碍。正因为如此，对新型城镇化进程中的女性农民工群体这一特殊人群的劳动与就业问题进行研究，既有实践的样本意义，更富发展的价值内涵。基于前文各个章节的分析结论，本章围绕提高女性农民工群体就业适应度，提出对策建议（见图9.1）。

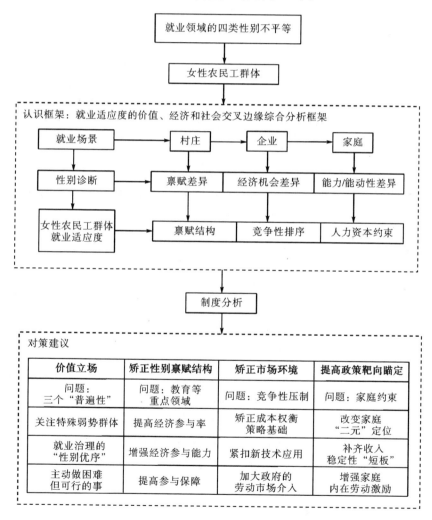

图9.1 提高女性农民工群体就业适应度的总体分析与对策建议

研究发现，女性农民工群体在禀赋结构、经济机会和人力资源三个方面，无论是主观还是客观，无论是在经济领域还是在社会领域，无论是个体还是群体，均面临着性别差异造成的机会、过程以及结果的不平等。性别歧视的话题总是局限在所谓的"职场"内，成为存在于特殊个案中的"普遍性"现象，这是第一个"普遍性"现象。而活跃在这些"职场"中的被歧视、进而起来反抗的具有同样"普遍性"的女性群体，不是成功的中等收入阶层，就是受过充分教育的女性大学生群体，这是第二个"普遍性"现象。换言之，社会对于性别歧视作为一种现象的重视程度，取决于被歧视的群体对此的认识程度。真正在就业性别歧视中受害且无法反抗的，是对此没有足够认识，或者有认识也无法反抗的劳动人口，这是第三个"普遍性"现象。女性农民工就是这一群体的构成部分。在调研中，女性农民工并未表现出对务工过程中存在的性别歧视现象的不接受态度。接受生活的安排是大多数女性农民工的选择。社会对这一现象也视为当然，将市场逻辑奉为社会逻辑，贯穿于社会认识的始终。这种社会现象是社会性别意识的扭曲反映。要改变女性农民工群体的就业状态，首先要改变的，就是这种具有"普遍性"的价值立场。这三个"普遍性"，第一个和第二个均可以观察和测度，但第三个却是无论通过什么样的数据都较难得到反映的社会意识形态的内在构成部分。如果这种具有明显的性别取向的就业价值立场没有根本性改变，女性农民工群体作为就业过程中以及弱势性别群体中的特殊弱势群体，较难获得就业机会、过程和结果的全面平等对待。

　　然而，社会所秉承的价值立场并不是可以通过一次讨论、调研、报道或者研究就可以改变的。价值立场的改变是一个长期的历史过程。其间，既有特定历史时期、历史事件和关键人物的推动，也有社会生产力和生产关系的相对运动。社会生产力运动的方向性变革往往是价值立场改变的趋势性、格局性力量。本书并不能改变这些力量作用的趋势和格局。在此我们能做的，就是指出这些趋势和格局所包含的改变的必要性。明确在新经济条件下，更加突出性别导向的就业环境是技术推动产业走高质量发展道路的现实需要；明确在劳动力快速升级的过程中，更加注重在性别方面"补短板"的劳动就业促进制度更能够推动人力资本发展；明确在技术经济快速发展进程中，聚焦包括女性农民工群体在内的人群开展就业帮扶工作更能够形成长期、深远的发展影响；明确针对正确的人群开展性别歧视矫正工作具有的长期治理效应；等等。由此，针对女性农民工群体就业，有三条价值原则值得劳动就业活动参与方深入讨论和交流。

第一，突出重点，聚焦特殊弱势人群。马克思主义之所以提出劳动价值论，其价值立场就在于对劳动者的尊重。尊重劳动是尊重人的正确方式，尊重劳动就是尊重人。同样地，尊重女性劳动也是尊重女性、性别平等的本义。脱离生产关系来谈性别平等，是一种价值扭曲。不让女性参与生产劳动，或者以女性退出生产劳动过程作为社会性别平等水平提高的标志，更是一种价值扭曲。矫正就业的性别歧视，首先要找到正确的对象。女性农民工群体之所以应当得到重视，关键就在于她们是性别歧视链中居于底端的一环。如果我们认为性别歧视是一种社会"病"，那么病症在女性农民工群体中就应该是较为严重的。针对这一群体展开对就业性别歧视的矫正，才能够在最为根本的意义上得到深入审视和彻底执行。不能因为"白领"职业女性或者女大学生更容易观察，更容易获得社会学意义的数据，更容易被量化进而更具有实证价值，就把关注点集中于这些群体中。把性别歧视变成话题，这本身就是歧视。性别歧视就是一种社会性"强制"，这种"强制"是以剥夺被"强制"者的应有选择可能性作为标志的。而作为被"强制"者本身，未必能够真实地感受到这种"强制"的存在。相反，她们可能会视其为当然。关注这些特殊的弱势群体，才是矫正性别歧视真正应该开始的地方。

第二，突出公平，重视劳动就业治理的"性别优序"。劳动就业过程作为多元化主体参与的社会过程，必然也必须是多元治理的。劳动者及工会、企业、社区、政府都应该而且必须在治理过程中发挥积极且主动的作用。性别歧视的应对是否会产生实际的效果，关键就在于劳动就业治理体系是否能做到"性别优序"，即从劳动需求的角度看，性别平等应当是所有参与方都赞同且付诸实践的基本原则。从实际来看，无论是就业的市场化匹配、企业内部劳动组织还是劳动成果分配原则，性别平等都应该一以贯之。鉴于企业在劳动就业治理中不可或缺的地位，这一原则首先应该在企业组织的竞争性排序中加以体现。对于这一点，可能会在实践中遇到较大的阻力。但在对现实和阻力有充分认识的基础上，也要对未来发展的趋势有合理的预见。要认识到，尊重不同性别之间存在平等劳动权利的劳动就业环境，必然会激发更大的劳动潜力，也必然会在新经济发展进程中获得更大的发展机会。

第三，突出操作，主动做困难但可行的事。女性农民工群体面对的性别歧视是深层次的，并非所有的歧视性因素都能够在一个既定的时间段内，通过积极的行动来加以解决。这既低估了问题的长期性，也高估了劳动就业治理各个参与方行动的积极性、针对性和实效性。就此避重就轻、只强调操作性显然是不行的，因为这样可能在形式上采取了各种行动，但最终实际效果微乎其微。要正视困难，更要重视操作性。主动做困难但可行的事，是实实在在矫正就业性别歧视、推动女性农民工群体人力资源可持续发展的重要价值原则。

9.2 矫正性别禀赋结构，消减就业性别歧视的社会因素

提高女性农民工群体就业适应度，首先要面对的就是这一群体存在的显著禀赋结构差异。前文研究已经发现，与男性农民工相比，年龄、教育、家庭、生育和就业稳定性是女性农民工性别禀赋结构差异性存在的五个领域。其中，女性农民工年龄是影响健康状况的主要因素；女性外出务工群体受教育水平较低；女性外出务工群体面对更多的家庭性障碍因素；生育是女性农民工就业禀赋结构中需要重点关注的内容；女性农民工群体外出务工的发展稳定性有待于进一步提高。从就业适应度量化评价的情况看，在进行评价的五个领域中，禀赋对女性农民工群体就业的贡献均为负值。要应对女性农民工群体存在的禀赋结构差异，必须聚焦村庄这一农村场景，消减就业性别歧视的社会性因素。

（1）增强市场参与意识，着力提高农村妇女的经济活动参与率

前文的研究表明，女性农民工群体之所以在外出过程中面对性别歧视，关键的问题一方面在于其长期处于农村生产生活状态中，游离于市场环境之外，没有通过一定的经济活动来获得工作经验。要解决这一问题，就需要在她们生活的场景中，加入市场的因素。通过在家时参与经济活动，改善外出务工开始阶段缺乏适应能力的状况。另一方面也在于女性农民工在外出务工的过程中，实际上处于与男性农民工和其他就业人群同场竞争的态势中，就业机会少带来的竞争加剧，或者大量低端岗位存在带来的竞争性压制，都使得女性农民工难以获得理想的就业岗位。要解决这一问题，市场必须创造更多的、更符合女性农民工发展需要的就业岗位。同

时解决这两个问题，根本上取决于农村生产生活的市场化发展水平。由此可以发现，在宏观层面上农村之所以重要，主要因为以下两个方面：一是农村中大量的剩余劳动力是城镇工业经济发展的必要部分；二是保持大规模的农业生产特别是粮食生产对于整个国家安全具有重要性。前者需要推动农民进城，后者需要在农村保持农业生产大规模进行的足够劳动力。如果农业劳动生产率没有提高，这两者之间必然存在内在矛盾。因此，解决这一问题的根本，还在于农业劳动生产率的提高。在农业劳动生产率提高的前提下，过去作为辅助性劳动力存在的女性农民，会在这一过程中通过参与市场活动而获得更多的经济机会，从而为改变女性农民工群体的禀赋结构差异创造基本的环境条件。有必要为女性农民工获得更多的工作机遇创造条件。加大对农村集体经济组织开展市场化经营的扶持力度，鼓励农村妇女参与本地经济活动。这是提高女性农民工参与经济活动的较为直接的渠道，也是在大规模农民返乡过程中，农业市场化经营发展的现实趋势。应该认识到，在男性农民工大量外出的情况下，这种情况为农村女性参与农业市场化经营活动创造了新的机遇。在这一趋势下推动形成的农业新专业合作组织，是全新的经济形态。对于这一变化趋势下形成的新企业组织形态，在政策中应当高度关注并适时推动社会性别平等在新经济组织中的实现。

由此形成的对策建议包括六个方面。①鼓励农村家庭以女性为主体，参与农业专业合作组织的劳动与工作。对于这一劳动需求倾向，在实践中不应以非正常理由排斥女性参与劳动为前提条件。②吸引农村妇女参与专业合作组织，不应设置过多的劳动岗位条件，以充分灵活就业方式来适应农村妇女参与劳动的限制性条件。③鼓励女性农民自主创业，创办家庭农场或者农业专业合作组织。④劳动就业促进制度应将政策作用对象聚焦于农村各类经济组织。⑤在乡村振兴战略的推进中，着力加强劳动意识和劳动文化的宣传，为女性农民工参与劳动过程营造社会氛围。⑥提高农民工来源地农民工统计的精准度，识别夫妻、夫妻携子女、年轻未婚女性等重要农民工群体，为精准跟踪和帮扶奠定数据基础。以什么样的方式参与生产，就会以什么样的方式参与分配。通过扶持农村经济组织，将社会性别平等意识植入企业经营活动中，鼓励企业在生产经营活动中自觉推动和实现性别平等，为性别平等在农村经济活动中的体现创造制度条件。

（2）提高参与能力，着力补齐农村教育、医疗等公共服务的性别"短板"

要推动女性农民这一弱势群体向市场中心移动，既要在她们原有的生产生活场景中植入市场因素，更要聚焦能力建设，为女性农民参与市场活动奠定坚实的能力基础。

具体的政策举措包括四个方面。①关注女童的基础教育。在保障义务教育阶段女童全面入学的情况下，更要关注高中阶段的教育普及。工业化发展过程导致的女童能力的天然弱势，使得女童应该得到更多的教育。因此，应旗帜鲜明地提出女童高中教育普及率指标并将其置于考核的优先地位。②开展农村女性就业前普及性教育。劳动力输出地农民工培训应以女性农民工为特定人群，聚焦公共知识，例如信息获得渠道、劳动就业法律知识等常识性内容进行普及性培训教育。培训不以就业为目标，而是以参训群体的培训效果调查结果提升为目标。为此，应建立培训设计、实施与评价分离的一体化培训体系和相应的资源保障体系。③加强农村女性孕期和哺乳期前、中、后的就业帮扶和跟踪。整合就业和医疗数据库，展开数据分析，全面把握农村女性群体的生育状态，尤其是已生育二孩的农村女性，为下一步提供精准就业帮扶奠定数据基础。④鼓励和支持对女性外出务工友好程度较高的领域、行业以及企业的发展。对于新技术产业，要鼓励其吸纳女性农民工就业。能够吸引和促进包括女性农民工群体在内的弱势人群就业的新技术产业，就是能够产生广泛和积极发展效应的产业。对于这一点，在劳动形势和政策研究中要作为基本价值和操作原则来加以坚持。健全这些领域、行业和企业发展的制度保障，形成示范效应，为"性别友好型"就业环境的培育奠定实践基础。

（3）提高参与保障，着力优化劳动就业促进制度的性别保障水平

研究发现，女性农民工的经济参与，往往会随着年龄段、家庭责任的变化而变化，其外出务工的可持续性较差。这一问题的存在是诸多客观因素作用的结果。期望通过市场的自发调节来解决并不现实。在劳动力输出地的乡村，必须通过提高劳动就业促进制度的精准度，来聚焦特定对象进行帮扶。

这具体包括五个方面。①通过劳动就业促进制度的持续性设计，来创造女性农民工对就业可持续性的预期。特别是对于因生育而中断的外出务工，更是要关注通过政策来形成和壮大女性农民工回归劳动就业的自主动力。农村社会保障制度的设计，应对女性生育期间进行覆盖，并将其与养

老保险衔接，从而在制度上形成生育、就业相互联系的制度环境。②鼓励40至50岁农村妇女举办小规模事业，充分发挥其劳动的积极作用。不能任由农村劳动力自主脱离劳动，不能任由市场左右农民女性的劳动供给。这无论是对于劳动力发展而言，还是对于营造农村社会的劳动氛围而言，都是至关重要的。③鼓励女性农民工群体"抱团"务工。通过政策性或者市场化手段，鼓励女性农民工群体形成工作小组，以群体的形式实现市场化就业。这是政策能够识别并保障女性农民工群体劳动权益的基本前提条件。④按照"财政分级支出、事务集中实施"的原则，在识别特定女性农民工群体的基础上，对其进行全过程的就业帮扶。彻底改变输出地女性农民工就业帮扶集中在就业前的状态，改变女性农民工就业、创业活动分开管理的情况，设立专项就业帮扶资金，通过人力资源管理部门、企业、社会组织和社区（村组）的共同参与，推动女性农民工群体就业。⑤在农民工外出规模较大的来源地，应设立针对特殊女性农民工群体的务工帮扶资金池。通过政府投入、社会参与、农民工互助等多种形式，形成持续稳定帮扶机制，为就业困难但亟待就业的特殊女性农民工群体解决经济资源支持问题。

9.3 介入企业竞争性排序，矫正就业性别歧视的市场环境

在前文对企业竞争性排序的研究中发现，在工业化形成大规模劳动需求的情况下，企业的资产结构以及由此决定的劳动结构、生产要素市场化水平等影响，使得女性农民工群体在实现就业的同时，也被大规模供求关系形成的竞争性压制约束在一个低水平重复的劳动状态中。或许某些个体可以通过自身努力改变竞争性压制状态，但就女性农民工整个群体而言，竞争性压制是一种较难摆脱的桎梏。在新经济影响下，矫正就业性别歧视是劳动生产率可持续提升的基础保障。要在社会经济生活中充分体现这一认识，并使其成为社会共识，需要在企业这一劳动就业实现的主要社会组织中采取针对性、矫正性的治理措施。

（1）矫正劳动供给结构性替代的成本权衡策略基础

劳动供给的结构性替代是企业竞争性排序决策的主策略，劳动的性别替代规模与劳动要素的可替代水平负相关。改变竞争性压制状态，从社会

法律制度层面和企业外部采取制度性应对仅仅是认识的起点。必须认识到，就业性别歧视的存在及其应对并非仅仅依靠法律制度就能彻底解决的问题。要解决这一问题，关键还在于参与就业活动的各方，能够在劳动就业活动展开的过程中，将性别平等作为决策的基本要素加以评价、权衡和体现。

就企业而言，必须从竞争性排序及其决策入手，以彻底改变其成本衡量决策基础。主要包括四个措施。①着力培育根植性更强的"性别友好型"企业。通过企业长期的经营活动开展，以及企业与所在社区的长期联系的维持，改变企业的短期决策倾向，为企业在更为长期的视野中进行竞争性排序决策创造条件，并以此为性别平等融入企业的竞争性排序奠定基础。在这方面，特别要重视发展城市小微企业和个体经营户。实践表明，受其竞争性排序的影响，小微企业和个体经营户在劳动就业的选择方面，性别歧视现象在整体上是较少的。②着力推动吸纳女性农民工群体务工规模较大的企业集聚式发展。从产业的角度看，企业集聚是产业集群的前提。企业集聚，一方面为产业链的延伸创造条件，由此必然会形成适宜女性农民工群体就业的新工作岗位；另一方面也形成企业相互监督和约束、政府人力资源部门提高监督管理效率的环境与平台。③充分发挥企业内部治理主体和机制在影响企业竞争性排序中的重要作用。具体来说，厂务公开作为企业民主管理的有效机制，在促进企业内部性别平等方面应当发挥信息和宣传方面的积极作用。工会或工会小组作为职工的代表组织，在促进企业内部性别平等方面应当承担起重要的治理主体的责任。在产业园区等企业和务工人员聚集的地方，联合工会是普遍采用的形式。在这种情况下，由于企业众多、务工人员流动快的特点，要有效发挥工会的作用，可以探索工会领导小组由上级工会、妇联联合委派参与的具体工作形式。④加大性别相关的劳动政策的跟踪研究力度。尤其注意加大劳动政策对企业劳动用工制度性别倾向性的判别，并形成稳定反应机制，应对市场竞争条件下性别歧视现象的激化风险。

（2）紧扣新技术应用，在企业竞争性排序转变的关键时期融入性别平等的制度性安排

在新技术的影响下，企业的竞争性排序正在发生缓慢但显著的变化。淘汰传统企业和传统劳动力的过程正在逐步深入，新经济形态正在形成过程中。从已经发现的特征看，新经济的核心竞争力是掌握了新技术的劳动

力，所有的技术装备实质上服务于劳动力的创造性智力活动。这种变化会在一个 20 年乃至更长的周期内创造一个新的劳动阶层，进而对经济活动的开展形成根本性影响。要适应这一过程，就要深入细致地观察企业竞争性排序的适应性变化，并采取措施去影响其变化的过程，为性别平等成为新经济形态的价值内核的有机构成部分奠定基础。

主要的措施包括四个方面。①加大对女性农民工介入新经济的帮扶力度。劳动者能力的提升是劳动者参与水平提高的前提。女性农民工群体对新技术的把握程度，直接决定她们对新经济的参与水平。一方面，要通过各类培训渠道，其中既包括传统的课堂培训，也包括利用新媒体的全方位培训，对女性农民工进行新技术知识的介绍和普及。另一方面，要通过直接的人岗匹配活动，鼓励和支持女性农民工参与新经济活动。②加大对新经济企业的跟踪研究和监督评估力度。深入研究和高度重视新经济企业的成本替代行为以及由此形成的能力替代行为，在鼓励新经济企业扩大劳动用工的同时，对新经济企业过度使用劳动力的现象及时采取针对性的制度应对，为女性农民工参与新经济活动创造基本的制度环境条件。此外，必须对新经济影响扩大必然会出现的淘汰传统劳动力的浪潮有所预见并高度重视。③重视和发挥新技术在劳动供求匹配环节的重要作用。加强城镇之间信息互联互通的建设力度，将性别、年龄等指标作为劳动者数据特征，形成覆盖全国的劳动就业数据库。加快对传统劳动就业中介组织的改造，推动传统劳动市场中介组织向信息技术中介组织转变。加大对劳动就业新技术中介组织在信息处理和应用中的公允性检查和评估，形成年度报告制度，以确保劳动就业数据得到公平、恰当的使用。④加大新技术性别歧视倾向的研究，建立技术型性别歧视警示制度。对于新技术的应用、产业化等过程中出现的性别歧视现象，要加大跟踪研究力度，对于已经出现明显迹象的问题，要采取措施及时应对，以防性别歧视现象在技术扩散过程中被加强并最终制度化。

（3）突出就业性别平等，加大政府对劳动市场的介入力度

企业是劳动就业实现的主要平台，政府则是劳动就业效果评价的主体。劳动就业最终能够体现什么样的价值立场，既是社会选择的反映，也是政府在多大程度上对社会选择进行回应的直接体现。就业的性别平等，离不开政府的倡导和积极作为。实践表明，在这方面，仅"守底线"的选择就意味着放弃性别平等的价值立场，对于推动就业性别平等是不利的。

因此，政府需要做的，就是旗帜鲜明地站在性别歧视的对立面，不仅要查处，更要采取措施预防就业性别歧视的出现和发展。

这主要包括三个措施。①对于法律规定的妇女享有的与男性平等的劳动权利，应根据各个地方实际情况的不同，给予差异化、量化确认。劳动就业促进制度应更加突出对包括女性农民工在内的弱势群体的关注，要精准实施，守"更低的底线"。这是脱贫攻坚实践给我们带来的最大启示。在性别歧视的处置方面，不能含糊其词，最终让性别平等只落在纸面上，不能对事实上的隐性性别歧视视而不见，也不能因为做出具体的规定可能会导致企业的逆向选择就作罢。政府应该做的，就是亮明价值立场和态度，加强调查与研究，以做出最有利于保障妇女劳动权利的政策措施选择。②加大全国统一劳动市场的建设力度。破除体制性障碍，鼓励和促进劳动要素流动，推动劳动力市场化进程，在这一过程中，逐步提高女性农民工劳动权利的市场化保障水平。③加大劳动市场多元化治理主体的培育力度。劳动市场多元化治理主体的形成和发展，是促进包括性别平等在内的市场公平的基础条件。在居民、企业和政府这三个主体之外，促进各类组织对劳动市场的参与，特别是非经济组织，是促进劳动市场公平发展的当务之急。

9.4 提高就业政策的家庭精准靶向瞄定以及政策执行效率

前文的研究表明，女性农民工群体劳动就业的能力/能动性更多的是在家庭中酝酿、成形、激励，并服从于、服务于，同时也被约束于家庭。女性农民工群体的人力资本积累尽管是多重社会经济因素作用的结果，但这一作用首先和主要通过家庭这一基本单位展开。家庭作为一个生产生活基本单位的传统特征和二元定位，成为影响女性农民工群体能力/能动性提升的、不可忽视的作用渠道。重视农村家庭在女性农民工群体劳动就业决策中的作用，并更充分地发挥其人力资本积累的功能，是促进女性农民工群体更好地进入市场，在就业过程中实现自身人力资本积累的关键。

（1）改变城乡"二元"的农村家庭生产定位

传统的农村家庭是生产和生活的综合统一体，农业生产和家庭的存续之间完全融合，不可分离。家庭作为农业生产的基本单位，村庄作为农业生产的协作组织，是依托农村土地展开的小规模生产方式。正如前文所言，这种生产方式与工业化的生产方式之间存在内在的冲突。农村家庭的"二元"定位造成女性农民工群体人力资本积累难以达到临界点，使得女性的人力资本难以成为支撑其职业发展的关键性力量。要改变这一状况，首先必须改变农村家庭。最为根本性的举措，还是要以城镇化来推动农村家庭定位的转变。城镇化作为当前中国正在发生的重大社会转型过程，必须充分重视其在推动社会平等中的重要作用。如果任由市场作用，期待长期的竞争过程最终产生劳动就业性别平等的结果，无疑是不负责的立场和观点。

城镇化的关键是人，是具有自我发展能力的人。因此，要充分发挥城镇化进程的积极作用，除了推动农民进城外，有必要重视四个方面的工作。①努力创造性别之间无差别的城乡统一的劳动就业环境。以乡村振兴加快农村的城镇化进程，使得农村能够尽量和城镇一样，提供更多的劳动就业机会，使得不同性别的人群、不同劳动能力的人群都能够在市场竞争的环境下获得适合自身能力的工作机会。更多的机会才会有更多的参与，更多的参与才会推动更为公平的发展。②努力提供更倾向于女性就业的城乡统一的公共服务。创造更具吸引力的就业制度环境，是推动女性参与劳动经济活动的关键。在这一点上，不能以性别平等的口号来掩盖就业事实上存在的性别不平等，以及由于就业公共服务的结果导向而造成的性别漠视。③努力推动农业产业化、规模化、企业化发展。只有具有完备的生产体系、产业体系和经营体系的现代农业才能够创造生产劳动与农村家庭彻底分离的社会环境，才能使得劳动力在市场竞争中最终成为自身发展的"主宰"。④在县域经济发展的政策支持体系中突出对女性农民工群体的全方位支持，使得女性农民工群体的发展问题被纳入区域经济发展的体系中，得到发展战略的有力支持。

（2）围绕女性农民工群体收入稳定性补齐"短板"

研究表明，收入的稳定性是影响女性农民工群体劳动就业参与的主要因素。女性农民工群体收入之所以不稳定，是家庭责任、自身能力和社会因素共同作用的结果。提高收入的稳定性，是提高女性农民工群体劳动就业参与率的首要举措。

主要措施包括四个方面。①在劳动力输入地要注意创造和容纳更多的灵活就业岗位。具体来说，城市服务经济要充分重视灵活就业岗位的客观必要性，要允许包括女性农民工群体在内的弱势劳动人群依靠自身的努力去从事灵活就业岗位、举办包括"地摊"在内的各类灵活就业事业，要让低端就业人群有"工作好找"的直观感受。容许低端人群在城市中的存在，是贯彻以人民为中心的发展思想的直接体现。②鼓励企业在可能的情况下雇佣农民工家庭夫妻双方。实践表明，农民工夫妻双方在同一家企业上班，实质上可以起到帮助女性农民工参加劳动的积极作用。要做到这一点，企业就需要对农民工家庭形成长期雇佣的预期。有了深入的了解，才能形成这样的劳动就业关系。这对企业、农民工而言，都是较高的要求。此外，对于实际上以集体形式外出的农民工非正式务工组织形式，应加强跟踪和监督。③在劳动力输出和输入地，应对夫妻双方共同外出务工的农民工家庭给予尽可能的社会性帮扶，以帮助其解决实际困难。在劳动力输出地，对于夫妻双方均外出的情况，应探索以市场的方式提供社会化服务，以帮助外出农民工家庭解决停留在农村的家庭面临的实际问题，例如养老、育幼等。同样地，在劳动力输入地，对于夫妻双方共同务工的家庭，也应当对其在务工过程中存在的困难创造以市场方式加以解决的可行方式。这两个方面的举措都是较为困难的。这里既有社会化服务提供成本与农民工家庭的可接受程度的差距，也有社会重视程度不够的问题。但如果这方面的工作完全不做，那么农民工家庭外出务工的约束性影响就不太可能消减。④对一些"性别不友好"的行业和企业，应提出劳动需求的约束性标准。这是维护女性农民工群体实现可持续发展的必要举措。市场化并不意味着不管，而是更为精准地管。如果对那些明显不适应女性农民工群体就业的领域提出约束性劳动需求条件，一味强调市场的一致性、非歧视性条件的贯彻，那么这些非歧视性条件往往就会演变为恶意侵害女性劳动权益的内在激励。

（3）聚焦家庭设计就业政策，培育女性农民工群体参与劳动的家庭内在激励

前文的研究表明，农村家庭中的性别歧视传统根源在于农业生产对劳动力需求的周期性规律。在城镇化、工业化的进程中，既要考虑消除传统农业对家庭中女性地位的弱势定位，也要充分考虑激发农村家庭中的女性参与劳动的内在激励。既要针对在农村家庭进城的过程中歧视女性的现象采取措施，也不能忽视在这一进程中农村家庭女性完全丧失劳动积极性的

趋势发展。政府的就业公共服务，应聚焦农民工家庭参与城镇劳动，展开制度设计。

主要包括四个方面的内容：①鼓励农村家庭在务工城镇创业。外出务工最终走向家庭创业，这既是当前的实际情况，更是在政策中需要重视并采取措施加以扶持和壮大的重要趋势。要认识到，家庭创业能够更好地、更为融洽地解决女性农民工群体在参与劳动就业过程中面对的不平等问题。从具体的措施上看，包括农民工家庭创业的指导和孵化、就业培训、政策性金融支持以及政策优惠等。②鼓励青年女性农民工通过就业走向独立创业。青年女性在外出务工过程中逐渐获得足够的劳动和经营技能，最终走上独立创业的道路，是女性农民工获得自我发展能力的较明确也是较为艰辛的道路。在政策中对这一群体进行识别、指导和帮扶，是在政策上应对劳动就业性别歧视的标志性举措。在这方面，就业公共服务政策应给予足够的关注。③鼓励回乡创业的农民工家庭走规模化经营道路。回乡创业不是重走传统农业的路子，而是利用市场开创现代农业发展的新模式。这是在当前回乡创业过程中应当明确的基本发展取向。对于回乡创业的农民工，应当在政策上给予支持，结合地方实际，坚持走规模化经营的路子，使其与市场接轨，根据市场需求的变化来组织生产。只有现代化的生产经营方式才能产生新的劳动者和新的、平等的劳动关系。④鼓励女性农民工群体参加劳动培训。在就业帮扶过程中，要鼓励企业、社区和女性农民工自身，利用政策性的扶持资源，提升劳动技能和知识水平，为其人力资本的有效积累奠定基础。

结束语

　　本书对女性农民工群体就业适应度的研究，旨在更为真实地反映女性农民工群体的就业状况，更为深入地把握女性农民工群体的职业发展困难，更为全面地理解女性农民工群体的人力资本积累和发展的理论尝试。本书包括理论研究和实证研究两个部分。

　　理论研究部分有如下创新与特色。第一，明确了性别诊断作为研究分析工具，在劳动就业研究中的使用方法。第二，在已有研究的基础上，根据性别诊断，提出了女性农民工群体的就业适应度及禀赋、经济机会和能力/能动性三个要件的理论概念。第三，在就业适应度这一概念的基础上，提出了价值分析、经济分析和社会分析三个方面综合形成的交叉边缘分析框架。第四，形成了女性农民工群体就业适应度评价指标体系，并在评价指标体系中突出了性别诊断这一劳动就业性别分析的基本工具的功能与作用。

　　实证研究部分有如下创新与特色。第一，提出了针对女性农民工群体劳动就业研究的村庄、企业和家庭三场景转换分析，为就业适应度研究的展开奠定了方法基础。第二，在禀赋、经济机会和能力/能动性三个要件中，根据实证分析，分别在女性农民工群体的禀赋结构差异、竞争性排序约束和能力/能动性局限三个方面形成了一系列新的认识。第三，对女性农民工群体就业适应度分析评价指标体系进行了指标验证、权重分析及评价，形成了较为完整的以性别分析为特色的就业适应度量化评价指标体系。第四，聚焦提高女性农民工群体就业适应度，提出了系统性的劳动就业促进制度建议。

　　结合当前劳动就业发展的趋势来看，本书还存在三个不足。

　　第一，数据上的欠缺。由于调查资源所限，本书开展的调查主要集中在西部地区 S 省和 N 省、中部地区 Z 省和东部地区 H 省，对劳动力输出地的研究相对充分，对劳动力输入地的研究更多的是基于 S 省 C 市、N 省 A

县、Z省F市、H省D市等地展开。尽管各个地区均有覆盖，但要对农村女性劳动就业进行更为深入的研究，还需要对更多的地区进行研究。本书对于除上述地区外的其他地区劳动力跨省流动的数据和案例分析，更多的是基于调查收集到的统计资料、地方政府工作人员的工作分析报告、进村入户调查的情况开展的。对于这一欠缺，在未来的研究开展中将进一步补充和丰富。

第二，性别诊断和就业适应度的量化问题。性别歧视本身较难被量化，针对性别歧视现象开展的就业适应度研究，主要反映的是女性农民工群体在就业过程中面对的性别歧视的各种情况及其原因。在本书中围绕女性农民工群体就业问题开展的就业适应度评价指标体系建设，通过差异化指标的设计将就业过程中的性别歧视加以量化呈现，是一种理论尝试。在实证部分对这一理论尝试也进行了验证。下一步，有必要在更多的人群和更大的范围上，尝试使用差异化指标来研究社会性别问题。这是就业适应度量化能够更进一步发展的必经阶段。

第三，本书尚需深入研究的问题包括如下三个方面。一是创新发展导向下包括女性农民工群体在内的低端就业人口如何有效介入新经济并获得技术红利。这在本书研究中有所展开，但限于对新经济的认识不足，还不能形成系统认识。二是乡村振兴进程中女性农民工返乡创业面对的困难与应对措施。这一问题在本书研究中已有涉及，但限于当前实践发展还未形成显著的趋势，对这一问题的分析和研究也不够深入。三是就业适应度评价指标体系在面对更多人群时应当如何进一步完善，哪些指标是稳定的核心指标，哪些指标应当根据对象的变化而调整，还未进行深入的思考。在下一步的研究中，对上述三个问题拟进一步深化和拓展。

参考文献

[1] 马克思. 资本论 [M]. 北京：人民出版社，2004：272.

[2] 陈婷婷. 社会指标视阈下新生代女性农民工的身心健康：基于全国调查数据 [J]. 中共福建省委党校学报，2017 (2)：103-108.

[3] 刘韬，林锦玲，连伟城，等. 进城抑或返乡：女性农民工生存困境与现实选择 [J]. 劳动保障世界，2017 (7)：14.

[4] 苏映宇. 城镇化进程中女性农民工劳动权益保障研究：基于马克思主义劳动观视域的思考 [D]. 福州：福建师范大学，2016.

[5] 杨翠萍，贺婧雅. 女性农民工维权行为的影响因素研究：基于472 份问卷数据的分析 [J]. 华中农业大学学报（社会科学版），2017 (3)：69-76，133.

[6] 丁欢. 女性农民工维权策略研究：以兰州市为例 [D]. 兰州：西北师范大学，2017.

[7] 王健俊，玉琦彤，常宇星. 女性农民工压力来源及其区域异质性演技：基于我国东部10 省市的微观调查 [J]. 调研世界，2018 (7)：26-34.

[8] 牟雪静. 贵阳市女性农民工生育健康需求及对策研究 [D]. 贵阳：贵州大学，2016.

[9] 巩建鑫. 新生代女性农民工就业性别歧视问题研究：基于烟台市餐饮业农民工就业调查 [D]. 烟台：烟台大学，2018.

[10] 于米. 人力资本、社会资本对女性农民工体面劳动的影响：心理资本的调节作用 [J]. 人口学刊，2017 (3)：97-105.

[11] 孙琼如，侯志阳. 新媒体赋权与新生代女性农民工的职业发展 [J]. 东岳论丛，2016 (3)：141-147.

[12] 秦霞玲. 高校学生社团对大学生就业适应的影响研究 [D]. 武汉：中南民族大学，2009.

[13] 张芮菱. 基于社会性别分析下的提高女性农民工群体就业适应度

研究［J］. 党政研究，2015（4）：124-128.

［14］刘智勇，陈革，钟宗炬. 城郊失地农民就业适应度与城市融合实证研究［J］. 电子科技大学学报（社科版），2018（8）：23-28.

［15］世界银行. 世界发展报告2012：性别平等与发展［R］. 2011.

［16］世界银行. 世界发展报告2013：就业［R］. 2012.

［17］罗芳，鲍宏礼. 农村女性劳动参与率与公共政策的社会性别意识：以湖北省为例［J］. 江苏农业科学，2010（5）：532-536.

［18］吴伟东. 农民工社会融入的性别差异：来自五大城市的证据［J］. 兰州学刊，2012（6）：118-121.

［19］宋月萍. 社会融合中的性别差异：流动人口工作搜寻时间的实证分析［J］. 人口研究，2010（6）：10-18.

［20］张彦花. 社会性别理论：女性农民工流动研究的新视角［J］. 四川理工学院学报，2010（5）：58-61.

［21］罗恩立. 新生代农民工就业能力的评价指标体系研究［J］. 华东理工大学学报（社会科学版），2010（1）：13-19.

［22］罗恩立，王桂新. 中国城市外来人口的就业能力及其影响因素：基于京、津、沪、穗四大城市的调查数据［J］. 现代经济探讨，2010（3）：35-39.

［23］程晓娟. 就业能力视角的返乡农民工就业促进［J］. 今日南国，2009（9）：221-223.

［24］张雨. 第二代农民工就业能力提升的路径［J］. 郑州航空工业管理学院学报，2011（1）：109-113.

［25］刘俊威. 我国新生代农民工就业能力内涵与特征研究［J］. 安徽农业科学，2012（8）：4895-4897.

［26］李晓红. 新生代农民工就业能力提升问题研究［J］. 河南理工大学学报（社会科学版），2009（4）：588-593.

［27］林竹，朱柏青，张新岭. 农民工的就业能力模型研究［J］. 开发研究，2010（5）：13-16.

［28］斯特恩斯. 世界历史上的性别［M］. 谷雨，李雪，译. 北京：商务印书馆，2016：4.

［29］帕森斯. 性别伦理学［M］. 史军，译. 北京：北京大学出版社，2009：27-40.

［30］王新宇. 性别平等与社会公正：一种能力方法的诠释与解读［M］. 北京：中国政法大学出版社，2014：66-71.

［31］刘建中，孙中欣，邱晓露. 社会性别概论［M］. 上海：复旦大学出版社，2010.

［32］杜巍，牛静坤，车蕾. 农业转移人口市民化意愿：生计恢复力与土地政策的双重影响［J］. 公共管理学报，2018（3）：66-77，157.

［33］杨金龙. 户籍身份转化会提高农业转移人口的经济收入吗？［J］. 人口研究，2018（3）：24-37.

［34］王建顺，林李月，朱宇，等. 典型城镇化地区流动人口流动模式转变及其影响因素：以福建省为例［J］. 南方人口，2018（6）：1-9.

［35］赵智，郑循刚. 农业转移人口的构成类型、地域特征与市民化意愿［J］. 华南农业大学学报（社会科学版），2015（4）：72-80.

［36］任义科. 属性和网络结构双重视角下农民工流动规律研究［J］. 地理科学进展，2018（8）：940-951.

［37］吴越菲，文军. 农业转移人口市民化的系统构成及其潜在风险［J］. 南京农业大学学报（社会科学版），2016（5）：1-10.

［38］文军，沈乐. "市民化连续体"：农业转移人口类型比较研究［J］. 社会科学战线，2016（10）：179-189.

［39］刘新争. 农民工就业结构"逆升级"及其均衡对策探析［J］. 福建论坛（人文社会科学版），2017（5）：42-47.

［40］朱明宝，杨云彦. 近年来农民工的就业结构及其变化趋势［J］. 人口研究，2017（5）：89-100.

［41］张启春，冀红梅. 新生代农业转移人口的就业身份选择：基于2016年全国流动人口动态监测数据的分析［J］. 江汉论坛，2018（7）：30-36.

［42］田北海，雷华，佘洪毅，等. 人力资本与社会资本孰重孰轻：对农民工职业流动影响因素的再探讨：基于地位结构观与网络结构观的综合视角［J］. 中国农村观察，2013（1）：34-45.

［43］池子华. 城市视点：近代中国农民工群体的构成研究［J］. 江苏教育学院学报，2008（3）：107-111.

［44］贺霞旭，孙中伟. 1988—2010年间珠江三角洲农民工就业结构的变化分析［J］. 西北人口，2013（2）：10-15.

［45］侯建明，关乔，杨小艺. 我国女性流动人口职业选择的影响因素

分析 [J]. 人口学刊, 2019 (1): 69-79.

[46] 刘会新, 张立富. 供给侧结构性改革视角下我国农民工就业能力提升机制 [J]. 改革与战略, 2017 (9): 44-48.

[47] 高建丽, 张同全. 新生代农民工就业能力量化评价体系的构建 [J]. 西北人口, 2013 (2): 99-109.

[48] 范红霞, 赵敏, 陈静. 农民工就业能力影响因素的调查研究: 以四川省为例 [J]. 四川劳动保障, 2017 (A2): 8-9.

[49] 刘叶云, 刘广. 我国新生代农民工就业能力评价模型的构建 [J]. 商学研究, 2018 (6): 38-43.

[50] 金星彤. 国内外就业能力研究述评 [J]. 大连海事大学学报 (社会科学版), 2012 (3): 5-9.

[51] 曼昆. 经济学原理: 微观经济学分册 [M]. 6 版. 梁小民, 译. 北京: 北京大学出版社, 2012.

[52] 马克思, 恩格斯. 马克思恩格斯选集: 第一卷 [M]. 中共中央马克思恩格斯列宁斯大林著作编译局, 译. 北京: 人民出版社, 2012: 49-63.

[53] 李存岭, 李光红, 孔晓晓. 大学生就业力结构模型的重构与启示 [J]. 教育与经济, 2014 (6): 40-46.

[54] 李光红, 孙丽丽, 彭伟华. 大学生就业力测度评价及其提升路径: 基于人才筛选标准的演化视域 [J]. 山东社会科学, 2016 (1): 167-171.

[55] 高艳, 乔志宏. 大学生就业能力结构及其内部关系: 质的研究 [J]. 中国青年研究, 2016 (11): 93-97.

[56] 吴振华. 人力资本投资、就业能力与农民收入增长 [J]. 西部论坛, 2015 (5): 20-27.

[57] 李国梁. 可持续生计视角下失地农民就业能力开发 [J]. 开发研究, 2014 (1): 27-30.

[58] 梁成艾, 陈俭. 武陵山区农村劳动力就业创业能力提升评价指标体系研究 [J]. 江西师范大学学报, 2018 (2): 92-99.

[59] 詹婧, 赵越, 冯喜良. 去产能企业职工依赖、就业能力与推出意愿研究 [J]. 中国人口科学, 2018 (5): 69-82, 127-128.

[60] 崔宁, 吴宝华, 张洪霞. 基于互动机制分析的新生代农民工就业转型指标体系构建 [J]. 江苏农业科学, 2016, 44 (12): 564-567.

[61] 张宏如, 王北, 李群. 社会资本对就业转型的影响: 基于新生代

农民工的实证研究 [J]. 福建论坛, 2018 (9): 143-150.

[62] 谌新民. 国有企业就业弱势群体形成原因与治理对策研究 [J]. 中国工业经济, 2003 (1): 15-22.

[63] 梁伟杰, 李国正. 农民工就业市场逆向歧视现象研究 [J]. 广西社会科学, 2016 (5): 151-154.

[64] 刘峰, 魏先华. 性别、户籍歧视与就业市场决定因素研究: 基于 CHNS2009 微观数据的实证分析 [J]. 现代管理科学, 2015 (3): 6-8.

[65] 吕红, 孙思琦. 新形势下灵活就业市场的劳动力供给与需求分析 [J]. 河北师范大学学报 (哲学社会科学版), 2014 (3): 136-139.

[66] 梁勤, 许东黎. 我国非正规就业市场的性别工资差异 [J]. 劳动保障世界, 2018 (32): 1.

[67] 李晓曼, 孟续铎, 郑祁. 我国非正规就业市场的功能定位与政策选择 [J]. 中国人力资源开发, 2019 (6): 79-87.

[68] 郑爱兵. 产业升级对我国服务业劳动市场结构的影响 [J]. 华东理工大学学报 (社会科学版), 2018 (2): 98-106.

[69] 张普巍. 公共就业服务的现状及对策 [J]. 中国就业, 2018 (8): 46-47.

[70] 吴江, 王欣. 公共就业服务供给效果的动态研究 [J]. 劳动保障世界, 2018 (9): 14-18.

[71] 牛雪峰, 徐伟. 劳动市场中介对上海外来女性劳动力就业的影响 [J]. 世界地理研究, 2012 (2): 159-168.

[72] 宋玉军. 中国劳动就业制度改革发展动因及趋向的考察 [J]. 福建师范大学学报 (哲学社会科学版), 2012 (3): 11-17.

[73] 刘瑞明, 亢延锟, 黄维乔. 就业市场扭曲、人力资本积累与阶层分化 [J]. 经济学动态, 2017 (8): 74-87.

[74] 袁志刚. 乡—城劳动力流动、工资决定机制与劳动市场政策 [J]. 云南财经大学学报, 2013 (6): 12-23.

[75] 郭冉. 新中国成立70年人口流动的社会变迁 [J]. 河南社会科学, 2019 (9): 97-106.

[76] 龚维斌. 农村就业市场的分层性: 对华北一个村庄人口流动的实证研究 [J]. 南京师大学报 (社会科学版), 2001 (4): 38-44.

[77] 苏京春, 盛中明. 我国人口流动的经济学原理探析: 概念与逻辑

［J］．经济研究参考，2019（13）：32-43．

　　［78］林李月，朱宇，柯文前．新时期典型城镇化地区的人口流动研究：以福建省为例［J］．福建师范大学学报（自然科学版），2019（6）：100-107．

　　［79］刘俊杰，高莹．人口流动对人口老龄化的区域影响：基于两广的对比分析［J］．广西师范大学学报（哲学社会科学版），2019（3）：78-87．

　　［80］罗怀良，张梅，张小娟，等．四川盆地边缘山地贫困地区农村劳动力转移及制约分析：以四川省沐川县为例［J］．四川师范大学学报（自然科学版），2018（12）：263-272．

　　［81］何立华，成艾华．民族地区省际人口流动及其影响因素研究［J］．云南民族大学学报（哲学社会科学版），2017（6）：58-65．

　　［82］刘军奎．人口流动导引的家庭代价及发展省思：基于陇东南Q村的个案考察［J］．中国农业大学学报（社会科学版），2019（1）：46-58．

　　［83］张冲，王学义．人口流动、城镇化与四川离婚率的上升［J］．天府新论，2017（1）：103-111．

　　［84］李卫东．人口流动背景下农民工婚姻稳定性的影响因素分析［J］．人口与发展，2018（6）：39-49，71．

　　［85］薛君．中断与融合：人口流动对生育水平的影响［J］．人口学刊，2018（4）：92-102．

　　［86］张华初，楚鹏飞，陶利杰．中国流动人口社会融入的内部结构［J］．华南师范大学学报（社会科学版），2019（5）：112-121，191．

　　［87］刘红旭．人口流动与阶层分化：改革开放以来中国社会结构的变迁［J］．学术探索，2014（11）：93-96．

　　［88］甘娜，胡朋飞．人口流动对政府间转移支付均等化效应的影响分析［J］．审计与经济研究，2017（3）：119-127．

　　［89］程菲，李树茁，悦中山．中国城市劳动者的社会经济地位与心理健康：户籍人口与流动人口的比较研究［J］．人口与经济，2018(6)：42-52．

　　［90］木永跃．流动人口社会风险管理研究范式的革新［J］．上海行政学院学报，2019（3）：91-101．

　　［91］宋月萍．流动人口家庭成员年龄构成、公共服务与消费研究［J］．人口与发展，2019（2）：86-96．

　　［92］李辉，段程允，白宇舒．我国流动人口留城意愿及影响因素研究

［J］．人口学刊，2019（1）：80-88．

［93］刘玉兰，彭华民．社区抗逆力培育：流动人口聚居区治理的社会工作策略研究［J］．人文杂志，2019（8）：114-122．

［94］寸彦中．实现充分就业的文化基础与培育路径：基于社会视角的思考［J］．西南民族大学学报（人文社科版），2015（4）：68-71．

［95］涂永前．传统劳动就业观念及相关制度对我国稳促就业的影响：兼议"国发〔2018〕39号"文［J］．社会科学家，2019（2）：18-25．

［96］何雅菲．从"劳动平权"到"友善家庭职场"：女性就业保障的国际方略与治理困境［J］．理论月刊，2018（10）：152-157．

［97］江正平，边芳，钟守松．文化程度之于城镇妇女再就业的实证研究：基于甘肃省三市的案例［J］．甘肃社会科学，2011（1）：29-32．

［98］张俊明．少数民族农牧业转移人口就业困境及对策研究［J］．北方民族大学学报，2017（1）：54-57．

［99］张继焦，宋丹．"传统型"向"现代型"的转变：返乡创业就业对民族地区经济文化类型的影响［J］．北方民族大学学报（哲学社会科学版），2018（6）：131-136．

［100］张济荣，张梦岩．文化创意产业发展对就业增长贡献分析：以北京市为例［J］．现代传播，2011（5）：144-145．

［101］刘红春．从参与到赋权：社会组织促进平等就业主体资格的演进［J］．西北大学学报（哲学社会科学版），2016（5）：154-159．

［102］黄晨熹，周榕．社会组织吸纳残障人士就业的意愿及其影响因素研究：以上海市为例［J］．湖南师范大学社会科学学报，2018(6)：97-105．

［103］陶传进，张丛丛．社会企业的新增潜力空间及其实现方式：以残疾人就业领域为例［J］．学习与探索，2018（8）：52-58．

［104］林竹．新生代农民工组织承诺管理：基于就业能力的视角［J］．技术经济与管理研究，2011（12）：69-72．

［105］刘洪银．城镇农民工就业的非组织化及其市民化约束［J］．中州学刊，2014（11）：39-43．

［106］王慧，张海鹏，徐晋涛．重点国有林区改革对林区就业的影响分析［J］．林业科学，2016（4）：83-90．

［107］张义珍．国有企业改革中的人员分流与再就业［J］．行政管理改革，2017（5）：4-8．

［108］魏益华, 张爽. 新科技革命背景下的劳动关系变化及协调机制［J］. 求是学刊, 2019（3）: 71-78.

［109］梁祺, 张宏如, 苏涛永. 新就业形态下孵化网络知识治理对创新孵化绩效的影响［J］. 科技进步与对策, 2019（17）: 28-36.

［110］陈成文, 周静雅. 论高质量就业的评价指标体系［J］. 山东社会科学, 2014（7）: 37-43.

［111］张抗私, 盈帅. 性别如何影响就业质量: 基于女大学生就业评价指标体系的经验研究［J］. 财经问题研究, 2012（3）: 83-90.

［112］梁成艾, 陈俭. 武陵山区农村劳动力就业创业能力提升评价指标体系研究［J］. 江西师范大学学报（哲学社会科学版）, 2018（2）: 92-99.

［113］陈万明, 徐国长, 戴克清, 等. 新生代农民工就业质量评价体系［J］. 江苏农业科学, 2019（20）: 311-315, 327.

［114］蔡瑞林, 张国平, 钱敏. 新时代农民工高质量就业的自我感知评价体系研究［J］. 江苏大学学报（社会科学版）, 2019（5）: 36-43, 76.

［115］姚强, 张耀光, 徐玲. 中国居民健康相关生命质量状况及影响因素研究: 基于国家卫生服务调查实证分析［J］. 人口与发展, 2018（3）: 85-95.

［116］UDRY J R. The nature of gender［J］. Demography, 1994, 31（4）: 561-573.

［117］HAIG D. The inexorable rise of gender and the decline of sex: social change in academic titles, 1945-2001［J］. Archives of sexual behavior, 2004, 33（2）: 87-96.

［118］MONEY J. Hermaphroditism, gender and precocity in hyperadrenocorticism: psychologic findings［J］. Bulletin of the johns hopkins hospital, 1955（96）: 253-264.

［119］TOBACH E. Some evolutionary aspects of human gender［J］. American journal of orthopsychiatry, 1971（41）: 710-715.

［120］WHARTON, AMY S. The sociology of gender: an introduction to theory and research［M］. Oxford: Blackwell Publishing Ltd, 2005: 7.

［121］KARAMESSINI M, PUBERY J. Women and austerity: the economic crisis and the future for gender equality［M］. London: Routledge, 2014.

[122] SEN A K. From income inequality to economic inequality [J]. Southern economic journal, 1997, 64 (2): 384-401.

[123] HALLWARD-DRIEMEIER M, HASAN T. Empowering women: legal rights and economic opportunities in Africa [R]. World Bank, 2013.

[124] SEN A K. Editorial: human capital and human capability [J]. World development, 1997, 25 (12): 1959-1961.

[125] SEN A K. Employment, institutions and technology: some policy issues [J]. International labour review, 1996, 135 (3-4): 445-471.

[126] LEON M, CHOI Y J, AHN J S. When flexibility meets familialism: two tales of gendered labour markets in Spain and South Korea [J]. Journal of european social policy, 2016, 26 (4): 344-357.